21世纪本科金融学名家经典教科书系

国际金融

（第四版）

International Finance

主　编　刘惠好
副主编　周先平　冀志斌

中国金融出版社

责任编辑：王效端
责任校对：潘　洁
责任印制：丁淮宾

图书在版编目（CIP）数据

国际金融/刘惠好主编．—4版．—北京：中国金融出版社，2022.11
ISBN 978－7－5220－1696－2

Ⅰ.①国…　Ⅱ.①刘…　Ⅲ.①国际金融—高等学校—教材　Ⅳ.①F831

中国版本图书馆CIP数据核字（2022）第121674号

国际金融
GUOJI JINRONG
出版
发行　中国金融出版社
社址　北京市丰台区益泽路2号
市场开发部　(010)66024766，63805472，63439533（传真）
网 上 书 店　www.cfph.cn
　　　　　　(010)66024766，63372837（传真）
读者服务部　(010)66070833，62568380
邮编　100071
经销　新华书店
印刷　河北松源印刷有限公司
尺寸　185毫米×260毫米
印张　22.25
字数　494千
版次　2007年4月第1版　2012年8月第2版　2017年11月第3版　2022年11月第4版
印次　2022年11月第1次印刷
定价　66.00元
ISBN 978－7－5220－1696－2
如出现印装错误本社负责调换　联系电话（010）63263947
编辑部邮箱：jiaocaiyibu@126.com

21 世纪高等学校金融学系列教材
编审委员会

张成思　中国人民大学　教授　博士生导师
张　杰　中国人民大学　教授　博士生导师
张桥云　西南财经大学　教授　博士生导师
张志元　山东财经大学　教授
陆　磊　国家外汇管理局　副局长
陈伟忠　同济大学　教授　博士生导师
郑振龙　厦门大学　教授　博士生导师
赵锡军　中国人民大学　教授　博士生导师
郝演苏　中央财经大学　教授　博士生导师
胡炳志　武汉大学　教授　博士生导师
胡金焱　山东大学　教授　博士生导师
查子安　金融时报社　总编辑
贺力平　北京师范大学　教授　博士生导师
殷孟波　西南财经大学　教授　博士生导师
彭建刚　湖南大学　教授　博士生导师
谢太峰　首都经济贸易大学　教授　博士生导师
赫国胜　辽宁大学　教授　博士生导师
裴　平　南京大学　教授　博士生导师
潘英丽（女）　上海交通大学　教授　博士生导师
潘淑娟（女）　安徽财经大学　教授
戴国强　上海财经大学　教授　博士生导师

主编简介

刘惠好，女，经济学博士，中南财经政法大学金融学教授，博士生导师。

中国经济社会理事会理事，湖北欧美同学会常务理事，中国民主建国会中央财金委员会副主任委员，丹麦哥本哈根商学院国家公派访问学者，曾短期进修于世界银行学院、韩国经济发展研究院和新加坡管理学院。

教育部双语教学示范课程《国际金融》课程建设负责人。主编、参编著作10余部，在《管理世界》《财贸经济》等期刊发表学术论文百余篇。主持国家社科基金、教育部、国际金融机构、湖北省人文社科项目及企事业单位委托课题30余项。先后获得全国政协优秀社情民意奖、湖北省优秀社科成果奖、湖北省优秀调研成果奖、湖北省政协优秀提案奖、湖北省“楚天园丁”奖等。

主要研究方向：金融机构与创新、资本市场与资本流动。

第四版前言

国际金融学以国际间的货币金融关系为研究对象，既探索国际间货币和资本运动规律及其对经济的影响等基本理论问题，又探索政府、金融机构、企业等部门或经济主体管理国际间货币和资本运动的具体方法与手段，是一门理论性与实务性都比较强的学科。

教材本次修订的重点：(1) 充分反映近年国际经济及金融领域的变化趋势以及一些重要事件对国际金融领域的影响。如人民币国际化及人民币在国际储备货币中的地位变化，新冠肺炎疫情对国际金融市场的影响，国际货币基金组织为应对新冠肺炎疫情新增特别提款权等。(2) 使用最新、最权威的资料来源，对书中数据进行了更新；根据金融领域的新发展，对部分内容进行了充实或删减。(3) 在保留章前知识结构图、重要概念、专栏等特色的基础上，在章节中增加了扫码阅读材料，以拓展读者的阅读广度与深度，方便读者加深理解及教师灵活授课，整体上更加符合教学的需要。

本教材的特点：(1) 密切跟踪国际金融领域的发展动向。在内容方面既注意反映国际金融领域的最新进展及热点问题，又突出我国金融改革开放进程中国际金融领域出现的新情况及新问题。(2) 体现理论性与应用性的有机结合。本教材立足于宏观与微观视角，以开放经济条件为背景，系统介绍国际金融的基本理论、政策与实务，理论的阐述力求深入浅出，政策解读注重理论密切联系实际，实务介绍注重操作技巧。(3) 内容全面，体系完整。对国际金融领域涉及的主要理论、政策、实务进行了系统的讨论与分析。在兼顾科学性、系统性和适用性基础上，本教材的结构安排为十章：第一章主要讨论国际货币资本流动的渠道、国际收支调节理论与政策措施以及我国国际收支变化的特点和调节手段；第二章研究汇率理论、汇率的决定及汇率变动对经济的影响；第三章讨论混合式汇率制度安排的利弊及选择，我国人民币汇率改革及外汇管理的发展趋势；第四章介绍外汇交易及规避汇率风险的方法；第五章研究现行国际储备体系的特点、国际储备的规模和结构管理以及我国国际储备管理的问题；第六章介绍传统和新兴的国际金融市场；第七章探讨国际资本流动的特点、债务危机处理及货币危机理论；第八章阐述开放经济下的宏观经济政策以及各国宏观经济政策的相互作用和影响；第九章讨论国际货币体系的发展历程及改革趋势；第十章分析金融全球化与国际货币合作。

本教材适合高等院校经济、管理类专业本科学生使用，也可作为财经类专业研究生的教学参考书及金融从业人员的培训辅导书。任课老师可根据教学对象和授课课时不同，灵活选择相关章节作为学习的重点内容。本教材的学习需要有初级微观、宏观经济学和货币银行学的理论基础以及公司财务和会计学基本知识。

本教材由中南财经政法大学金融学院的国家级双语教学示范课程团队的老师们精心编著完成，刘惠好教授担任主编，周先平教授、冀志斌副教授担任副主编，各章节编写人员及分工如下：李卉、曾松林第一章，胡星城第二章，刘惠好第三章第一节、第五章，李芳、吴震星第三章第二节、第三节和第八章，曹勇第四章，李星第六章，冀志斌第七章，吴韡第九章，周先平第十章。

本教材参考了大量同行的研究成果并从中获得了许多启示及素材，也一直得到中国金融出版社教材一部的信任和支持。对为教材付梓提供帮助的学界、业界同仁及王效端主任和各位编辑们，我们表示衷心的感谢。然而，虽经三次修订，教材仍有许多地方不尽如人意，恳请各位同仁及读者不吝赐教。

刘惠好

2022 年 4 月 10 日

目　录 Contents

第一章
国际收支

本章知识结构

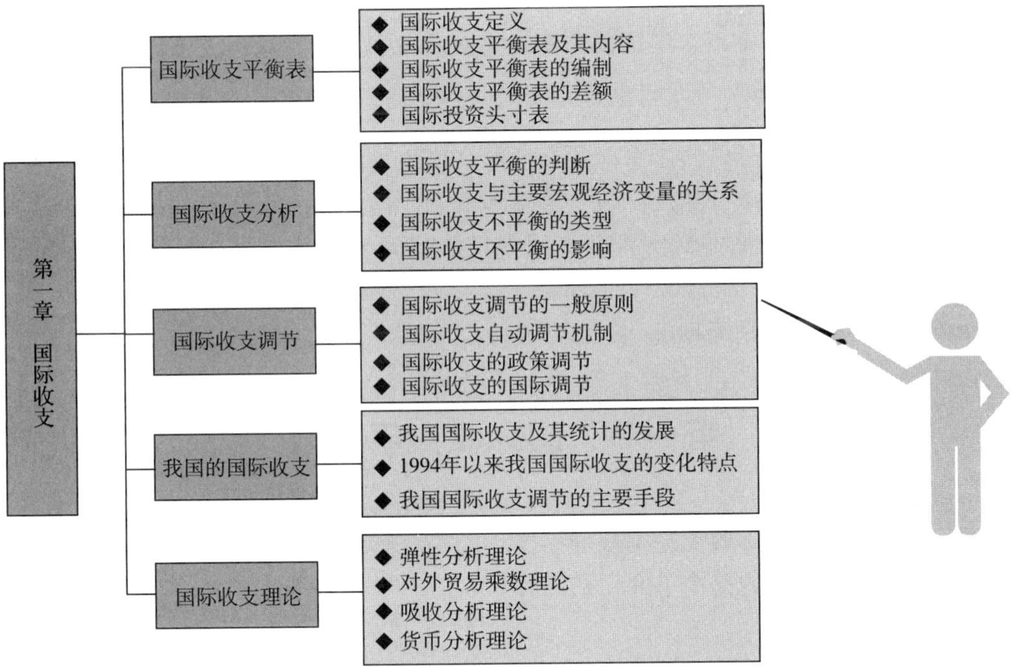

本章学习目标

- 掌握国际收支的含义以及如何构建国际收支平衡表。
- 掌握国际收支内不同账户的区别。
- 运用经常账户余额将国民收入核算扩展到开放经济中。
- 了解中国最近的国际收支状况。

章前引例

国际收支及其相关概念，如贸易顺差、贸易赤字等，是政策报告与新闻媒体上的高频词。比如“中国国际收支延续基本平衡的发展格局”“泰国的经常账户在亚洲金融危机前已经连续多年逆差”“日本长期保持着贸易顺差”“全球金融危机爆发前，美国贸易赤字创历史新高”“中国外汇储备在2015年出现大幅下降”等。

为了解一国国际收支状况，各国央行都要编制国际收支平衡表，服务于维持国际收支平衡这一政策目标。国际货币基金组织（IMF）会定期收集与发布会员国的国际收支平衡表，以便于世界各国国际收支的跨国比较。国际收支平衡表能体现一国对外经济交往的诸多特征。比如，中国的国际收支平衡表中货物贸易顺差比重较大，体现出我国在制造业上有很强的比较优势；日本的国际收支平衡表中初次收入顺差比重较大，反映出日本在国际投资领域较为活跃；美国的国际收支平衡表中服务贸易顺差比重较大，说明美国第三产业较为发达。国际收支平衡表也被称为一国国际经济活动的指示器。我们从一国国际收支平衡表中可以了解该国的要素禀赋特征、开放程度、产业结构、外债结构和官方储备等重要信息。

国际收支是一国对外经济、金融关系的综合反映，国际收支平衡是一国经济政策的主要目标之一。本章主要介绍国际收支的基本概念，国际收支平衡表的结构、内容及其相互关系；国际收支平衡的经济判断，国内经济行为与商品、资本国际流动之间的联系；国际收支不平衡的形成原因、经济影响，以及调节国际收支的方法和措施。此外，本章还讲述国际收支的相关理论。

第一节　国际收支平衡表

国际收支概念，国际收支平衡表的结构、内容及其编制，国际收支差额及其关系是解读国际收支的起点，也是本节介绍的内容。

一、国际收支定义

国际收支是一国在一定时期内本国居民与非本国居民之间产生的全部国际经济交易价值的系统记录。可从三个层面理解这一含义：

第一，国际收支记录的是一国的国际经济交易。国际经济交易反映的是一国居民与他国居民之间所发生的货物、服务、资产的交易。

第二，国际收支是以经济交易为统计基础的。所谓经济交易是指商品、劳务、资产的所有权从一方（一国）转移到另一方（一国）的行为。一国国际收支所记录的对外各项交易，不仅包括具有外汇收支的国际交易，而且也包括不涉及外汇收支的国际交易。

第三，国际收支记录的是一个流量。国际收支反映的是一国统计期内国际经济交易的发生额、变动额。统计期可以是一年，也可以是半年或一个季度。由于国际收支是对已发生的交易进行记录，所以它属于事后的范畴。

国际货币基金组织对国际收支的定义是：“国际收支是某个时期内居民与非居民之间的交易汇总统计表，组成部分有：货物与服务账户、初次收入账户、二次收入账户、资本账户和金融账户。”

二、国际收支平衡表及其内容

国际收支平衡表是按照一定的编制原则和格式，对一个国家一定时期内国际经济交易进行分类、汇总的统计报表。根据《国际收支和国际投资头寸手册》（第六版）的标准内容，国际收支平衡表主要由经常账户、资本账户和金融账户、净误差与遗漏账户三个大项组成。具体构成见图 1－1。

国际收支平衡表
- 经常账户
  - 货物与服务账户
  - 初次收入账户
  - 二次收入账户
- 资本账户和金融账户
  - 资本账户（包括资本转移和非生产、非金融资产的交易）
  - 金融账户（包括非储备性质的金融账户和储备资产，其中非储备性质的金融账户包括直接投资、证券投资、金融衍生工具和其他投资）
- 净误差与遗漏账户

图 1－1　国际收支平衡表的账户结构

（一）经常账户

经常账户显示的是居民与非居民之间货物、服务、初次收入和二次收入的流量，是国际收支平衡表中重要的账户类别。经常账户由货物与服务、初次收入和二次收入三个账户构成。

国际收支平衡表以特定货币为单位，运用简明的表格形式概括地反映一个经济体在特定时期内与世界其他经济体间发生的全部经济交易。

1. 货物与服务。货物（又称贸易收支或有形收支）记录货物的进出口。货物一般包括居民向非居民出口或从非居民那里进口的大多数货物。除少数情况外，货物的所有权都已发生变更。用于加工的货物和货物修理对于所有权变更原则来讲是两个例外。进（出）口值为进（出）口的数量与其价格的乘积，根据国际收支统计口径的要求，出口、进口都采用离岸价格（FOB）计价。在国际收支平衡表上，出口记入贷方，进口记入借方。服务（又称劳务收支或无形收支）记录服务的进出口，包括运输、通信、旅游、建筑服务、保险服务、金融服务、计算机和信息服务、专有权利使用费和特许费、咨询、广告与宣传、电影和音像、其他商业服务等劳务的收入与支出。在国际收支平衡表上，服务的收入记入贷方，服务的支出记入借方。

2. 初次收入。初次收入账户显示的是居民与非居民机构单位之间的初次收入流量。

初次收入账户下设3个子账户：雇员报酬、投资收益与其他初次收入。初次收入反映的是机构单位因其对生产过程所作的贡献或向其他机构单位提供金融资产和出租自然资源而获得的回报。其分为两类：（1）与生产过程相关的收入。雇员报酬是向生产过程投入劳务的收入。对产品和生产的税收和补贴也是有关生产的收入。（2）与金融资产和其他非生产资产所有权相关的收入。财产收入是提供金融资产和出租自然资源所获得的回报。投资收益是提供金融资产所得的回报，包括股息和准公司收益提取、再投资收益和利息。在国际收支平衡表中，雇员报酬和投资收益所形成的收入记入贷方，雇员报酬和投资收益所形成的支出记入借方。

3. 二次收入。二次收入表示居民与非居民之间的经常转移①。各种不同类型的经常性转移记入本账户，表明其在经济体间收入分配过程中的作用。转移可以为现金或实物。该账户记录无须等价交换或偿还的实物和金融资产的所有权转移，主要包括私人转移与政府转移。私人转移包括侨汇、年金、捐赠、赡养等。政府转移包括经济和军事援助、战争赔款、债务豁免、捐款、政府与国际组织之间的定期费用等。初次收入影响国民收入；二次收入与初次收入共同影响可支配总收入。资本转移不影响可支配收入，因此记入资本账户。经常转移形成的收入记入贷方，支出记入借方。

（二）资本账户和金融账户

资本账户和金融账户记录居民与非居民之间的资产转移以及投资与借贷的增减变化，包括资本账户和金融账户。贷方反映资本流入、金融负债的增加和金融资产的减少；借方反映资本流出、金融资产的增加和金融负债的减少。

1. 资本账户。资本账户记录居民与非居民之间的资产转移，主要包括资本转移与非生产、非金融资产交易。

资本转移：记录固定资产所有权的变更及债权债务的减免等导致交易一方或双方资产存量发生变化的转移项目。

非生产、非金融资产交易：记录与商品和劳务的生产相关但本身却不能被生产出来的有形资产（如土地和地下资源等）及非生产性的无形资产（如商标、专利权、版权等）在一国和他国之间的交易。非生产、非金融资产的收买记借方；非生产、非金融资产的放弃记贷方。

2. 金融账户。金融账户记录居民与非居民之间投资与借贷的增减变化，包括本国对外资产和负债的所有权变动的所有交易。它由直接投资、证券投资、金融衍生工具、其他投资、储备资产构成。

直接投资：记录一个经济体的居民单位（直接投资者）在本国以外运行企业（直接投资企业）获取有效发言权为目的的投资。直接投资的形式有：直接设立工厂企业、收购国外已有工厂企业（购股10% ~25%以上）、收益的再投资。借方表示本国对外直接投资增加，或者外商企业的撤资和清算资金汇出本国；贷方表示本国撤资和清算以及母

① 依据《国际收支和国际投资头寸手册》（第六版），转移划分为经常转移与资本转移，这种划分同国民账户体系的处理方式和其他统计方式一致。

子公司资金往来的外部资金流入，或者外国投资者在本国的直接投资增加。

证券投资：记录在证券市场上购买他国政府发行的债券、企业发行的中长期债券以及股票所进行的投资。借方表示本国持有的外国证券资产的增加，贷方表示本国持有的外国证券资产减少。

金融衍生工具：包括期权和远期型合约等产品的交易。借方表示本国持有的外国金融衍生产品资产的增加，贷方表示外国持有的本国金融衍生产品资产的增加。

其他投资：记录直接投资、证券投资、储备资产所未包括的金融交易，包括长短期贸易信贷、贷款、货币和存款，以及应收账款和应付账款等。该科目是主导性交易（经常账户、资本转移、直接投资、证券投资）的资金流的反映科目。

储备资产：也称官方储备，记录一国货币金融当局拥有的对外资产，包括外汇、货币黄金、特别提款权、在国际货币基金组织的储备头寸。当国际收支出现顺差或盈余时，储备资产增加，记在该账户的借方；当国际收支出现逆差或赤字时，储备资产减少，记在该账户的贷方。可以看出，储备资产的变动，轧平了国际收支的差额，使国际收支从账面上达到平衡。

（三）净误差与遗漏账户

国际收支平衡表采用复式记账法（Double - entry Bookkeeping）。由于统计资料来源不同或资料不全或资料本身错漏或未记录，会造成统计上的净误差与遗漏，导致国际收支借方与贷方金额不相等。为了编制出完整、准确的国际收支平衡表，特设立这一账户，使借贷双方总额人为地达到平衡。因此，如果借方总额大于贷方总额，其差额记入净误差与遗漏账户的贷方；反之，记入借方。

净误差与遗漏账户能够在一定程度上反映一国国际收支统计质量的高低。根据国际惯例，只要净误差与遗漏账户占国际收支口径的货物进出口额的比重不超过5%，都可以接受。

三、国际收支平衡表的编制

国际收支平衡表是按照复式记账原理编制出来的会计报表。根据复式记账原理，每笔经济交易用两个或两个以上的有关账户同时进行记录，从而全面地、相互联系地反映因每项经济交易所引起的外汇资金来源和运用的增减变动。

在国际收支平衡表中，一般用“借”“贷”来反映外汇资金来源和运用的增减变动。“贷”或“贷方”反映外汇收入，负债增加，资产减少；“借”或“借方”反映外汇支出，负债减少，资产增加。在复式记账法下，有借必有贷，借贷必相等。这样，国际收支平衡表从纵向来看，如果没有错误与遗漏的情况，全部经济交易的借方总额一定等于贷方总额。假如每一笔国际经济交易活动都能够准确、及时地在国际收支平衡表中得到反映，由于复式记账原则要求同时在借方和贷方记入相同的金额，所以国际收支平衡表的借方总额和贷方总额应当始终是相等的。

现在用M国在某时期内的国际经济交易为例，说明其平衡表的编制（见表1－1）。

（1）法国商人向M国汽车公司购进价值1 200 000美元的汽车，付款方式是从法国银行提出美元存款支付货款。这说明M国出口商品，所以应记在“商品”的贷方；同时也表明 M 国的外汇资产增加，所以应记在“其他投资”的借方。

（2）M 国公司向日本购买 930 000 美元的纺织品，用纽约银行的美元支票付款。这项交易反映了 M 国输入商品，应记入“商品”的借方；同时日本在纽约银行的美元存款增加，即意味着 M 国的外汇资产减少，所以应记入“其他投资”的贷方。

（3）M 国一著名歌星的 CD 唱片海外销售 125 000 美元，并以在纽约的银行存款的形式持有。这项交易反映了 M 国输出劳务，应记入“劳务”的贷方；同时 M 国在纽约银行的美元存款增加，即意味着 M 国的外汇资产增加，所以应记入“其他投资”的借方。

（4）英国政府为了增加美元外汇储备，在 M 国的资本市场出售为期 20 年的 200 000 美元公债。M 国官方买了此项公债而获得了外国长期资产，所以应记入“证券投资”账户的借方；同时 M 国的外汇资产减少，所以应记入“官方储备”的贷方。

（5）M 国政府向巴基斯坦提供 270 000 美元的谷物援助。该交易一方面说明 M 国出口了商品，所以应记入“商品”的贷方；另一方面，M 国政府向巴基斯坦提供援助属单方转移，所以应记入“二次收入”账户的借方。

（6）M 国的一汽车公司向外国居民支付 500 000 美元的红利。M 国投资收益的支出应记入“初次收入”的借方；同时支付美元应反映在“其他投资”的贷方。

（7）M 国人在意大利旅游，支付了 30 000 美元的费用，旅游者所需的意大利货币里拉是用 M 国旅行支票在意大利换取的。此项说明的旅游，应记入“劳务”账户中的借方；同时因 M 国对外负债增加，所以应记入“其他投资”的贷方。

（8）德国银行向 M 国财政部买进了 2 800 000 美元的黄金。一方面，货币黄金是作为官方储备看待，输出黄金实际上是放弃一部分官方储备资产，所以应记入“官方储备”的贷方；另一方面，德国银行是提取美元存款购买黄金的，这意味着 M 国官方的外汇资产增加，所以应记入“官方储备”的借方。

表 1－1　M 国国际收支平衡表　　单位：万美元

账户	贷方	借方	差额
经常账户	159.5	173	－13.5
货物	120① 27⑤	93②	
服务	12.5③	3⑦	
初次收入		50⑥	
二次收入		27⑤	
资本和金融账户	446	432.5	13.5
证券投资		20④	
其他投资	93② 50⑥ 3⑦	120① 12.5③	

续表

账户	贷方	借方	差额
储备资产	20④ 280⑧	280⑧	
总计	605.5	605.5	

注：正文（1）中所述业务体现为表中①，其余依此类推。

四、国际收支平衡表的差额

国际收支平衡表的借贷双方总额相等并不意味着各个具体账户的借贷双方相等。在大多数情况下，各个具体账户的借方和贷方经常是不相等的，会产生差额。若贷方大于借方，表明顺差；若贷方小于借方，表明逆差。

贸易差额：进出口收支相抵后的差额，反映了一国进出口的状况。如果出口大于进口，则贸易收支顺差；反之，则贸易收支逆差。

经常账户差额（Current Account Balance）：是贸易差额、服务差额、初次收入差额和二次收入差额的合计，反映了一国贸易、非贸易以及转移收支的状况。如果经常账户的贷方大于借方，表明经常账户顺差；反之，则经常账户逆差。

基本差额：是经常账户差额与长期资本账户差额之和，反映了一国基本而长期的对外经济地位。如果基本差额的贷方大于借方，表明基本差额为顺差；反之，则基本差额为逆差。

资本和金融账户差额：是资本账户差额（Capital Account Balance）和金融账户差额（Financial Account Balance）之和，反映了一国由于资本流出流入所形成的对外债权债务状况。如果该账户的贷方大于借方，表明资本和金融账户是顺差，或资本净流入；反之，则资本和金融账户逆差，或资本净流出。

中央银行净金融流动水平被称为官方结算余额（Official Settlements Balance），或者称为国际收支余额，这是经常账户余额、资本账户余额、金融账户余额中的非储备部分之和，表示需要官方储备交易去弥补的收支差额。

储备结算差额：也称国际收支总差额，是经常账户差额、资本和金融账户差额和净错误与遗漏之和。储备结算差额反映了国际收支的最后结果，以及该国黄金外汇储备和其他国际储备资产与全部对外负债的对比。如果该账户的贷方大于借方，表明国际收支顺差；反之，表明国际收支逆差。从平衡表上看，储备结算差额应该等于储备资产的差额，即与官方储备资产的增减变动的绝对值一致。

由于储备结算差额的绝对值等于储备资产的绝对值，也就是说，储备结算差额相应地通过储备资产的变动调整来平衡国际收支。因此，国际收支平衡表从横向看，全部经济交易也能实现账面平衡。

五、国际投资头寸表

国际投资头寸表在计价、记账单位和折算等核算原则上均与国际收支平衡表保持一致，与国际收支平衡表共同构成一个国家或地区完整的国际账户体系。国际投资头寸表是反映特定时点上一个国家或地区对世界其他国家或地区金融资产和负债存量的统计报表。

根据国际货币基金组织的标准，国际投资头寸表的项目按资产和负债设置。资产细分为对外直接投资、证券投资、金融衍生工具、其他投资和储备资产五部分；负债细分为外国直接投资、证券投资、金融衍生工具、其他投资四部分。净头寸是指对外资产减去对外负债。国际投资头寸的变动是由特定时期内交易、价格变化、汇率变化和其他调整引起的。净国际投资头寸的变化可能有两个方面的原因：一是经常账户余额的变动，具体来讲，经常账户顺差会导致净国际投资头寸的增加，经常账户逆差会导致净国际投资头寸的减少；二是金融资产或负债由于汇率、价格变化导致的估值效应。

IMF 对特别提款权（SDR）的视频解释

第二节　国际收支分析

国际收支不仅有会计上的意义，更有经济上的意义，有必要进行国际收支的经济分析。国际收支平衡的判断、国际收支与主要宏观经济变量的关系、国际收支不平衡的类型、国际收支不平衡的影响是本节的主要内容。

一、国际收支平衡的判断

国际收支从平衡表上看总是处于平衡状态，这种账面的平衡并不是经济意义上平衡的反映。从经济意义上判断国际收支的平衡，应该从国际经济交易的性质入手。国际经济交易反映到国际收支平衡表上有若干账户，各个账户都有各自的特点和内容。按其交易的性质可分为自主性（自发性、事前）交易和调节性（诱发性）交易。

自主性交易（Autonomous Transactions）：又称事前交易，是指经济主体为了达到某种经济目的而进行的交易，如货物、劳务的进出口，资本交易等。自主性交易主要反映在基本差额之中。

调节性交易（Accommodating Transactions）：指为了弥补自主性交易差额而进行的相关交易，如向外国政府或国际金融机构借款，动用官方储备等。

当自主性交易发生不平衡，出现缺口或差额时，常常是通过调节性交易，即通过外部融资或官方储备资产的运用使国际收支人为地达到平衡，但是，这种平衡只是账面上、形式上的平衡。因此，自主性交易和调节性交易可作为判断国际收支是否平衡的依据：只有当自主性交易中的收支总额相等或基本相等，或者说，基本差额趋向于零时，才表明实现了国际收支经济意义上的平衡；否则，就是国际收支的不平衡。

国际收支平衡指国际经济交易中由自主性交易引起的借贷方金额相等。

国际收支的不平衡不仅仅涉及逆差，顺差同样也是一种不平衡，要实现经济意义上的国际收支平衡是有难度的。在现实生活中，国际收支不平衡的现象是经常的、绝对的，而平衡却是偶然的、相对的。此外，还要根据一国的经济状况和对外经济发展的情况来判断一国的国际收支是否平衡。对于一个经济正在起飞的国家来说，国际收支有些逆差，一般被认为是正常的，可以看作基本平衡；但是一国的经济处于萎缩状态时，国际收支稍有逆差，则被认为是国际收支不平衡。各国经济政策的对外目标就是寻求本国国际收支的平衡。

在西方经济学中，国际收支均衡又称对外均衡，它是指一国处于国际收支既没有盈余，又没有赤字的状态。如果以 BP 表示国际收支差额，那么对外均衡的条件是：BP = 0。

若只考察国际间的商品流动而不考察国际间的资本流动，则国际收支均衡条件是出口 = 进口；若只考察国际间的资本流动而不考察国际间的商品流动，则国际收支均衡条件是资本输出额 = 资本输入额。若同时考察国际间的商品流动和资本流动，以 F 表示商品净出口额，以 K 表示资本净流出额，这样，BP = F - K，要使 BP = 0，则必须使 F = K。

二、国际收支与主要宏观经济变量的关系

作为一国外部经济的体现，国际收支是整个国民经济的组成部分，并与一国的内部经济存在着有机联系。这些联系可以通过一组基本等式表现出来，这组基本等式刻画了国内收入和支出与储蓄、消费、投资行为，进而与资本和金融账户、经常账户之间的联系。通过利用这些基本等式，人们能认识一国与世界其他国家之间的联系特性，从而评估国际经济政策与国内经济之间的相互影响。

（一）国内投资储蓄差额与资本账户差额

国民收入账户提供了一个记录国民产出，并显示其各要素如何受国际交易影响的会计框架。国民收入或产出由消费和储蓄组成，即

$$国民收入 = 消费 + 储蓄 \tag{1-1}$$

同样，国民支出由消费和投资构成，即

$$国民支出 = 消费 + 投资 \tag{1-2}$$

这样，国民收入与国民支出之差就等于储蓄与投资之差，即

$$国民收入 - 国民支出 = 储蓄 - 投资 \tag{1-3}$$

该等式表明，如果一国的收入超过其支出，储蓄就会超过投资，产生盈余资本。该盈余资本必须投资于国外，出现净资本流出。这种资本流出会以资本账户逆差和（或）官方储备资产增加的形式出现。相反，一国的支出大于其收入，国内投资会超过其储蓄，并产生净资本流入，这种资本流入会以资本账户顺差和（或）官方储备资产减少的形式出现。

（二）经常账户差额与资本和金融账户差额

从国民收入账户入手，如果从国民产出中扣除国内产出和劳务的支出，剩余的产品和劳务必须等于出口，同样，如果从总支出中扣除国内产出和劳务的支出，剩余的支出必须等于进口。这样就可以得出另一个国民收入的等式，即

$$国民收入 - 国民支出 = 出口 - 进口 \quad (1-4)$$

该式表明，一国的收入超过其支出，就会出现经常账户顺差；同理，经常账户逆差是由于国内支出大于国内收入。

将式（1－4）与式（1－3）组合，又可得出一个新的等式：

$$储蓄 - 投资 = 出口 - 进口 \quad (1-5)$$

根据式（1－5），如果一国储蓄大于投资，该国会出现经常账户顺差；该等式表明，如果一国有高储蓄率，无论是绝对量还是相对量，该国就易于出现顺差。反之则相反。

因为储蓄减去投资等于净国外投资，这样可以得出下面的等式：

$$净国外投资 = 出口 - 进口 \quad (1-6)$$

式（1－6）表明，经常账户差额必须等于净资本流动额，即通过向国外销售商品而获得的外汇，要么用于进口，要么变成了对外国的债权，净额等于该国的资本流出。如果一国经常账户顺差，该国肯定是资本净输出国；而经常账户逆差则表明，该国是一个资本净输入国。所以，经常账户的逆差要等于资本账户的顺差。

该式还表明，购买的货物、服务多于国内生产的货物和服务的那部分差额必须通过国际贸易获得，必须通过国外的借入（资本账户顺差或官方储备减少）来融资。这样，在浮动汇率制度下，经常账户差额和资本账户差额应彼此抵销。由于官方对外汇市场的干预，经常账户差额＋资本账户的差额＋官方储备额的变动应该等于零。这些关系如表1－2所示。

表1－2　国民经济活动与国际收支账户（balance－of－payment accounts）的关系

国民收入（Y） 减去消费支出	 －	总支出（E） 减去消费支出
＝国民储蓄（S）	－	新增实际投资（Id）
＝净国外投资，或对国外债权和官方储备资产净增加（I_f）		
国民收入（Y） 减去对本国货物、服务的消费支出	 －	总支出（E） 减去对本国货物、服务的消费支出
＝本国货物、服务的出口（X）	－	外国货物、服务的进口（M）
＝经常账户差额		
＝－（资本账户差额和官方储备资产额）		
$Y - E = S - Id = X - M = I_f$		
结论：一国的收入多于其支出，则储蓄多于投资，出口多于进口，形成资本流出； 一国的支出多于其收入，则投资多于储蓄，进口多于出口，形成资本流入。		

上述关系式有助于对改善经常账户差额的方法或措施的有效性进行评估。很明显，一国能否减少其经常账户逆差或增加其经常账户的顺差，必须满足两个条件：（1）相对于国民支出而言，提高国民收入；（2）相对于国内投资，增加国内储蓄。通过减少进口（如提高关税）来改善经常账户差额状况的方法，不会对逆差减少有任何影响。

（三）政府财政收支差额与经常账户差额

在前面的关系讨论中，政府的开支和税收一直都包括在国内总支出和收入中。通过区别政府方面和私人方面，我们会看到政府预算状况对经常账户的影响。

国民支出主要包括居民支出、私人投资和政府支出。居民支出等于国民收入减去私人储蓄和税收。将这些关系进行综合，便可得到下列等式：

国民支出 = 居民支出 + 私人投资 + 政府支出
= 国民收入 - 私人储蓄 - 税收 + 私人投资 + 政府支出 （1 - 7）

国民支出 - 国民收入 = 私人投资 - 私人储蓄 + 政府财政收支 （1 - 8）

式（1－8）表明，超额国民支出由两部分构成：私人国内投资超过私人储蓄和政府收支状况。因为国民支出减去国民收入等于净资本流入，因此式（1－8）同样表明超额国民支出等于净国外借入。

综合式（1－4）和式（1－8）便可得到新的等式：

经常账户差额 = 私人储蓄盈余 - 政府预算赤字 （1 - 9）

式（1－9）说明，一国的经常账户差额等于其私人的储蓄盈余减去政府预算差额。根据式（1－9），经常账户逆差是由于没有足够的储蓄来资助其私人投资和政府预算赤字造成的；经常账户顺差则是因为储蓄超过了所需的对其私人投资和政府预算赤字的融资形成的。

该等式的重要意义在于，纠正经常账户差额只有在改变了私人储蓄、私人投资或政府财政收支状况的情况下才有效；任何不能影响式（1－9）关系的政策和措施都不会使经常账户差额状况发生改变。

三、国际收支不平衡的类型

由于形成的具体原因不同，国际收支不平衡有不同的类型。

（一）结构性的不平衡

结构性的不平衡是指各种结构性因素引起的国际收支不平衡。从全球经济看，各国之间经济发展的不平衡是造成各国国际收支不平衡的重要原因。各国经济的对外发展不仅取决于各国的国内经济发展状况，而且也依赖于各国在全球范围内实现资源的优化配置的能力。国际收支的平衡主要取决于经常账户和长期资本流出入状况，而这些又视国内的储蓄—投资状况而定。全球性的储蓄—投资不平衡会引发全球经济的失衡，进而形成结构性的贸易顺差国与逆差国。从一个国家的视角看，如果一国的出口不能随商品、劳务的国际需求与供给的变动而变化，不能随现代生产技术的变化而创新，就很可能被其他国家的新产品所代替，从而使本国出现结构性贸易收支不平衡。

（二）周期性的不平衡

周期性的不平衡是指一国经济周期波动所引起的国际收支不平衡。受经济内在规律的影响，经济活动会呈现周期性波动，并对国际收支产生影响，如在经济繁荣时期，国际贸易易出现顺差；而在经济萧条时期则可能会出现贸易逆差。在国际间经济关系日益密切的现实条件下，主要国家经济周期的变动也影响到其他国家的经济情况，造成其他国家国际收支的不平衡，进而形成世界性的经济循环。

（三） 收入性的不平衡

收入性的不平衡是指国民收入增减的变化所引起的国际收支不平衡。一般来讲，一国国民收入的增加，会使本国的消费增加，其商品、劳务的进口也可能随之增加，造成贸易收支的支大于收。但是，当一国收入增长伴随劳动生产率提高时，成本下降可能会促进出口快速增长。

（四） 货币性的不平衡

货币性的不平衡是指货币供应量的相对变化所引起的国际收支不平衡。在一定的汇率水平下，如果一国因货币供应量增长过快，而出现通货膨胀，则会使其商品成本与物价水平相对地高于其他国家，那么该国的商品输出必然会受到抑制，而输入受到鼓励，从而使国际收支发生逆差。

（五） 临时性的不平衡

临时性的不平衡是指偶然因素引起的国际收支不平衡。自然灾害、政局动荡、战争、国际商品价格的偶发变动等因素都会对国际收支产生重要影响。

四、国际收支不平衡的影响

虽然国际收支不平衡的发生是必然的，但对于一国而言，国际收支出现持续、大量的不平衡，不管是逆差还是顺差，其经济都会受到不利的影响。

国际收支逆差的影响具体表现在：本国向外大举借债，加重本国对外债务负担；黄金外汇储备大量外流，削弱本国对外金融实力；本币对外贬值，引起进口商品价格和国内物价上涨；资本外逃，影响国内投资建设和金融市场的稳定；压缩必需的进口，影响国内经济建设和消费利益。

国际收支顺差的影响具体表现在：外汇储备大量增加，使该国面临通货膨胀的压力和资产泡沫隐患；本国货币汇率上升，会使出口处于不利的竞争地位，打击本国的就业；本国汇率上升，会使外汇储备资产的实际价值受到外币贬值的影响而减少；本国汇率上升，本币成为硬货币，易受外汇市场抢购的冲击，破坏外汇市场的稳定；加剧国际间摩擦。

在经济发展日益全球化的当代，尽管各国之间的经济协调不断增加，但这种经济协调仅仅局限于不削弱国家主权的经济合作。当出现全球经济失衡，尤其是相关国家发生国际收支结构性不平衡、国际债务增加、汇率大幅度震荡时，多数国家往往把自己的偏好以及自己的国家利益放在首位，不愿进行相应的经济调整，不愿承担相应调整的国际责任，有的国家甚至采取加剧矛盾的敌对政策，如实行贸易保护、外汇管制，这些行为很容易产生无序的全球经济失衡调节机制，进而引发全球金融危机和加剧经济风险。

新冠肺炎疫情是如何扩大全球经常账户差额的？

第三节　国际收支调节

国际收支不平衡规律性的存在和其负面影响，使国际社会和各国都十分关注国际收支的调节问题。任何国家一旦出现国际收支失衡，通常都要采取政策措施进行调整。本节讨论国际收支调节的一般原则和调节措施。

一、国际收支调节的一般原则

各国在选择调节方式时，一般遵循下列原则。

（一）按照国际收支不平衡的类型选择调节方式

国际收支不平衡有不同的类型，在选择调节方式时，应该按其不平衡的性质和类型采取不同的调节方式。如果是货币性的不平衡，一般采取调整汇率即货币比价的方式；如果是结构性的不平衡，就采取贸易、外汇管制，或利用国家的财政、货币政策干预，为长期的结构调整创造条件；如果是周期性的不平衡，可采取国外借贷的方式来调节，有时还可以动用国际储备。

（二）选择调节方式时应结合国内平衡进行，避免内外平衡冲突

宏观经济管理的目标是双重的：内部均衡与外部均衡。实现国际收支平衡的经济政策在实施过程中，常常会与物价稳定、充分就业、经济增长、防范风险这些内部均衡目标发生矛盾或冲突。例如，一国出现顺差和通货膨胀时，若实行降低利率这种扩张性货币政策来减少顺差，会使国内的通货膨胀进一步加剧。所以，选择调节国际收支的政策时，应从一国经济全局考虑，既要确定优先的目标，又需要多种政策配合，否则会顾此失彼，达不到预期的目的。

（三）注意减少国际收支调节措施给国际社会带来的刺激

经济全球化一方面使得各国经济相互传递的障碍在减少，互动性加强；另一方面各国仍保留着重要的经济主权，仍然自主决定着贸易政策、汇率政策、货币政策。这些政策在调节本国国际收支的同时，也会对其他国家产生影响。因此，政府在选择调节政策时，应该顾及国际社会的反应。

此外，一国对另一国单方面采取“贸易保护”“贸易摩擦”“贸易制裁”等以邻为壑的措施，在制裁别国的同时也会使自己受到伤害。或许，通过谈判，达成互惠互利的协议，促进双方的经贸发展，取得“双赢”更胜一筹。

二、国际收支的自动调节机制

无论国际收支状况如何，是顺差还是逆差，都会引起国民经济的一些主要经济变量发生变动，这些变动反过来又会影响国际收支。自动调节机制是指利用市场经济运行的内在规律，通过货币、利率、物价和汇率等经济变量的变动对国际收支所形成的反作用的调节机制。

（一） 物价—现金流动机制

专栏 1－1

古典政治经济学代表人物休谟于 1752 年提出的物价—现金流动机制，被视为第一个系统分析国际收支运动规律的理论学说。休谟创造性地运用货币数量论来分析国际收支，提出自动调节机制论，为自由主义思想的广泛传播奠定了理论基础。物价—现金流动机制在一百多年后的国际金本位制度下得到广泛运用。

休谟画像

物价—现金流动机制是由英国经济学家休谟在 18 世纪提出的，主要说明金本位制下黄金的流出入和物价水平的变动对贸易收支不平衡的调节作用。调整过程如下：

贸易收支逆差→黄金流出→货币供应量下降→国内物价下降→出口增加进口减少→贸易收支顺差→黄金流入→货币供给增加→国内物价上升→出口减少进口增加

金本位制崩溃以后，物价—现金流动机制也就不复存在了。但是，自动调节的基本原理没有消失，其他经济变量的自动调节作用仍然存在。

（二） 储备调节机制

如果以汇率的稳定为前提，外汇储备的变动可以调节国际收支的不平衡。外汇储备的调节主要通过利率、收入、物价的机制实现。

在固定汇率制下，国际收支的不平衡会引起外汇储备的变动和货币供应量的变化，进而导致利率、收入、物价的变化；通过这些主要变量的调整，作用于国际收支。调整过程如下：

国际收支逆差→官方储备减少→货币供应量减少→利率上升

→ { 国内投资下降 → { 收入减少→进口减少；物价下跌→出口增加 }；资本净流入 }

在固定汇率制下，由于汇率不能随国际收支的顺差或逆差而发生相应变动，只有通过官方储备的变动来反映国际收支的最终结果。官方储备的变动与国内货币供应量的增减有直接关系。通过这一途径，外部的不平衡自然会引起内部经济的变动，并借助于内部的调整来达到外部的调节。所以，利率、国民收入和物价变动的自动调节能够较为充分地发挥作用。当然，即使固定汇率制被浮动汇率制所代替，只要市场机制还存在，经济运行的内在规律还在起作用，利率、收入、物价的机制仍就会在一定程度上发挥作用。

（三）汇率调节机制

如果允许汇率自由波动，国际收支的不平衡必然会引起一国货币汇率的变动。而汇率变动反过来调节该国贸易收支，最终调节国际收支，从而形成了汇率变动的自动调节措施。

汇率变动主要通过相对价格水平的变动调节国际收支。具体地讲，当一国出现国际收支逆差时，本币汇率会下跌，从而使出口商品的国际价格下降，进口商品的国内价格上升。在进出口商品的需求弹性充分的条件下，出口商品价格的下降，会引起出口商品数量的增加。一方面，当出口商品数量增加大于出口商品价格下降时，出口总值就会增加；另一方面，进口商品价格上升，会引起进口商品数量的减少，当进口商品数量的减少超过了进口商品价格的上升时，进口总值就会下降，从而使贸易收支趋于顺差。相反，当一国国际收支出现顺差时，本币汇率会上升，这样就不利于出口，而有利于进口，使贸易收支向逆差方面转变。调整过程如下：

国际收支逆差→本币汇率下跌→出口品国际价格下降→进口品国内价格上升→出口增加，进口减少

储备调节和汇率变动的调节虽然都属于自动调节措施，但它们对国民经济内外平衡的影响却不尽相同。

储备调节是通过国内宏观经济变量的变动实现的，这种变动的调整过程需要一个较长的时期，在这个时期内，国内经济可能要承受通货紧缩或通货膨胀的压力。为了纠正外部出现的逆差，一国国内投资下降、物价下跌、失业增加，从而引起或加深了内部的不平衡。所以国际收支是经过复杂，甚至是痛苦的过程而实现平衡的。

汇率变动的调节，使一国国际收支不平衡的影响止于汇率变动，起着相对隔离国内外经济，避免外部不平衡过分干扰国内经济的作用。在这种情况下，一国可以在国内采取以维持国内平衡为目的的经济政策，避免内外平衡的冲突。但是，汇率变动主要是通过进出口相对价格的变动对国际收支不平衡进行调节的，这会对国内物价水平产生重要影响；同时，这种变动的调整也需要一个过程。

（四）市场调节机制发挥作用的条件

1. 发达、完善的市场经济，充足的价格、收入弹性。市场调节机制要求国民经济活动如投资、消费、资本的流出入对利率的反应较为灵敏。这在很大程度上要看国内外各种市场的发达程度，无论是商品市场、生产要素市场还是金融市场，是否都是有效的市场。它要求商品的进出口弹性比较充分，也就是说收入的变动、价格的变动足以引起商品进出口数量的较大变动。

2. 政府的顺势而为。市场调节机制要求政府尽量少干预经济活动，尤其不能采取与自动调节措施相抵触的经济政策，否则会使调节作用下降或异化。

3. 内部经济的承受程度。自动调节主要通过国内宏观经济变量，如货币供应量、利率、收入、价格等的变动实现对国际收支的调节作用。在调整过程中，经济可能要面临

内部失衡的压力，引发或加深经济、社会问题。因此，内部经济的承受程度制约着自动调节措施的力度。

三、国际收支的政策调节

国际收支的调节政策，按对社会总需求的水平和结构的影响不同，分为支出变更政策和支出转移政策。支出变更政策，主要通过改变社会总需求或总支出水平，从而改变对外国商品、劳务和金融资产的需求，达到调节国际收支的目的，如财政政策、货币政策。支出转移政策，主要通过改变需求和支出方向，从而改变支出在本国商品劳务和外国商品劳务之间的比重，达到调节国际收支的目的，如汇率政策、直接管制。

国际收支调节政策具体可分为四个方面：外汇缓冲政策、汇率政策、财政政策和货币政策与直接管制。

（一）外汇缓冲政策

外汇缓冲政策是指政府运用其自有或借入的外汇储备，在外汇市场上买卖外汇来调节外汇市场供求，弥补因国际收支不平衡产生的外汇缺口，从而缓解外部失衡对国内经济带来的震荡。

在国际收支逆差、本币汇率下跌时，货币金融当局或中央银行在外汇市场上抛售外汇，吸进本币，消除国际收支逆差所形成的外汇供求缺口，缓解外汇供求矛盾，缓冲逆差对国内经济金融的不利影响。在国际收支顺差、本币汇率上升时，货币金融当局或中央银行在外汇市场上做相反操作。

外汇缓冲政策属于一种弥补性政策，它只能应付临时性或季节性或周期性的国际收支不平衡，不宜用来应对巨额、长期的国际收支不平衡。但是，一国在实行内部经济结构调整时，也可以运用外汇缓冲政策作为辅助手段。

（二）汇率政策

政府通过主动调整汇率来调节国际收支的不平衡，这是一国政府有意识地利用汇率调节功能的体现。汇率政策通过汇率变动，改变进出口商品和劳务的相对价格，从而改变国内居民的支出或消费的方向，改变进出口的对比关系。在固定汇率制下，政府可以通过本币对外币升值或贬值来改变汇率；在浮动汇率制下，可以通过参与外汇买卖来左右汇率。

当出现逆差时，通过降低本国货币汇率，使国际收支得到改善。当出现顺差时，通过提高本国货币汇率，纠正国际收支的失衡。

汇率政策的调节效果取决于进出口价格的弹性，从而与一国的经济结构、外贸结构有直接关系。同时，汇率政策的实施会使官定汇率与市场均衡汇率发生脱节，出现汇率的高估或低估，由此产生复杂的影响，并且还容易引起国际间的矛盾和摩擦。

（三）财政政策和货币政策

政府通过调整财政收支、调节货币供应量来控制国内总需求，改变宏观经济的主要变量如国民收入、物价和利率，启动国际收支的收入、利率、物价调节机制，改善国际收支。

逆差时，政府采取紧缩性的财政、货币政策，具体措施包括削减财政开支、提高税率、增加税收等财政性措施和提高贴现率、增加存款准备金、在公开市场上卖出有价证券、紧缩银根等货币性措施。这样一方面使国内总需求收缩，投资和国民收入减少，消费下降，物价下跌，从而促进出口，抑制进口；另一方面较高的利率水平还可吸引国际资本流入，改善资本账户的收支，使国际收支趋于平衡。顺差时，政府采取扩张性的财政政策和货币政策，以扩大国内投资和消费，引起进口增加，出口减少，促使资本流出，使国际收支恢复平衡。

相对于财政政策而言，货币政策在调节国际收支方面的作用较大，尤其对资本金融账户的影响更明显。

采用财政货币政策调节国际收支，必须通过影响国内经济才能实现，这很容易出现内部均衡与外部均衡的冲突与矛盾，形成顾此失彼的局面。另外，政策效果也受制于一国汇率制度。因此，选择政策实施的适当时机，把握好政策运用的分寸，注重汇率条件和各政策措施的相互配合，就显得尤为重要。

（四）直接管制

直接管制是以行政命令的办法对国际经济交易和金融交易进行直接干预，恢复国际收支的平衡。直接管制包括贸易管制和外汇管制。

贸易管制指对进出口贸易进行直接管制，如进出口许可证制、进口配额制、进口技术标准、歧视性采购政策等保护贸易的措施。外汇管制指对外汇收支与外汇价格、国际结算采取的限制性措施。

用直接管制的措施平衡国际收支，效果较为迅速、显著；使用灵活，对于市场发育程度较低的发展中国家具有可操作性。

但是，直接管制会扭曲市场价格信号，使市场机制作用不能充分发挥，在一定程度上限制了竞争；同时，还容易产生寻租腐败行为、管理成本高等问题。此外，直接管制会明显地伤害其他国家，引起其他国家的反对与报复，恶化国际经济关系。

四、国际收支的国际调节

为了从根本上解决国际收支不平衡问题，维护世界经济与金融的正常秩序与运转，许多国家试图采取国际经济合作的方式。国际合作的方式主要表现在：

通过国际经济组织制定一系列规则和制度，为世界贸易往来和金融运行确定相对统一的准则，为世界经济有序、有效发展创造良好的条件。如国际货币基金组织要求成员国不得对国际收支经常账户的外汇交易加以限制，不得施行歧视性的货币措施或多种汇率制度的国际收支调节原则；世界贸易组织要求各成员国在给予优惠待遇或是按规定实施贸易限制方面奉行“非歧视原则”，在限制关税、取消非关税壁垒以及其他不适宜做法的方面采取“公平原则”，在实施与国际贸易有关的法律、条例、司法决定、行政决定方面坚持“透明度原则”等。

通过国际金融组织，或者通过国际协定向国际收支逆差国提供资金融通，缓解其国际清偿力不足的问题；或者借助于国际货币基金组织的信贷安排，帮助逆差国克服对外支付的困难；或者借助于政府之间的信用安排，向逆差国提供必要的资金支持，从而形成一个国际收支调节的资金融通机制。

通过建立区域性经济一体化集团，促进区域内经济、金融的一体化和国际收支调节。一些国家为消除国际间自由贸易的障碍，谋求贸易的自由流通，充分享受国际分工的好处，相继建立若干自由贸易区、地域性共同市场等，以恢复贸易自由，便于国际收支的调节，如欧盟、北美自由贸易区、东盟自由贸易区等的建立。

通过国际经济对话机制，探讨或解决全球经济失衡、国际收支失衡的新问题。随着经济和金融全球化的推进，原有的国际经济金融体制已不能完全适应新的形势，也不能有效解决不同利益体的矛盾，规则协调的局限性越来越明显，需要建立新的对话和沟通机制，以便在一定程度上解决各国信息不对称问题，明确主要国家的相应责任，对各国经济进行更加灵活和及时的协调，应对经济全球化过程中出现的新问题。如七国（G7）财长和央行行长会议、二十国集团（G20）财长和央行行长会议，以及各类区域性金融经济会议。

应该看到，通过国际合作方式调节国际收支，要求各当事国能求同存异，着眼未来，调节的效果使各方达到互利互惠，但由于各国在国际收支处于失衡状态的起点不同、条件不同，各国在国际合作方面任重道远。

第四节　我国的国际收支

我国的国际收支不仅是我国国内经济发展和对外经济金融关系的体现，而且对社会经济稳定协调发展具有重要意义。因此，本节主要介绍我国国际收支发展演变、现状特点、调节手段等内容。

一、我国国际收支及其统计的发展

1978 年以前，在长期的计划经济体制下，作为“四大平衡”之一的外汇收支，与财政、信贷、物资一起构成我国国民经济内外的主要方面，此时我国用编制外汇收支平衡表来反映国际收支的基本状况。1978 年之后，我国实行改革开放政策，对外交往发展迅速。1980 年，我国恢复了在国际货币基金组织中的合法席位。同年，国家外汇管理局开始试编制国际收支平衡表。1981 年，国家外汇管理局制定了国际收支统计制度，从 1982 年开始正式编制和公布国际收支平衡表。

1994 年，我国实行外汇管理体制改革，国家外汇管理局依据国际标准概念框架设计制定了《国际收支统计申报办法》，确定了国际收支统计申报的范围、内容和方法，明确了国际收支统计的执行部门和各申报主体的职责和义务，为我国国际收支统计申报工作确立了坚实的法律依据和制度保障。

1996 年 1 月，我国正式实施《国际收支统计申报办法》，通过运用科技手段、信息技术，提高国际收支统计申报工作的质量、效率和水平。随后几年，国家外汇管理局一直在进行国际收支统计申报系统的升级和更新的工作，推行网络申报先进方法，进一步简化申报主体的操作和工作量，进一步提高国际收支统计申报数据的时效和质量，为国家宏观经济统计分析和预测、决策提供更加科学的依据。与此同时，我国国际收支统计申报制度更加注重参与者的广泛性和操作的具体化，改变了过去经济统计工作中的传统做法，吸取了国际上成功的经验和有效的方法，结合我国的国情，由国际收支行为主体的居民法人和自然人逐笔申报相关信息，采用计算机技术对申报信息进行汇总、分析和预测，从而极大地提高了我国国际收支信息的准确性、及时性和全面性。

2001 年起，国家外汇管理局开始按半年度公布国际收支平衡表；2002 年 4 月，我国加入了国际货币基金组织数据公布通用系统（General Data Dissemination System, GDDS）；2005 年，国家外汇管理局首次公布中国国际收支报告。在中国经济逐渐融入世界经济的过程中，国际收支统计申报工作和分析报告凸显出越来越重要的作用。2015 年 10 月 8 日，中国宣布正式采纳国际货币基金组织数据公布特殊标准（Special Data Dissemination Standard, SDDS），旨在提高宏观经济统计数据的透明度、可靠性和国际可比性。与通用标准相比，中国决定采纳的 SDDS 对数据公布的频率、时效和完整性等要求更为严格。从 2013 年起，国家外汇管理局在编制国际收支平衡表时，既使用人民币进行编制，也同时使用美元进行编制。

表 1-3　　中国国际收支平衡表（2020 年）　　单位：亿美元

账户	差额	贷方	借方
一、经常账户	2 740	30 117	-27 377
A. 货物与服务	3 697	27 324	-23 627
a. 货物	5 150	24 972	-19 822
b. 服务	-1 453	2 352	-3 805
B. 初次收入	-1 052	2 417	-3 469
C. 二次收入	95	376	-281
二、资本和金融账户	-1 058	5 207	-6 266
A. 资本账户	-1	2	-2
B. 金融账户	-1 058	5 206	-6 263
a. 非储备性质的金融账户	-778	5 206	-5 983
1. 直接投资	1 026	2 125	-1 099
2. 证券投资	873	2 547	-1 673
3. 金融衍生工具	-114	-45	-69
4. 其他投资	-2 562	579	-3 142
b. 储备资产	-280	—	—
三、净误差与遗漏	-1 681	—	—

说明：（1）本表根据《国际收支和国际投资头寸手册》（第六版）编制。中国居民遵循经济原则，不包括中国香港、澳门特别行政区和中国台湾地区的机构和个人等。（2）“贷方”按正值列示，“借方”按负值列示。（3）本表计数采用四舍五入原则，因此合计数与各分项加总可能稍有差异。

数据来源：国家外汇管理局。

专栏 1－2

数据公布特殊标准

数据公布特殊标准（Special Data Dissemination Standard，SDDS）是国际货币基金组织于1996 年制定的关于各国经济金融统计数据公布的国际标准。国际货币基金组织有两级数据公布标准：数据公布通用系统（GDDS）和数据公布特殊标准（SDDS）。SDDS 与 GDDS 框架基本一致，但 SDDS 对数据覆盖范围、公布频率、公布及时性、数据质量、公众可得性等方面要求更高。截至 2015 年已有 73 个经济体采纳 SDDS，其中包括所有发达经济体，以及俄罗斯、印度、巴西、南非等主要新兴市场国家。

SDDS 将国民经济活动划分为四大经济部门：实体部门、财政部门、金融部门、对外部门。必需的数据类别包括：（1）综合统计框架，如实体部门的国民账户、财政部门中的广义政府或公共部门的运作、金融部门中银行体系的分析账户以及对外部门中的国际收支账户。（2）跟踪性数据种类，如实体部门中的生产指数，财政部门中的中央政府的运作，金融部门的中央银行分析账户等。（3）与部门有关的其他数据种类，例如实体部门的劳动市场和价格统计，金融部门中的利率和对外部门中的汇率。

二、1994 年以来我国国际收支的变化特点

1994 年，我国进行了外汇管理体制的重大改革，我国国际收支状况也开始发生深刻的变化，呈现下列特点：

（一） 进出口总额规模不断扩大， 国民经济对涉外经济的依存度大大加深

自 1994 年外汇体制改革以来，我国进出口总额规模以空前的速度增长。如图 1－2 所示，2015 年，我国的国际收支总额达到 51 981 亿美元，是 1994 年的 18 倍。自 2001 年开始，我国经济外贸依存度不断大幅提高，2006 年达到 67% 的峰值。虽然此后出现回落态势，但仍超过 50% 。这表明我国深度地参与国际竞争和国际分工，我国经济广泛而深入地融入全球经济发展之中。2008 年，美国爆发了严重的金融危机并蔓延至全球，世界经济增长放缓，国际金融市场动荡加剧，受此次危机的影响，2009 年我国进出口总额规

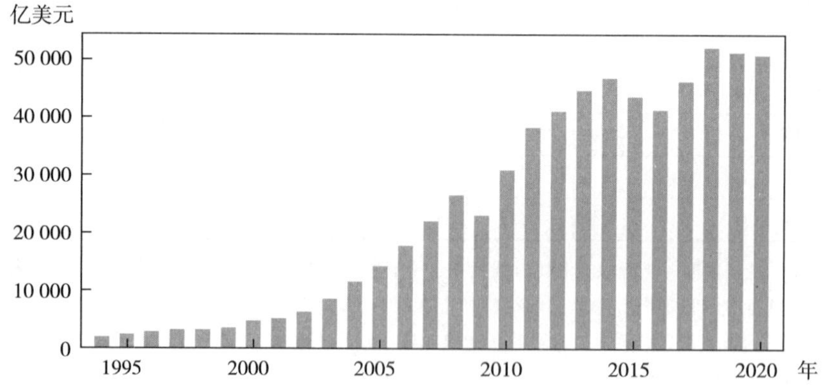

图 1－2　中国进出口总额

（数据来源：国家外汇管理局）

模出现了下降。2010 年，全球经济总体呈现复苏态势，虽然有欧洲主权债务危机的影响，但我国对外经济发展仍趋于活跃，国际收支总量出现恢复性增长，并在 2014 年创下新高。2015—2016 年我国进出口总量小幅回调，在 2017—2018 年我国进出口总量又恢复上升态势，受到 2018 年中美贸易摩擦的影响，2019—2020 年我国进出口总量小幅回落。

我国进出口总额规模的高速增长，第一，得益于国民经济持续快速健康发展、对外开放水平不断提高所奠定的物质基础；第二，得益于外贸和外汇体制改革不断深入的制度保证；第三，得益于国家宏观调控能力和水平不断提高的政策保证；第四，得益于我国坚持扩大对外开放政策，我国经济深度融入全球价值链。

进出口总额规模的不断扩大，不仅有力地支持了国民经济建设，而且改善和加强了我国对外关系，大幅度提升了我国的综合实力和国际地位。

（二）经常账户呈现持续性顺差，资本和金融账户频繁波动

如图 1－3 所示，1994 年以来，我国基本形成了两大周期：一是 1994—2013 年的经常账户、资本和金融账户“双顺差”，外汇储备较快增长；二是 2014 年（尤其是下半年）以来的经常账户、资本和金融账户“一顺一逆”，外汇储备下降。我国国际收支在 1994—2011 年的 18 年时间里，除 1998 年受亚洲金融危机的影响，资本和金融账户出现净流出的状况外，其余都是经常账户顺差、资本和金融账户顺差的年份，呈现持续性“双顺差”格局。2012—2015 年，国际收支格局开始发生变化，经常账户仍然是持续顺差，但是资本和金融账户开始出现逆差，除 2013 年外，国际收支开始出现“一顺一逆”格局。1994—1997 年，资本和金融账户顺差占国际收支总差额的比例大于经常账户顺差的比例；1998—2010 年，经常账户顺差的比例超过资本和金融账户顺差的比例的年份居多，特别在 2005—2008 年，这种现象更为突出；2011 年，才再次出现经常账户顺差占比小于资本和金融账户顺差占比的情况。2012 年之后，资本和金融账户的波动变大，2012 年和 2014 年资本和金融账户逆差的比例小于经常账户顺差的比例，2013 年和 2015 年资本和金融账户差额要明显大于经常账户差额，体现出资本和金融账户的易变性。2016 年至 2020 年中国加强资本账户管理后，资本与金融账户变动趋于平稳。

我国 1994—2013 年国际收支的“双顺差”有着深刻的经济原因。第一，我国是一个高储蓄国家，长期以来国内储蓄大于投资，这是经常账户收支顺差的根本原因。第二，我国具有经济稳定、外资政策优惠、资源和劳动力成本低廉以及市场前景广阔等优势，吸引外商直接投资持续大量流入。外商直接投资的增加，强化了我国贸易和投资“双顺差”的国际收支平衡格局。第三，长期以来，我国对外经济政策的基本点是对外贸易“奖出限入”、资本流动“宽进严出”。第四，人民币升值预期，不仅导致境内机构和个人持汇和购汇动机减弱，结汇意愿增强，而且引发逐利的国际短期资本流入。

2014 年以来，尤其是 2014 年下半年以来，我国经常账户顺差、资本和金融账户逆差的国际收支格局基本形成。2017 年至 2019 年中国出现短期的国际收支“双顺差”格局，但资本和金融账户的顺差幅度相对较小。2020 年中国重新出现经常账户顺差、资本和金融账户逆差的国际收支格局。

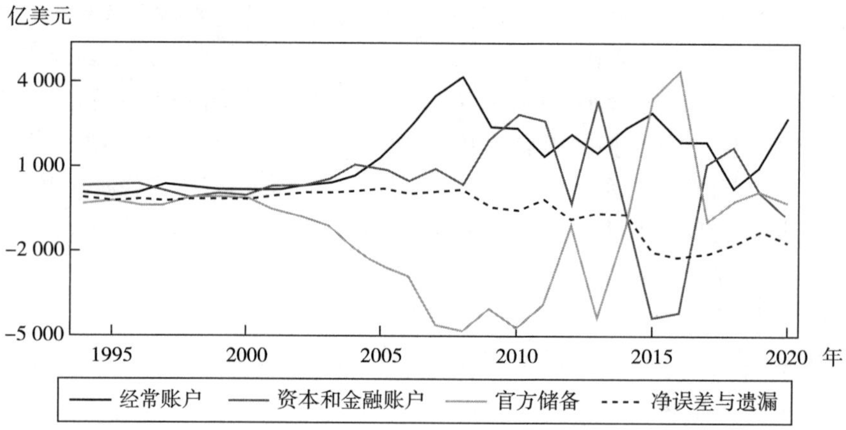

图 1-3　中国国际收支结构

（数据来源：国家外汇管理局）

（三）国家外汇储备规模由高位回落

如图 1-4 所示，伴随着国际收支持续性顺差的是我国外汇储备的大幅度增加，我国的外汇储备 1994—1997 年连续 4 年增加额在 200 亿美元以上；2000—2003 年连续 4 年增加额在 400 亿美元以上；2003—2005 年连续 3 年增加额在 2 000 亿美元以上；2006—2010 年连续 5 年增加额在 3 500 亿美元以上；2011—2014 年连续 4 年持续增长，在 2014 年 6 月底，我国外汇储备规模达 3.99 万亿美元的历史高位。到 2015 年底，我国外汇储备余额 3.33 万亿美元，较 2014 年 6 月底的历史高点下降了 6 629 亿美元。其中：一部分是央行为外汇市场提供流动性，导致交易引起的外汇储备资产减少；另一部分是因为汇率和资产价格变化引起的估值变动，是账面的损益。如美元升值，则非美元资产折合美元就减少；再如，债券和股权类资产按市场价值重估，也会产生账面的损益。

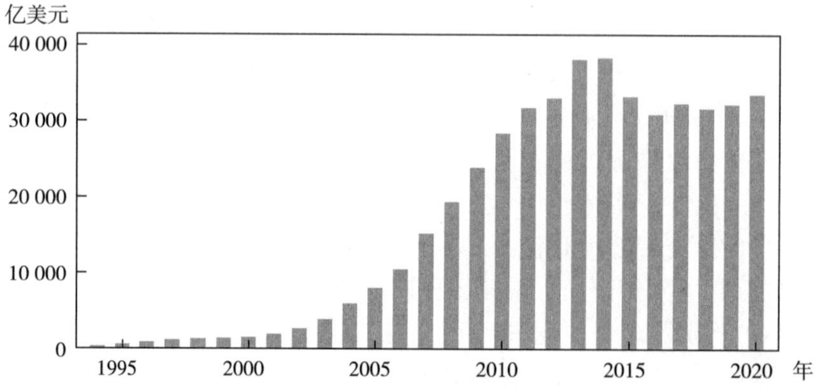

图 1-4　中国外汇储备

（数据来源：国家外汇管理局）

2014 年下半年至 2015 年，官方储备资产和市场主体对外资产“一降一升”。我国对外资产总体增加了 2 672 亿美元。其中，企业等市场主体的直接投资资产增加 2 633

亿美元，相当于2003—2013年11年增加额的66%；证券投资资产增加865亿美元，相当于过去11年间增加额的70%；贷款等其他投资资产增加2 870亿美元，也达到了过去11年间增加额的28%。以前在人民币升值预期下，我国市场主体不愿意持有对外资产，但在人民币汇率双向波动环境下，增加对外资产的积极性大幅提升，成为储备资产下降的主要原因，这也是“藏汇于民”的必然过程。2015年中国官方储备大幅下降后，中国人民银行加强了对跨境资本流动的监管，中国官方储备规模从2016年底的3.09万亿美元逐步回升至2020年底3.35万亿美元。

三、我国国际收支调节的主要手段

（一）贸易政策

贸易收支一直是我国国际收支的重要内容，贸易政策制定和调整对我国国际收支状况起着至关重要的作用。我国传统贸易战略以“出口创汇”为基本指导原则，贸易政策的着重点放在鼓励出口、扩大出口方面。面对外贸结构性的顺差，我国进行贸易政策的调整，从出口“规模导向型”向“效益导向型”转变，实现对外贸易从数量扩张向质量提高和国际竞争力提升转化，进一步发挥贸易政策对国际收支平衡的调节作用。

（二）财政货币政策

我国国际收支变化与国民经济发展状况存在着密切关系，国内投资与储蓄状况、国内总需求状况都极大地影响着国际收支。通过运用财政货币政策调节社会总需求，不仅可以使国内经济均衡协调发展，而且还可以通过作用于对外经济活动，为国际收支的平衡创造一个良好的宏观经济环境。从财政政策看主要是税收政策，包括关税政策、出口退税和对外商直接投资的税收优惠政策；从货币政策看主要是利率政策和信贷政策。

（三）外汇管制

外汇管制一直是我国调节国际收支的主要手段之一。由于我国社会主义市场经济体系发育不完善，而且正处于经济转型期，在逐步启用经济手段调节国际收支的同时，在一定时期内，仍不能放松外汇管理。随着社会主义市场经济体系的成熟，行政手段运用的范围和发挥的作用将会逐渐缩小，有些行政手段还会完全取消，而经济手段的调节范围和作用将会逐渐扩大和加强。

（四）汇率政策

从20世纪80年代起，我国开始利用汇率政策，通过汇率变动来调节国际收支。随着我国社会主义市场经济的发展和对外开放的深入，尤其是实行有管理的浮动汇率制之后，汇率在我国国际收支调节中的杠杆作用得到了进一步的加强，通过汇率变动调节国际收支更加主动、频繁。

（五）其他的金融措施

对外经济的发展，尤其是对外贸易的发展离不开金融的支持。从20世纪90年代起，我国开始运用出口信用保险措施，增强外贸出口企业的抗风险能力。十多年间，我国形成了包括短期出口信用综合险、出口买方信贷保险、出口卖方信贷保险、国外来料加工保险、海外工程承包保险、海外投资保险等在内的出口信用保险业务体系，在促进外贸出口，配合实现国家的财政、金融政策方面发挥了积极的作用。

专栏 1－3

“十三五”期间我国证券投资双向开放提速

2020 年是“十三五”规划收官之年，也是我国资本市场建立运行的第三十年。“十三五”期间，我国证券市场双向开放步伐明显加快。2016 年，“深港通”正式开通；2017 年，“债券通”北向正式开通；2018 年，以原油期货为代表的境内期货市场开始对外开放，A 股被纳入 MSCI 指数；2019 年，取消 QFII/RQFII 投资额度限制，“沪伦通”正式落地；2020 年，进一步扩大 QFII/RQFII 投资范围，放宽准入要求，境外红筹企业回归境内科创板上市；2021 年，富时罗素 WGBI 指数纳入中国国债。

总体来看，“十三五”期间我国证券投资双向开放局面进一步形成。一方面，便利“引进来”，不断提高投融资自由化便利化水平，为外资投资中国金融市场创造了更好的制度环境；另一方面，兼顾“走出去”，拓宽境内投资者开展全球跨境证券投资的渠道和供给，切实满足境内投资者全球资产配置需求。当前证券投资双向开放格局，有利于在“十四五”时期加快构建以国内大循环为主体，国内国际双循环相互促进的新发展格局，也将为跨境资本双向均衡流动提供政策保障和开放环境。

（国家外汇管理局，《2020 年中国国际收支报告》）

2020 年中国国际收支报告

第五节　国际收支理论

国际收支理论主要研究国际收支的决定因素和国际收支的调节政策。早在三百年前，重商主义就探讨了贸易收支问题；18 世纪，英国经济学家休谟提出了金本位制下国际收支的自动调节理论。从 20 世纪 30 年代开始，国际收支的理论研究迅速发展，形成一些很有影响的理论。

一、弹性分析理论

弹性分析理论（Elasticities Approach）采用局部均衡的分析方法，从进出口商品的供求弹性方面，研究在收入不变条件下，汇率变动对贸易收支的调节作用和对贸易条件的影响。

弹性是指一个变量相对于另一个变量变动的敏感程度。

该理论最早由英国经济学家马歇尔提出，之后在20世纪三四十年代又由勒纳、琼·罗宾逊、梅茨勒进行了补充和发展，使该理论从体系上趋于完善。

（一）进出口的供求弹性

价格变动会影响需求和供给数量的变动，供求弹性就是供应（需求）数量的变动率与其价格变动率的比率。进出口方面有四个弹性：

出口需求弹性：D_X = 出口商品需求量的变动率/出口商品价格的变动率

进口需求弹性：D_M = 进口商品需求量的变动率/进口商品价格的变动率

出口供给弹性：S_X = 出口商品供应量的变动率/出口商品价格的变动率

进口供给弹性：S_M = 进口商品供应量的变动率/进口商品价格的变动率

弹性实质上就是反映数量的变动率与其价格变动率之间的比例关系，这种比例关系的值越高，弹性越高；反之则相反。

（二）马歇尔—勒纳条件（Marshall—Lerner Condition）

本币贬值会引起进出口商品价格的变动，并使进出口商品的供求量发生变动。在进出口商品供给弹性充分的条件下，一国货币贬值要达到改善国际收支逆差的效果，要求进口和出口需求弹性的绝对值之和必须大于1。进出口的需求弹性的绝对值之和有三种可能性，它们对贬值的调节效果的影响各不相同：

$|D_X + D_M| > 1$　　货币贬值将会改善贸易收支

$|D_X + D_M| = 1$　　货币贬值不发生作用

$|D_X + D_M| < 1$　　货币贬值将恶化贸易收支

其中，贸易收支通过货币贬值而得到改善的必要条件是 $|D_X + D_M| > 1$，这是马歇尔—勒纳条件。

（三）毕肯戴克—罗宾逊—梅茨勒条件（Bickerdike - Robinson - Metzler Condition）

马歇尔—勒纳条件的假定是其他条件不变（即收入、其他商品价格、偏好等不变），进出口商品的供给弹性无穷大，这仅符合未充分就业的情况，而不适用于其他情况。因此，梅茨勒放弃了供给弹性无穷大的假定，认为汇率变动对贸易收支的影响与进出口的需求弹性和供给弹性有密切关系，也就是所谓的罗宾逊—梅茨勒条件，即

$$\frac{D_X D_M(S_X + S_M + 1) - S_X S_M(D_X + D_M + 1)}{(S_M - D_X)(S_M - D_M)} > 0$$

马歇尔—勒纳条件是罗宾逊—梅茨勒条件中 S_X、S_M 趋于无穷大时的一个特例。

（四）货币贬值对贸易条件的影响

弹性分析理论研究的另一个问题是货币贬值对贸易条件的影响。

贸易条件是指出口价格水平与进口价格水平的比值，即 P_X/P_m。该比值下降说明贸易条件恶化，表明同样数量的出口商品所能买到的进口商品减少。贬值对贸易条件的影响同样与供求弹性有密切的关系。

1. 当进出口商品供给弹性无穷大，即 S_M 与 S_X 为无穷大时，本币贬值会使进口价格上涨，出口价格不变，贸易条件将恶化；当进出口商品供给弹性无穷小，即 S_M 与 S_X 等于0时，本币贬值会使进口价格不变，出口价格上涨，贸易条件将改善。

2. 当进出口商品需求弹性无穷大，即 D_X 和 D_M 为无穷大时，本币贬值会使进口价格不变，出口价格上涨，贸易条件将改善；当进出口商品需求弹性无穷小，即 D_X 和 $D_M = 0$ 时，本币贬值会使进口价格上涨，出口价格不变，贸易条件将恶化。

3. 除上述两种极端情况外，贬值对贸易条件的影响取决于供给弹性和需求弹性的乘积状况：

①当 $S_M S_X < D_X D_M$ 时，贬值可以改善贸易条件。

②当 $S_M S_X > D_X D_M$ 时，贬值会恶化贸易条件。

③当 $S_M S_X = D_X D_M$ 时，贬值不会使贸易条件发生变化。

因此，可以说，货币贬值对贸易条件的影响是不确定的，对不同的国家影响不同。但一般来说，贬值不能改善一国的贸易条件，因为从国外需求弹性和供给弹性的实际情况来看，对一国出口的国外需求弹性小于该国出口的国外供给弹性。

（五）J 曲线效应

货币贬值对贸易收支的调节是一个动态的过程，即恶化—恢复—改善的过程，这一过程称为 J 曲线效应（J – Shaped Curve Effect），如图 1 – 5 所示。

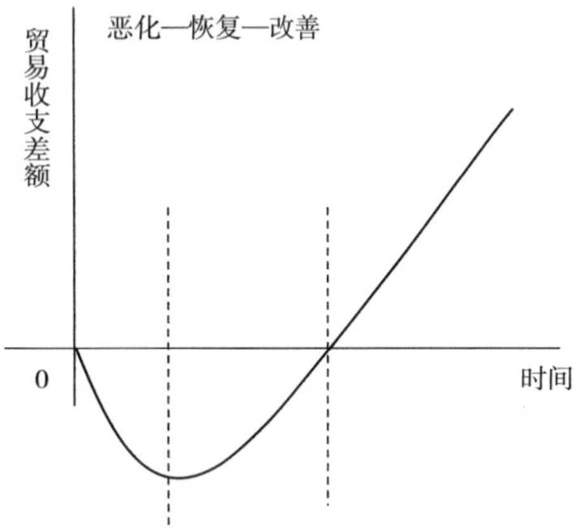

图 1 – 5　J 曲线效应

本币贬值之初，出口商品的国际价格下降，进口商品的国内价格上涨。但是，进出口商品的数量变化不大。因为进出口商获得价格信号、进行经营决策、调整生产、商务谈判等都需要时间，此阶段，出口值下降，进口值上升，贸易收支恶化；经过一段时间调整，随着进出口商品的数量变化的不断显现，当数量的变动幅度接近价格的变动幅度时，贸易收支呈现恢复态势；进一步的调整之后，当数量的变动幅度超过价格的变动幅度时，出口值增加，进口值下降，贸易收支改善。但是，贸易收支的顺差并不会一直持续下去，因为贸易收支顺差会引发通货膨胀，价格的持续上升会抵消贬值的作用，这样，贬值调节贸易收支的作用开始减弱。

（六）对弹性分析理论的评价

弹性分析理论正确地指出了只有在一定的进出口供求弹性的条件下，货币贬值才有改善贸易收支的作用和效果，从而纠正了货币贬值一定会改善贸易收支的片面看法，从而揭示出调整产业结构与对外贸易结构从长远看对贬值调节作用效果的重要性。

应该看到，该理论在具体运用时，由于弹性值难以计算而存在很大的局限。计算弹性值的困难不仅在于进出口商品种类很多，各种商品的弹性值有很大的差别，而且同一种弹性值也会随时间的推移和价格水平的高低而发生变化。

二、对外贸易乘数理论

对外贸易乘数理论（Foreign Trade Multiplier Approach）又称收入分析论，以凯恩斯的宏观经济分析方法和乘数原理为基础，主要分析在汇率和价格不变的条件下，贸易收支与国民收入之间的相互关系。该理论由马克卢普和梅茨勒提出。

（一）外贸乘数

开放经济中宏观经济的均衡条件为：$Y = C + S + T = AE = C + I + G + X - M$

这里，Y 为收入，AE 为总支出；C 为消费，S 为储蓄，I 为投资；G 为政府支出，T 为政府税收；$(X - M)$ 为净出口。

若政府财政收支平衡，即 $T = G$ 时：$S = I + X - M$

我们也可以得到增量均衡：$\Delta S = \Delta I + \Delta X - \Delta M$

又：$\Delta S = s\Delta Y$，$\Delta M = m\Delta Y$

这里，s 为边际储蓄倾向，m 为边际进口倾向。

$\because\ s = \Delta S/\Delta Y$；$m = \Delta M/\Delta Y$

$\therefore\ \Delta Y \cdot s = \Delta I + \Delta X - \Delta Y \cdot m$

如果考虑到投资是外生变量，我们可以设 $\Delta I = 0$

这样简单外贸乘数 $K = \Delta Y/\Delta X = 1/(s + m)$

该式表明，出口增加，能够引起国民收入的倍数增加，因为 $s + m < 1$。

总需求中的所有变量所形成的自主性支出的变动都会影响国民收入的变动，即 $\Delta Y = 1/(s + m) \times (\Delta C + \Delta I + \Delta G + \Delta X - \Delta M)$。同时，受收入影响的引致变量也会影响乘数的大小。外贸乘数表明，出口增加引起收入倍数增加，而收入的增加又会引起进口的增加，从而使乘数效应减弱。

（二）政策含义

1. 只要出口的增加足以超过因收入引致的进口增加，那么发展出口，或出口导向的扩展，不仅能推动收入的增长，而且还会改善贸易收支。

2. 一国可以通过需求管理政策来调节贸易收支：逆差时，实施紧缩的财政货币政策，从而使收入下降，减少进口支出；顺差时，实施扩张的财政货币政策，提高收入，增加进口。

3. 通过收入变动来调整贸易收支的效果，取决于该国经济开放程度，以及进口需求的收入弹性。一国开放程度越高，进口收入需求弹性越大，需求管理政策的调节作用就越显著。

4. 贬值政策效果如何，取决于货币贬值的收入效应。如果贬值通过出口增加，使收入提高，而收入提高，又引起进口的大幅增加，那么，本币贬值改善贸易收支的作用就不明显。即使通过贬值在最初能成功地改善贸易收支和提高国民收入，但最终贸易收支的改善程度也比最初的改善程度要小。

（三）对外贸易乘数理论的评价

对外贸易乘数理论揭示了对外贸易与国民收入之间的关系，从收入的视角阐明了贸易收支调节问题。但是，它假定一国存在闲置资源，这有时与现实并不吻合；在乘数分析中进口是消极的使收入减少的因素，如果进口的是生产资料，那么进口可能会促进收入增长。此外，该理论的基本政策含义是主张实行“奖出限入”的政策，这种政策会激化国际经济领域中的矛盾，从长期来看不利于世界经济的发展。

三、吸收分析理论

吸收分析理论（Absorption Approach）也是以凯恩斯的宏观经济理论为依据，将国际收支（贸易收支）的变动与国内宏观经济状况联系起来进行分析，考察在价格不变的条件下，货币贬值通过影响收入和支出调节贸易收支的效果。该理论是20世纪50年代初期由经济学家西德尼·亚历山大和詹姆士·米德提出的。

吸收分析理论将国际收支提高到宏观经济政策目标的高度，建立了国际收支与国民收入各决定变量之间的数量关系，是对凯恩斯宏观经济分析的拓展，为开放条件下宏观政策选择提供了理论基础。

（一）吸收分析的基本方程式

开放型经济的国民收入方程式是：$Y = C + I + G + (X - M)$

其中，吸收 A 代表国内总支出，即 $A = C + I + G$，C、I、G、X、M 分别代表消费、投资、政府支出、出口和进口。

这样，贸易收支 B 由收入 Y 和吸收 A 的状况决定，即

$$X - M = Y - A \quad \text{或} \ B = Y - A$$

该式为吸收分析理论的基本公式，它表明：贸易收支差额等于总收入与总吸收之差，两者相等说明该国贸易收支平衡；若总收入 > 总吸收，贸易收支为顺差；若总收入 < 总吸收，贸易收支为逆差。贸易收支差额是总吸收与总收入之间的净结果的反映，因此，贸易收支的调节最终必须通过改变总收入或者总吸收来调节，或者二者兼用。货币贬值也只有在其能够改变总收入或者总吸收时，才能有效地调节贸易收支。

（二）货币贬值分析

吸收分为两部分，一部分为自主性吸收（A_d），即独立于收入之外的吸收；另一部分为引致性吸收 $a \cdot Y$，即由收入的变化引起的吸收，这样：

$$A = a \cdot Y + A_d$$

这里 a 为边际吸收倾向，即边际国内消费倾向、边际投资倾向和边际进口倾向之和；也可以用公式表示：$a = \Delta A / \Delta Y$

贸易收支差额的增量部分是

$$\begin{aligned} \Delta B &= \Delta Y - a \cdot \Delta Y - \Delta A_d \\ &= (1 - a)\Delta Y - \Delta A_d \end{aligned}$$

贬值改善贸易收支的效果取决于三个方面：①ΔY 的变动，即贬值引起收入的变化即所谓的收入效应；②ΔA_d 的变动，即贬值对吸收的直接影响，也就是所谓的吸收的直接效应；③a 的变动，即边际吸收倾向的大小。问题的关键在于，贬值是否能降低吸收和提高收入。

1. 贬值对收入的直接效应。贬值对收入的直接效应表现在闲置资源效应、贸易条件效应和资源配置效应三个方面。

（1）闲置资源效应。闲置资源效应是指，贬值通过增加出口和减少进口，使本国的闲置资源得到充分的利用，并通过乘数效应带动收入增长。只要边际吸收倾向 $a < 1$，贬

值就能够通过收入增长改善贸易收支。

（2）贸易条件效应。贸易条件效应指贬值通过改变进出口商品的相对价格，可能使该国的贸易条件恶化，从而使该国的收入下降，并恶化贸易收支。

（3）资源配置效应。资源配置效应指贬值通过纠正失真的价格信号，优化该国的资源配置，从而促进收入增长，并改善贸易收支。

一般而言，闲置资源效应和资源配置效应的促进作用会大于贸易条件效应的消极作用，所以贬值会使收入增加。

2. 贬值对吸收的直接效应。货币贬值会导致价格水平的上升，对吸收的直接影响表现在实际余额效应、收入再分配效应、货币幻觉效应以及其他不同的效应。

（1）实际余额效应。实际余额是指个人或整个社会所持有的货币余额的实际价值。如果价格水平上升，那么在收入总量不变时，现金余额的实际价值便会下降。

现金余额效应是指贬值通过价格水平上升，使个人或整个社会所持有的货币余额的实际价值减少，从而减少支出或吸收的作用。

（2）收入再分配效应。收入再分配效应是指贬值通过改变收入分配状况而影响吸收的作用。如果贬值导致物价水平上升，会出现收入由固定货币收入集团向其他收入集团、由工资收入集团向利润收入集团、由纳税人集团向政府部门三个层面的转移，只要收入由较高边际吸收倾向集团向较低边际吸收倾向集团转移，那么它就会使吸收减少。

（3）货币幻觉效应。货币幻觉是指人们只注意名义价值而忽视实际价值的现象。货币幻觉效应指人们忽视价格变动对实际价值的影响而减少实际支出的作用。

（4）利率效应。利率效应是指贬值带动利率上升，从而抑制消费和投资，直接减少吸收的作用。

（5）通货膨胀预期效应。通货膨胀预期效应是指贬值会使人们产生价格进一步上升的预期，从而提前购买商品和劳务，导致吸收增长的作用。

（6）贸易条件恶化的吸收效应。贬值后，贸易条件恶化对吸收产生两种作用：一方面，贸易条件恶化降低了收入，从而减少了与收入相关的吸收，也使国内产品比国外产品相对便宜，产生一种替代效应；另一方面，由于国内产品相对便宜，自主性吸收会有所增加。如果正替代效应超过负收入效应，那么，贸易条件恶化会导致吸收的增加。

值得注意的是，在吸收分析中，吸收的增长意味着恶化贸易收支，吸收的减少意味着改善贸易收支。可以看出，在贬值对直接吸收的影响中，有些效应使吸收增加，有些效应使吸收减少，所以对贸易收支的影响要根据具体效应进行分析。

3. 贬值对吸收的间接效应。贬值对吸收的间接效应是指贬值通过收入变动对吸收产生的影响。由于 $\Delta B = (1-a)\Delta Y - \Delta A_d$，因此，收入增加对吸收的影响取决于边际吸收倾向 a 的大小。如果 $a<1$，则贬值对贸易差额的影响要取决于 $(1-a)\Delta Y$ 与 ΔA_d 的比较；如果 $a>1$，则贬值必然会使贸易差额恶化。

（三）政策含义

1. 贸易收支逆差是由国内吸收超过国内收入所致，调节逆差应依据经济运行状况而定。如果国内存在闲置资源，就应该实行扩张性财政货币政策来提高社会收入水平，通过收入水平的提高来实现贸易收支的顺差；若国内已达到充分就业，则应该实行紧缩的财政货币政策，降低社会总吸收水平。吸收的减少，一方面使进口商品的国内需求下降，从而减少进口；另一方面使出口商品的国内需求下降，从而增加出口，改善贸易收支。

2. 货币贬值改善贸易收支应从增加收入和减少支出两方面着手：在有闲置资源的条件下，通过贬值扩大出口，增加国民收入，只要吸收的增加小于收入的增加，就可以达到改善国际收支的目的；在充分就业的情况下，由于没有闲置资源来扩大生产，国民收入不能增加，因此贬值只能通过压缩吸收或减少支出来改善贸易收支。

吸收论具有较强的政策含义，有助于政府制定既能保持经济快速增长，又能改善国际收支状况的政策，具有重要的实际意义。

（四） 对吸收分析论的评价

吸收分析论将贸易收支的变动与国内宏观经济状况联系起来进行分析，从宏观经济的视角对国际收支失衡的原因进行分析；强调在充分就业条件下，贬值政策需要有支出减少政策来配合，才能在调节贸易收支的同时，避免通货膨胀的代价。

吸收论主要以贸易收支作为国际收支，忽视了资本流动对国际收支平衡所起的作用；吸收论关于在充分就业情况下贬值不能提高收入的观点，忽视了资源的运用效率提高的可能性。当汇率定值过高，而以直接管制来维持贸易收支平衡时，资源运用的效率会因为价格结构的扭曲而大为降低，如果该国将汇率调低到适当的水平并同时取消贸易管制，则其资源的运用效率必可提高，实际收入也可由此而增加。

四、货币分析理论

20 世纪 70 年代以前的国际收支理论很少考虑资本流动的影响，或者只将资本流动放在较为次要的位置。然而，随着国际资本流动的迅速发展，不仅发达国家的资本收支规模远远超过贸易收支，许多发展中国家的资本收支规模也开始大于贸易收支，货币与实体经济之间的背离趋势越来越明显。国际收支货币分析理论（Monetary Approach）提供了一个研究国际收支的新视角。该理论是由美国经济学家约翰逊、蒙代尔、弗兰克尔等在 20 世纪六七十年代提出和发展起来的。现代货币分析理论以货币主义理论为基础，采用存量均衡分析方法，研究在收入一定的条件下，货币供求与国际收支的关系。

（一） 货币分析中的基本方程式

货币主义的基本理论认为，实际货币需求 M_d 是实际收入 Y 和利率 i 的函数，即

$$\frac{M_d}{p} = L(Y, i)$$

假定货币流通速度不随收入变化而变化，而且货币流通速度对利率不敏感（K 是货币流通速度的倒数），则实际货币需求余额是实际收入的稳定函数，即

$$M_d/P = KY$$

货币供给 M_s 由货币乘数（h）和货币基数构成，货币基数包括两个部分：（1）国内信贷（D），即通过国内银行体系扩张信用创造的货币供给；（2）外汇储备资产（R），即国际收支获得的盈余。所以：

$$M_s = h(D + R)$$

假定货币乘数是稳定的，货币供给可通过国内信贷或外汇储备得到满足，即

$$M_s = D + R$$

货币分析论认为，国际收支是一种货币现象，国际收支平衡与否的关键在于货币市场的供给与需求之间是否平衡。

假定从长期来看，货币供求处于均衡状况，即 $M_d = M_s$，由此可得出货币分析最基本的方程式：

$$R = M_d - D$$

该式表明，代表国际收支差额变动的外汇储备资产的增减，是由货币需求和国内货币供给关系决定的。国际收支的不平衡反映了货币供求关系的变动：如果货币需求 M_d 大于国内货币供给 D，国际收支出现顺差或 R 增加，这是因为国内货币的过度需求要通过顺差的形式从国外吸收货币；如果货币需求 M_d 小于国内货币供给 D，国际收支出现逆差或 R 减少，这是由于国内多余的货币供应通过逆差的形式流到国外所致。所以说，国际收支是货币市场的“安全阀”，这个阀门既能以逆差的形式放出过剩的货币供给，又能以顺差的形式注入外来的货币需求。

（二）国际收支调节方法

国际收支的不平衡反映了货币市场的存量不均衡，作为一种货币供给的自动调节机制，国际收支逆差或顺差实际上就是这种货币市场存量短期调整的一部分。既然国际收支是一个货币问题，货币分析理论认为货币供给是国际收支调节的最终手段。国际收支调节方法概括起来有四种。

1. 调整国内信贷。可以通过增加或减少官方储备的方式调整国内信贷。这种方法直接有效，简单易操作。然而官方储备数量的变化有其内在规律，官方储备的长期大规模变化不完全取决于政策意图，因此，通过增加或减少官方储备调整国内信贷，进而调节国际收支适合调节周期性、小幅度的国际收支失衡。

2. 调整国内价格。价格调整可以改变居民手中的现金余额，促使居民调整进出口及资产结构，通过自主性交易调节国际收支差额。物价变动引起名义现金余额变动，由此引发资产和财富在本币和外币间重新分配是该方法发挥作用的主要机制。另外，价格调整能否起作用，在一定程度上也受制于本国贸易品结构，以及是否满足马歇尔—勒纳条件等其他因素。由于J曲线效应的存在，调整国内价格比较适合于中长期国际收支失衡的调整。

3. 调整汇率。汇率变动与调整价格的作用机制在本质上是一致的，只是调整汇率不改变贸易商品的国内价格水平及国内经济结构，从而在调整国际收支失衡时保证国内经济免受冲击。此外，调整汇率改变贸易商品相对价格较国内价格调整见效更快，适合于中短期国际收支失衡调节。

4. 外汇管制。对贸易、资本流动实施直接控制，在扩大本国收入的同时抑制居民的对外支出，是一个可行的备选方案。外汇管制见效快，但是必须受到本国官方储备规模和国际社会惯例的制约，无法作为调节国际收支失衡的主要手段。

（三）政策主张

1. 国内货币政策是调节国际收支的直接有效手段。一国只要将货币供给的增加率稳

定在国民收入平均增长率的同一水平上，使货币供求关系保持平衡，就能保持国际收支的稳定。但是，从长期来看，国内信贷政策的作用也是有限的。

2. 国际收支不平衡只是暂时的现象，市场调节机制能够自发地使国际收支恢复平衡。这也意味着任何政府干预对国际收支都只能产生暂时的影响，即使是结构的调整、直接管制对国际收支的调节作用也是短期的和有限的。

3. 在固定汇率制下，一国无力推行独立的货币政策，无力控制输入性通货膨胀。一国抵御外部冲击影响的能力受制于外汇储备的多少，因而是有限的。

（四）对货币分析论的评价

货币分析论研究对象为整体国际收支，既包括经常账户，又涉及资本账户和金融账户，强调国际收支分析中的货币因素，研究货币供求关系对国际收支的决定作用，从而丰富和发展了国际收支理论。此外，货币分析论所使用的流量—存量分析方法也反映了经济理论的一种进步。

但是，货币分析论也存在着一些不足。首先，过分强调货币因素而忽视实际因素，实际上，国际收支失衡也可能源于实际因素，特别是结构性失衡；其次，它提倡的放任自由政策或市场调节机制也过于消极，特别不适用于发展中国家；此外，假定货币需求具有稳定性，从而视货币供给为决定国际收支的唯一因素；而且，长期均衡分析中运用的假设条件也用在短期调整过程分析中，很容易产生误导。

本章小结

1. 国际收支是一国在一定时期内本国居民与非本国居民之间产生的全部国际经济交易价值的系统记录。国际收支平衡表是按照一定的编制原则和格式，对一国一定时期内国际经济交易进行分类、汇总的统计报表，主要由经常账户、资本账户和金融账户、净误差与遗漏账户三个大项组成。平衡表按照复式记账原理编制，在复式记账法下，有借必有贷，借贷必相等。平衡表从纵向来看，全部经济交易的借方总额一定等于贷方总额。实际上，平衡表各个具体账户的借方和贷方是不相等的，会产生差额。但是，储备结算差额相应地通过储备资产的变动调整来平衡国际收支。因此，平衡表从横向看，全部经济交易也能实现账面平衡。

2. 国际收支的账面平衡并不是经济意义上平衡的反映。自主性交易和调节性交易可作为判断国际收支是否平衡的依据：只有当自主性交易中的收支总额相等或基本相等，才表明实现了国际收支经济意义上的平衡。国际收支是整个国民经济的组成部分，与一国的内部经济存在有机联系。国际收支不平衡的主要原因是：结构性因素的变动、经济周期的波动、国民收入的变化、货币供应量的相对变化，以及某些偶然因素。国际收支出现持续、大量的不平衡会对当事国的经济和国际经济造成不利影响。

3. 国际收支的调节措施主要从三个方面展开：自动调节机制、政策调节、国际调节。自动调节机制包括储备调节机制和汇率调节机制。政策调节有外汇缓冲政策、汇率政策、财政政策和货币政策、直接管制。国际调节是通过国际经济合作的方式解决国际收支不平衡问题。

4. 我国国际收支的统计经历了一个发展的过程。1994 年，我国进行了外汇管理体制的重大改革，国际收支状况开始发生深刻的变化。我国调节国际收支的主要手段有贸易政策、财政货币政策、外汇管制、汇率政策和其他的金融措施。

5. 国际收支理论主要研究国际收支的决定因素和国际收支的调节政策。国际收支理论主要包括弹性分析理论、对外贸易乘数理论、吸收分析理论、货币分析理论。

关键词

国际收支账户（Balance - of - payments Accounts）
经常账户差额（Current Account Balance）
资本账户差额（Capital Account Balance）
金融账户差额（Financial Account Balance）
官方结算差额（Official Settlements Balance）
复式记账（Double - entry Bookkeeping）

本章重要概念

国际收支　经常账户　资本账户和金融账户　净误差与遗漏账户　基本差额　储备结算差额　自主性交易　调节性交易　物价—现金流动机制　支出变更政策　支出转移政策　外汇缓冲政策　汇率政策　马歇尔—勒纳条件　J 曲线效应　简单外贸乘数　边际吸收倾向

思考题

1. 如何判断国际收支经济意义上的平衡？
2. 中美两国的投资储蓄差额的差异对两国的贸易收支状况有何影响？
3. 试比较 1997 年亚洲金融危机和 2008 年国际金融危机对我国国际收支的影响？
4. 中国提出“构建国内国际双循环相互促进的新发展格局”，结合中国国际收支平衡表，论述中国提出“双循环”发展战略的动因。
5. 近年来，我国在利用外资政策上有何新变化？这些变化对我国资本账户和金融账户收支有何影响？
6. 比较弹性分析理论、吸收分析理论、货币分析理论。

练习题

1. 国际收支平衡表有哪些主要内容？各账户之间有什么联系？

2. 国际收支不平衡主要有哪些类型？

3. 简述国际收支储备调节机制。

4. 调节国际收支有哪些政策措施？

5. 以下资料来自中国国际收支平衡表。基于资料，判断如下表述是否正确并说明理由：从2017年到2020年，外国居民是中国资本市场上的债券的净发行人。

2.2 金融账户	2017年	2018年	2019年	2020年
2.2.1.2 证券投资	29.5	106.9	57.9	87.3

6. 简述国内投资储蓄差额、政府财政收支差额、经常账户差额、资本账户和金融账户差额之间的关系。

7. 下载中国国家外汇管理局发布的中国国际收支平衡表（https：//www.safe.gov.cn/safe/zggjszphb/index.html）与国际货币基金组织发布的中国国际收支平衡表（https：//data.imf.org/? sk = 7A51304B - 6426 - 40C0 - 83DD - CA473CA1FD52&sId = 1542635306163），分析最新中国国际收支的现状。

8. 简述国际收支平衡表与国际投资头寸表的关系。

案例题

1. 根据下表所列数字，计算国际收支各种差额并回答问题。

某年某国国际收支平衡表 单位：10亿美元

货物输出	121.33
货物输入	-119.23
旅游收入	30.48
旅游支出	-41.44
单方面转移	-1.32
直接投资	-3.19
证券投资	-1.5
其他投资	-3.43
净误差与遗漏	2.86
外汇储备变化	15.44

（1）该国该年的国际收支是否平衡？是顺差还是逆差？具体数额是多少？

（2）外汇储备变化的数字15.44表明什么？

（3）从国际收支这一因素分析，该国货币汇率走势如何？

2. 国际货币基金组织、世界银行、国际清算银行和联合国是每年都会追踪、报告与推动国际经济与金融发展的四个主要国际组织。基于这些国际组织网站的信息，简要总结一下发达经济体与新兴市场经济体的经济前景。

国际货币基金组织（IMF）：www. imf. org

联合国：www. un. org

世界银行：www. worldbank. org

国际清算银行：ww. bis. org

第二章
外汇与汇率

本章知识结构

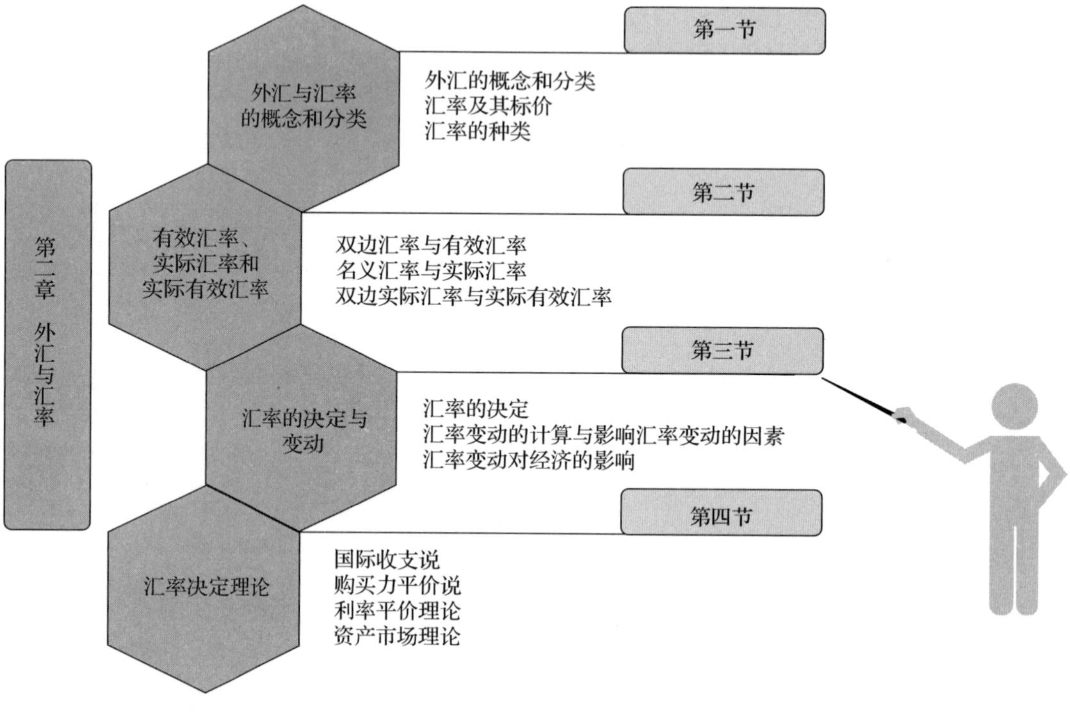

本章学习目标

- 掌握外汇的内涵、汇率的标价方法，了解汇率的各种类型。
- 理解汇率如何决定，学会分析汇率的变动及其对经济的影响。
- 熟悉有效汇率、实际汇率和实际有效汇率的计算方法。
- 了解主要的汇率决定理论。

章前引例

津巴布韦是非洲南部重要的文明发源地，在1980年独立建国初期，充分发挥其自然资源丰富和工农业基础较好的优势，大力发展旅游业，大量开采铬矿石、生产烟草等优势产品并出口，1982年人均GDP为1 200美元，成为当时非洲的富裕国家，1津巴布韦元可兑换大约1.47美元。但由于2000年开始的土地改革失败，工农业生产急剧下挫萎缩，同时又遭到了英国等西方国家的严厉制裁，津巴布韦错误采用了大量印钞的方法来解决经济困局，由此引发了恶性通货膨胀并一发不可收拾，从2001年开始的10年间，通货膨胀率上升了数万亿倍。为应付日常所需，津巴布韦央行发行了极高面额的货币，2008年5月，发行1亿面值和2.5亿面值的新津巴布韦货币，紧接着，5亿、25亿和50亿津巴布韦货币也相继面世，2009年1月，津巴布韦央行索性发行了10兆、20兆、50兆和100兆面值的纸币。以美元计算，2006年发行的津巴布韦货币100亿津元兑1美元，到了2009年，更急剧贬值至300兆津元兑1美元，以至于津巴布韦政府不得不在2009年12月宣布停用本国货币1年。

第一节　外汇与汇率的概念和分类

一、外汇的概念和分类

外汇（Foreign Exchange）具有双重含义，即动态（dynamic）和静态（static）的外汇，而静态外汇又有狭义外汇和广义外汇之分。

> 动态外汇是指货币在国际上的自由流动，以及人们把一种货币兑换成另一种货币，以清偿国际间债权债务关系的行为，亦即国际汇兑。

（一）动态外汇

国际贸易、非贸易往来和交流都会引起债权债务变化以及货币收支，由于各国实行不同货币制度、使用不同货币，所以国际货币收支和债权债务清偿必然产生国际间的货币兑换，这种不同国家货币相互兑换的金融活动就是外汇的动态含义，也可以称其为国际汇兑，这里的“汇”是指货币的国际移动，“兑”就是指不同货币之间的交换，从这个意义上说，外汇等同于国际结算。

（二）静态外汇

相较于动态外汇，静态外汇又可以从广义和狭义两方面理解。

> 静态外汇是从动态的国际汇兑行为中衍生而来的，它是外汇的物质存在形态，是国际间为清偿债权债务关系进行的汇兑活动所凭借的手段和工具，或者说是用于国际汇兑活动的支付手段和工具。

1. 广义的外汇。广义的外汇指一切用外币表示的可以用于国际清偿的支付手段和资产。各国外汇管理政策中对外汇的界定一般使用此概念，我国以及其他各国的外汇管理法令普遍沿用了这一概念。我国于2008年8月

1日修订颁布的《中华人民共和国外汇管理条例》明确界定"本条例所称外汇，是指下列外币表示的可以用作国际清偿的支付手段和资产：(1) 外币现钞，包括纸币、铸币；(2) 外币支付凭证或者支付工具，包括票据、银行存款凭证、银行卡等；(3) 外币有价证券，包括债券、股票等；(4) 特别提款权；(5) 其他外汇资产。"国际货币基金组织对外汇的解释是："外汇是货币行政当局（中央银行、货币管理机构、外汇平准基金组织及财政部）以银行存款、国库券、长短期政府债券等形式所持有的在国际收支逆差时可以使用的债权。"这些以外币表示的支付手段和资产可用于充当国际支付手段、外汇市场干预手段和国际储备手段。

2. 狭义的外汇。狭义的外汇即人们通常所说的外汇，是指以外国货币表示的能够用于国际结算的支付手段（或直接用于国际债权债务关系清算的支付手段）。也就是说，只有在国外银行的外币存款，以及索取这些存款的外币票据和外币凭证（如汇票、支票、本票和电汇凭证）等才是狭义的外汇，其中，国外银行存款是狭义外汇的主体。

3. 外汇的特征。从上面定义可以看出，并不是所有的外国货币都是外汇，也不是只有外币现钞才是外汇，具有以下特征的外币以及以外币表示的支付手段和资产才是外汇。

(1) 必须以外国货币表示，即只有以外国货币表示的金融资产才是外汇。外汇（广义）的形式可以是外币现钞、外币支付凭证，也可以是外币有价证券。但无论如何，本国货币都不是外汇，即使本国货币是国际货币。如美元，在美国之外的其他国家是外汇，但在美国就不是。

(2) 必须具有可兑换性。可兑换性，即外汇必须能够不受限制地兑换成其他的外币支付手段，并用于多边国际结算。一国货币是否可兑换，表面上看是货币问题，实质上反映的是国家之间的货物和服务的交换关系。

持有可兑换的外汇，就相当于拥有对他国商品和服务的索求权，如果是非可兑换的货币，则只能在货币发行国实现购买力。如果一国的货币具有可兑换性，意味着被他国接受，他国的政府和居民可随时购买该国的商品和服务，这就要求该国有充分的资源能满足这种需求，即外汇要有可靠的物质作为保证。

（三）外汇的不同分类

1. 按货币兑换的限制程度不同分为完全可自由兑换、有限自由兑换和不可兑换货币。

完全可自由兑换货币：当一国政府对本币兑换成外币的行为没有严格限制，不采取差别性的复汇率措施时，该国的货币就成为完全可自由兑换货币。如美元、英镑、日元等货币，以及用这些货币表示的汇票、支票、股票、债券等支付凭证和信用凭证。在当今世界大约有50多个国家或地区的货币被认为是可自由兑换，但在国际结算中，只有美元、欧元、英镑、瑞士法郎、日元等10多种货币是常用的自由兑换货币。

有限（或部分）自由兑换货币：当一国政府对本币兑换外币的行为实行某些方面的严格限制时，该国的货币就成为有限或部分自由兑换货币。这种限制通常表现在两个方面：一是按居民身份实行限制，如外国居民可以自由兑换，本国居民则不能兑换；二是对与经常项目交易有关的货币兑换没有限制，但对涉及资本项目交易的兑换仍施加限制。

不可兑换货币：有些国家对贸易收支、服务收支和资本项目收支都实施严格的外汇管制，境内没有外汇市场，所有本币对外币的兑换行为都须经过政府审批，这些国家的货币就是不可兑换货币。

专栏2－1

截至2021年9月，人民币直接交易货币总数已达25个

经中国人民银行授权，2021年9月6日，中国人民银行和印度尼西亚银行宣布正式启动双边本币结算机制（LCS），中国银行（香港）雅加达分行当天完成了多笔人民币与印尼盾直接报价兑换及汇款业务，实现了人民币对印尼盾的直接交易。至此，人民币直接交易货币总数已达25个。

人民币直接交易货币种类不断增多是人民币国际化进程的重要体现，有助于促进中国与上述国家的跨境贸易和投资，进一步拓展人民币在贸易投资结算中的使用，满足经济主体降低交易汇兑成本的需要，助力人民币国际地位的提升以及我国与上述国家的经济金融关系不断深入发展。

直接交易将带来多方面变化：第一，降低交易成本。直接交易使得人民币和这些货币之间的汇率不再需要经由各自与美元的汇率换算得到，使得对这些货币汇兑和避险由过去的两笔合并为一笔，降低了交易成本，便利我国与这些经济体的经贸往来。第二，直接交易使人民币获得更多独立性。在没有推出直接交易之前，人民币和这些货币的汇率是借助各自与美元的汇率套算得到的，美国财政和货币政策甚至外交政策的调整变化都可能影响美元汇率，进而影响套算汇率，人民币同一些外币的直接交易有利于降低人民币对美元的依赖和汇率套算风险，为中外贸易提供便利。第三，人民币汇率能够更综合更全面地反映我国与其他国家的贸易、投资关系。推出人民币对这些货币的直接交易之后，更多的市场力量将会融入人民币汇率的形成中，特别是人民币对一篮子货币的汇率变化之中。与国际清算银行有效汇率指数主要反映贸易关系相比，基于这些直接交易货币得到的有效汇率指数，能够综合反映更为全面的贸易、投资等经济领域的关系。

2. 按交割期限的不同，可以分为即期外汇和远期外汇。

即期外汇又称现汇或外汇现汇，是指国际贸易或外汇买卖中即期进行收付的外汇，是在买卖成交后立即交割，或在第一或第二个营业日内完成交割的外汇。远期外汇又称期汇或远期汇兑，是买卖双方先订立买卖合同，规定买卖外汇的数量、汇率、期限等，在约定到期日，依照合同规定的汇率进行外汇交割。远期外汇的期限一般为1～6个月，也可长达1年。

3. 按照来源和用途的不同，可以分为贸易外汇和非贸易外汇。

贸易外汇是指因商品的进出口而引起支出和收入的外汇，包括对外贸易中因收付贸易货款、交易佣金、运输费和保险费等发生的外汇。贸易外汇是一国外汇收支的重要项目，在国际收支平衡中占有重要地位。非贸易外汇是指由非贸易业务往来而发生收入和支出的外汇，包括侨汇、旅游外汇、劳务外汇、私人外汇、驻外机构经费，以及交通、民航、邮电、铁路、银行、保险、港口等部门对外业务收支的外汇。

4. 按持有者的不同，可以划分为官方外汇和私人外汇。

官方外汇是指财政部、中央银行或其他政府机构以及国际组织所持有的外汇，主要用来稳定本国货币汇率、平衡国际收支、偿付对外到期的债务，是一国国际储备的主要部分。私人外汇是指具有自然人地位的居民和非居民所持有的外汇。在实行外汇管制的国家中，或者不允许私人持有外汇，或者规定私人持有外汇必须存放于指定的外汇银行；在不实行外汇管制的国家中，私人对外汇有自行支配的权利。

二、汇率及其标价

（一）汇率

在国际结算中，以外汇作为国际支付手段，首先要解决的是货币之间的兑换问题，即外汇买卖。同商品买卖一样，外汇的买卖也必须以一定的价格为基础，否则买卖就无法进行。外汇汇率（Foreign Exchange Rate，简称汇率），是指不同货币之间兑换的比率或比价，即以一种货币表示的另一种货币的价格，也称汇价、牌价。在外汇买卖中，汇率同商品的价格一样，也会受供求关系的影响而不断发生变化，这种受供求关系影响而不断变化的汇率，称为外汇行市。

汇率(Exchange Rate)，又叫外汇牌价或外汇行市，是两种不同货币之间的兑换比率，即以一种外币单位表示的另外一种外币的价格。

（二）汇率的标价方法

在国际汇兑中，外汇的价格具有可逆性，由于交易双方都是货币，所以不同的货币之间都可以相互表示对方的价格，外汇汇率也就具有双向表示的特点：既可以用本国货币来表示外国货币的价格，也可以用外国货币来表示本国货币的价格。汇率究竟如何表示，取决于各国所采取的不同的标价方法。

1. 直接标价法

在直接标价法下，外国货币是基准货币（汇率标价方式中作为被计价标的的货币），其数额固定不变，本国货币的数额则随着外国货币与本国货币币值对比的变化而变化。若一定数额的外币折合的本国货币的数额比以前增加了，说明外汇汇率上涨了，或者说外国货币升值了，本国货币贬值了；相反，若一定数额的外币折合的本国货币的数额比以前减少了，说明外汇汇率下降了，或者说外国货币贬值了，本国货币升值了。目前，大多数国家都采取直接标价法，市场上大多数的汇率也是直接标价法下的汇率。

直接标价法(Direct Quotation)又叫应付标价法（Giving Quotation）、欧式标价法，是以一定单位(如1个单位、100个单位)的外币为计算标准，折合成一定数量的本币来表示其汇率，即单位外币的本币价格。

2. 间接标价法

在间接标价法下，本国货币是基准货币，其数额固定不变，外国货币的数额则随着外国货币与本国货币币值对比的变化而变化。若一定数额的本币折合的外国货币的数额比以前增加了，说明外汇汇率下降了，或者说外国货币贬值了，本国货币升值了；相反，若一定数额的本币折合的外国货币数额比以前减少了，说明外汇汇率上涨了，或者说外国货币升值了，本国货币贬值了。目前除了英国、美国、澳大利亚和欧元区外，国际上绝大多数国家都采用直接标价法。从历史上看，英镑曾长期用作国际结算的主要货币，因此，伦敦外汇市场一直采用间接标价法。

美国长期以来一直对美元汇率采用直接标价法，但在第二次世界大战后，随着美元在国际结算和国际储备方面逐渐取得主导地位以及国际外汇市场的高速发展，为了与各国外汇市场上对美元的标价一致，美国从 1978 年 9 月 1 日起，除了对英镑（以及后来的澳大利亚元和欧元）继续采用直接标价法外，对其他货币一律改用间接标价法。我国对人民币兑主要国际货币的汇率也采用直接标价法，但人民币兑某些次要货币（如马来西亚林吉特和俄罗斯卢布）的汇率则采用间接标价法。

间接标价法(Indirect Quotation)又称应收标价法(Receiving Quotation)、美式标价法，是以一定单位（如1个单位、100个单位）的本国货币作为标准，折算为多少单位的外国货币，即单位本币的外币价格。

利用直接标价法与间接标价法表示出的汇率涨跌正好相反，两者的汇率互为倒数，两者的乘积必为 1。掌握了其中一种标价法下的汇率值，就可以计算出另一种标价法下的汇率值。

3. 美元标价法

第二次世界大战后，欧洲货币市场产生并迅速发展，国际金融市场上的外汇交易量猛增。由于在欧洲货币市场上银行间买卖的都是外币，没有本币，于是各国银行在外汇交易报价时都以美元作为基准货币，形成了所谓的美元标价法。世界各金融中心的国际银行所公布的外汇牌价，都是美元对其他主要货币的汇率，非美元货币之间的汇率则通过各自对美元的汇率套算，作为报价的基础。

美元标价法（US Dollar Quotation），为便于国际间进行外汇交易，各国银行均以美元为标准来表示本国货币价格的报价方法。

无论哪种标价法，数量固定不变的货币称“标准货币”或“基础货币”，数量不断变化的货币称“标价货币”或“从价货币”。直接标价法下标准货币是外国货币，标价货币是本国货币，间接标价法正好与之相反。在美元标价法下，美元是标准货币，其他国家的货币是标价货币。三种标价法的共同点是：都是以标价货币的数量表示标准货币的价格。

三、汇率的种类

汇率与经济的关系密切，各国政府都很重视汇率并根据各自的利益和需要，制定不同的汇率政策，规定各种不同的汇率。在实际应用中，汇率可以从不同的角度去理解和划分。

（一）按制定汇率的方法不同，分为基本汇率和套算汇率

由于外国货币种类繁多，而且各国货币制度不尽相同，因而在制定汇率时，本国货币不能对所有外国货币都单独制定汇率，而只能选择某一货币为“关键货币”（Key Currency），并制定出本币对关键货币的汇率，它是确定本币与其他外币之间的汇率的基础，这就是基本汇率。而作为关键货币，应具备以下特点：在本国国际收支中使用最多；在外汇储备中所占比重最大；可以自由兑换且为国际上普遍接受。目前大多数国家都把美

元作为关键货币，把本币对美元的汇率称为基本汇率。

在国际外汇市场上，由于几乎所有的货币都与美元有一个兑换率。所以任何两种无直接兑换关系的货币都可以通过美元计算出它们之间的兑换比率，这种计算出来的汇率，被称作套算汇率或交叉汇率，这有两层含义：一是各国在制定基本汇率后，本币对其他外币的汇率就可通过基本汇率套算出来；二是由于世界外汇市场上主要是按美元标价法公布汇率的，美元以外的其他任何两种无直接兑换关系的货币必须通过其各自与美元的汇率进行套算。

> 基本汇率（Basic Rate）是指本币对关键货币的汇率；套算汇率(Cross Rate or Arbitraged Rate)，又称交叉汇率，是指两种货币通过各自对第三种货币的汇率计算出来的汇率。

（二）从银行买卖外汇的角度不同，分为买入汇率、卖出汇率、现钞汇率

在采用直接标价法时，外币折合本币数较少的那个汇率就是买入价；在采用间接标价法的情况下则反之，即外币折合本币数较多的那个汇率才是买入价。采用直接标价法时，外币折合本币数较多的那个汇率是卖出价；但采用间接标价法时，则外币折合本币数较少的那个汇率是卖出价。

> 买入汇率(Buying Rate or Bid Rate)，也称结汇汇率或买入价，是外汇银行向同业或客户买入外汇时使用的价格。卖出汇率(Selling Rate or Offer Rate)，也称卖出价，是银行向同业或客户卖出外汇时使用的汇率。现钞汇率(Bank Note Rate)，也称现钞价，是银行同客户买卖外币现钞时使用的汇率。

买入价和卖出价之间的差额，称作“买卖差价”（Spread），一般在1‰～5‰，它构成了银行经营外汇业务的营业收入，这种收入扣除开展业务所涉及的雇员工资及电脑设备折旧等费用之后，余下的就是银行开展外汇业务的营业利润。由于买卖差价的存在，银行所报出的外汇牌价是“净价”，即它包括了所有的成本，在进行外汇交易时不再另外收取佣金等费用。

中间汇率（Medial Rate or Middle Rate），又称中间价，是买入价和卖出价的算术平均值。中间价并不是在外汇买卖中实际使用的成交价格，而是为了方便远期升（贴）水率的计算以及在新闻报道或理论阐述中使汇价显得更加简洁才使用的。中间价的另一个重要作用是用于会计折算（当然，也有使用买入价来进行折算的）。

银行在买进外汇（外币支付凭证）后，通过划账，资金很快就可以存入外国银行，开始生息或可以调拨使用。而现钞却只能在其发行国才能使用，或存入其发行国银行或外国银行才能获得利息收入。因此，银行买进外币现钞后，要经过一段时间，等外币现钞积累到一定数量后，才能将其运送并存入外国银行调拨使用。在此之前买进外币现钞的银行要承受一定的利息损失，并且将外币现钞运送并存入外国银行的过程中还有运费和保险费等支出，银行要将这些损失及费用转嫁给卖出外币现钞的客户，所以，现钞的买入价一般低于现汇的买入价2%～3%，而外币现钞的卖出价，则与现汇的卖出价相同。

专栏 2－2

人民币中间价形成机制

人民币汇率中间价指中国外汇交易中心根据中国人民银行授权，每日计算和发布的人民币对美元等主要外汇币种的汇率中间价。

人民币对美元汇率中间价的形成方式为：外汇交易中心于每日银行间外汇市场开盘前向外汇市场做市商询价。外汇市场做市商参考上日银行间外汇市场收盘汇率，综合考虑外汇供求情况以及国际主要货币汇率变化进行报价。外汇交易中心将全部做市商报价作为人民币对美元汇率中间价的计算样本，去掉最高和最低报价后，将剩余做市商报价加权平均，得到当日人民币对美元汇率的汇率中间价，权重由外汇交易中心根据报价方在银行间外汇市场的交易量及报价情况等指标综合确定。

人民币对港元汇率中间价由外汇交易中心分别根据当日人民币对美元汇率中间价与上午 9 时国际外汇市场港元对美元汇率套算确定。

人民币对欧元、日元、英镑、澳大利亚元、新西兰元、新加坡元、瑞士法郎、加拿大元、马来西亚林吉特、俄罗斯卢布、南非兰特、韩元、阿联酋迪拉姆、沙特里亚尔、匈牙利福林、波兰兹罗提、丹麦克朗、瑞典克朗、挪威克朗、土耳其里拉、墨西哥比索和泰铢汇率中间价形成方式为：外汇交易中心于每日银行间外汇市场开盘前向银行间外汇市场相应币种的做市商询价，去掉最高和最低报价后，将剩余做市商报价平均，得到当日人民币对上述货币的汇率中间价。

（三）按外汇管制的程度不同，分为官方汇率和市场汇率

官方汇率（Official Rate），又称法定汇率，是指在外汇管制比较严格的国家，由政府授权的官方机构（如财政部、中央银行或外汇管理当局等）制定并公布的汇率。这些国家一般没有外汇市场，一切外汇交易都必须以官方汇率为准。官方汇率一经制定往往不能频繁地变动，这虽然保证了汇率稳定，但汇率缺乏弹性。

市场汇率（Market Rate）指在外汇管制比较松的国家，自由外汇市场上买卖外汇的价格，它一般存在于市场机制较发达的国家和地区。在这些国家和地区，外汇交易不受官方限制，汇率受外汇供求关系影响而自发地、经常地变化，官方机构只能通过参与外汇市场活动来干预汇率的变化，以避免汇率出现过度频繁或大幅度的波动。

（四）按外汇交易中的支付方式不同，分为电汇汇率、信汇汇率和票汇汇率

电汇汇率（Telegraphic Transfer Rate，T/T Rate），也称电汇价，是指银行卖出外汇时用电讯方式通知境外联行或代理行支付外汇给收款人时使用的外汇价格。在电汇方式下，银行一般用电传、传真等方式通知国外分行支付款项，外汇支付迅速，银行很少占用客户的资金，因此电汇汇率较高。在国际金融市场上，汇率很不稳定，进出口商为避免外汇风险，往往在贸易合同中约定使用电汇方式。银行同业买卖外汇或资金划拨也都使用电汇。因而电汇汇率已成为一种具有代表性的汇率，其他汇率都是以电汇汇率为基础计算出来的。各国公布的外汇汇率，一般都是指电汇汇率。

信汇汇率（Mail Transfer Rate，M/T Rate），也称信汇价，即用信函通知国内外分支行或代理行收付外汇时所使用的汇率。由于邮程所需时间比电讯所需时间要长得多，因此，在用信汇方式进行国际结算、买卖外汇时，银行在一定时间内可以占用客户的资金，对电汇汇率再作些利息费用或收入的调整，以得到信汇汇率，因此信汇汇率比电汇汇率低一些。

票汇汇率（Demand Draft Rate，D/D Rate）可分成两种：一种是即期票汇汇率（Demand Draft Rate or Sight Bill Rate，D/D Rate），即银行买卖外汇即期汇票时所使用的汇率；另一种是长期（或远期）票汇汇率（Long Bill Exchange Rate），即银行买卖外汇远期汇票时所使用的汇率。票汇是银行在为客户办理汇付业务时签发一纸由其在国外的分支行或代理行付款的支付命令给汇款人，由其自带或寄往国外取款。由于卖出汇票同支付外汇间隔一段时间，因此票汇汇率也需在电汇汇率的基础上对利息因素作些调整。

（五）按外汇交易的交割时间不同，分为即期汇率和远期汇率

一般来说，居民和旅游者的外币现钞、旅行支票及其他小额外汇交易，多半是在成交时收付，但银行与客户间的大额交易或银行同业间的外汇买卖，按国际商业惯例，通常是在交易后两个营业日内才予以收付，如遇节假日往后顺延。即期汇率就是指在两个营业日内完成交割[①]的外汇买卖（即期外汇交易）所适用的汇率。即期汇率是由即期外汇市场上的货币供求情况决定的。

即期汇率(Spot Rate)，也叫现汇汇率。是指在外汇交易成交后两个营业日内交割时所使用或形成的汇率。远期汇率(Forward Rate)，也叫期汇汇率，是指在外汇交易成交后的两个营业日以上某个约定的日期进行交割时所使用或形成的汇率。

远期汇率既建立在即期汇率的基础上（两者之间有着密切的联系，一般是朝着一个方向变动的，尽管变动的幅度可能不完全一样），又受预期中的将来交割日货币供求情况的影响，反映着未来汇率变化的趋势。在任何一个交易日，即期汇率只有一个（包括买入价和卖出价）；而远期汇率则与此不同，根据不同的交割期限，它是一个系列，最常见的有30天、90天、180天甚至360天的远期汇率。

远期汇率与即期汇率之间的差额称远期差价（Forward Margin）。如果一个国家货币趋于坚挺，远期汇率就会高于即期汇率，其差价称升水（Premium）。如果一个国家的货币趋于疲软，其远期汇率低于即期汇率，该差价称为贴水（Discount）。这是直接标价法的情况。若采用间接标价法，则正好相反，即远期汇率高于即期汇率为贴水，远期汇率低于即期汇率为升水。远期汇率与即期汇率相等，则称平价（Par），但这种情况很少出现。

（六）按外汇来源与用途的不同，分为单一汇率和多种汇率

单一汇率（Single Rate）。一国货币对某一外币只规定一个汇率，这一汇率适用于各种不同来源与用途的外汇买卖，或者（国际货币基金组织规定）一国货币对外币的即期

① 所谓交割是指外汇买卖完成后货币的实际收付或银行存款账户余额的实际划转，这一天称作“交割日”（Delivery Date），或到期日（Maturity Date），或起息日（Value Date）。

汇率的买卖差价不超过2%。

多种汇率（Multiple Rate），也叫复汇率。一国货币对某一外币的汇率因外汇的来源和用途不同而规定两种或两种以上的汇率，或本币与外币的即期汇率的买卖差价超过2%。在实行复汇率的国家中，因外汇用途不同又可分为贸易汇率和金融汇率等。贸易汇率（Commercial Rate），指用于进出口贸易及其从属费用计价结算的汇率，其目的是为了鼓励出口、限制进口，从而改善本国的贸易状况。金融汇率（Financial Rate），指用于非贸易往来（如劳务、资本移动等）的结算汇率，其目的是为了增加非贸易外汇收入或限制资本流出入。

（七）按外汇买卖的对象不同，分为银行间汇率和商业汇率

银行间汇率（Inter－Bank Rate），也叫同业汇率，指银行同业之间买卖外汇所使用的汇率。由于外汇银行是外汇市场的主要参与者，银行间的外汇交易是整个外汇交易的中心，故银行间汇率又称为市场汇率。

商业汇率（Commercial Rate），指银行与客户之间买卖外汇所使用的汇率。商业汇率是根据银行同业汇率适当增（卖出价）减（买入价）而形成的，所以买卖差价要大于同业汇率。

（八）按汇率制度的不同，分为固定汇率和浮动汇率

固定汇率（Fixed Exchange Rate），指一国货币与外币的比价基本固定，并且汇率的波动被限制在一定的范围内，当汇率波动超出规定的界限时，货币当局有义务对外汇市场进行干预以维持汇率稳定。国际金本位制度和布雷顿森林体系下的汇率制度就属于固定汇率制度。

浮动汇率（Floating Exchange Rate），是指根据市场供求变化而自发形成的汇率。在这种制度下，货币当局不规定汇率波动的界限，原则上也没有义务维持汇率的稳定，但往往会根据经济政策的需要，对汇率施加影响。

上述对外汇汇率的各种分类使我们了解到，各种汇率之间存在着种种区别，但不能因此而将各种汇率之间存在的相互联系割裂开来。实际上，各种汇率可以是重叠的。例如，某一个汇率，可以既是买入汇率，又是即期汇率、电汇汇率、贸易汇率等。所以，究竟采用哪种分类法，这完全取决于是站在什么角度来看待这项外汇交易。

第二节 有效汇率、实际汇率和实际有效汇率

即期汇率和远期汇率的运用范围非常广泛，但其提供的信息毕竟还是有限的。例如，相对于所有重要的贸易伙伴国的货币而言，该国货币的综合运行趋势（或汇率走向）如何？在一个物价不断发生变化的世界里，该国是在什么样的实际成本上获取外国的商品和劳务的？所有这些重要信息，仅仅分析即期汇率和远期汇率是得不到的，需要其他有关的汇率指标来提供。

一、双边汇率与有效汇率

人们在外汇市场上看到的汇率都是双边汇率，但是在某段时期内，一国货币对某些货币的汇率可能发生上浮，对另一些货币则出现下跌，而且对不同货币的涨跌幅度也往往不一样，这时双边汇率就不足以反映一种货币对外综合价值的变化，所以需要有一个综合性的指标来揭示或反映一国货币对外价值发生变化的总趋向，于是，有效汇率便应运而生。

双边汇率(Bilateral Exchange Rate)，指一种货币对另一种货币，即两两货币间的汇率。
有效汇率(Effective Exchange Rate)，指某种加权平均汇率，它是一种货币相对于其他多种货币双边汇率的加权平均数。有效汇率与双边汇率的关系类似价格指数与各种商品价格的关系，因此又称汇率指数。

有效汇率的计算公式为：

$$EER = \sum_{i=1}^{n} EI_i W_i \qquad (2-1)$$

式中：EER 为有效汇率；EI_i 为汇率指数；W_i 为贸易权重。

在计算有效汇率的过程中有一点值得注意，即本国货币与各贸易伙伴国的货币汇率不能简单相加①。为克服这一技术问题，就必须使每种双边汇率都对基期的汇率作指数化处理，具体做法是：

第一，选定某一特定年份为基期，并将基期的数值指定为 1 或 100。

第二，将以后各年份的汇率都以对基期的相对价值形式来表现，经过指数化处理之后，本国货币与不同贸易伙伴国的货币汇率不能简单相加的问题就迎刃而解了。

第三，假如所有贸易伙伴国对本国的重要性都是相同的，那么在将所有双边汇率指数加总以后只要再去除以双边汇率总数，便可得到一个具有平均性质的综合指标。然而，在实践中，不同的贸易伙伴国对本国经济的重要性是存在明显差异的，在这种情况下，就必须根据本国与各主要贸易伙伴国的贸易比重或各种货币在世界贸易中的份额，通过加权平均的方法计算出本国货币的有效汇率。

第四，通过将其与基期指标的对比分析，来判断一国货币对各主要货币汇率变化的综合趋势。

专栏 2－3
美元指数

美元指数是综合反映美元在国际外汇市场汇率变动的指标，用来衡量美元对一篮子货币的汇率变化程度。它通过计算美元和对选定的一篮子货币的综合的变化率，来衡量美元的强弱程度，

① 国内有些国际金融教科书将一国货币有效汇率的计算公式写成：$EER = \sum_{i=1}^{n} E_i W_i$。实际上，这个公式是错误的，因为本国货币与各个贸易伙伴国的货币的汇率是不能简单相加的，必须先对各种汇率作指数化处理。

从而间接反映美国的出口竞争能力和进口成本的变动情况。如果美元指数下跌，说明美元对其他的主要货币贬值。

美元指数的计算原则是以全球各主要国家与美国之间的贸易结算量为基础，以加权方式计算出美元的整体强弱程度，美元指数的基期是 1973 年 3 月，以 100 为强弱分界线。在最初推出时，美元指数的标的由 10 个外汇品种组成，在 1999 年 1 月 1 日欧元推出后，美元指数的标的货币减少为 6 个，而这 6 个货币的权重分别为：欧元 57.6%、日元 13.6%、英镑 11.9%、加拿大元 9.1%、瑞典克朗 4.2%、瑞士法郎 3.6%。

美元指数以几何加权平均方式计算，计算公式为：

$$USDX_t = 50.14348112 \times (EUR_t)^{-0.576} \times (JPY_t)^{-0.136} \times (GBP_t)^{-0.119} \times (CAD_t)^{-0.091} \times (SEK_t)^{-0.042} \times (CHF_t)^{-0.036}$$

其中，50.14348112 是一个常数，这是因为基期指数为 100 而导致的，如果公式中没有这个常数，则将基期相应的货币对美元的汇率代入上述公式就得不到 100 这个数字了，因为基期指数 100 是恒定的，所以 50.14348112 也是一个常数；$USDX_t$ 是 t 时间的美元指数，EUR_t 是欧元在时间 t 的即时汇率，同样，公式中其他五个符号按顺序分别是日元、英镑、加拿大元、瑞典克朗和瑞士法郎在时间 t 的美元即时汇率，注意，这里的报价方式都是每单位外币折合若干美元，如果报价方式采用单位美元折合若干外币，则应将汇率上方的幂指数中的“－”号改成“＋”号。

二、名义汇率与实际汇率

> 名义汇率(Nominal Exchange Rate)，现实外汇市场交易中的两种货币之间的兑换比率，它既可能由市场决定，也可能由官方决定。

由各国政府制定并挂牌公布的，或者在外汇市场上按此价格进行交易的汇率都是名义汇率。如同货币市场和资本市场上的名义利率一样，名义汇率未对两个有关国家在某一段时期出现的通货膨胀率差异进行过调整，所以，它往往偏离货币汇率本应反映的购买力平价关系。

> 实际汇率(Real Exchange Rate)，又称真实汇率，指名义汇率经由两国价格调整后的汇率，它反映本国商品的国际竞争力。

同理，实际汇率与实际利率相似，它将两个国家物价指数发生相对变化的影响从名义汇率中剔除，因此能反映两国货币实际价值（或实际购买力）的对比所出现的增减变化。实际汇率可定义为本国产出相对于外国产出的购买力，它可用来衡量和比较一国的实际生活成本情况。

若用公式来表示，实际汇率就是两国货币的名义汇率（以直接标价法表示）除以两国符合 PPP（Purchasing Power Parity，购买力平价）关系的物价指数比率，即：

$$R_r = \frac{RP_f}{P_h} \qquad (2-2)$$

式中：R_r 为实际汇率；R 为名义汇率；P_f 为外国的物价指数；P_h 为本国的物价指数。

从式（2－2）可看出，假如基期的名义汇率是建立在绝对购买力平价基础之上的，那么，实际汇率就应该等于 $1\left(\frac{R\times P_f}{P_h}=\frac{P_h}{P_f}\times\frac{P_f}{P_h}=1\right)$；反之，假如实际汇率不等于 1，静态均衡的条件就未得到满足。由此可见，实际汇率的经济意义就在于它能揭示名义汇率对购买力平价关系的偏离程度。

显然，实际汇率比名义汇率能更准确地反映一国商品和劳务在国际市场上的竞争力。当两国价格水平不变时，如果本国名义汇率贬值（R 上升），则本国实际汇率也贬值（R_r 值上升），此时本国的商品劳务出口趋于上升，即本国商品和劳务在国际市场上的竞争力上升；如果本国名义汇率不变，但外国价格水平相对上升（P_f/P_h），则本国实际汇率仍然贬值（R_r 值上升），此时本国商品劳务在国际市场上的竞争力同样上升。

在实际应用中，实际汇率还有一种含义，即：实际汇率＝名义汇率 ± 财政补贴和税收减免，这是因为，各国政府为达到增加出口和限制进口的目的，经常对各种出口商品进行财政补贴或税收减免，对进口则征收各种类型的附加税，在研究汇率调整、倾销调查与反倾销措施及考察货币的实际购买力时，常会用到这一概念的实际汇率。

三、双边实际汇率与实际有效汇率

上文分析的实际汇率是以两国货币为基础而计算出来的，因此它具有双边性质。然而，在某段时期内，一国货币对若干种货币的实际汇率可能升值或上浮，而对另几种货币的实际汇率则可能贬值或下浮，所以，也同样需要有一个能综合反映一国货币实际汇率变动趋势的指标，这个指标就是实际有效汇率（Real Effective Exchange Rate）。

以 2006 年为基期的人民币汇率指数的计算

实际有效汇率又称“有效实际汇率”，它是一个涉及多种货币的实际汇率形式。有效实际汇率使得原来的名义汇率发生了双重指数化，因为它是在实际汇率（而不是名义汇率）的基础上再来计算有效汇率，即先根据有关国家的物价指数算出同这些国家货币的双边实际汇率，然后再按这些国家在本国对外贸易总额中所占的比重进行加权平均。

第三节　汇率的决定与变动

在不同的国际货币制度下，如金本位制（Gold Standard System）、金汇兑本位制（Gold Exchange Standard System）或纸币本位制（Paper Money Standard System）下，汇率由不同的平价关系（Parity，或 Par Value）来决定。

一、汇率的决定

（一）金本位制下汇率的决定基础

金本位制度（Gold Standard System）从 1816 年英国政府颁布条例、发行金币开始，一直延续到第二次世界大战爆发前夕。具体又可分为两个阶段：

1. 典型金本位制阶段——金币本位制度阶段。典型的金本位制度，即金币本位制度（Gold Coin Standard System，或 Gold Species Standard System）。在金币本位制度下，流通中的货币是以一定数量和成色的黄金铸造而成的金币，货币的单位价值就是铸造该铸币所耗用的黄金的实际重量，即含金量（Gold Content），各国货币含金量之比即铸币平价就是汇率决定的基础。例如，1925—1931 年，英国立法规定 1 英镑的重量为 123.27447 格令（Grain，金衡制的单位，1 克 = 15.43232 格令），成色为 22 开（Karat，金为 24 开），则 1 英镑所含纯金量为 123.27447 × 22/24 = 113.0016 格令，即 7.32238 克。美国立法规定 1 美元的重量为 25.8 格令，成色为 90%，则 1 美元所含纯金量为 25.8 × 90% = 23.22 格令，即 1.50463 克。据此，英镑与美元的铸币平价是 7.32238/1.50463 = 4.8665。其含义是 1 英镑等于 4.8665 美元，这就是英镑与美元之间的汇率。

但需要注意的是，在外汇市场上，实际的汇率往往不等于铸币平价，而是因供求关系而围绕铸币平价上下波动。当一国出现国际收支顺差时，外汇供过于求，外汇汇率下跌到铸币平价以下。由于在金币本位制下，黄金可以自由输出输入，因而外汇汇率下跌将引起黄金的流入；反之，则引起黄金流出。然而，实际汇率的波动并不是漫无边际的，其波动的幅度受制于黄金输送点（Gold Transport Points，或 Specie Points）。黄金输送点是引起黄金流入与流出时的汇率，其中，引起黄金流出的汇率是黄金输出点（Export Gold Point，或 Export Specie Point），引起黄金流入的汇率是黄金输入点（Gold Import Point，或 Import Specie Point）。当汇率变动对一国有利时，债权人将利用外汇办理国际结算；而当外汇汇率涨幅过高时，则会采取直接运送黄金的办法结算。但是，运送黄金也需要成本，如包装费、运输费、保险费、检验费和运程中的利息等。所以：黄金输送点 = 铸币平价 ± 单位货币黄金运送费用。

铸币平价(Mint Parity，或Specie Parity)，金本位制下两国货币含金量之比，它是金币本位制度下决定汇率的基础。

第一次世界大战之前，在英国和美国之间运送黄金的各项费用和利息约为黄金价值的 5‰～7‰，按均值 6‰计算，在英、美之间运送 1 英镑黄金的费用合计为 4.8665 × 6‰ = 0.03 美元，则黄金输送点为 4.8665 ± 0.03 = 4.8965/4.8365 美元。所以当 1 英镑汇率上涨到黄金输出点 4.8965 美元以上时，美国债权人就宁愿运送黄金至英国而不愿购买英镑用于偿债；而当 1 英镑汇率跌至黄金输入点 4.8365 美元以下时，美国债权人愿意自己花运费从英国输入黄金也不愿意收取英镑外汇以实现债权。可见，黄金输送点限制了汇价的波动；而且由于单位货币黄金运送费用很小，汇率的波动幅度也就很小，基本上保持稳定。

2. 退化的金本位制——金块本位和金汇兑本位制度阶段。金币本位制度发展到后期，由于黄金产量跟不上经济发展对货币日益增长的需求，黄金参与流通、支付的程度下降，其作用逐渐被以其为基础的纸币（银行券）所取代。只有当大规模支付需要时，黄金才以金块的形式参与流通和支付。这种形式的货币制度，被称为金块本位制。金块本位制下，纸币的价值以黄金为基础并代表黄金流通，纸币与黄金保持固定的比价，黄金仍在一定程度上参与清算和支付。

后来随着经济的发展，黄金的流通和支付手段职能逐渐被纸币所取代，货币制度演变为金汇兑本位。在金汇兑本位制度下，纸币成了法定的偿付货币，即法币（Legal Tender），政府宣布单位纸币的含金量并维护纸币黄金比价，纸币充当价值尺度、流通手段和支付手段，黄金只发挥储藏手段和稳定纸币价值的作用。

在这两种货币制度下，国家都以法律规定货币的含金量，货币的发行以黄金或外汇作为准备金，并允许在一定限额内与黄金或外汇兑换。这时，汇率由各自货币所代表的含金量之比决定，即法定平价（Official Parity）。在这两种货币制度下，实际汇率也会因供求关系而围绕法定平价上下波动，但其波动幅度已不再受制于黄金输送点，因为此时金块或黄金储备掌握在政府手中，黄金的流通和兑换受到一定的限制，黄金输送点实际上已不复存在。汇率波动的幅度由政府设立的外汇平准基金来决定和维护。当外汇汇率上升时，售出外汇；当外汇汇率下降时，买进外汇，以将汇率波动控制在一定的幅度内。因而在这两种制度下，汇率失去了稳定的条件，相比金币本位制度，汇率的稳定性大大降低。

（二）布雷顿森林体系下汇率决定的基础

第二次世界大战结束以后，许多国家为了稳定汇率，在1944年建立了布雷顿森林体系。该体系是在国际货币基金组织的监督下以美元为中心建立的固定汇率制，其核心是双挂钩：一是美元与黄金挂钩，确定1盎司黄金等于35美元的黄金官价；二是其他国家的货币与美元挂钩，或者不规定含金量而规定与美元的比价，直接与美元挂钩。在这种货币制度下，各国货币的价值分别通过黄金或美元即基金平价来表示，汇率的决定取决于各国货币基金平价的比值，汇率决定的基础是基金平价。

国际货币基金平价(IMF Parity)，简称基金平价，是指在受国际货币基金组织监督而协调运转的布雷顿森林体系下，各国单位货币的美元价值或黄金价值。布雷顿森林体系下汇率的决定取决于各自货币基金平价的比值，即汇率决定的基础是基金平价。

（三）现行货币制度——纸币制度下汇率决定的基础

随着布雷顿森林体系的崩溃，许多国家纷纷放弃了与美元的固定比价，普遍实行浮动汇率制。在这种汇率制度下，各国货币基本与黄金脱钩，即不再由法律规定货币的法定含金量。汇率已经不再是由各国货币的基金平价或含金量来决定，而应当是由各国纸币所代表的实际价值来决定汇率。我们把单位纸币所代表的一定量商品称为该纸币的购买力平价，它实际是商品价格的倒数。在这种情况下，以直接比较两国纸币的购买力得出两国纸币相互间兑换的比例，即汇率，也就是说纸币制度下两国货币汇率决定的基础是购买力平价。

纸币制度下各国货币与黄金脱钩，汇率决定于各国纸币所代表的实际价值，而纸币代表的实际价值总表现为一定量的商品，购买力平价就成为纸币制度下汇率的决定基础。

二、汇率变动的计算与影响汇率变动的因素

汇率是连接国内外市场的重要纽带。一方面，汇率的变化受制于一系列因素；另一方面，汇率的变动又会对其他经济因素产生影响。了解汇率变动对经济的影响，对于研

究各国货币当局制定的汇率政策具有重要意义。

（一）汇率变动的计算

汇率的变化表现为货币的贬值与升值。货币的贬值与升值在不同货币制度或汇率制度下有不同的方式。固定汇率制度下称法定贬值（Devaluation）与升值（Revaluation），浮动汇率制度下称汇率上浮（Depreciation）与下浮（Appreciation）。不管在哪种制度下，货币的贬值与升值都是指一种货币相对于另一种货币而言的，贬值和升值的幅度可以通过变化前后的两个汇率计算出来。

在直接标价法下：

本币汇率变化的幅度（%）＝（旧汇率/新汇率－1）×100%

外币汇率变化的幅度（%）＝（新汇率/旧汇率－1）×100%

在间接标价法下：

本币汇率变化的幅度（%）＝（新汇率/旧汇率－1）×100%

外币汇率变化的幅度（%）＝（旧汇率/新汇率－1）×100%

（二）影响汇率变动的长期因素

货币的汇率水平经常会受到各种因素的影响而发生变化，这些因素既有经济因素，又有政治因素、心理因素等。在现行的浮动汇率制下，汇率更是受多种因素的影响而波动频繁。

1. 国际收支差额。在影响汇率变动的长期因素中，国际收支，特别是国际收支中的经常项目是最重要的因素。国际收支是一国对外经济活动的综合反映，国际收支平衡表中所列的各种经济交易最终表现为一国的外汇供给和外汇需求，或者说，国际收支平衡表中的贷方项目构成外汇供给，而借方项目构成外汇需求。当一国经常项目出现顺差时，外汇供大于求，本币就有升值趋势；当经常项目出现逆差时，外汇需求大于供给，本币趋于贬值。国际收支中资本项目差额的变动情况，也会影响汇率的变动；相对于经常项目而言，其影响体现出不同的特点。

2. 通货膨胀率的差异。在纸币流通制度下，汇率从根本上说是由两国货币所代表的实际价值量的对比关系决定的，货币所代表的实际价值可以用货币的购买力来体现。但纸币凭信用发行的特点决定了货币的实际价值是不稳定的，通货膨胀及其造成的纸币的实际价值与名义价值的偏离在任何国家都是不可避免的，这就必然引起汇率水平的变化。

一国通货膨胀率上升，则该国货币的购买力下降，纸币对内贬值，该国货币的汇率下跌。需要注意的是，汇率是两种货币的比价，其变化受制于两国间通货膨胀程度的差异。若两国都存在通货膨胀，则高通货膨胀的国家的货币相对于低通货膨胀国家的货币贬值。

3. 经济增长差异。在其他条件不变的情况下，经济增长率较高的国家，其收入上升将促使进口增加，引起本币贬值；但同时高经济增长率往往又伴随劳动生产率的提高，使本国产品出口竞争力增强，使本币有升值的趋势。究竟经济增长率对汇率的影响是升值还是贬值，就取决于两种经济力量的对比。就资本项目来看，一国经济增长率较高，则商业利润率也较高，有利于吸引国外资金流入，从而本国货币汇率趋向上涨；若较高的经济增长伴随着高通货膨胀率时，则资金外流又会导致本国货币对外贬值。总的来说，较高的经济增长率会对本国货币对外升值起到有力的支持作用，并且这种影响持续的时间也较长。一般而言，一国的高经济增长率对本币的稳定和升值有基础性的支持作用。

4. 宏观经济政策导向。宏观经济政策主要包括货币政策、财政政策和汇率政策。紧缩性的财政政策和货币政策往往会使一国货币汇率上升，而扩张性的财政政策和货币政策则可能使一国货币汇率下降。汇率政策是一国货币当局对于本国货币相对于外国货币币值的一种指导性政策。在经济全球化的大背景下，汇率政策的实施直接关系到国际贸易往来、短期资本和长期资本的流动以及本国证券市场的兴衰。因此，汇率政策对汇率的中长期走势将产生较为深远的影响。

（三）影响汇率变动的短期因素

1. 经济数据的公布。各国都会定期公布本国关于经济景气状况、就业状况、物价状况的经济指标，在指标公布之前，市场一般会对该指标有充分的预期。一旦较为重要的数据的实际结果与预期差距较大，往往会对外汇市场短期走势产生较大的影响。

2. 市场预期因素。市场预期因素是影响汇率变动的一个重要因素。常见的市场预期因素有：（1）“新闻”因素。新闻舆论是影响汇率的突发性因素。一旦某种重要的新闻传播，就会打破外汇市场的平衡状态，使汇率发生剧烈的波动。在社会上或国际上出现的消息中，有些未经证实的“传闻”，也可能对外汇市场产生影响，引起汇率波动。（2）心理因素。这是指人们对汇率的未来动向所作的事先推测或期待，是影响短期汇率走势的重要因素，也是较难把握的一种因素。心理因素通常只在一定的市场条件下才会产生并起作用。

3. 利率差异或相对利率。利率是金融市场上资产的价格。国家间利率的差距，将会引起短期资本在国家间流动，一国利率高于他国，将引起国际资本流入，由此改善资本与金融账户收支，提高该国货币汇率；反之，如果一国利率水平低于他国，将导致资本流出，引起外汇市场上对外汇的需求增加，即该国货币的供应增加，这种供求关系的变化会引起该国货币汇率下降。

4. 政治因素。对汇率变动产生影响的政治因素多为突发性事件，很难预测。当一国发生政变、战乱、政府官员丑闻时，都会对该国货币汇率产生不利的影响。其主要原因是，外汇作为国际性流动的资产，在动荡的政治格局下所面临的风险会比其他资产大；而外汇市场的流动速度快，又进一步使外汇行市在政局动荡时更加剧烈地波动。从具体形式来看，外汇市场的政治风险有大选、战争、政变、边界冲突等。

5. 政府干预。各国政府当局为稳定外汇市场，往往会对外汇市场进行干预。其主要形式包括：直接在外汇市场上买进或卖出外汇；调整国内货币政策和财政政策；在国际范围内发表各种言论以影响市场心理预期；与其他国家联合进行直接干预，或通过政策协调进行间接干预等。

6. 国际短期投机性资本流动。国际投机资本的大量流入，会使外汇供给相对增加，外币币值相对本币下降，从而使本币升值，外币贬值。反之，则会使本币汇率下降，外币汇率上升。由于国际游资流量巨大，流动迅速，对短期汇率产生的影响不可低估。市场上关于这方面的新闻和传闻很多，也会在一定程度上促使国际短期资本流动，从而影响汇率。

需要说明的是，上述影响汇率变动的中长期因素和短期因素只是相对而言的，中长期因素也会在短期内令汇率产生大幅波动，而短期因素往往也会成为汇率中长期走势的一个征兆。实践中，各种因素都会从不同方面影响汇率的变动，而且诸多因素往往同时发生作用。因此，尽管汇率变动是由外汇市场供求关系所决定的，但是影响汇率变动的因素却较为复杂。它们相互影响、相互制约，共同发挥作用。此外，影响汇率变动的因素还有许多，如一国关税与贸易政策、外汇管制措施等。但是，这些因素大多是通过以上各种因素对汇率发生作用的。所以，只有对各种因素进行综合全面的考察，对具体情况作出具体分析，才能对汇率变动作出较为准确的分析。

三、汇率变动对经济的影响

（一）汇率变动对一国国际收支的影响

1. 汇率变动对贸易收支的影响。汇率变动对贸易收支的影响体现在两个方面：从微观角度看，汇率变动影响进出口企业的成本和利润；从宏观角度看，汇率变动影响贸易收支差额从而使国际收支差额发生变化。下面以本币对外贬值为例说明汇率变动对进出口的影响。

（1）一国货币对外贬值对出口的影响。一国货币对外贬值对出口会产生两种效应：一是本币贬值后，出口产品的本币价格不变，则它折合成外币的价格降低了，出口产品的竞争力因此而提高了，出口扩大；二是本币贬值后，若出口产品的外币价格不变，则相同的外汇收入可以兑换更多的本国货币，出口企业的利润增加，出口商的积极性提高了，出口数量增加。

（2）一国货币对外贬值对进口的影响。本币贬值后，进口商品的外币价格不变，则它折合成本币的价格提高了，进口商品成本增加，进口量减少；或者维持原有的以本币表示的国内售价不变，就只能压低进口商品的外币价格，这会招致外国出口商的反对，因此，本币对外贬值会自动抑制进口。

如果对外本币贬值有效地促进了出口、限制了进口，则该国的贸易收支状况改善了（扩大贸易顺差或减少贸易逆差）。本币对外升值的影响正好相反，不利于本国商品的出口，反而鼓励了进口，减少贸易顺差或扩大贸易逆差。汇率变动对一国贸易收支的这种影响是各国货币当局制定汇率政策时所考虑的最重要的经济动因。

（3）外汇倾销（Exchange Dumping）。在有通货膨胀的国家中，货币当局通过促使本币对外贬值，并且使本币对外贬值的幅度大于对内贬值的幅度，以便以低于世界市场的价格输出商品，打击竞争对手，争夺销售市场，改善贸易收支，这就是外汇倾销。本币对外贬值是外汇倾销的手段，但是，必须具备的条件是本币对外贬值的幅度大于对内贬值的幅度。

2. 汇率变动对服务贸易收支的影响。在其他条件不变的情况下，一国货币对外贬值有利于改善该国的服务贸易收支。这是因为，本币对外贬值后，外国货币的购买力相对提高了，本国的商品、劳务、交通、住宿等费用变得便宜了，这有利于旅游和其他服务收入的增加。同时，国外的商品、劳务、交通、住宿等费用变得更贵了，这抑制了本国的旅游和其他服务支出。

3. 汇率变动对资本项目收支差额的影响。汇率变动对资本项目收支的影响可以从以下几个方面来理解：

（1）汇率变动前的市场预期影响资本流动。当外汇市场参与者预期一国货币将要贬值而未贬值时，会造成货币替换（抛售本币或抢购外币），则资本外逃增加；当外汇市场参与者预期一国货币将要升值时，使资本流入增加。

（2）汇率变动后的市场预期影响资本流动。当一国货币对外贬值后，若外汇市场参与者认为贬值使得该国货币的汇率基本接近其购买力，则资金回流；若外汇市场参与者贬值过度，市场汇率会出现反弹，则资本流入增加；若外汇市场参与者普遍认为贬值的幅度还不够，再贬值不可避免，则资本流出增加。

（3）汇率变动对资本项目收支的影响程度与一国的外汇管制程度和资金投放的安全性有关。对资本项目管制较严的国家，汇率变动对资本项目收支的影响较小；而资本项目管制较松的国家，汇率变动对资本项目收支的影响较大。有些时候，虽然一国货币对外贬值有利于资本流入，但如果该国的投资安全性差，则资本流入也不会成为现实。

4. 汇率变动对外汇储备的影响。在以美元为主要储备货币的时期，外汇储备的稳定性和价值的高低完全取决于美元汇率的变化。若美元汇率上升，一国外汇储备相应升值；相反，美元汇率下跌，一国外汇储备就相应贬值。

在多元化外汇储备时期，汇率变化的影响较为复杂，需要从多方面分析。首先，构成一国外汇储备的各种货币的汇率变化对外汇储备的影响是不同的；其次，要衡量一定时期内储备货币的汇率变化对一国国际储备的综合影响，需要根据各种储备货币在外汇储备中的不同权重，并结合各种储备货币的升值或贬值的幅度加以分析。由于各国外汇储备中储备货币的多元化，汇率变化对外汇储备的影响也多样化了。有些时候，外汇市场上的汇率波动很大，但由于储备货币中升值和贬值货币的力量相当，外汇储备的价值并未受到影响；有时虽然多种储备货币的汇率下跌，但是，占外汇储备较大比重的储备货币的汇率上升，则外汇储备的价值依然稳定或升值。

（二）汇率变动对一国国内宏观经济运行的影响

1. 汇率变动对国内价格的影响

（1）汇率变化直接影响进出口商品的价格。若一国货币的汇率下降，一方面促使以本币表示的进口商品的价格上涨，若进口商品属于技术、设备、原材料等资本货物或中间产品，还会促使生产成本提高，引起其他商品的价格普遍上涨，诱发或加剧国内的通货膨胀；另一方面，本国的出口商品以外国货币表示的价格下降，外国货币的购买力增强，外国进口商则会增加对本国出口商品的需求。若出口商品的供给数量不能相应地扩大，则出口商品的国内价格必然上涨。

（2）汇率变化对非贸易品价格的影响。汇率变化对非贸易品价格的影响是间接的，汇率变化对贸易品价格的影响会传递到非贸易品价格上。我们可以将非贸易品分为三类：第一类，随价格变化随时可以转化为出口的国内商品；第二类，随价格变化随时可以替代进口的国内商品；第三类，完全不能进入国际市场或替代进口的国内商品。若一国货币的汇率下降，贸易品的价格上涨，促使第一类商品转化为出口商品，从而其国内供给减少，价格上升；第二类即国内可以生产的进口替代品的价格会自动上升；由于本币汇率下降造成出口扩大，使出口商的利润增加，在平均利润率规律的作用下，第三类商品的生产厂商或提高价格，或转向生产出口品，其结果是促使价格水平上升。一国货币的汇率上涨对贸易品和非贸易品价格的影响正好相反。

2. 汇率变动对国民收入、劳动生产率和就业的影响。如前所述，一国货币的汇率下降有利于扩大出口并限制进口。因此，本币对外贬值后，闲置的生产资源以及其他产业的资源就会向出口产业、进口替代产业转移，从而促使国民收入增加，就业增加。而且，国内的生产结构也因此发生变化。当然，汇率变化也会影响一国国内的收入分配、货币供给等。正是由于汇率变化对国内经济的影响，在许多国家，政府经常利用汇率政策来实现其国内经济发展的目标。

（三）汇率变化对微观经济活动的影响

汇率变化对微观经济活动的影响主要表现在，浮动汇率制度下汇率的频繁波动给从事涉外经济活动的经济主体带来的外汇风险。

在对外贸易中，以某一外国货币计价和结算，若该种外币的汇率上涨，则出口商的应收货款价值增加了，出口收入增加；进口商的应付货款价值增加了，进口成本上升。相反，若该种外币的汇率下跌，则出口商的应收货款价值减少了，出口收入减少；而进口商的应付货款价值降低了，进口成本下降。

在国际借贷活动中，当计价和结算货币的汇率上涨，则债权人受益，其收入增加，债务人的债务负担因此而加重了。如果汇率下跌，则债务人受益而减轻负担。

可见，对出口商和外债的债权人来说，外汇汇率上涨的影响是有利的，而外汇汇率下跌产生不利影响；对进口商和外债的债务人来说，影响正相反。因此，外汇风险的预测和防范是微观经济管理的重要内容。

（四）汇率变化对国际经济的影响

在浮动汇率制度下，汇率的频繁波动不仅影响各国的对外贸易、国内经济，而且也影响着各国之间的经济关系。如果一国实行以促进出口、改善贸易收支为主要目的的货币贬值，则会使对方国家的货币相对升值，尤其是以外汇倾销为目的的本币贬值必然引起对方和其他利益相关国家的报复，它们或实行同样的货币贬值，或采取保护性贸易措施，由此而产生“货币战”和“贸易战”。

汇率的变化，影响某些储备货币的地位和作用，促进了国际储备货币的多元化。同时，加剧了国际金融市场上的投机活动和金融市场的动荡，也促进了国际金融业务的不断创新。

（五）影响汇率发挥作用的因素

1. 一国对外贸易系数的大小。对外贸易系数也叫对外贸易依存度，它是一国的对外贸易额与国民生产总值的对比。一国的对外贸易依存度越高，则汇率变化的影响越大；反之则越小。

2. 对外开放程度。一国对外开放程度越大，其经济对国际环境的依赖程度越高，进出口贸易占国民生产总值比重越大，汇率变化对该国的影响程度就越大。

3. 出口商品结构。出口商品结构单一的国家，供求弹性较小，汇率变化对其影响较大；而出口商品结构多样化的国家，则受汇率变化影响较小。

4. 一国国内金融市场与国际金融市场的联系程度。一国的国内金融市场越开放，与国际金融市场的联系越密切，汇率变化的影响越大。

5. 货币的兑换性。一国货币的自由兑换程度越高，在国际支付中使用频繁，则汇率变化的影响越大。

第四节　汇率决定理论

汇率的波动具有很强的随机性，有人认为汇率是不可预测的。尽管在不同的经济制度和历史背景下，影响汇率变动的因素非常复杂，但是汇率波动的原因或者决定因素还是可以确认的。据此，经济学家对汇率的决定因素作了不同的解释，从而形成了不同的汇率决定理论。

一、国际收支说

早期的国际收支说是国际借贷说（International Indebtedness），英国经济学家戈逊于1861年在《外汇理论》（*The Theory of Foreign Exchange*）一书中，从国际收支角度较完整地阐述了汇率与国际收支之间的关系。该理论认为，国际收支决定着外汇供求，外汇供求决定着汇率，故又被称为“汇率的供求决定理论”。根据戈逊的观点，一国外汇的供求取决于该国对外流动借贷的状况。一国的对外流动借贷，是指该国处于实际收支阶段的对外债权与对外债务。一国国际收支中经常账户与资本账户的收支，构成该国的对外流动债权与对外流动债务。如果一国对外债权大于对外债务，外汇供给大于外汇需求，则该国货币汇率会上涨，即外汇贬值。相反，如果一国对外债务大于对外债权，外汇需求大于外汇供给，则该国货币汇率会下跌，即外汇升值。如果一国对外债权与对外债务相等，外汇供求平衡，则该国汇率处于均衡状态。在此基础上，一些学者将凯恩斯主义中的国际收支均衡条件分析应用于外汇供求流量分析，由此形成了国际收支说。1981年，美国经济学家阿尔吉系统地总结了这一理论。国际收支说的倡导者认为，在分析汇率决定时，可以从两方面对国际借贷说加以修正和改进：一是将国际资本流动纳入汇率决定的分析；二是用贸易收支和国际资本流动的有关理论来分析探讨深层的汇率决定因素。

（一）国际收支说的主要内容

国际收支说通过说明影响国际收支的主要因素，分析这些因素如何通过国际收支作用到汇率上。假定汇率完全自由浮动，政府不对外汇市场进行干预，则汇率是外汇市场上的价格，它通过自身变动以实现外汇市场供求平衡，使国际收支处于平衡状态。

1. 基本模型

国际收支：$BP = CA + K$

经常账户收支：$CA = X_1(Y, Y^*, P, P^*, S)$

资本与金融账户收支：$K = X_2(i, i^*, S, F^e)$

其中，CA 由本国的进出口决定，主要由 Y、Y^*、P、P^*、S 决定；K 为资本与金融账户，由 i、i^*、S、F^e决定。Y、Y^* 分别是本国与外国国民收入，P、P^* 分别是本国与外国价格水平，i、i^* 分别是本国与外国利率水平，S 为即期汇率（直接标价法），F^e 为预期的远期汇率。

综合起来，影响国际收支的主要因素及国际收支平衡条件为：

$$BP = X_1(Y, Y^*, P, P^*, S) + X_2(i, i^*, S, F^e)$$
$$= X(Y, Y^*, P, P^*, i, i^*, S, F^e) = 0$$

如果将除了即期汇率以外的其他变量均视为给定的外生变量，则汇率将在这些因素的共同作用下变化到某一水平，起到平衡国际收支的作用，有：

$$S = g(Y, Y^*, P, P^*, i, i^*, F^e)$$

该式就是国际收支处于平衡状态条件下的均衡汇率。

2. 影响均衡汇率变动的因素

依据上式，影响均衡汇率变动的因素主要有：本国与外国国民收入、本国与外国价格水平、本国与外国利率水平以及人们对未来汇率的预期。假定其他变量不变：（1）国民收入的变动：Y 上升→本国进口增加→对外汇的需求增加→本币贬值（外币升值）；Y^* 上升→本国出口增加→外汇供给增加→本币升值（外币贬值）。其经济含义是：当一国国民收入增加导致进口增加时，会引起国际收支赤字，由此外汇市场就会出现超额需求，造成本币贬值，外汇汇率上浮；反之，外国国民收入的增加会带来本国出口增加，外汇供给增加，使本币趋于坚挺。（2）价格水平的变动：P 上升→本国产品出口竞争力下降→经常账户恶化→本币贬值；P^* 上升→本国产品出口竞争力上升→经常账户改善→本币升值。（3）利率水平的变动：i 上升→资本内流增加→外汇供给增加→本币升值；i^* 上升→资本外流增加→本国外汇供给减少、外汇需求增加→本币贬值。（4）预期的外汇汇率远期变动：F^e 上升→资金外流增加→本国外汇供给减少、外汇需求增加→本币贬值。

（二）对国际收支说的评价

贡献：（1）国际收支说运用供求关系的方法，把影响国际收支的各种主要因素纳入汇率的均衡分析中，指出了汇率与国际收支之间存在的密切关系，从动态角度分析了汇率的变动及其调节作用，有利于全面分析短期内汇率的决定和变动。（2）国际收支说是关于汇率决定的流量理论，认为国际收支引起的外汇供求流量决定了汇率水平及其变动。

缺陷：（1）国际收支说只是一种汇率分析工具，仅仅用商品供求关系来分析外汇市场不够全面。（2）国际收支说只适合于外汇市场发达的国家。（3）国际收支说不能被视为完整的汇率决定理论，而只是汇率与其他宏观经济变量之间存在着联系，它没有对影响国际收支的众多变量之间的关系以及其与汇率之间的关系进行深入分析。

二、购买力平价说

购买力平价理论（Theory of Purchasing Power Parity，PPP）是一种比较古老的学说，源于对国际贸易中汇率作用的研究，是最早也是当今汇率理论中最具影响力的理论之一。所谓“购买力平价”就是一单位某一国家货币与其兑换成外国货币后的购买力应该相等。20 世纪初，瑞典经济学家古斯塔夫·卡塞尔（Gustav Cassel，1866—1945）对其进行了详细论述，并对第一次世界大战后各国国际收支失衡时回归的金本位制度的均衡汇率进行了验证。

（一）购买力平价说的主要内容

购买力平价说是一种通过一国货币的国内购买力来确定各种货币之间比价的汇率决定理论。它的主要观点是：本国人之所以需要外国货币，是因为外币在外国具有对一般商品的购买力；而外国人之所以需要本国货币，是因为本币在国内具有购买力。因此，两国货币购买力水平的对比决定了汇率的高低和变动。也就是说，两国货币的汇率是由两种货币在本国国内所能支配的商品与劳务的数量决定的，即货币的对外价值取决于其对内价值。

1. 购买力平价说的假定条件。该学说假定的首要也是最重要的前提条件是：在国际范围内一价定律（The Law of One Price）能够成立。所谓一价定律是指在自由贸易的条件下，在统一的市场范围内，不论是国内市场还是国外市场，当不存在运输成本、信息成本和人为的贸易壁垒（如关税）时，同种商品在不同的国家用相同币种表示的售价应该相同。该理论认为，任何对一价定律的偏离都会由于商品交易者的套利行为，使各处的价格趋于一致。

2. 该理论的其他假定是：忽略国际贸易的运输成本、信息费用和利息负担等因素的影响；假设物价与汇率是单向的因果关系，即不考虑汇率对物价的影响；假定货币中性，即经济中的变化都是纯粹货币性质的变化，不会影响到产量、产业结构、生产成本和劳动生产率等实际经济变量；不考虑对汇率的预期等因素的影响。

（二）购买力平价说的两种形式

购买力平价说分为绝对购买力平价和相对购买力平价两种形式。绝对购买力平价（Absolute Purchasing Power Parity）说明某一时点上汇率的决定；相对购买力平价（Relative Purchasing Power Parity）则说明汇率的变动。

1. 绝对购买力平价。绝对购买力平价是购买力平价理论的最典型的形式。其基本观点是，一个国家的货币与另外一个国家的货币之间的比价是由两种货币在各自国内的购买力之比决定的。由于货币在国内的购买力体现在商品的价格水平上，故两种货币之间的汇率水平是由两国国内的物价水平之比决定的。我们用 e 表示两国货币的汇率，P_a 表示甲国的价格水平，P_b 表示乙国的价格水平，因此绝对购买力平价可以用公式表示为

$$e = P_a / P_b \qquad (2-3)$$

式（2－3）说明的是简单的购买力平价，意味着汇率取决于以不同货币衡量的可贸

易商品的价格水平之比，即取决于不同货币对可贸易商品的购买力之比。由于任何国家都不止生产一种商品，因此，完整的绝对购买力平价应该用式（2－4）来表示

$$e = \sum_{i=0}^{n} W_i P_i / \sum_{i=0}^{n} W_i^* P_i^* \quad (2-4)$$

式（2－4）中，e 为外汇汇率；W_i、W_i^* 分别表示甲乙两国第 i 种商品在全部商品中所占的权数；P_i、P_i^* 分别表示甲乙两国的第 i 种商品价格。如果将这一物价指数分别用 P_a、P_b 表示，则可以得到式（2－3），而将式（2－3）变形就可以得到：

$$P_a = P_b \cdot e \quad (2-5)$$

这就是一价定律的公式表达。所以绝对购买力平价实际上是一价定律的扩展。

2. 相对购买力平价。相对购买力平价是在绝对购买力平价的基础上发展起来的。它把汇率的涨落归因于物价或货币购买力的变动。卡塞尔认为，在计算绝对购买力平价时，首先必须获得两国物价水平的数据，但在实际操作过程中是比较困难的事情，而两国物价水平的变动即物价指数或通货膨胀率，是比较容易获得的。因此，他提出了另外一种根据货币购买力确定汇率的方法，即相对购买力平价，也就是说，在一定时期内，汇率的变动要与同时期内两国物价水平的相对变动成比例。其公式为

$$e^* = e\frac{P_a^* / P_a}{P_b^* / P_b} \quad (2-6)$$

式（2－6）中，e^* 为新平价；e 为旧平价；P_a、P_b 表示两国基期的物价水平；P_a^*、P_b^* 表示两国计算期的物价水平；P_a^* / P_a 为甲国计算期对基期的物价指数；P_b^* / P_b 为乙国计算期对基期的物价指数。例如，美元对人民币的基期汇率是 \$ 1 = ￥8，在计算期美国物价指数自 100 涨至 200，中国的物价指数自 100 涨至 300。由于物价发生变动，基期汇率已不符合双方的购买力平价，所以汇率要发生变动，新的汇率应该为 $e^* = (￥8/\$) \cdot \frac{300/100}{200/100} = ￥12/\$$，因而 1 美元兑 12 元人民币就是新的汇率。相对购买力平价考虑了两个时点内的物价水平及汇率的变动。人们一般把价格水平的百分比变化看成是通货膨胀率，因此，有关相对购买力平价的另一个表达式为

$$\frac{e_t^* - e_{t-1}}{e_{t-1}} = \pi_{a,t} - \pi_{b,t} \quad (2-7)$$

式（2－7）中，$\pi_{a,t}$ 表示甲国从时刻 $t-1$ 到时刻 t 的通货膨胀率；$\pi_{b,t}$ 表示乙国从时刻 $t-1$ 到时刻 t 的通货膨胀率。式（2－7）的含义为：汇率的百分比变化等于国内外通货膨胀率之差。

最后，还要说明的是购买力平价说的绝对形式和相对形式有其内在联系，但也有所不同：其一，绝对购买力平价反映的是某一时点的汇率，相对购买力平价反映的是某一段时间内的汇率；其二，绝对购买力平价反映价格的绝对水平，相对购买力平价反映价格的变动率；其三，绝对购买力平价说明汇率的决定基础，相对购买力平价说明汇率之所以变动的原因。一般来讲，绝对购买力平价是相对购买力平价的基础，一方面，如果绝对购买力平价是正确的，则相对购买力平价也是正确的；另一方面，如果相对购买力

平价是正确的，绝对购买力平价却不一定是正确的，即 e 的水平可能不等于 $\frac{P_a}{P_b}$，但 e 的变化仍然可以与通货膨胀差相等，因为资本流动或政府干预等因素会使得这一现象极有可能发生。

（三）扩展的购买力平价说

传统的购买力平价说以两国总的价格水平对比来计算购买力平价，并以此作为均衡汇率。实际上，它假定所有的商品都是贸易品，但是，总的价格对比中包括了许多非贸易品（无法进行国际交换的商品），这些商品有些由于本身的特点，有些由于人为的限制，而不能进入国际商品流通。它们仅在国内交易，不影响外汇供求，其价格与汇率之间并无直接的联系。因此，以总的价格水平对比即一般物价指数比率计算的购买力平价不能反映两国货币的实际均衡汇率水平。为了克服这一缺陷，购买力平价说的支持者提出了扩展的购买力平价说。

扩展的购买力平价说根据对贸易物品和非贸易物品的分类，将总价格水平表示为

$$P = \alpha P^T + (1-\alpha)P^N \tag{2-8}$$

$$P^* = \alpha P^{T*} + (1-\alpha)P^{N*} \tag{2-9}$$

式中，P 为总价格水平；P^T 为贸易物品价格；P^N 为非贸易物品价格；$*$ 表示外国；α 为贸易物品权数即贸易物品开支在总支出中的比重；$(1-\alpha)$ 为非贸易物品权数即非贸易物品开支占总支出的比重。

将两国总的物价水平相对比（为了分析简化，假定两国权数相等），可得出：

$$\frac{P}{P^*} = \frac{\alpha P^T + (1-\alpha)P^N}{\alpha P^{T*} + (1-\alpha)P^{N*}} \tag{2-10}$$

考虑到非贸易物品的存在，那么，对传统的购买力平价的更为精确的数学表述应为

$$e = P^T/P^{T*} \tag{2-11}$$

$$P^T = eP^{T*} \tag{2-12}$$

由于 $P^T = eP^{T*}$，将式（2－10）中右边的分子和分母分别除以 P^T 和 eP^{T*}，便得到：

$$\frac{P}{P^*} = e\frac{\alpha + (1-\alpha)P^N/P^T}{\alpha + (1-\alpha)P^{N*}/P^{T*}} \tag{2-13}$$

将式（2－13）稍作变形调整，可得到：

$$e = \frac{P}{P^*} \times \frac{\alpha + (1-\alpha)P^{N*}/P^{T*}}{\alpha + (1-\alpha)P^N/P^T} \tag{2-14}$$

式（2－14）所表述的是扩展的购买力平价。其含义是，考虑到非贸易物品与贸易物品相对价格变动对购买力平价的影响作用，在市场均衡条件下，两国货币实际的汇率水平即实际均衡汇率应等于两国的物价水平的相对比率与某个系数（公式中等号右边的后一个乘数）乘积。该系数表示外贸依存度在汇率决定中的作用。如果 α 等于 1，即全部物品都是贸易物品，那么，$e = P/P^*$，这也是传统的购买力平价说的内容。显然，α 越小，则 e 与 P/P^* 的差别就越大。

（四）对购买力平价说的评价

购买力平价说产生后，在西方学术界引起很大争论，毁誉不一，但这一学说在汇率

理论上占有重要的位置，却是不可否认的事实。70 多年来，该学说一直对西方国家的外汇理论和汇率政策具有重大的影响，而且，当代许多西方经济学家仍然把它作为预测长期汇率趋势的理论指导。多年来，西方国家对购买力平价说作了很多实证研究，用经验数据对购买力平价关系的检验表明，绝对购买力平价关系对汇率的预测往往与实际汇率偏差较大，而相对购买力平价则与数据较为接近。这就是说，购买力平价说在长期远比短期更与经验数据相符，考虑了一段时期内变化量的相对购买力平价说比仅考虑时点量的绝对购买力平价说对长期均衡汇率的预测能力更好。

作为一种影响深远的汇率理论，其理论意义和突破在于：

1. 汇率变化实质上是一种货币现象。购买力平价理论的基础是货币数量说，它隐含着这样的前提：单位货币的购买力由货币发行量决定。在社会可供商品总量一定的条件下，货币供应量越多，单位货币的购买力就越低。货币的购买力是物价水平的倒数，所以，货币供给量越多，物价水平越高。可见，在购买力平价理论中，货币数量决定货币的购买力和物价水平，从而决定汇率。

2. 购买力平价理论揭示了通货膨胀与汇率间的关系。许多国家的实证研究表明，购买力平价适用于预测汇率变化的长期趋势，但短期内汇率变化会因为各种原因而偏离购买力平价。

3. 为政策制定提供依据。购买力平价理论是所有汇率理论中最有影响的一种，它从货币的基本功能（购买力）出发，利用简单的数学表达式，对汇率与物价水平或通货膨胀的关系做了描述，因此购买力平价理论对政府的汇率政策产生了特别的影响，被广泛运用于对汇率水平的分析，成为经济学家和政府部门计算均衡汇率的常用方法。我国经济学家还根据购买力平价理论并结合我国的情况，提出了“换汇成本理论”。

购买力平价说的局限性：

1. 限制条件过于严格。该理论要求的完全自由贸易、两国生产结构和消费结构的同一、商品的同质性、价格体系的相似性、交易费用可忽略等条件在现实世界无法满足，这样一来，两国货币的购买力就缺乏可比性。

2. 存在操作上的障碍。相对购买力平价计算模型的有效性取决于三个方面：基期的选择；相关物价指数的选择；预期物价指数的推算。但这些工作做起来有一定难度。第一是基期的选择问题。基期的选择涉及基期汇率的确定和基期物价指数的确定，这两者的正确性直接影响到汇率计算的准确性。第二是用什么物价指数代表一国物价水平的问题。物价指数的选择必然涉及商品劳务的范围和种类选择，所选择的商品种类不同，计算出来的价格指数就会不同。实际上，各国编制发布的物价指数所包括的商品劳务种类是不同的。第三则涉及预期物价指数的推定，由于生产结构和消费结构的变化，物价预测会出现偏差。

3. 一价定律难以成立。研究证明，一价定律只对初级原料和粮食等商品适用，对其他商品则很难成立。由于各国的贸易品和非贸易品结构相差很大，且多数国家非贸易商品在国民生产总值中所占比重大于贸易商品，而非贸易商品价格形成的基础在于国内市场，何况各国劳动生产率及其增长的差异也很大，这些因素都必然使两国物价水平的比率与汇率产生较大的偏差，所以用购买力平价理论来分析发展水平不同的国家会有相当大的局限性。

4. 不能解释和说明与通货膨胀没有直接关系，但能对汇率变动产生重大影响的国际资本流动。第二次世界大战以后，随着生产和流通活动的进一步跨越国界，资本国际化的进程也明显加快，在某些西方发达国家之间，资本流动甚至超过商品和劳务的国际交换而成为决定汇率的主要因素。这个崭新特征是我们在运用 PPP 理论时所必须意识到的。

5. 忽视了其他经济因素对汇率的影响。其他因素包括国民收入、生产成本、贸易条件、资本转移、国际需求和预期心理等。

6. 购买力平价说将汇率视作一种因变量，将物价视作自变量。实际上，这种因果关系也并非是绝对的，而是相互作用的，即汇率的变化反过来也会影响一国的物价水平。

三、利率平价理论

汇率与利率之间的关系是极其密切的，这种关系是通过国际间的套利性资金流动而产生的。凯恩斯和爱因齐格正是通过分析抵补套利所引起的外汇交易提出了利率平价说，从而解释远期汇率的决定。

（一）利率平价理论的基本观点

由于国际间的套利性资金流动，利率与汇率之间存在着密切的关系，在两国利率存在差异的情况下，资金将从利率低的市场流向利率高的市场以谋取利润。但是，套利者在比较金融资产的收益率时，不仅考虑两种资产的利率所提供的收益，还要考虑其汇率变动所产生的成本。因此套利者往往将套利与掉期业务结合，以避免汇率风险。套利活动和掉期交易使低利率货币的现汇汇率下降、期汇汇率上升；而高利率货币的现汇汇率上升、期汇汇率下降。于是远期差价不断加大，直到两种资产的收益率相等，抵补套利活动停止，这时远期差价正好等于两种货币的利差，利率平价成立。因此远期差价（期汇汇率与现汇汇率的差额）是由两国间的利率差异决定的，利率高的货币在期汇市场上“贴水”，利率低的货币在期汇市场上“升水”。

（二）利率平价理论的数学表达

假设本国的利率水平为 i，同期外国的利率水平为 i^*，即期汇率为 S（直接标价法），远期汇率为 F，若投资者用 1 单位本国货币在国内投资，到期的收益是 $(1+i)$；若投资者选择在国外投资，则必须先将 1 单位本币兑换为 $\frac{1}{S}$ 的外币，再进行投资，到期的收益是 $\frac{(1+i^*)}{S}$；按照约定的远期汇率 F 兑换，则可以收回本币 $\frac{(1+i^*)F}{S}$。

投资者比较在两国的投资收益，以确定投资方向。若 $1+i>\frac{(1+i^*)F}{S}$，资本将从国外转移至国内，于是本币的即期汇率上升而远期汇率下降，外币汇率变化相反。若 $1+i<\frac{(1+i^*)F}{S}$，资本将从国内转移至国外，于是外币的即期汇率上升而远期汇率下降，本币汇率变化相反。套利性资金流动最终使得在两国的投资收益相等，即

$$1+i=\frac{(1+i^{*})F}{S} \tag{2-15}$$

或者

$$\frac{F}{S}=\frac{1+i}{1+i^{*}} \tag{2-16}$$

将式（2－16）两边减去1，可得

$$\frac{F-S}{S}=\frac{i-i^{*}}{1+i^{*}} \tag{2-17}$$

式（2－17）表明：当 $i>i^{*}$ 时，则 $F>S$，即远期外汇出现“升水”；当 $i<i^{*}$ 时，则 $F<S$，即远期外汇出现“贴水”。

式（2－17）还可以写成：

$$\frac{F-S}{S}+\frac{F-S}{S}\times i^{*}=i-i^{*} \tag{2-18}$$

由于 $\frac{F-S}{S}\times i^{*}$ 是两个百分比的乘积，通常很小，可以忽略不计。所以：

$$\frac{F-S}{S}=i-i^{*} \tag{2-19}$$

式（2－19）就是利率平价方程式。它表明：如果国内利率高于国外利率，远期外汇必然“升水”；如果国外利率高于国内利率，远期外汇必然“贴水”，并且，“升（贴）水”率大致等于两国的利率差。

（三）对利率平价理论的评价

1. 利率平价说的理论价值。利率平价说是西方汇率决定理论的重要组成部分，该学说对于我们理解即期汇率的决定以及远期汇率与即期汇率之间的关系都很有意义，其产生是汇率理论上的大发展和大创新。它的主要贡献可以概括为以下几个方面：

（1）利率平价说在理论上纠正了以往汇率决定理论的某些偏差和不足。以往的汇率决定理论主要是研究即期汇率的决定问题，而利率平价说的重点放在远期汇率水平是如何来决定的，研究了远期汇率波动的一般规律，使得远期汇率问题和以后的远期外汇交易与预测日益受到了重视并得到快速发展。

（2）利率平价说在总结外汇市场实践经验的基础上，很好地解释了外汇市场上汇率和利率的相互作用机制。它强调了汇率和利率之间的必然联系，将汇率的决定同利率的变化有机地联系起来，合理地解释了利率变动和资本流动对即期汇率和远期汇率变动的影响，发展了有关远期汇率决定的理论。将金融资产的两种价格放在一起研究，填补了以往汇率理论的一个空白，是一种重大的理论创新，同时在实践上也具有应用价值。

（3）利率平价说将目光从实物部门转向货币部门，从中寻找汇率决定因素并加以分析，这也反映了货币因素在国际金融领域中的作用越来越重要。同时，利率平价说为各国对汇率的调节和干预提供了重要的依据，各国货币当局往往通过适当地调节国内利率的水平来稳定外汇市场上的汇率。

2. 利率平价说的缺陷。

（1）利率平价说没有考虑交易成本，而实际在外汇交易中，成本是一个非常重要的因素，它不仅直接影响利率与汇率的关系，而且还能影响到各种市场参与者的行为动机，从而影响市场参与者作出的交易决策，使理论预测与实际情况出现偏差。

（2）利率平价说假定资本流动不存在障碍，资金能顺利、不受限制地在国际间流动。但事实上，资金在国际间的流动会受到外汇管制和外汇市场不发达等因素的阻碍。即使在今天，在少数几个最主要国家的金融中心，各国当局对于资金的转移以及其他的交易条件，也不是完全无限制的。因此这一假定与现实不符。

（3）利率平价说还假定套利资金的供给弹性无限大，故套利者能不断进行抛补套利，直到利率平价成立。但实际情况却是从事抛补套利的资金并不能保证无限度地供应。因为一方面，与持有国内资产相比较，持有国外资产具有额外的风险，随着套利资金的递增，其风险也是递增的；另一方面，套利还存在机会成本，即用于套利的资金金额越大，则为预防和安全之需的现金就越少，流动性就越低。这一机会成本也是随着套利资金的增加而递增的。因此人们为了资金的安全，也为了保证手头资金具有一定的流动性，会自动地约束自己的动机，不会把全部资金用于套利活动。

此外，诸如差别税、政治风险、时滞等因素也会影响到利率平价说的有效性。以上种种因素，使得在理论上无懈可击的利率平价说在现实世界中往往难以成立。但是我们不能因为以上缺陷而低估利率平价说的作用。在金融国际化和国际资本流动规模远远超过国际贸易规模的条件下，市场汇率日益偏离购买力平价，并越来越多地受到利率的联动影响。

四、资产市场理论

20 世纪 70 年代以来，国际资金流动规模巨大，外汇市场上 90% 以上的交易量与国际资金流动有关，资金流动主宰了汇率变动。资产市场理论（The Theory of Portfolio Market）正是在这样的背景下发展起来的一种重要的汇率理论。同传统的汇率决定理论相比，资产市场理论的突出特点是将商品市场、货币市场和证券市场结合起来进行汇率决定的分析。

（一）资产市场理论的假设条件

1. 外汇市场是有效的，即汇率的变化已经反映了所有影响汇率变化的信息。

2. 本国是一个高度开放的小国，即本国对世界商品市场、外汇市场和证券市场的影响为零，只是各种价格的接受者。

3. 本国居民不持有外国货币，外国居民不持有本国资产，因此本国居民只持有三种资产，即本国货币、本国发行的金融资产（主要是本国债券）、外国发行的金融资产（主要是外国债券）。这样，一国资产市场由本国货币市场、本国债券市场、外国债券市场组成。

4. 资金完全流动，即抵补的利率平价始终成立。

由于资产替代性的不同，该理论又分为货币分析法（Monetary Approach）与资产组合分析法（Portfolio Approach）。货币分析法假定本国同国外债券之间有充分的替代性，而资产组合分析法则假定本国同国外债券不具有充分可替代性，因此资产组合分析法特别强调债券市场的作用。

（二）货币分析法

货币分析法强调了货币市场对汇率变动的影响。当一国货币市场失衡后，国内商品市场和证券市场会受到冲击，在国内外市场紧密联系的情况下，国际商品套购机制和套利机制就会发生作用，从而汇率就会发生变化。

1. 弹性价格的汇率货币分析法

弹性价格的汇率货币分析法，又称“汇率的货币论”（Monetary Approach to Exchange Rate），是由美国经济学家约翰逊（H. G. Johnson）、蒙代尔（R. A. Mundell）于20世纪70年代初创立的一种汇率理论。该理论实际上是购买力平价理论的现代翻版。

（1）假设条件

汇率的货币论是现代货币主义主流思想在汇率理论方面的延伸，其假设条件也与其主流思想相适应，主要包括以下几个方面：

第一，具备高度发达的资本市场，即资本充分流动、本国和外国资产之间充分可代替；

第二，具备高效率的商品市场，商品的自由套购能保证购买力平价在国际市场有效发挥作用；

第三，具备高效率的外汇市场，市场参加者能根据所有信息做出合理预期，其预期能较大地影响市场上的汇率。

除此之外，在价格的弹性假设下，该理论认为总供给曲线是垂直的。

（2）基本模型

根据货币数量论，可以建立本国的货币需求函数：$M_s = M_d = KPY^{\alpha}i^{\beta}$ 及外国的货币需求函数：$M_s^* = M_d^* = K^*P^*Y^{*\alpha}i^{*\beta}$

假设购买力平价持续有效，那么有：

$$e = P/P^* = \frac{M_s}{KY^{\alpha}i^{\beta}} \Big/ \frac{M_S^*}{K^*Y^{*\alpha}i^{*\beta}} = \frac{K^*}{K}\left(\frac{Y^*}{Y}\right)^{\alpha}\left(\frac{i^*}{i}\right)^{\beta}\left(\frac{M_s^*}{M_s}\right)^{-1} \qquad (2-20)$$

对此式两边取对数得：

$$\ln e = (\ln K^* - \ln K) + \alpha(\ln Y^* - \ln Y) + \beta(\ln i^* - \ln i) + (\ln M_s - \ln M_s^*) \qquad (2-21)$$

式中，e 为均衡汇率，M_s、M_s^* 分别表示本国和外国的货币供给，M_d、M_d^* 分别表示本国和外国的货币需求，K、K^* 分别表示本国和外国国民收入中以货币形式所持有的比例，i、i^* 分别表示为本国和外国利率，α 为货币需求的收入弹性，β 为货币需求的利率弹性。

从式（2-20）可以看出，本国与外国之间的实际国民收入水平、利率水平以及货币供给水平通过影响各自的物价水平，最终决定了汇率水平。这样，弹性货币分析法就将货币市场上的一系列因素引进到了汇率的决定之中。

（3）评价

汇率的货币论强调货币市场及货币供求关系对汇率的影响，有重要的理论意义与实际价值。它指出了货币因素在汇率决定和变动过程中的作用，并指出一国货币供应量增多，会引起本国汇率的下跌，这是符合实际的，从而纠正了第二次世界大战后汇率研究中忽视货币因素的缺陷；同时，该理论把汇率问题的研究同货币政策的运作协调起来，从而对浮动汇率制度下汇率成为国家宏观调控政策的重要工具产生了重要作用。

汇率的货币论还关注了预期对汇率的影响，认为预期的通货膨胀率对本国汇率升降有重要影响，特别在短期内对汇率影响更大。为了理解方便，我们将在汇率超调模型中予以介绍。

但是，汇率的货币论只考虑货币数量对汇率的影响，而未考虑其他诸多方面的因素，因而也是一种局部静态分析；并且由于该理论以购买力平价为基础，因此与购买力平价理论具有同样的缺陷。

2. 黏性价格下的汇率货币分析法（汇率超调模型）

弹性价格模型关于汇率在长期内保持稳定性的结论与现实汇率的易变性存在着很大的差距。为了克服这一缺陷，美国麻省理工学院教授多恩布什（R. Dornbusch）将货币模型向前推进了一步，这就是他于 1976 年在《预期与汇率动态》一文中首先提出来的汇率超调模型（Exchange Rate Overshooting Model）。他也强调货币市场均衡对汇率变动的作用，但他认为：从短期来看，商品市场价格由于具有黏性，对货币市场失衡的反应很慢，而证券市场的反应却很灵敏，因而利率立即发生变动。这样，货币市场的失衡就完全由证券市场来承受，从而形成利率的超调，即利率的变动幅度大于货币市场失衡的变动幅度。如果资本在国际间自由流动，利率的变动必然引起套利活动和汇率变动，而且汇率的变动幅度也大于货币市场失衡的变动幅度。这就是所谓的汇率超调现象。

（1）汇率超调模型的基本思路

当货币市场出现失衡（如货币供应量扩张）后，由于短期内商品价格黏住不变，则实际货币供应量就会增加。要使货币市场恢复均衡，人们对实际货币余额的需求就必然增加。实际货币需求是国民收入和利率的函数，在国民收入短期内难以增加而保持不变的情形下，利率就会下降，在各国资本具有完全流动性和可替代性的情况下，利率下降引起资本外流，进行套利活动，由此导致外汇汇率上浮，本币贬值。然而，外汇汇率不会永远高居于这一短期均衡水平上，随着时间推移，外汇汇率会逐渐回落，出现与最初反方向的变化。这时，商品市场并没有处于均衡状态，而是处于超额需求状态，原因有两个：其一，利率下降会刺激总需求；其二，外汇汇率上升使世界商品市场偏离一价定律，产生的商品套购机会使世界需求移向本国商品，从而带来总需求的上升。在产量不变的情况下，这两个渠道通过商品市场的超额需求，最终将带来价格的同比例上升。在价格上升的过程中，实际货币供应量相应地逐渐下降，带来利率的回升，结果是资本内流和外汇汇率的下跌。由此，价格、利率和汇率相互作用下去，直到汇率达到弹性价格货币模型所说明的长期均衡水平上。最终看来，货币扩张所引起的仅仅是价格、汇率等名义变量的同幅度上升，而实际变量如实际汇率、实际货币供应量等则恢复到最初的水平。

（2）对汇率超调模型的评价

汇率超调模型不仅说明了短期内汇率变动的原因，而且说明了其变动的强度，因此有利于人们认识短期内的汇率变动。其理论缺陷则在于：它将汇率波动完全归于货币市场的失衡，而否认商品市场上的实际冲击对汇率的影响，难免有失偏颇；它假定国内外资产具有完全的可替代性也与事实不符，事实上，由于交易成本、赋税待遇和各种风险的不同，各国资产之间还远远没有达到可视为一种资产的程度。

（三）汇率的资产组合分析法

前述货币模型假定国内外金融资产如债券具有完全的可替代性、投资者为风险中性，但在现实经济中由于政治风险、税负差别等因素导致国内外资产是不能完全替代的，而且它仅仅强调了货币市场均衡在汇率决定中的作用。基于这一认识，以布朗森（W. Branson）、库礼（P. J. Kouri）为代表的经济学家，在接受了多恩布什关于短期内商品价格黏性的看法的基础上，运用托宾（J. Tobin）的收益—风险分析法，提出了汇率决定的资产组合分析法。其主要思想是，在国内外非货币资产之间不完全可替代的情况下，投资者根据对收益率和风险性的考察，将财富分配于各种可供选择的资产，从而确定自己的资产组合。当资产组合达到了稳定状态，均衡汇率也就产生了。

1. 资产组合分析法的主要思想

汇率的资产组合分析法（Portfolio Balance Approach of Exchange Rate）综合了传统的汇率理论和货币分析法的观点，认为汇率水平是由货币供求和经济实体等因素导致的资产调节与平价过程所共同决定的。该理论认为，由于国际金融市场的一体化和各国资产之间的高度替代性，一国居民可以选择以国内货币、国内债券和以外币表示的外国债券三种形式持有其财富，但国内外资产之间是不完全替代的。居民之所以持有债券原因在于其收益，但不可否认的是外国债券相对于国内债券有着较大的风险性；而持有本国货币没有风险也没有收益，但是却需要其购买商品。持有国内货币的机会成本就是放弃持有债券的收益。

理性的投资者会按照收益与风险的权衡将其拥有的财富配置于各种可供选择的资产中。居民将综合考虑偏好、对汇率的预期以及财富、国内外利率水平以及国内外的通货膨胀率等因素，选择相应的资产组合，保证一部分资产的亏损可以由另一部分资产的升值来抵冲，从而维持预期的收益率。但是，一旦任何因素发生变化，居民原有的资产组合就会失衡，进而引起所持有资产的调整。

在进行组合投资的过程中，投资者根据市场变化调整其金融资产结构会导致各种货币资产的增加和减少，各种资产的这种增减变动会引起资金在国家之间的大量流动，这就会导致货币需求的变化，从而引起货币汇率的剧烈波动，即汇率是在每一个金融市场达到平衡的过程中被决定的。

2. 对资产组合分析法的评价

汇率的资产组合分析法论证了短期内资产市场的均衡对汇率的影响，具有重要的实际意义。因为从实际情形看，投资者因选择和持有本国或外国金融资产而引起的国际资本流动在很多时候都超过经常项目差额，所以在短期内，资产市场的均衡对汇率变动有重要作用。但该学说只分析资本项目，完全不考虑经常项目，尤其是商品和劳务进出口对汇率的影响，显然是一种局部静态分析；另外，其限制条件严格，要求必须是在国内金融市场发达、对外开放程度很高、外汇管制宽松的情况下，因此这一理论有很大的局限性。

（四）对资产市场理论的评价

汇率的资产市场理论与传统的汇率决定理论不同，它将汇率看成资产价格，强调了金融资产市场在汇率决定中的重要作用，使理论研究更加贴近经济现实。

首先，该理论认为汇率可以看成货币现象，它的波动与股票和债券的价格变化具有相同的特征，同时也会受到实际（非货币）因素的影响，而这一影响必须通过货币需求的变化才能实现。

其次，第一次正式将存量分析方法引入汇率决定理论中，同时结合流量分析方法，这是对传统单一流量分析的一个重大突破。从理论上说，资产市场的均衡状态为资产供给与需求的存量相等，而资产的流动反映了资产市场供求的暂时不平衡。在一国外汇市场或金融市场失衡时，在各国资产具有完全流动性条件下，资产存量的变化可以有效地调节外汇市场或金融市场，只有各国资产市场处于均衡状态时的汇率才是均衡汇率。存量方法的应用使得该理论比较好地解释了汇率的易变性或波动的原因，逐渐成为占据主导地位的汇率理论，并直接为西方国家政府的宏观经济政策提供理论依据。

汇率理论的新发展

最后，资产市场理论体现的是一般均衡分析，即强调将本国和外国的商品市场、外汇市场和债券市场联系在一起对整个经济来进行汇率决定的分析。一般均衡分析法克服了传统理论局部均衡分析的局限性和片面性，因而能对现实汇率做出一定的解释，这也是汇率决定理论的一次飞跃。

本章小结

1. 外汇有动态和静态两方面的含义。动态意义上的外汇是国际汇兑，静态的外汇又可以从广义和狭义两个方面来理解。狭义的外汇就是我们通常所说的外汇，它是指以外币表示的用于国际结算的支付手段。

2. 汇率是一种货币用另一种货币表示的价格。汇率的标价方法有三种：一是直接标价法，即以一定单位的外国货币作为标准，折算为多少单位的本国货币；二是间接标价法，即以一定单位的本国货币作为标准，折算为多少单位的外国货币；三是美元标价法，即各国以美元为标准来表示本国货币的价格。从不同的角度去理解和划分，汇率有多种不同的分类。

3. 在不同的国际货币体系下，汇率由不同的平价关系来决定。在金币本位制度下，铸币平价是决定汇率的基础，波动的幅度受制于黄金输送点；在布雷顿森林体系下，一国货币与美元的货币平价是汇率决定的基础；20 世纪 70 年代后浮动汇率制度下，汇率决定的基础是纸币所代表的实际价值。

4. 汇率经常会受到各种因素的影响而发生变化。影响汇率变动的长期因素有国际收支差额、通货膨胀差异、经济增长差异等；影响汇率变动的短期因素有资本流动、利率差异、经济政策、心理预期、政府干预、突发事件等。汇率变动对一国国际收支、贸易收支、非贸易收支、资本流动、外汇储备等有重要影响；但汇率变动对一国经济的影响程度取决于一国对外贸易系数的大小、对外开放程度、出口商品结构、与国际金融市场的联系程度、货币可兑换性等因素。

5. 双边的即期汇率和远期汇率提供的信息相对有限，而有效汇率则可以揭示或反映一国货币对外价值发生变化的总趋向，实际汇率将两个国家物价指数发生相对变化的影响从名义汇率中剔除，因此能反映两国货币实际价值（或实际购买力）的对比所出现的增减变化。有效实际汇率使得原来的名义汇率发生了双重指数化，即先根据有关国家的物价指数算出同这些国家货币的双边实际汇率，然后再按这些国家在本国对外贸易总额中所占的比重进行加权平均。

6. 汇率决定理论主要包括国际收支说、购买力平价理论、利率平价理论、资产市场理论。

关键词

外汇（Foreign Exchange）　汇率（Exchange Rate）
汇率标价法（Exchange Rate Quotation）
实际有效汇率（Real Effective Exchange Rate）
汇率理论（Theory of Foreign Exchange）

本章重要概念

外汇　汇率　直接标价法　间接标价法　美元标价法　中间汇率　即期汇率　远期汇率　基准汇率　交叉汇率　名义汇率　实际汇率　双边汇率　有效汇率　黄金输送点　购买力平价

思考题

1. 导致汇率的变化原因有哪些？
2. 汇率变动对经济的影响有哪些？
3. 购买力平价理论的主要内容是什么？购买力平价理论有什么突破和缺陷？
4. 不同货币制度下汇率的决定基础是什么？
5. 对利率平价理论进行评价。

计算题

如果你向中国银行询问当月英镑兑人民币的汇价，银行告诉你为：GBP 1 = RMB6.4649 ~6.6578，请问：

（1）如果你要卖给银行英镑，应该使用哪个价格？

（2）如果你要买英镑，又应该使用哪个价格？

（3）如果你要从银行买 5 000 英镑，你应该准备多少人民币？

案例题

下图是 2018 年 3 月 1 日至 2021 年 8 月 20 日美元兑人民币汇率走势月线图，你认为此期间美元汇率走势有哪几个明显的变动阶段？各阶段美元汇率变化总体趋势是什么？试分析美元汇率各阶段变动的原因。

第三章
汇率制度与外汇管制

本章知识结构

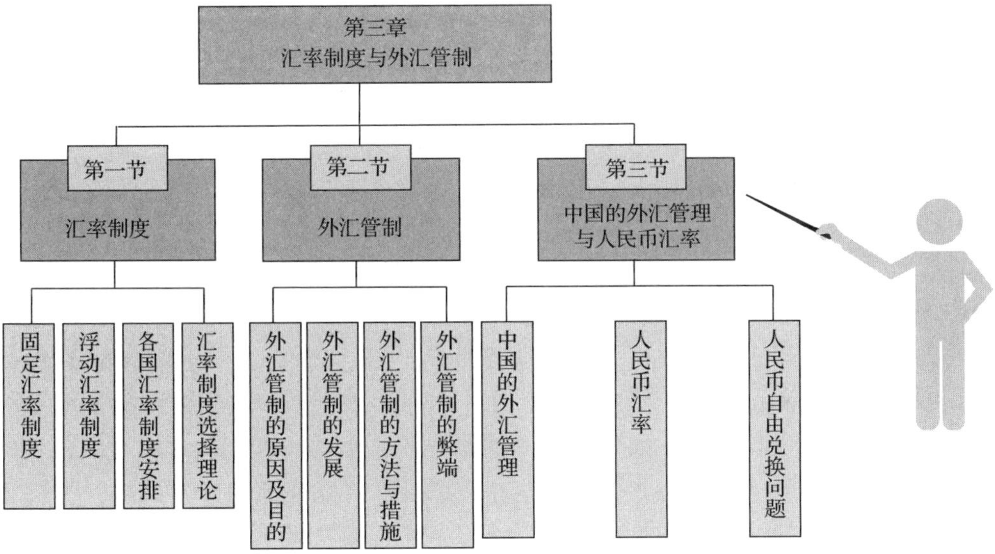

本章学习目标

- 了解汇率制度的演变、固定与浮动汇率制的优劣，理解各国汇率制度的选择。
- 理解外汇管制的原因、方法和作用。
- 理解货币自由兑换的不同层次，了解货币完全可自由兑换的条件及风险。
- 把握中国的外汇管理和人民币汇率的变迁和长远目标。

章前引例

对2000—2018年60个主要经济体货币危机情况的研究发现，货币危机对经济金融的冲击，与一国是发展中经济体还是发达经济体无关，主要取决于汇率调整幅度。这些经济体应对货币危机的措施具有以下特点：(1) 发达经济体实行浮动汇率制度，在政策选择上倾向于把汇率浮动作为应对外部冲击的政策工具，货币政策倾向于通过降息促进经济增长；发展中经济体汇率制度不够灵活，货币政策需同时兼顾内外平衡，往往通过加息保持本外币利差，吸引资本流入、抑制资本流出。(2) 发展中经济体通过积累充足的外汇储备，形成抵御外部冲击的“护城河”；同时推进汇率制度改革，发挥汇率出清外汇市场供求的作用。如巴西在1999年实行自由浮动汇率制度，马来西亚2005年实行汇率制度改革，俄罗斯在2014年取消外汇走廊制度而转为自由浮动汇率制度。(3) 发展中经济体逐渐用市场化跨境资本流动管理措施取代了资本管制工具。如2006—2008年，泰国、哥伦比亚采取无息准备金应对跨境资本投机性流入；2015年年底，阿根廷取消了实行了4年的外汇管制；2018年，土耳其、阿根廷、南非均爆发了货币危机，但仅土耳其采取了临时性冻结外汇结算交易的措施。

——节选自国家外汇管理局外汇研究中心课题组. 新世纪以来60个经济体货币危机研究［J］. 中国外汇，2020 (1)。

汇率制度是国际货币体系的重要组成部分，伴随着国际货币体系的发展而演变。不同国际货币体系下的汇率制度有着自身的特点和运行规律。本章着重讨论汇率制度、外汇管制的内涵及其在全球和中国的发展趋势。

第一节　汇率制度

汇率制度（Exchange Rate Regime or Exchange Rate System），又称汇率安排（Exchange Rate Arrangements），是一国货币当局关于汇率确定、维持、调整及汇率管理原则、机构等内容所作的一系列安排和规定。具体而言，汇率制度的内容至少应包括以下方面：(1) 汇率决定的基础；(2) 汇率波动幅度；(3) 汇率的调节方式；(4) 汇率协调管理机构。根据国际货币体系的制度安排，全球汇率制度经历了由固定汇率制度向浮动汇率制度的发展过程。

一、固定汇率制度

（一）固定汇率制度的基本特点

在固定汇率制度（Fixed Exchange Rate System）下，两国货币的含金量之比（平价）决定了两国货币的兑换率，平价一经确定，基本保持不变，在市场的自发调节或货币当局干预下，市场汇率则围绕平价在很小的范围内上下波动。从国际货币体系的发展看，19世纪下半期至1914年的国际金本位制下的汇率制度和1944年至1973年布雷顿森林体系下的汇率制度属于固定汇率制度。

1. 国际金本位制下的固定汇率制度。在国际金本位制下，黄金充当本位货币，货币本身具有价值，其汇率制度具有以下特

铸币平价(Mint Par)指金本位制度下两国货币的重量和成色之比，是决定两国货币汇率的基础。

点：（1）金币的含金量是汇率决定的基础，两国货币的重量和成色之比决定了两国货币的兑换率；（2）汇率稳定，波动幅度极小，市场汇率围绕铸币平价在黄金输送点的范围内上下波动；（3）在金币可以自由铸造、自由兑换、自由输出入的市场环境下，通过黄金的流出入，市场自发调节汇率水平。

> **金平价(Gold Parity)指布雷顿森林体系下两国货币规定的名义含金量之比，是决定两国货币汇率的基础。**

2. 布雷顿森林体系下的固定汇率制度。1944 年，英国、美国等 44 个国家在美国新罕布什尔州的布雷顿森林召开了第一次联合国货币金融会议，会议通过了《国际货币基金协定》，确立了以美元为中心的固定汇率制，其内容包括：

（1）纸币的含金量是汇率决定的基础；将美元与黄金挂钩，确定 1 美元的含金量为 0.888671 克纯金，黄金官价为 1 盎司黄金 35 美元，其他国家货币规定含金量，直接与美元挂钩，确立与美元的兑换平价。各国中央银行持有的美元可按官价向美国兑换黄金。

（2）市场汇率围绕平价浮动，规定波动幅度控制在金平价的 ±1% 范围内；1971 年 12 月后，将这一范围又扩大到平价的 ±2.25%。

（3）为保持汇率稳定，控制汇率的波动幅度，货币当局采取了许多措施对市场汇率进行调节。主要的调节手段包括：第一，动用国际储备。外币价格下浮可能超出波幅下限时，在外汇市场购进外汇；外币价格上浮可能超出上限时，在市场抛售外汇，以增加外汇供给，平抑外汇价格上涨；第二，利用贴现政策。如外币价格上浮时，通过提高贴现率吸引外资流入，增加市场外汇供给，以控制外汇价格上涨；第三，实施外汇管制或举借外债。当汇率波动较大，如外币上浮幅度大，靠一国的国际储备之力难以平抑时，可以采取直接管制措施限制外汇的支出，或举借外债，以减少外汇需求，增加外汇供给；第四，货币的法定贬值或升值。如果通过上述措施均不能平抑外币汇率上浮时，货币当局可以宣布本币贬值，即降低本币的金平价，以抑制对外汇的需求。1971 年 12 月，美国在国内通货膨胀和国际收支逆差的压力下，被迫对外宣布美元贬值 7.89%，美元含金量降为 0.818513 克纯金。货币法定贬值后，可以重新调整与其他货币的金平价，继续在官定浮动范围内波动。

（4）国际货币基金组织作为国际协调机构，管理、协调和监督其成员履行控制汇率波动幅度的义务，利用信贷功能帮助成员平衡国际收支，来维持汇率的稳定。

（二）两种固定汇率制的比较

金本位制度下的固定汇率制与布雷顿森林体系下的固定汇率制在汇率决定基础和汇率波动幅度方面具有相似性，中心汇率是按两国货币的金平价确定，市场汇率围绕平价上下浮动，浮动幅度在黄金输送点和 ±1% 狭小的区间。但是两者在调节机制和制度基础等方面存在本质的不同。

1. 制度形成的基础不同。金本位制度下的固定汇率制是在主要资本主义国家普遍实行金本位制的基础上自发形成的，金币本身具有价值。布雷顿森林体系下的固定汇率制，在信用货币基础上、国际货币基金组织之下人为建立起来，并接受国际货币基金组织监督，纸币本身没有价值。

2. 汇率的调节机制不同。金本位制度下，汇率的稳定是通过黄金自由输出入而自动调节；布雷顿森林体系下，汇率的稳定主要通过各国货币当局对外汇市场的干预来实现。

3. 汇率稳定程度不同。金本位制度下汇率的波动受制于黄金输送点，通过金币的自由铸造、自由兑换、自由输出入保持汇率稳定，波动幅度一般在5‰~7‰左右，是典型的固定汇率制。布雷顿森林体系下，汇率波动幅度在±1%范围内，1971年12月，将这一范围又扩大到±2.25%，同时国际货币基金组织还允许成员变更货币的含金量，实行货币的法定贬值或升值。因此，布雷顿森林体系下的固定汇率制严格来说只能称为可调整的钉住汇率制（Adjustable Pegging System）。

专栏3－1

《国际货币基金协定》规定，各国货币对美元的汇率，只能在法定汇率上下各1%的幅度内波动。若市场汇率超过法定汇率1%的波动幅度，各国政府有义务在外汇市场上进行干预，以维持汇率的稳定。若成员法定汇率的变动超过10%，就必须得到国际货币基金组织的批准。1971年12月，国际货币基金组织执行董事会和10国集团代表在美国华盛顿史密斯协会大厦达成协议，规定美元贬值7.89%，其他货币则不同程度地升值。其中德国马克升值13.58%，日元升值16.88%，瑞士法郎和比利时法郎分别升值13.86%和11.6%，英镑和法国法郎升值8.6%；汇率波动范围拓宽至±2.25%，决定“平价”的标准由名义黄金量改为特别提款权。

（三）固定汇率制的影响

国际金本位下和布雷顿森林体系下的固定汇率制对全球经济的发展有积极的促进作用，但同时也存在一些负面影响。

1. 固定汇率制的积极作用

（1）有利于国际贸易和国际投资活动的开展。汇率保持稳定，从事国际经济交易的微观经济主体几乎不用考虑汇率波动风险，便于进行成本和利润核算，促进了世界经济的发展。

（2）有利于国际合作和各国政策的协调。金本位制下固定汇率的维持是以经济的自动调节和各国自觉遵守金币自由铸造、自由兑换、自由输出入的“比赛规则”为条件的。布雷顿森林体系下的固定汇率制是靠各国严格遵守《国际货币基金协定》来维持的。任何一个国家违反协议，都可能引发连锁反应，导致固定汇率制的瓦解。

2. 固定汇率制的负面影响

（1）汇率不能发挥对国际收支的自动调节作用。因汇率波动幅度被限制在狭小范围，在国际收支出现逆差时，不能采用本币贬值方式，刺激出口限制进口，调节国际收支。

（2）不利于国内经济平衡发展。各国货币当局为维持汇率的稳定，必须尽量保持国际收支的平衡。如果一国出现国际收支逆差、外币汇率上浮时，往往需要采取紧缩性政策，抛售外汇，回笼本币，限制进口和国内开支，从而影响国内生产下滑，失业增加，牺牲国内经济平衡。

（3）通货膨胀容易在国与国之间传递。在固定汇率制下，贸易联系密切的国家间易于传播经济周期和通货膨胀。如一国出现通货膨胀，其出口商品本币价格上涨，折算成外币表示的价格也相应上浮，从而影响贸易伙伴国的物价上涨。

（4）容易受到国际游资的冲击。在固定汇率制下，汇率不能随着国际收支和市场供求变化而调节，容易出现汇率与货币币值相背离，产生汇率高估或低估现象。一国政府超过本币的实际价值人为地提高本币的对外汇率即为汇率高估；反之，为汇率低估。当一国出现严重的国际收支逆差、本币明显高估，有可能采取法定贬值时，为保值或谋取套汇收益，国际游资会进行大规模的单方面转移，导致外汇市场和汇率制度的不稳定。

二、浮动汇率制度

1973 年初布雷顿森林体系下的固定汇率制彻底瓦解后，西方各国普遍采用了浮动汇率制（Floating Exchange Rate System），1976 年 1 月国际货币基金组织正式承认浮动汇率制，1978 年 4 月国际货币基金组织理事会通过“关于第二次修改协定条例”，废除以美元为中心的国际货币体系，确立了浮动汇率的合法地位，标志着全球正式进入牙买加体系的浮动汇率制时代。

（一）浮动汇率制的含义及特征

1. 浮动汇率制的含义。浮动汇率制度是指一国不规定本币与外国货币的比价，不限制汇率波动的上下限，汇率随外汇市场供求状况而变动的一种汇率制度。与固定汇率制相比，浮动汇率制的内涵发生了根本性的变化。

（1）汇率决定的基础不同。布雷顿森林体系崩溃后，纸币与黄金完全脱钩，各国不再规定纸币的含金量，汇率由各国货币的内在价值决定。货币的内在价值则主要由货币发行国的经济发展水平、货币购买力、国际收支等因素确定。这些因素通过市场反应，表现为汇率由外汇市场的供求状况决定。

（2）不规定汇率波动的上下限。牙买加体系允许成员的中央银行不再承担维持汇率波动界限的义务，在一般情况下听任外汇汇率随着外汇的供求情况自由波动。

（3）各国货币当局通过对外汇市场的干预或外汇管制等方法来调整汇率。在浮动汇率制下，一国为使汇率变动符合本国政策目标，常常对外汇市场进行或多或少、或明或暗的干预。货币当局可以在外汇市场直接买进或卖出外汇来影响市场汇率，也可以通过货币政策或财政政策影响短期资本流动，间接影响外汇市场汇率。一国货币当局还可以采取对外汇收入和外汇支出直接管制的方式影响外汇供求和汇率。

（4）多国协调机制。牙买加体系的浮动汇率制下，国际货币基金组织不再承担管理、协调和监督成员维持汇率稳定的任务。因此，在主要国家货币汇率出现剧烈波动时，主要发达国家达成了联合干预汇市的协议。1975 年 11 月，法国、美国、英国、德国、日本、意大利6国召开了第一次经济工作首脑会议，会议同意各国为保持汇率稳定，在必要时对汇市进行干预，并强调各国合作与协调一致的重要性，从此奠定了浮动汇率制下多国协调机制的基础。

专栏3－2

广场协议

20世纪80年代初期，美国财政赤字剧增，对外贸易逆差大幅增长。美国希望通过美元贬值来增加产品的出口竞争力，以改善美国国际收支不平衡状况。

1985年9月22日，美国、日本、联邦德国、法国以及英国（简称G5）的财政部长和中央银行行长在纽约广场饭店举行会议，达成五国政府联合干预外汇市场，使美元对主要货币的汇率有秩序地贬值，以解决美国巨额贸易赤字问题的协议。

五国联合干预外汇市场，各国对美元的抛售终于引发了市场投资者的抛售狂潮，导致美元持续大幅度贬值，日元持续升值。1985年9月前，美元兑日元在1美元兑250日元上下波动，协议签订后不到3个月的时间里，便快速下跌到200日元附近，跌幅20%。此后日元升值趋势大体持续了十年之久。

“广场协议”意味着国际汇率协调已成为调整国际经济关系的重要机制，尽管汇率协调难以从根本上解决各国之间的经济矛盾，但是它对市场心理有一种牵制作用，从而在一定程度上能够达到干预市场的效果。

2. 浮动汇率制的特征

（1）汇率波动频繁而剧烈。在浮动汇率制下，货币当局不再规定货币兑换平价和波动范围，也不承担维持汇率稳定的义务，汇率完全由市场供求决定。市场汇率对国际政治、经济形势的变化非常敏感，波动幅度大。

（2）有管理的浮动是共性。按政府是否干预，浮动汇率可分为自由浮动（Free Floating）和管理浮动。自由浮动又称清洁浮动（Clean Floating），指一国政府对汇率不进行任何干预，汇率完全由市场供求决定。管理浮动（Managed Floating）又称肮脏浮动（Dirty Floating），指一国政府对外汇市场进行干预，以使汇率朝有利于己的方向浮动。在现行的经济体制和货币制度下，各国货币当局基于各种动机和考虑，都采取措施对汇率的浮动进行干预，完全的自由浮动少见，实行的基本上都是管理浮动，只不过干预力度和干预频率程度不同。

（3）不同国家汇率浮动幅度和干预程度存在巨大差异，形成了浮动汇率制下的多样化、混合式的汇率制度安排。牙买加体系将汇率制度的选择权交给了各个成员，汇率作为联系国内外商品市场和金融市场的一条纽带，其变动会直接影响一国的国内经济和对外经贸往来，主要国家的货币汇率还会直接影响世界经济的发展，因此汇率制度的选择是各国政府的一项重要决策。现实中各国往往根据自身需要选择汇率制度，从而确立了全球多样化的混合式汇率制度安排。

（二）浮动汇率制的影响

1. 浮动汇率的积极作用

（1）可以保持本国货币政策的独立性。在浮动汇率制下，如果发生国际收支临时性或周期性失衡，可以通过汇率进行调节，一定时期内的汇率波动不会立即影响国内货币流通，可以不必动用货币政策牺牲国内经济平衡来换取外部平衡。

（2）发挥汇率对国际收支的调节作用。汇率根据市场供求上下浮动，在国际收支逆差时，本币汇率下浮，刺激商品出口，抑制进口，可以改善国际收支；反之则相反。

（3）减少对国际储备的依赖。浮动汇率制下，货币当局没有义务维持货币的固定比价，当本币汇率下浮时，不用动用外汇储备去购进被抛售的本币，使逆差国避免外汇储备的流失，相应地可以减少外汇储备量。

2. 浮动汇率的负面影响

（1）不利于国际贸易和国际投资的发展。汇率频繁无规则的波动，增加了进出口企业的结算成本和风险，使人们不愿签订长期贸易契约和进行长期投资，不利于世界经济的发展。

（2）助长国际金融市场上的投机活动。汇率频繁剧烈地波动，为高抛低买的外汇投机者提供了条件，这种为牟取投机暴利而进行的巨额的、频繁的投机活动，加剧了国际金融市场的动荡。

（3）不利于各国政策协调和国际经济合作。浮动汇率制下，本币汇率下浮可以改善贸易收支，因此一些国家以货币贬值为手段，以他国经济利益为代价来扩大本国出口，采取以邻为壑政策，容易引起他国的连锁反应，进行竞争性贬值或产生贸易摩擦，助长了一些国家在汇率政策上的利己主义和各自为政。

三、各国汇率制度安排

1999 年前，国际货币基金组织依据各成员政府公开宣称的汇率制度对其成员的汇率制度进行了汇总分类，分为钉住（钉住美元、英镑、法郎、其他货币、成分货币）汇率安排、中间汇率安排（有限弹性）和更加灵活的汇率安排（其他管理浮动、独立浮动）。鉴于各成员所宣称的汇率制度与实际汇率安排往往存在较大差异，国际货币基金组织在 1997 年和 1999 年分别对基于官方宣称的汇率制度分类方法进行了修正，在各成员名义汇率制度的基础上，考虑各成员货币汇率弹性程度、货币当局的政策意图等指标，对成员汇率制度按事实分类法分为八类，如表 3－1 所示。

表 3－1　　国际货币基金组织成员汇率制度安排分类

汇率制度安排	采用的成员数			
	1999－01－01	2001－12－30	2004－06－30	2006－07－31
无独立法定货币的汇率安排（Exchange Arrangements with no Separate Legal Tender）	37	40	41	41
货币局制度（Currency Board Arrangement）	8	8	7	7

续表

汇率制度安排	采用的成员数			
	1999 - 01 - 01	2001 - 12 - 30	2004 - 06 - 30	2006 - 07 - 31
传统的固定钉住安排（Other Conventional Fixed Peg Arrangement）	39	40	42	53
钉住水平带的汇率制（Pegged Exchange Rates within Horizontal Bands）	12	5	5	4
爬行钉住安排（Crawling Peg）	6	4	6	5
爬行的带状汇率制（Crawling Bands）	10	6	2	2
没有事先宣布路径的管理浮动（Managed Floating with no Predetermined Path for Exchange Rate）	26	43	48	50
独立的浮动（Independent Floating）	47	40	36	25
总计	185	186	187	187

资料来源：IMF“国际金融统计”，1999，2002，2005，2006。

随着国际经济形势和金融秩序的变化，各国政府干预措施的复杂程度不断提高，获得汇率干预数据的难度也随之加大，同时各国对管理浮动汇率的判定意见分歧较大。为更透明、一致及公正地对其成员的政策行动结果进行描述，国际货币基金组织于2009 年对汇率制度的事实分类方法进行了修订，主要修订内容包括：用浮动和自由浮动取代了之前的管理浮动和独立浮动；新增了稳定化安排、类似爬行安排和其他有管理汇率制度安排。修订后的全球汇率制度安排如表 3 -2 所示。

表 3 -2　　国际货币基金组织成员汇率制度安排分类

汇率制度安排	采用的成员数			
	2009 年	2011 年	2016 年	2019 年
无独立法定货币的汇率安排（Exchange Arrangements with no Separate Legal Tender）	10	13	14	13
货币局制度（Currency Board Arrangement）	13	12	11	11
传统钉住安排（Conventional Peg Arrangement）	42	43	44	42
稳定化安排（Stabilized Arrangement）	13	23	18	25
爬行钉住安排（Crawling Peg）	5	3	3	3
类似爬行安排（Crawl - like Arrangement）	1	12	10	18
水平带钉住的汇率制度安排（Pegged exchangerate within Horizontal Bands）	4	1	1	1
其他管理安排（Other managed Arrangement）	21	17	20	13
浮动（Floating）	46	36	40	35
自由浮动（Free Floating）	33	30	31	31
总计	188	190	192	192

资料来源：2009—2011 年数据来源于国际货币基金组织年报（2009—2011）；其他数据来源于国际货币基金组织 2016 年、2019 年《汇率安排与汇兑限制年报》。

根据汇率的波动幅度，国际货币基金组织进一步将表 3－2 中的汇率安排归为四大类，表中前两类归于硬钉住，最后两类归于浮动汇率，其他管理安排属于剩余类别，其余的属于软钉住。

（一）硬钉住安排

1. 无独立法定货币的汇率安排（Exchange Arrangements with no Separate Legal Tender）。包括两种类型，一个国家采用另一国货币替代本币作为唯一法定货币，如用美元替代本币；或者隶属于某一货币联盟，共同使用同一法定货币，包括美元化和货币联盟国家。

货币替代（Currency Substitution）指外币在价值尺度、支付手段、交易媒介和价值贮藏方面全部或部分取代本币的现象。

在开放经济条件下，一国居民将本币兑换成外币，使得外币在价值尺度、支付手段、交易媒介和价值贮藏方面全部或部分取代本币的现象。当这种外币由美元来充当时，被称为美元化（Dollarization）。属于此类汇率安排的代表国家有巴拿马、厄瓜多尔、萨尔瓦多、津巴布韦等。采用货币替代的国家可以有效防止政府推行通货膨胀政策，消除外汇风险和避免国际游资冲击，但是以损失铸币税收益和丧失货币政策独立性为代价。

加入货币联盟的国家，意味着该国完全丧失了对本国货币政策的独立控制权。典型代表为欧洲货币联盟，欧元自 1999 年正式启动至今，共有 19 个国家加入欧元区（欧盟当时 15 个成员国中英国、丹麦、瑞典未加入，斯洛文尼亚于 2007 年，塞浦路斯、马耳他于 2008 年，斯洛伐克于 2009 年，爱沙尼亚于 2011 年，拉脱维亚于 2014 年，立陶宛于 2015 年加入欧元区），从整体和长远利益看，欧元区国家实施统一货币政策有利于保持低通货膨胀率和物价稳定，并促使各国改革经济和财政政策，为经济发展创造良好的环境，同时降低货币兑换成本和汇率风险，增强各国在国际金融和贸易中抵御外部金融危机的能力。2007 年前，加入货币联盟的国家全部归类为无独立法定货币的汇率安排。自 2007 年开始，国际货币基金组织依据货币联盟统一货币的汇率表现进行分类，调整后的货币联盟归属：欧元区各国归入自由浮动汇率制度，中非货币联盟和西非货币联盟各国归入传统钉住汇率制度，东加勒比货币联盟各国归入货币局制度。

货币局制度指以法律形式规定货币当局必须以全额的外汇储备或硬通货作为货币发行保证。

2. 货币局制度（Currency Board Arrangement）。货币局制度是关于货币发行和汇率制度的安排。货币发行当局根据法定承诺按照固定汇率来承兑指定的外币，并通过对货币发行权的限制来保证履行法定承兑义务。这意味着货币发行必须按照法定汇率以 100% 的外汇储备作为保证，当外汇汇率高于法定汇率时，发钞银行卖出外汇买进本币；当外汇汇率低于法定汇率时，货币发行银行买进外汇卖出本币，以保持法定汇率稳定。代表国家和地区有多米尼加、波斯尼亚、保加利亚、东加勒比货币联盟各国以及中国香港等。

在货币局制度下，将本币和外币的比价严格固定下来，有利于抑制通货膨胀，规避汇率风险，促进贸易和投资的发展。但货币局制度不能实现独立的货币政策，同时也不能排除货币贬值的可能性，因而也无法免受游资投机行为的攻击。

国际货币基金组织统计资料表明，采用硬钉住安排的国家和地区从1991年的25个增加到2004年的48个，2010年为25个，至2019年为24个，考虑到2007年对货币联盟国家归类的调整，可以说采用硬钉住安排的国家和地区基本稳定。

（二）软钉住汇率安排

1. 传统的钉住安排（Conventional Peg Arrangement）。一国官方宣布将本国货币以固定汇率钉住某一种主要外币或者一篮子外币。在这种汇率制度下，货币当局通过直接或间接干预随时准备维持固定平价，但没有承诺永久保持平价，市场汇率围绕中心汇率在上下不超过1%的范围内波动，或将即期市场汇率的最高值和最低值维持在中心汇率的2%的范围内至少六个月，锚货币或篮子货币权重是公开的或报知国际货币基金组织。代表国家有约旦、沙特阿拉伯、土库曼斯坦、委内瑞拉、丹麦、科威特以及中非货币联盟和西非货币联盟各国等。

> 传统的钉住安排指一国官方宣布将本国货币以固定汇率钉住某一种主要外币或者一篮子外币。

一些国家由于政治、历史、经济等方面的原因，其对外贸易和金融交易主要集中于某一个发达国家或主要使用某一种外币，为避免汇率波动造成的不利影响，采用钉住该国货币的汇率制度。一些将本国货币汇率钉住一篮子货币，篮子货币主要由与本国经济交往较为频繁国家的货币和对外支付使用较多的货币组成，可以将汇率变动对国内经济的冲击减少到最低限度，保持汇率的稳定。本币与被钉住货币保持固定比价关系，与被钉住货币一起对其他货币共同浮动。

2. 稳定化安排（Stabilized Arrangement）。事实上的传统钉住定义为稳定化安排，也称类似钉住安排，指政府不明确承诺维护汇率稳定的目标，但即期市场汇率波动幅度至少连续六个月不超过2%，该汇率制度安排不是一国货币当局的政策承诺，作为稳定化安排要求汇率保持稳定是官方行动的结果。人民币汇率在2009年和2010年被归于此类。2019年，稳定化汇率安排的代表国家包括黎巴嫩、圭亚那、克罗地亚、越南、也门、苏丹、伊朗等。

> 稳定化安排指一国政府不明确承诺维护汇率稳定，但政府事实上通过干预保持汇率稳定。

3. 爬行钉住安排（Crawling Peg）。爬行钉住指将本国货币钉住外国货币，汇率按照固定的、预先宣布的比率作较小的定期调整或依据所选取的定量指标的变化作定期调整。爬行的幅度可根据以往通胀变动对汇率变动的要求来设置，也可根据预期未来可能发生的通胀情况来设置。通常一国货币当局每间隔一段时间就对本国货币汇率进行一次小幅度的贬值或升值。2016年采用爬行钉住汇率安排的国家有3个，为尼加拉瓜、博茨瓦纳、洪都拉斯。

> 爬行钉住指将本国货币钉住外国货币，汇率按照固定的、预先宣布的比率作较小的定期调整。

4. 类似爬行钉住安排（Crawl - like Arrangement）。事实上的爬行钉住，即期市场汇率至少连续6个月在2%的狭窄范围内波动，通常其要求的最小波动率大于稳定化汇率安排。但是如果年度波动率至少为1%，

> 类似爬行钉住安排指即期市场汇率至少连续六个月在2%的狭窄范围内波动，属于事实上的爬行钉住。

只要汇率是以一个充分单调和持续的方式升值或贬值，该汇率就被认定为类似爬行钉住安排。2011 年，人民币汇率安排被归于此类。2019 年，该类汇率安排代表国家包括利比里亚、新加坡、阿尔及利亚、孟加拉国、巴拉圭、乌兹别克斯坦、海地、斯里兰卡等。

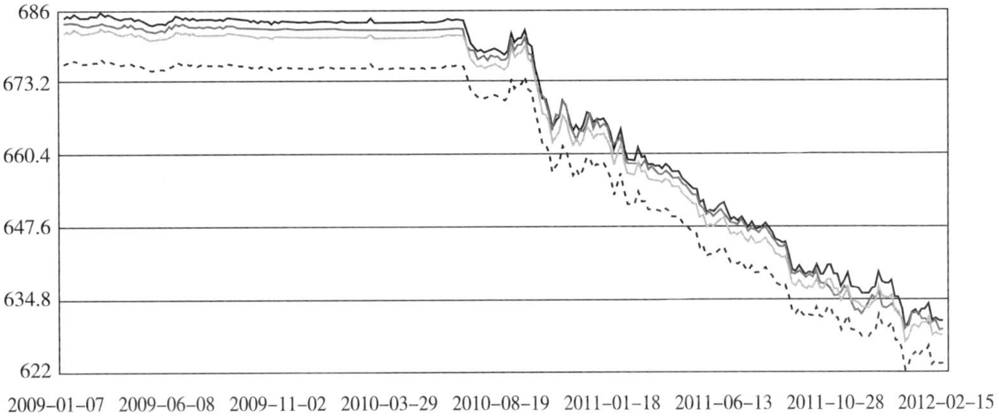

图 3-1 2009 年 1 月至 2012 年 2 月人民币兑美元即期汇率走势

5. 水平带钉住（Pegged Exchange Rate within Horizontal Bands）。本币对外币仍然规定固定的中心汇率，但其波动幅度大于其他传统钉住安排，市场汇率围绕中心汇率上下至少 1% 的波动范围，或汇率的最高值和最低值可超过 2% 的范围波动。中心汇率和带宽是公开的或报知国际货币基金组织。采取水平带钉住的国家仅有汤加。

采用软钉住汇率制度安排，可以克服固定汇率制的过分僵化和自由浮动汇率制的反复无常，达到既保持汇率基本稳定，又使经济政策具有一定灵活性。但是钉住汇率制使本国货币当局负有维持汇率稳定的义务，使本国货币供应在很大程度上成为一个内生变量，货币当局无法主动、灵活地加以控制；本国货币政策必须与被钉住货币国的货币政策保持一致，对被钉住货币国的经济依附加强；钉住汇率制可能造成币值高估或低估或需重新定值，刺激了游资的投机行为，加剧了汇率波动幅度。表 3-1、表 3-2 表明，采用水平钉住、爬行钉住安排的国家有下降趋势，采用传统钉住和稳定化安排的国家呈增加趋势。

（三）浮动汇率安排

> 浮动安排指汇率很大程度由市场决定，官方干预旨在防止汇率过度波动。

1. 浮动（Floating）。汇率很大程度上由市场决定，没有一个确定的或可预测的汇率路径，一国货币当局在外汇市场上的干预，旨在缓和汇率的变动和防止汇率的过度波动，而没有明确的以特定汇率水平为干预目标。2019 年代表国家包括巴西、匈牙利、冰岛、以色列、泰国、新西兰、南非、土耳其、阿根廷、瑞士等。

> 自由浮动安排指汇率由市场决定，官方对外汇市场的干预旨在处理无序的市场状况。

2. 自由浮动（Free Floating）。汇率由市场决定，一国货币当局在外汇市场上的干预只是偶尔发生，旨在处理无序的市场状况。要求在过去6个月内，政府对汇率的干预不得超过3次，每次干预不超过3个营业日，而且干预导致的市场失衡只持续一至两天就消失。如果汇率确由市场决定，但不符合自由浮动的严格定义，则归于浮动（floating）这一小类。在这一汇率制度下，理论上货币当局可追求独立的货币政策目标。2019年代表国家包括欧元区国家、美国、日本、英国、加拿大、澳大利亚、瑞典、挪威、波兰、俄罗斯等。

（四）剩余类别

其他有管理的汇率安排（Other Managed Arrangement），当汇率制度安排不满足上述任何类别标准时则归于此类。通常指政府频繁且无规律地干预汇率，使得货币当局的汇率制度不符合任何一种定义。2019年被归于此类的代表国家包括阿富汗、中国、柬埔寨、蒙古国、缅甸、肯尼亚、巴基斯坦等。

2019 Annual Report on Exchange Arrangements and Exchange Restrictions

从各国汇率制度安排来看，发展中国家由于金融市场和资本账户开放程度不同，选择了介于固定与浮动汇率制度之间的软钉住或中间汇率制，主要发达国家的汇率制度则趋向自由浮动安排。从长期来看，在金融全球化影响下，资本因素将逐渐取代贸易因素成为影响汇率变动的主体，在短期由于宏观经济变量和外部冲击的影响，汇率制度表现出一定的波动性。在资本因素影响不断加大的过程中，发达国家维持货币制度的成本可能会增加，发展中国家经济快速发展会推动一国的汇率制度向更加具有弹性的方向发展。

四、汇率制度选择理论

牙买加体系下，各国都面临着汇率制度选择的问题，如何选择最适合本国的汇率制度，使汇率和金融市场保持稳定，并同时有益于经济发展，一直是国际金融领域中争论最激烈和最重要的问题。由于经济学家研究的角度、对象和背景不同，对于汇率制度的认识也迥异不同。

（一）经济结构理论

美国经济学家罗伯特·赫勒（Robert Heller）1978年提出，发展中国家汇率制度的选择与其经济结构因素有关，这些经济因素主要包括国家经济规模、经济开放程度、国内外金融市场一体化程度、通货膨胀率、进出口贸易结构等。认为汇率制度的选择取决于一国经济结构特征，如果一国的进出口占国民生产总值的比例较低（即开放程度低），进出口贸易结构和地域多样化，与国际金融市场联系密切，资本流入较为可观和频繁，国内通货膨胀与其他主要国家不一致，则选择浮动汇率制有利于经济的发展。如果一国的经济开放程度较高，经济规模较小，或者进出口集中于几种商品或几个国家，则选择固定汇率制或钉住汇率制有利于经济的发展。其后，Aizenman & Hausmann（1999）对这一理论进行了发展，提出了一国的汇率制度选择与金融结构相关，金融一体化程度越高，越适合灵活的汇率制度。

（二）依附理论

德籍美国学者弗兰克（Frankel）及一些发展中国家经济学家认为，发展中国家汇率制度选择取决于该国对外经济、政治、军事等各方面联系的特征，发展中国家在实行钉住汇率制、选择被钉住货币时，应考虑该国经济、政治、军事等方面的对外依附程度和“集中”程度，因而应使其货币与某一关键国家的货币（锚货币）挂钩，以稳定经济发展。他们认为浮动汇率制度和钉住汇率制度要优于固定汇率制度。

（三）政策搭配理论

三元悖论是指一个国家不能同时实现本国货币政策独立性、汇率稳定性和资本完全流动性，最多只能同时满足两个目标，而放弃另外一个目标。

三元悖论（The Impossible Trinity，也称三元冲突）由美国经济学家保罗·克鲁格曼（Paul R. Krugman，1996）提出，该理论认为必须把汇率制度和一国的货币政策以及国际资本流动结合起来考虑才能正确把握汇率制度的选择，国际资本自由流动、固定汇率与货币政策独立性三者不可兼得，后来称之为“不可能三角”。一个经济体最多可以同时实现其中的两个目标（即至少要牺牲其中的一个目标）。一国货币当局只有充分考虑了本国货币政策、资本流动和汇率制度三者的相互关系以后，才能决定放弃何种货币金融目标，实行何种汇率制度。

专栏 3－3

保罗·克鲁格曼

保罗·克鲁格曼（Paul R. Krugman）1953 年出生于纽约长岛。1977 年获得麻省理工博士学位；先后在耶鲁大学、麻省理工学院、斯坦福大学任教，2000 年成为普林斯顿大学经济与国际事务终身教授。主要研究领域包括国际贸易、国际金融、货币危机与汇率变化理论。1979 年，他提出国际收支的危机模式，奠定了第一代货币危机理论的基础。20 世纪 80 年代，克鲁格曼在迪克希特和斯蒂格利茨垄断竞争模型的基础上，以规模经济和不完全竞争的市场结构为假设前提，建立起新国际贸易理论的基本框架，这使他成为当前国际上最为重要的贸易理论家之一。他还和一些经济学家发展了经济学的一个全新分支学科——经济地理学，该理论解释了现实经济中各种等级化的空间产业格局及其规律。1994 年，他指出固定汇率制度将会给泰国等东南亚国家外汇市场带来不稳定，同时他对所谓的东亚经济奇迹也提出质疑。1996 年，保罗·克鲁格曼在《流行国际主义》一书中大胆预言了亚洲金融危机，提出所谓的“亚洲奇迹”是“建立在浮沙之上，迟早幻灭”。2006 年，他在一篇名为《经济风暴的征兆》的文章中，预见了美国次贷危机。2008 年，克鲁格曼获得诺贝尔经济学奖。

（四）成本收益决定理论

克鲁格曼和奥布斯菲尔德（Krugman & Obstfeld，1998）认为，开放经济国家汇率制度的选择，取决于该国实行这一制度所产生的经济利益和成本的比较。他们认为，如果一个国家与某货币区的经济联系非常密切，那么这个国家加入该货币区后，将获得很大的货币效率收益，跨国贸易和要素流动越广泛，加入货币区的收益就越大；但加入货币区，相应地放弃了运用汇率和货币政策调节经济的权力，这种由于缺失相关政策而引发的经济不稳定性就是加入货币区的成本。把成本和收入相比较，就可得到一国加入货币区的临界点。当该国与货币区的一体化程度大于临界点时，加入货币区就有净收益；否则，就会带来净损失。

（五）两极汇率制度理论

20 世纪 90 年代以来，新兴市场经济体发生了一系列的货币危机，如 1994 年的墨西哥、1997 年的东南亚国家、1998 年的俄罗斯、1999 年的巴西以及 2000 年的阿根廷。经济学家研究后认为，这些国家之所以会发生金融危机，一定程度上要归结于这些国家的资本流动性非常高，而这些国家几乎都采用的是钉住汇率制，并由此得出结论：有大规模资本流动的国家一定要避免采用不稳定的汇率制度，而解决之道就是采用两极式（角点）汇率制度，即要么采用严格的汇率钉住制（比如货币发行局或者美元化），要么采用完全浮动汇率制。该理论提出了“中间汇率消失理论”“害怕浮动理论”“原罪理论”。

1. 中间汇率消失理论。艾肯格林（Eichengreen，1994），奥布斯菲尔德和罗格夫（Obstfeld & Rogoff，1995）认为，唯一可以持久的汇率制度是自由浮动制，或者是具有非常强硬承诺机制的固定汇率制（如货币联盟和货币局制度），而介于两者之间的中间性汇率制度（如水平调整的钉住、爬行钉住、爬行带内浮动等）都在消失或应该消失，所以，将来各国不是选择完全自由浮动就是选择“硬”的钉住汇率制。

2. 害怕浮动理论。卡尔沃和莱因哈特（Calvo & Reinhart，2000）认为，一些国家将汇率变化限制在狭小幅度内是因为它们害怕浮动，担心本币升值会损害本国商品国际竞争力，担心本币贬值会破坏政府的公信力，使国家不但难以进入国际金融市场，而且国际资本流入可能停止，影响其国内经济的增长。所以，新兴市场国家害怕汇率浮动，特别是不愿意本币贬值，故这些国家应该实行完全美元化。

3. 原罪理论。艾肯格林和豪斯曼（Eichengreen & Hausmann，1999），帕尼扎和斯泰因（Panizza & Stein，2000）都对原罪理论做过论述。原罪是指一国的货币不能用于国际借贷（外国银行或其他机构不能用该货币提供贷款），甚至在本国金融市场上也不能进行长期借贷，由于金融市场的这种不完全性，国内投资可能会发生货币错配或者期限错配，因此，企业面临一种“魔鬼的选择”（the devil’s choice），要么借美元导致货币错配，要么用短期贷款做长期用途而出现期限错配，直接后果是一国金融变得脆弱，汇率稍有波动便会将一批企业、银行拖入债务泥潭，国际贷款人便会逼债或抽逃资金，由此容易触发金融危机。所以，无论企业还是政府都不愿意汇率变动，更不愿意本币贬值，久而久之汇率就变得僵化。因此发展中国家应该实行美元化或某种类似欧元的制度。

（六）退出战略理论

金融危机中钉住汇率制度的崩溃，使一国货币当局面临着退出现行汇率制度的问题，对这一问题的研究形成了汇率制度选择理论中的“退出战略”（Exit Strategies）理论。一国退出钉住汇率制的动机主要是基于成本和收益的考虑。钉住汇率制的收益是引入汇率名义锚效应，对一国反通货膨胀政策的效果十分明显；但其成本缺乏调节弹性，久而久之其维持成本会相当高，最终该国将不得不退出固定汇率制。爱德华兹（Edwards，2000）的研究认为，最佳的退出战略是在钉住汇率的边际收益等于边际成本的时间点上退出。在退出的时机选择上，应该选择外汇市场相对平静的时期，或是其货币趋于升值时，可采取逐渐推进到新的较有弹性的汇率制度。如在危机情况下被迫退出的话，则应该迅速采取行动，同时采取一些搭配政策，如紧缩性的货币和财政政策及执行一系列的经济改革政策，来防止“过度贬值”和轮番贬值。一般而言，对大部分的新兴经济体来说，弹性较大的汇率制度是有利的，但具体来说，一国从钉住汇率制退出来以后要采取何种汇率制度，应根据各个国家的具体情况而定（Eichengreen & Masson，1998）。

专栏 3－4

波兰退出：渐进的经典

与波兰经济改革采取了“休克疗法”不同，波兰汇率改革选择了“渐进模式”。通过兹罗提（Zloty）钉住和爬行钉住一篮子货币，并不断扩大爬行区间，最后较为平稳地完成了由钉住汇率制度向自由浮动汇率制度的转换，成为转轨国家汇率制度渐进式改革的一个经典案例。

1. 单一钉住美元：1990 年 1 月至 1991 年 5 月，实行了单一钉住美元的汇率政策，以及紧缩性财政政策和货币政策，恢复了市场对兹罗提的信心，有效降低了通货膨胀率，促进了波兰经济复苏。

2. 钉住一篮子货币：1991 年 5 月至 10 月，为了防止实际有效汇率的过快上升，波兰实行了短暂的“钉住一篮子货币”的汇率制度。篮子货币由美元、德国马克、英镑、法郎和瑞士法郎等 5 种货币组成，权重分别为 45%、35%、10%、5%、5%。但是“钉住一篮子货币”没有能够真正解决兹罗提实际有效汇率的升值、经常项目和资本项目逆差等问题。在这种情况下，波兰政府放弃了“钉住一篮子货币”。

3. 爬行钉住一篮子货币：1991 年 10 月至 1995 年 5 月，为了提高出口产品的竞争力，促进国际收支平衡，波兰实行了“爬行钉住一篮子货币”的汇率制度安排。允许名义汇率在 ±0.5% 至 ±2% 的区间内爬行浮动，中心汇率根据美元、德国马克、英镑、法郎和瑞士法郎 5 种货币的篮子决定，爬行利率根据波兰与主要贸易伙伴国的通胀差决定。在经常项目收支状况明显改善，外国资本以直接投资和证券投资的形式大量流入波兰的情况下，波兰政府放弃了“爬行钉住一篮子货币”的汇率制度，开始实施更加灵活、更具弹性的“爬行区间浮动”制度。

4. 爬行钉住加区间浮动：1995 年 5 月至 1998 年，波兰实行了“爬行钉住一篮子货币加区间浮动”的汇率制度，并且通过不断扩大爬行区间（从 ±7% 扩大至 ±15%）的办法，逐渐增加汇率决定中的市场因素，以建立一个适应市场经济发展要求的外汇市场和汇率制度，逐步提高汇率制度的灵活性和汇率弹性。在波兰经济逐渐融入国际市场后，钉住制度下货币政策目标（保持物价水平稳定）与汇率政策目标（保持汇率水平稳定）的矛盾不断激化。1998 年 2 月至 1999 年 3 月，兹罗提的爬行区间从 ±10% 扩大至 ±15%，达到国际上公认的较宽区间，在这种情况下，汇率的名义锚作用基本消失。

5. 完全自由浮动：2000 年 4 月，为了解决货币政策与汇率政策的目标冲突，增加货币政策有效性，建立真正适应市场经济要求的汇率制度，波兰政府决定放弃爬行钉住制度，实行“没有浮动区间、没有中心平价、没有人为贬值、没有政府干预”的自由浮动汇率制度，波兰中央银行不再干预外汇市场，兹罗提汇率完全由市场供求决定。

资料来源：王宇. 波兰退出：渐进的经典——从“钉住汇率制度”退出的路径选择和经验教训（一）[C] //中国金融学会第八届优秀论文评选获奖论文集，2005：6 - 13.

总体而言，各种形式的汇率制度均有优劣，没有一种汇率制度是十全十美、适用于任何国家或任何时期的。关于汇率制度的争论虽然没有统一结论，但存在的共同点是：汇率制度的选择要因国、因时而异，要受到经济发展、金融深化、宏观经济、金融全球化等因素的影响。在资本流动日益加强和金融全球化成为大趋势的背景下，一个国家无论采用什么样的汇率制度，都必须考虑与国内宏观经济环境和经济政策的协调配套。

第二节　外汇管制

外汇管制（Exchange Control/ Exchange Restriction），又叫外汇管理（Exchange Management），是指一国政府授权国家货币金融管理当局或其他国家机关，对外汇收支、买卖、借贷、转移以及国际间的结算、外汇汇率和外汇市场等实行的管制措施。

外汇管制是一国政府授权货币当局或其他国家机关，对外汇收支、买卖、借贷、转移以及国际间的结算、外汇汇率和外汇市场等实行的管制措施。

一国由于特定的原因或为了追求国际收支平衡、币值稳定或经济发展等目的，可以采取价格管制、数量管制等各种手段对外汇进行控制。

一、外汇管制的原因及目的

外汇管制并不是伴随着国际经济交往而产生的，从外汇管制的起源及各国实行外汇管制的概况来看，各国实行外汇管制主要在于以下两个方面的原因：一是当一国发生战争或突发经济危机、金融危机或其他政治经济动荡时，一般都会采取外汇管制的措施来筹措资金或阻止政治经济动荡的进一步发展；二是当一国经济发展比较落后或处于困难时期，外汇资金严重短缺时，通常也会采取外汇管制的措施，以集中有限的外汇资金用于经济建设。

外汇管制是为一国的政治、经济政策服务的。实行外汇管制的国家一般追求达到下述目的：

1. 在国际收支方面，通过控制资本的国际流动，以维持国际收支平衡，并保证本国经济的稳定发展。经济实力较强的国家实施外汇管制的主要目的是限制资本过剩。经济实力较弱、外汇资金短缺的国家实施外汇管制的目的则在于防止资本外逃，通过外汇管制，一方面可以积累外汇资金，维持本国货币币值的稳定，谋求国际收支平衡；另一方面，也在一定程度上保证国内投资资金的需要。

2. 在汇率及对外贸易方面，通过对汇率的控制，可以创造有利于本国的对外贸易环境。如对汇率进行严格管制，当官方汇率确定后，在一定时期内保持不变，有利于对外贸易的成本核算与发展；或者实行差别汇率，在确定官方汇率的同时，还可以规定不同类别的“奖出限入”的汇率，以促进某些商品的出口，抑制某些商品的进口。

3. 在国内经济方面，通过保护关税政策与进口外汇的核批，限制某些商品进口，鼓励与促进某些必需的原料和设备进口，以促进新兴工业部门的发展。当主要消费物资和生活必需品价格上涨过快时，通过外汇管制，对其进口所需外汇给予充分供应，或按优惠汇率结售，则可增加货源，促使物价下跌，抑制物价水平上涨，保持物价的稳定。

4. 增加财政收入。外汇自由买卖，国家不进行干预和控制，买卖外汇利润归私人。实行外汇管制，国家垄断了外汇的买卖，经营外汇的利润归国家所有。在外汇管制下，外汇税的课征、许可证的批准、预交存款制的规定等，常使国家有一定额外的财政收入，对解决财政紧张状况不无裨益。

此外，外汇管制还可通过控制外汇流动从而影响资源配置，并可作为外交谈判的后盾，实现推行一般行政措施所不能达到的经济目的。

二、外汇管制的发展

一国实行外汇管制的基本内容包括四个方面：管制的机构、管制的对象、管制的范围、管制的办法与措施。

（一） 外汇管制的机构

在实行外汇管制的国家中，一般都由政府授权中央银行作为执行外汇管制的机关。意大利专门设立了外汇管制机构——外汇管制局（The Bureau of Foreign Exchange Control）负责外汇管制工作。英国政府指定财政部为决定外汇政策的权力机关，而英格兰银行（The Bank of England）仅代表财政部执行外汇管制的行政管理工作，并指定其他商业银行按规定办理一般正常的外汇收付业务。

（二） 外汇管制的对象

外汇管制的对象分为对人和对物两个方面。

对人，包括法人和自然人，根据自然人与法人居住或营业的地区不同又划分为居民和非居民。有关国家的外汇管制法令，对于居民、非居民以及不同国家的非居民，给予不同的待遇。

对物，即对外汇及外汇有价物进行管制。其中包括外钞、外国铸币、支付工具（如汇票、期票、支票、旅行支票与旅行信用证等）、有价证券（股票、公债、公司债券、人寿保险单、存折）和黄金；有的国家还把白银、白金和钻石包括在内。

（三）全球外汇管制的历史演进

在第一次世界大战前正常的国际经济往来中，基本上不存在外汇管制。因为金本位制固有的特征能够自动保证汇率的稳定和国际收支的平衡，因而外汇管制没有必要。第一次世界大战爆发后，各国为筹措战争经费，禁止黄金自由输出入国境，限制黄金的自由兑换，外汇管制由此产生。第一次世界大战结束后，各国经济得到了恢复和发展，战时实行外汇管制的国家又相继放松或放弃了外汇管制。1929—1933 年，资本主义世界爆发了严重的经济危机，主要资本主义国家的国际收支和汇率极不稳定，许多国家，尤其是一些国际收支逆差严重的国家，又开始实施外汇管制。在第二次世界大战前夕和战争期间，许多国家实施战时经济体制，把外汇管制作为主要的经济调节措施。据统计，1940 年，约有 100 个国家正式实施了外汇管制。在第二次世界大战结束后，除美国等少数国家外，各国的战后重建面临重重困难，货币信用危机和国际收支更加恶化，只得继续实行外汇管制。20 世纪 60 年代以后，发达国家的经济实力不断增强，外汇储备逐渐增加，外汇管制也随之放宽。20 世纪 80 年代以后，国际上贸易自由化和贸易保护主义并存，汇兑自由化和外汇管制也形成了此消彼长、错综复杂的局面。随着世界经济的发展，特别是金融全球化的发展，各国经济的相互依赖越来越强，所有这些都要求世界范围内的外汇管制进一步放松。事实上，不仅发达国家，许多发展中国家在外汇管制方面也都呈现出逐步放松的趋势。

三、外汇管制的方法与措施

外汇管制的方法与措施即如何进行外汇管制的问题。实施外汇管制的国家一般对贸易外汇收支、非贸易外汇收支、资本输入、银行账户存款、汇率、黄金和现钞的输出入等采取一定的管制办法。

（一） 价格管制

1. 本币高估。本币高估也称汇率高估，是一国政府为了实现其汇率政策目标，超过本币的实际价值或国内与国外通货膨胀率差异的幅度而人为地提高本币的对外汇率。

> 本币高估是一国政府为了实现其目标而人为地提高本币的对外汇率。

总的来说，本币高估有利于进口，不利于出口；有利于输入劳务，不利于输出劳务；有利于资本输出，不利于资本输入。如第二次世界大战后，美国通过国际货币基金组织规定其他国家的货币必须与美元建立固定比价关系，美元的金平价仍沿袭1934 年确定的 1 美元等于 0.888671 克纯金和 1 盎司黄金等于 35 美元的官价水平。而美国由于在第二次世界大战期间通货膨胀严重，1945 年底美元的购买力只等于 1934 年的 75%。将战后的美元恢复到1934 年的平价，显然高估了其本身的实际价值。美元在高估本身实际价值的情况下，进一步排挤了英镑，建立起美元的霸权地位。美元高估使美国垄断资本能以较低廉的价格购买外国企业，进行对外投资，加强对外国经济的控制；能以较低廉的价格搜刮原材料，而初级产品出口国家想从美国进口，则要输出更多的商品；进一步加强了美国垄断资本对债务国的控制，加重了它们的债务负担。

当然，汇率的高估，也有其不利的一面。如美元的高估，到 20 世纪 60 年代后，日益给美国带来不利影响，削弱了其出口商品的竞争力，成为美国国际收支逆差加重的一个重要原因。

一些发展中国家也常常利用本币高估实现其“进口替代”的经济发展战略。由于这些国家所建立的进口替代工业多为制造最终产品的工业部门，因而机械设备、中间产品和优质原材料还需依靠进口加以解决。本币高估，则使上述物资的进口价格变得相对低廉，有助于发展中国家进口替代工业的建立和发展。然而，实行本币高估也会对发展中国家带来不利影响：（1）由于进口制成品价格相对便宜，不利于本国的进口替代部门的民族工业的发展；（2）由于进口品价格低廉，致使一般消费品涌入，国际收支出现逆差。所以，在一些实行本币高估的发展中国家，在汇率高估的同时，对消费品和非必需制成品的进口征收高关税规定配额，发放进口许可证，有时实行外汇数量管制。这些做法最终将导致国内价格的扭曲，不利于本国经济的健康发展。因此，一国不能长期实行本币高估政策。

2. 本币低估。本币低估也称汇率低估，即一国政府为了实现其汇率政策目标，以低于本币实际价值或国内与国外通货膨胀的差异幅度，而人为地低估本币，降低本币的对外汇率。

与本币高估相反，本币低估有利于出口，不利于进口；有利于劳务输出，不利于劳务输入；有利于资本流入，不利于资本流出。本币低估，与法定贬值作用相似：一可促进外汇流入；二可促进出口；三可抑制进口；四可促进发展中国家推行“出口导向”对外经济发展战略的实现。有些发展中国家推行“出口导向”对外经济发展战略，实行低关税、低估汇率的双重政策。低关税政策可避免其他国家对其出口产品征收高关税，低估汇率可以降低出口商品价格，从而提高本国出口商品竞争能力。

复汇率制针对不同情况的兑换适用不同的汇率，表现形式有公开的复汇率和隐蔽的复汇率。

3. 复汇率制。复汇率制是建立在货币兑换管制基础上的。当对货币兑换进行管制时，方式之一是限制货币兑换的数量，方式之二则是限制货币兑换的价格，对不同情况的兑换适用不同的汇率。所以，复汇率制是实行兑换管制的工具之一，复汇率制的取消也被视为自由兑换的必要条件。

复汇率制按表现形式有公开的复汇率制和隐蔽的复汇率制两种。公开的复汇率制就是政府明确公布针对不同交易适用的不同汇率。例如，可以针对经常账户交易和资本与金融账户交易，公布适用前者的贸易及非贸易汇率与适用后者的金融汇率。再比如，还可以针对贸易中的进口与出口以及其中相应的商品种类来规定不同汇率，如出口采用一种汇率，进口采用另一种汇率；生活必需品进口采用一种汇率，奢侈品进口采用另一种汇率等。实践中，这种复汇率形式极其复杂，有的国家复汇率甚至可以多达几十种，高低相差几十倍。

隐蔽的复汇率制表现形式有多种。

首先，对出口按商品类别给予不同的财政补贴（或税收减免），或者对进口按类别课以不同的附加税，都将导致不同的实际汇率。

其次，采用影子汇率。影子汇率是指附加在不同种类进出口商品之后的一个不同的折算系数。该系数值的确定除要考虑该类产品的进出口成本外，还取决于政府的政策意图。比如，某类商品的国内平均单位生产成本是 8 元人民币，国外售价是 1 美元，官方汇率为 1 美元等于 6 元人民币，通过官方汇率只能弥补该单位产品的 6 元生产成本。为鼓励出口，就在该类产品的官方汇率之后附加上一个 1.34 的折算系数（$1.34 \times 6 = 8.04$），这样，当该产品出口后，1 美元的收入便可换到 8.04 元人民币。由于不同种类的进出口商品具有不同的影子汇率，故影子汇率构成实际上的复汇率。

最后，一国在已存在官方汇率和市场汇率这两种汇率的条件下，对不同企业或不同的出口商品实行不同的收汇留成比例。允许企业将其留成外汇在平行市场或调剂市场上按市场汇率换成本国货币，等于变相地给予补贴。留成比例高的企业得到的变相补贴就多，留成比例低的企业所得变相补贴就少，没有留成的就得不到补贴，从而形成事实上的多重汇率。

专栏 3－5

1973 年智利实行的复汇率制度（1 美元/埃斯库多）

进口汇率		出口汇率		非贸易汇率	
商品类别	汇率	商品类别	汇率	商品类别	汇率
机器设备	65	矿产品	45	外交使团旅游	156
非生活必需品	125	农牧工业制成品	65	赡家汇款	80
高级消费品	200	铜制品	100	投资收入汇出	156

同其他直接管制政策一样，复汇率制对经济的影响也具有两面性，其作用主要表现在以下几方面。

第一，维持一定数量的国际储备。假定一国实行的是无管制的单一固定汇率制，政府通过外汇市场干预来维持固定汇率。当该国政府执行扩张性货币政策时，为了维持币值，该国对外汇市场实行干预，国际储备将不断减少。为防止国际储备枯竭，该国政府采用复汇率制，即在原有官方外汇市场外设定一个汇率可自由浮动的第二外汇市场。对于各项国际收支交易，只有政府核准的一小部分可在官方外汇市场上以官方汇率交易，其余的都必须在新的市场上进行。这样，对外汇的需求压力就被转移到新的外汇市场上，由于政府不对之进行干预，就形成了虽然这一市场上本币汇率贬值，但却不会带来国际储备减少的效果。

第二，隔绝来源于外国的冲击。如果一国对经常账户交易采用统一的固定汇率而对资本与金融账户交易采用浮动汇率，就可以通过金融汇率的灵活变动来吸收源于外国的冲击，尤其是来源于外国金融市场的冲击。当这一金融汇率的变动不对本国商品市场产生影响时，本国实际部门就可以与外部冲击相隔绝。在国际资金流动问题非常突出的情况下，频繁的、过度的汇率变动会对本国的进出口乃至于整个宏观经济产生非常不利的影响，因此采用复汇率制是一种比较有效的选择。

第三，达到商业政策的目的。政府实行复汇率制的重要原因是为了充分发挥汇率的价格杠杆作用，体现政府对不同交易的不同态度。首先，复汇率制可以针对进出口商品价格弹性的差异进行区别对待，从而改善进出口状况。例如，对于外国需求弹性小的出口品（例如本国垄断的某种必需品），可以实行本币高估的汇率，从而通过出口将负担转嫁到外国消费者身上。其次，复汇率制可以体现国家对特定产业及商品的态度。一国可以利用复汇率制对某些行业或商品的生产给予特殊鼓励，而对另外的某些行业的生产或商品进口予以限制。

第四，实现财政目的。政府可以在不同外汇市场上以不同的汇率买进卖出外汇，获得其中的差价，增加财政收入。更为重要的是，复汇率制实际上是一种变相的财政手段，针对不同的交易采用不同的汇率实际上意味着政府的征税措施。在单一汇率制下，政府要想达到同等效果只有通过统一的征税措施才可以实现。如果政府财政收入不足而又希望只对某些交易征税以增加收入，复汇率就成为优先的选择。

复汇率制对经济也会产生很大的损害，这主要体现在：

第一，管理成本较高。由于汇率种类繁多，势必产生大量的人力成本。管理人员主观认识上的缺陷、信息不通，都会导致复汇率的错误运用，使经济运行的整体效益下降。

第二，扭曲价格。众多的汇率导致众多的价格，使价格关系变得复杂和扭曲。

第三，不公平竞争。复汇率使不同企业处在不同的竞争地位，不利于公平竞争关系的建立和透明的市场关系的形成。另外，复汇率容易引起国际社会的非议甚至报复，不利于国际经济合作的发展。因此，复汇率制经常被作为一种权宜之计来使用。

（二）数量管制

1. 对贸易外汇的管制办法与措施。贸易外汇收支是国际收支的最大项目，实行外汇管制的国家多对贸易外汇实行严格管制，以集中出口外汇收入，限制进口外汇支出，解决贸易逆差，追求国际收支平衡。

（1）对出口外汇收入的管制。一般采取颁发出口许可证的办法，以加强对出口外汇的控制。出口商在申请出口许可证时，要填明出口商品的价格、金额、收汇方法等，并需交验信用证，以防止隐匿出口外汇收入与本国资金外逃。

管制出口外汇的主要内容，就是规定出口商必须把全部或一部分出口贸易所得的外汇收入，按官定汇率结售给指定银行，以保证国家集中外汇收入统一使用。为了鼓励出口、刺激出口商的积极性，外汇管制当局还常规定不同的出口结汇办法，并伴随一些其他措施，如规定不同类别出口商品的出口商可按官定汇率结售一部分外汇收入，剩余部分既可用于自己进口，也可按自由市场的汇率转售他人。

（2）对进口外汇的管制。实行外汇管制的国家为了减少外汇支出，防止资本外逃，减缓国际收支逆差，一般都规定进口商品所需的外汇，须向外汇管制当局申请，批准后方才供售。

实行外汇管制的国家，除对进口外汇进行核批手续外，为了限制某些商品的进口，减少外汇支出，有时还同时实行进口存款预交制、对进口商购买外汇征收一定的外汇税或限制进口商对外支付使用的货币等措施。

2. 对于非贸易外汇管制的办法与措施。贸易与资本输出入以外的外汇收支均属非贸易外汇收支。其中包括与贸易收支有关的运输费、保险费、佣金；与资本输出入有关的股息、利息；专利费、许可证费、特许权费以及技术劳务费等收支；与文化交流有关的版权、稿费、奖学金、留学生费用等收支；与外交有关的驻外机构的经费收支；以及旅游费用和赡家汇款外汇收支。

3. 对资本输出入管制的办法与措施。无论是发达国家，还是发展中国家都重视对资本输出入的管制，但由于各自情况不同，决定了它们对资本输出入管制的目的、要求和措施也不同。

第二次世界大战后的初期，西方各国与刚获得独立的发展中国家一般均鼓励资本输入，对资本输入不加限制，而对本国长短期资本的外流、外国在本国发行债券，或对原借款的还本付息进行一定的限制。

进入 20 世纪 60 年代，美国的长期资本输出是该国国际收支严重逆差的一个重要因素。因此，美国曾经规定了一些限制长期资本输出的措施，如征收利息平衡税、对直接投资进行限制、规定银行贷款最高额等。而联邦德国、日本、荷兰、瑞士等国家的国际收支则有顺差，它们在 70 年代以后采取了很多限制资本输入的措施，如银行吸收非居民存款要交付较高的存款准备金、对非居民存款倒收利息（Negative Interest）、限制非居民购买本国有价证券等，以限制外资流入，导致本国货币汇率上浮。可见，战后从一般地限制资本输出，以减缓或防止本国货币汇率下跌，发展到一些发达国家限制资本流入，以防止本国货币过度上浮这一转变，是第二次世界大战后发达国家外汇管制制度的一个显著特点。

20 世纪 80 年代后，由于国际金融市场放松了管制，对资本流动赋税课征办法有所改变，融资工具不断创新，国际资本市场一体化与竞争性增强，发达国家对资本流动管制趋于放松，以促进资本外流，抵消经常账户的巨额顺差，增强本国金融市场的竞争力。在发展中国家，有些国家债务危机非常严重，它们借助于加强对资本项目的管制来对付日益恶化的国际收支。如阿根廷延长了某些资本流入的到期期限；泰国对国内私人企业从国外借款要求进行登记；有些国家还对未偿债务加强管制。但是，对资本项目管理占统治地位的仍是放宽或自由化，而并非加强限制，发展中国家对资本流出入管制的主要倾向也是放松。

（三） 对黄金、 现钞输出入的管制办法与措施

实行外汇管制的国家一般禁止私人输出黄金，法国等国家还禁止私人输入黄金，私人输出输入黄金的自由完全取消，而由中央银行独家办理。

外汇管制下，本国现钞输出，一方面会用于商品进口和资本外逃；另一方面，又会导致本币汇率在国外市场的下跌。因此，实行外汇管制的国家，对本国现钞的输出都规定有最高限额。至于对本国现钞的输入，有的国家规定限额，有的则不加管制，但规定输入的现钞用于指定用途。对本国现钞输入限额，一般与输出限额相同。

四、外汇管制的弊端

实行外汇管制国家的政府，都企图通过外汇管制达到一定的目的，如果其他方面的政策措施得以配合，财政经济状况不致急剧恶化，其所追求的目的一般也可部分实现。但是，与此同时也会产生一定的弊端，主要表现在以下方面：

1. 阻碍国际贸易的发展，增加国家之间的矛盾。实行外汇管制，限制了外汇的自由买卖与支付，外汇管制国家之间和外汇管制国家与不实行外汇管制国家之间必然要实行程度不同的限制性的双边结算制度。这无疑会阻碍国际贸易的扩大与发展，加深国际间的矛盾，贸易战也随之加剧。

2. 市场机制作用不能充分发挥。在外汇自由买卖的情况下，由于市场机制的作用，在外汇供求之间、远期汇率与利率之间，在一定程度上能够取得均衡。而在外汇管制下，市场机制的作用不能充分发挥，供求之间必然发生脱节，均衡状态必然被打破。

在市场机制不能充分发挥作用的条件下，就无从进行国际间成本价格的比较，不能充分利用国际分工的功能，孤立于国际市场之外，影响资源的有效分配。

3. 某些商品的成本增高，导致国内物价上涨。外汇管制虽有抑制国内物价上涨的作用，但是，对某些进口商品，或因征税较高，或因歧视性汇率的施行也会增高其价格，从而导致商品价格上涨，加剧通货膨胀。

4. 限制外资流入，对本国经济的发展并非完全有利。一些发展中国家，对不附带政治性条款的外国资本，可加以利用，从而促进本国经济的发展。而实行外汇管制的国家，为了平衡国际收支，限制外国资本的输入，影响对外资的利用，在一定程度上不利于本国工商业的发展与国际收支的改善。

根据国际货币基金组织 2019 年《汇率安排与汇兑限制年报》数据统计，有 12 个成员采用双重汇率安排，11 个成员采用多重汇率安排，有 94 个成员对无形贸易及经常转移支付实施管制，99 个成员对衍生产品交易实行限制，97 个成员对个人资本交易实施限制，151 个成员对直接投资实行限制，147 个成员对不动产交易实行限制。

第三节　中国的外汇管理与人民币汇率

从 1949 年到现在，我国的外汇管理制度经历了计划经济时期的全面计划管理、改革开放后处于转型时期的外汇管理体制和人民币的经常项目完全可自由兑换几个阶段。直到现在，我国的外汇管理体制仍处于不断改革之中。从这些改革措施中，我们可以看到不断放松的外汇管理总趋势。与此同时，我国的人民币汇率形成机制也经历了从计划管理下的双重汇率到以市场供求为基础的、单一的、有管理的浮动汇率制再到现在不断完善的人民币汇率市场形成机制几个阶段。我国外汇管理的最终目标是要实现人民币的完全可自由兑换。一国货币要能成功地实现自由兑换应具备一系列的条件，在实现自由兑换后，还有可能产生资本逃避和货币替代的问题。因此，我国将采取逐步放开的策略实现人民币的完全可自由兑换。

一、中国的外汇管理

从 1949 年到 2021 年，我国的外汇管理可划分为以下几个阶段：

（一）1978 年前：计划经济时期的中国外汇管理体制

新中国成立初期，我国外汇资金少，各大行政区政治经济条件差别很大，外汇管理基本处于分散状态。随着我国对私营工商业社会主义改造的完成和各大行政区的撤销，国民经济进入有计划的建设时期。这一时期，我国的外汇管理工作也从分散走向集中，进而实行全面的计划管理。

1. 对外汇收支实行全面的、高度集中的指令性计划管理。国家实行“集中管理，统一经营”的外汇管理方针，即一切外汇收支由国家管理、统收统支，一切外汇业务由中国银行经营。但国家既没有确立外汇的主管部门，也没有制定全国统一的外汇法令。

2. 所有的进出口活动均由国营进出口公司负责。这使我国避免了国际收支逆差，同时也保护了国内的幼稚工业。

3. 对借用外债和利用外资基本上采取排斥的做法。由于崇尚“既无内债，也无外债”，我国资本项目的外汇管理基本上处于空白。

这种高度集中统一的外汇管理体制，与国民经济的计划管理体制和国家垄断的外贸体制相适应，是国家对外封闭环境下的产物。在外汇收支数额不大的情况下，为使有限的外汇收入得到合理的使用，保证外汇收支平衡和汇率稳定，这种外汇管理体制是必要的。但是，这种集中过多、统得过死、单纯依靠计划和行政管理的体制存在着经济效益低、应变能力弱和缺乏灵活性的缺陷，不利于调动各方面创汇的积极性，不利于对外贸易和经济的发展。

（二）1979—1993 年：经济转型时期的外汇管理体制

为适应改革开放的要求，我国在改革外汇管理体制方面逐步取得了以下进展：

1. 设立专门的外汇管理机构，颁布外汇管理法规。1979 年 3 月，国务院批准设立我国外汇管理的主管机构——国家外汇管理总局，后改称外汇管理局。1980 年 12 月，经国务院通过又颁布了《中华人民共和国外汇管理暂行条例》，这是新中国成立以来第一个系统的、具有法律效力的外汇管理法规。此后，又陆续公布了 30 多个施行细则。这标志着我国的外汇管理进入了规范化、法制化的阶段。

> **外汇留成制度是对企业获得的外汇收入根据不同地区、不同企业性质、不同出口产品给予不同的留成比例。**

2. 实行外汇上缴和留成制度。为了改革统收统支、单纯按指令性计划分配外汇的制度，1979 年 8 月，国务院决定实行贸易和非贸易外汇留成办法。外汇留成有现汇留成和额度留成之分，一般采用额度留成。该办法规定，企业将出口收入的外汇卖给国家后，国家按规定的比例给予企业和地方一定的外汇留成额度，用汇时，用汇单位用人民币配以额度，按国家公布的外汇牌价购买外汇对外支付。1982 年后，按出口收汇金额计算，一般出口商品外汇留成 25%，其中企业得 12.5%，地方得 12.5%。机电产品、成套设备出口留成 50%，军工产品出口留成 100%；留成比例在地区上也有重大差别，如深圳特区外贸出口收汇实行全额留成，保留现汇；经济技术开发区 80% 留成，20% 按牌价卖给国家。留成的外汇可直接用于进口，也可以在外汇调剂市场出售。该制度的实行调动了企业和地方出口创汇的积极性。这些办法的实施使得我国的外汇管理由过去高度集中朝着既有集中又适度分散的方向发展。

3. 建立外汇调剂市场。从 1980 年起，我国开始办理外汇调剂业务。实行外汇留成制度后，有的企业有闲置外汇，而另一些企业有进口项目却无外汇来源，因此需要通过市场来调剂余缺。

外汇调剂业务最初由中国银行组织，1986 年 2 月至 1988 年 2 月，外汇调剂业务一律通过国家外汇管理局及其分局办理，中国银行只办理现汇买卖的过户和结算手续。从 1988 年 3 月起，各省、自治区、市等先后建立了外汇调剂中心，办理本地区的外汇调剂业务；在北京还建立了全国外汇调剂中心，办理中央各部门之间和各省、自治区、市之间的外汇调剂业务。全国先后建立了 108 个外汇调剂中心。外汇调剂价格规定不得高于外汇牌价的 10%；从 1988 年 3 月起由买卖双方议定。上海还推出了公开竞价成交的交易方式。外汇调剂市场的建立，标志着我国的外汇由计划分配逐步向市场调节过渡。

4. 改革外汇金融体系，引进外资金融机构。从 1979 年起，我国陆续批准了一批经营外汇业务的信托投资公司、金融公司、财务公司和租赁公司；从 1985 年起，批准设立了一批经营外汇业务的中外合资银行，并同意若干外资银行在我国设立分行；形成了一个以外汇专业银行为主、多种金融机构并存的外汇金融体系。

5. 建立对资本输出入的管理制度。这一时期，我国对资本输出入的管理主要包括以下内容：（1）对外商投资企业的外汇管理。为了鼓励外商来华投资，对外商投资企业外汇收支采取比较宽松的政策，允许其保留外汇收入，自行支配使用；允许其向境内外银行借款，自借自还，事后办理登记；允许其通过外汇市场调剂外汇余缺；投资者所得利润、依法停业后所分得的资金、外籍职工的工资收入，均可申请汇出；投资者的人民币利润进行再投资享受外资待遇等。（2）对外债的管理。1986 年 4 月开始，国家外汇管理局统一掌握全国外汇、外债的信息和数额，监督和管理对外借债和境外发行债券。对外债实行计划管理和审批制度，对中长期外债实行年度指标控制，对短期外债实行余额管理。对外借款和在境外发行债券必须逐笔报国家外汇管理局审批，国家外汇管理局监督其还本付息。实行外债登记制度，建立全国外债统计监测系统，定期对外公布外债数字。（3）对境外投资的外汇管理。对境外投资实行事前审查和事后监督相结合的管理制度。国内企业向境外投资必须凭计划部门批准的项目计划，向外经贸部申请批准。在申请前，须经外汇管理局审查外汇资金来源和外汇风险，并由外汇管理局监督其投资收回和利润调回。

6. 发行外汇兑换券，放宽对境内居民个人外汇管理。为保证外国人在我国购买紧缺物资，取代外币在我国境内流通，同时便于计算创汇单位的外汇留成，1980 年 4 月，中国银行开始发行外汇兑换券，简称“外汇券”。另外，随着我国居民个人持有外汇数量的增加，为鼓励居民调回外汇，我国从 1980 年起逐步开始实行居民外汇留成办法，允许居民在银行开立外汇账户，并可在规定的数额和用途内支取外汇，汇往或携往境外使用，或在外汇调剂中心出售。居民因私出国用汇，也可按国家规定的数额在外汇调剂中心购买。

（三）1994—1996 年：人民币经常项目有条件可兑换

为适应建立社会主义市场经济和进一步对外开放的需要，1993 年 12 月 28 日，中国人民银行根据《中共中央关于建立社会主义市场经济体制若干问题的决定》，制定和发布了《关于进一步改革外汇管理体制的公告》，我国外汇管理体制进入深化改革时期。

1. 实行银行结售汇制度，取消外汇上缴和留成，取消用汇的指令性计划和审批。从 1994 年 1 月 1 日起，取消各类外汇留成、上缴和额度管理制度，对境内机构经常项目下的外汇收支实行银行结汇和售汇制度。(1) 银行结汇。银行结汇是指企业将外汇收入按当日汇率卖给外汇指定银行，银行收取外汇，兑给企业人民币。外汇银行取代中央银行结汇，结汇所需本币资金由外汇银行自行解决，中央银行不再提供。(2) 银行售汇。银行售汇是指企事业单位需要外汇，只要持有效凭证到外汇指定银行用人民币兑换，银行即售给外汇。银行售汇制的实行，表明我国已取消了经常项目下正常对外支付用汇的限制。

2. 汇率并轨，实行以市场供求为基础的、单一的、有管理的浮动汇率制度。1994 年 1 月 1 日，人民币官方汇率与市场汇率并轨，实行以市场供求为基础的、单一的、有管理的浮动汇率制，并轨时的人民币汇率为 1 美元兑 8. 70 元人民币。人民币汇率由市场供求形成，中国人民银行公布每日汇率，外汇买卖允许在一定幅度内浮动。

3. 建立统一的、规范化的、有效率的外汇市场。从 1994 年 1 月 1 日起，中资企业退出外汇调剂中心，外汇指定银行成为外汇交易的主体。1994 年 4 月 1 日，银行间外汇市场——中国外汇交易中心在上海成立，连通全国所有分中心；4 月 4 日起，中国外汇交易中心系统正式运营。中国人民银行根据宏观经济政策目标，对外汇市场进行必要的干预，以调节市场供求，保持人民币汇率的稳定。

4. 对外商投资企业外汇管理政策保持不变。为体现国家政策的连续性，1994 年在对境内机构实行银行结售汇制度时，对外商投资企业的外汇收支仍维持原来办法，准许保留外汇，外商投资企业的外汇买卖仍须委托外汇指定银行通过当地外汇调剂中心办理，统一按照银行间外汇市场的汇率结算。

5. 禁止外币在境内计价、结算和流通。1994 年 1 月 1 日，取消境内外币计价结算，禁止外币境内流通和私自买卖外汇，停止发行外汇兑换券。

通过上述各项改革，1994 年，中国顺利地实现了人民币经常项目有条件可兑换。

（四）1996—2003 年：人民币经常项目完全可兑换

国际货币基金组织在国际货币基金协定第八条款中对其成员在可兑换性方面应承担的义务作了具体的规定：(1) 避免对经常性支付的限制，各成员未经国际货币基金组织的同意，不得对国际经常往来的支付和资金转移施加汇兑限制。(2) 不得实行歧视性的货币措施或多种汇率措施。歧视性的货币措施主要是指双边支付安排，它有可能导致对非居民转移的限制以及多重货币做法。(3) 兑付外国持有的本国货币，任何一个成员均有义务购回其他成员所持有的本国货币结存，但要求兑换的国家能证明所结存的货币来自经常项目。我国于 1996 年 12 月取消了经常项目下的其他汇兑限制，实现了人民币经常项目可兑换。

1. 将外商投资企业外汇买卖纳入银行结售汇体系。1996 年 7 月 1 日起，外商投资企业外汇买卖纳入银行结售汇体系，将外商投资企业的外汇账户区分为用于经常项目的外汇结算账户和用于资本项目的外汇专用账户。外汇管理局核定外汇结算账户的最高金额，外商投资企业在核定的限额内保留经常项目下的外汇收入，超过部分必须结汇。外商投资企业经常项目下的对外支付，凭规定的有效凭证可直接到外汇指定银行办理。

2. 提高居民用汇标准，扩大供汇范围。1996 年 7 月 1 日，大幅提高居民因私兑换外汇的标准，扩大了供汇范围。将个人因私购汇标准由 60 美元提高到 1 000 美元，同时扩大了因私用汇的兑换范围，方便境内居民的因私出境活动。

3. 取消尚存的经常性用汇的限制。1996 年，中国还取消了出入境展览、招商等非贸易非经营性用汇的限制，并允许驻华机构及来华人员在境内购买的自用物品、设备、用具等出售后所得人民币款项可以兑换外汇汇出。

经过上述改革后，中国取消了所有经常性国际支付和转移的限制，达到了国际货币基金协定第八条款的要求。1996 年 12 月 1 日，中国正式宣布接受第八条款，实现人民币经常项目完全可兑换。

（五）2003 年后外汇管理的特点

1. 经常项目实现完全意愿结汇

2005 年以后，我国外汇账户管理政策放松步伐加快。2005 年 3 月，国家外汇管理局将境内机构超限额结汇期限由 10 个工作日延长为 90 日，规定境内机构在其经常项目外汇账户余额超出核定限额后的 90 日内仍可保留其外汇资金，同时扩大了按实际外汇收入 100% 核定经常项目外汇账户限额的企业范围。2006 年 12 月，国家外汇管理局批准天津滨海新区进行外汇体制改革，由意愿结汇取代强制结汇。2007 年 1 月 5 日，国家外汇管理局将个人结汇和购汇年度总额提高到每人每年等值 5 万美元，并简化购汇手续。2007 年 8 月 12 日，国家外汇管理局进一步改革经常项目外汇管理，宣布境内机构可根据经营需要自行保留其经常项目外汇收入。至此，自 1994 年我国外汇管理制度改革开始实行的强制性结售汇制度取消，实现了完全意愿结汇。

2. 资本项目有序开放

自 2001 年我国正式加入世贸组织后，对资本项目的外汇管制也逐步放松。外汇管理部门逐步建立外汇管理负面清单制度，实行简政放权，减少对资本项目的干预和审批。20 多年来，随着过去不能开放的项目逐步开放，资本与金融项目下需要经行政审批的子项大幅缩减，90% 的项目达到了部分可兑换和基本可兑换，在国际货币基金组织《汇率安排与汇兑限制年报》的 7 大类 40 项资本项目交易中，基本可兑换项目 14 项，占 35%；部分可兑换项目有 22 项，占 55%；不可兑换项目有 4 项，占 10%，主要为境内资本市场的一级发行环节，以非居民参与国内货币市场、股票市场和衍生品境内发行为主。

（1）合理利用外商直接投资，积极鼓励企业“走出去”

长期以来，我国对外商直接投资（FDI）实行鼓励政策，但对境外投资的外汇管理极为严格，从2002年下半年开始，为配合国家支持国内企业“走出去”的战略，外汇管理方面推出了许多新举措。2006年7月1日起，国家外汇管理局发布公告，不再对各分局（外汇管理部）核定境外投资购汇额度。境内投资者到境外投资所需外汇，可使用自有外汇、人民币购汇及国内外汇贷款。2015年2月13日，为了进一步简化和改进直接投资外汇管理政策，国家外汇管理局宣布取消境内和境外直接投资项下外汇登记核准的行政审批，改由银行直接审核办理直接投资外汇登记，外汇管理局通过银行对直接投资外汇登记实施间接监管。

（2）全口径统计监测外债，对资本流动进行审慎管理

为防范外债风险，我国对外债长期实行严格的数量控制，国家根据跨境资本流动特点，确定短期、中期、长期和年度外债规模，并合理安排外债的行业、地区、期限、币种结构，以保证足够的清偿能力。所有的境内机构（包括外商投资企业）借用外债后，均需及时到外汇局定期或者逐笔办理外债登记。实行逐笔登记的外债，其还本付息都需经外汇局核准（银行除外）。地方政府不得对外举债。境内机构发行商业票据由国家外汇管理局审批，并占用其短贷指标；但境内企业与境外企业间发生贸易信贷的，无须办理外债登记。

2014年开始，我国全面深化金融领域改革开放，取消了全部跨境担保事前审批，统一中外资企业外保内贷政策，取消外债转贷款在相关环节的审核；在部分地区开展外商投资企业外债比例自律试点，降低企业的融资成本。2015年9月15日，取消企业发行外债的额度审批，实行备案登记制管理，在宏观上实现对外债规模的监督管理，同时有利于企业综合利用境内外资本市场。

（3）促进资本市场双向开放，逐步提高境内外机构投资便利

现阶段，我国与资本市场相关的资本项目的交易和汇兑大多数仍需审批才可以进行，并且有一定的主体资质限制。在2002年以前，境外投资者只能投资于我国的B股市场。2002年11月，我国推出合格的境外机构投资者（QFII）制度，QFII制度允许合格的境外投资机构投资股票、债券和基金等多种以人民币标价的金融工具。2006年10月，我国推出合格的境内机构投资者（QDII）制度，QDII制度允许符合条件的银行、基金管理公司、保险机构等集合境内机构和个人的人民币资金，在一定额度内购汇投资于境外固定收益类产品、证券及货币市场工具。随着人民币跨境贸易结算范围不断扩大，人民币跨境直接投资业务和香港离岸人民币业务不断发展。2011年11月16日开始，允许人民币合格境外机构投资者（RQFII）运用在香港募集的人民币资金开展境内证券投资业务。RQFII试点进一步增加了人民币资金的回流渠道。此后，中国人民银行和国家外汇管理局不断放宽QFII和RQFII的额度限制并简化审批流程，推动境内金融市场开放。2013年开始，先后在上海、深圳、北京推出合格境内有限合伙人（QDLP）制度、合格境外有限合伙人（QFLP）制度，允许注册于海外并且投资于海外市场对冲基金的合格境内有限合伙人向境内的投资者募集人民币资金，并将所募集的人民币资金投资于海外市场；合格境外有限合伙人在通过资格审批和其外汇资金的监管程序后，可以将境外资本兑换为人民币资金，投资于国内的PE（私募股权投资）以及VC（风险投资）

市场。

2013 年 8 月，中国（上海）自由贸易试验区获批准正式设立，此后全国多个自贸区获批设立。国务院、中国人民银行先后发布支持自贸区金融创新试点方案，决定率先在自贸区内实行限额内资本项目可兑换。

2014 年 11 月，“沪港通”（沪港股票市场交易互联互通机制试点）正式启动，由上海证券交易所和香港交易所建立技术连接，沪港两地的投资者可以通过当地证券公司或经纪商买卖规定范围内的对方交易所上市的股票。2016 年 12 月，“深港通”正式开通。2017 年 7 月，债券“北向通”正式上线，允许境外投资者通过内地与香港债券市场基础服务机构在债券交易、托管、结算等方面的互联互通，投资于内地银行间债券市场；2021 年 9 月，债券“南向通”开通，允许境内投资者投资香港债券市场交易流通的债券。

3. 加强对金融机构外汇业务的监督和管理

建立银行贸易融资调查制度，完善银行结售汇市场准入和退出管理。完善银行结售汇头寸管理。推进保险机构外汇管理改革，在市场准入和资金汇兑等方面给予便利。推动证券机构外汇业务健康发展。积极推进外汇市场信用体系建设，初步建立起了以事后监管和间接管理为主的信用管理模式。

4. 不断完善的国际收支监测体系

一是为了提高国际收支统计数据透明度，国家外汇管理局从2005 年起每半年发布一次《中国国际收支报告》；二是从 2014 年 1 月 1 日起，修改后的《国际收支统计申报办法》明确规定统计范围扩大至“中国居民对外金融资产、负债”，申报主体由中国居民扩大至非中国居民，以便更全面准确地掌握有关的国际收支交易，尤其是发生在我国境内的与非中国居民的国际收支交易；三是根据电子银行、国际银行卡以及证券市场的管理和发展情况，增加对提供登记结算、托管等服务的机构的申报要求；四是增加了拥有对外金融资产、负债的中国居民个人的申报义务；五是根据对申报主体的修改情况，增加了这些申报主体的保密义务。

二、人民币汇率

1948 年 12 月 1 日，中国人民银行成立，并发行了统一的货币——人民币。1950 年 7 月 8 日开始，实行全国统一的人民币汇率，由中国人民银行公布。1979 年 3 月 13 日，国务院批准设立国家外汇管理局，管理国家外汇，公布人民币汇率。1994 年，外汇管理体制改革以后，人民币汇率实行单一的、有管理的市场汇率制度，新的汇率制度是以市场供求关系为基础的浮动汇率。大体来说，人民币汇率经历了以下四个时期的演变过程。

（一）1978 年前人民币汇率的形成

1950 年 7 月 8 日，国家取消了在天津、上海、广州三地分别挂牌公布人民币汇率的做法，在全国实行统一的人民币汇率。在此之后，随着经济的恢复和发展，国内物价日趋稳定，人民币不断贬值的状况得到遏制。而与此同时，主要资本主义国家的通货膨胀率则出现不断上涨的趋势。根据此种情况，国家对人民币汇率进行了相应的调整，其方向是不断上调。这一时期的人民币汇率以购买力平价为依据，以“物价对比法”为基础，按照国家的政策要求具体制定。

1973 年布雷顿森林体系崩溃后，西方各国普遍实行浮动汇率制，各国之间的汇率变动频繁。因此，人民币汇率的定值方法从 1973 年起作了相应改革，采用了钉住“一篮子货币”浮动的形式，所选定的一篮子货币都是中国对外经济贸易中经常大量使用的货币，如美元、英镑等，每种货币按照其重要程度确定不同的权重。采用一篮子货币计价原则，虽然保持了人民币汇率的相对稳定，但它脱离了直接的物质基础和货币购买力平价，反映的只是人民币与一篮子货币的相对变动情况，使我国国内市场价格与国际市场价格相分离，导致人民币汇率高估。

（二）1978—1993 年：双重汇率时期

1978 年，中国开始实行对外贸易经营权下放的外贸体制改革，出现了一批独立核算、自负盈亏的经营进出口贸易的企业。为了鼓励出口，抑制进口，必须降低人民币汇率。然而，非贸易汇率却处于与上述贸易汇率完全相反的状况。以日常消费品、劳务来衡量，人民币具有较强的购买力，显然人民币汇率定值过低，应该上调。针对贸易和非贸易汇率存在的上述矛盾，1979 年 8 月，国务院颁发了《关于大力发展对外贸易增加外汇收入若干问题的规定》，决定从 1981 年 1 月 1 日起实施双重汇率制，即公布的牌价用于非贸易项目结算，而进出口贸易的结算采用贸易外汇内部结算价。当时公开牌价为 1 美元兑 1.54 元人民币，贸易外汇内部结算价为 1 美元兑 2.80 元人民币。双重汇率制在一定程度上鼓励了出口，也抑制了一些进口，对中国进出口贸易发挥了积极的调节作用。

20 世纪 80 年代上半期，由于国内物价水平的逐渐上升，人民币的价值不断下降，而同期美元日益坚挺，人民币高估的现象日趋严重，对我国对外经济贸易活动产生了阻碍作用。在此情况下，我国于 1985 年 1 月 1 日起正式取消贸易外汇内部结算价，变公开的双重汇率为单一汇率，进出口贸易和非贸易活动的外汇收支采用统一汇率。与此同时，基于国内通货膨胀不断加剧和促进出口的需要，人民币的汇率继续下调，由 1985 年 1 月 1 日的 1 美元合 2.8 元人民币，逐步调整至 1990 年 11 月 17 日的 1 美元合 5.22 元人民币。

为配合外贸企业的外汇留成制度，1988 年 3 月各地先后设立了外汇调剂中心，随着外汇调剂量逐步增加，形成了官方汇率和调剂市场汇率并存的汇率制度。官方汇率的调整从 1991 年 4 月起，由以前大幅度、一次性调整的方式转为逐步缓慢调整的方式。同时，放开外汇调剂市场汇率，让其随市场供求状况浮动，汇率波动较大。

（三）1994—2005 年 7 月：单一的、有管理的浮动汇率制度

为了适应中国改革开放不断深化的要求，以及符合国际货币基金组织和关贸总协定对成员国汇率安排的规定，1994 年 1 月 1 日，中国政府对外汇管理体制进行了重大改革。该项改革的主要内容包括：

第一，实行以市场供求为基础的、单一的、有管理的浮动汇率制，取消以前官方汇率与调剂汇率并存的状况。企业和个人按规定向银行买卖外汇，银行进入银行间外汇市场进行交易，形成市场汇率。人民银行设定一定的汇率浮动范围，并通过调控市场保持

人民币汇率稳定。

第二，实行银行结售汇制，人民币在经常账户下实现有条件的可兑换。1996 年我国进一步取消了经常项目下尚存的其他汇兑限制，于 12 月 1 日宣布实现人民币经常项目完全可兑换。

第三，建立银行间外汇市场。为了保证结售汇制度的正常运行，使银行间的外汇盈缺能够及时调整，从 1994 年开始，建立起了以上海为中心的银行间外汇交易市场，各外汇指定银行作为会员单位进入市场进行交易，外汇的盈缺通过银行间外汇市场予以解决。

（四）2005 年 7 月至今：更具弹性的人民币汇率

随着中国经济实力持续增强和外贸总额不断增大，经常项目和资本项目双顺差持续扩大，加剧了国际收支失衡。为了调整经济结构、缓解国际收支失衡、提高对外开放水平，推进人民币汇率形成机制的改革成为必要。

2005 年 7 月 21 日 19 时，中国人民银行发布公告：我国开始实行以市场供求为基础、参考一篮子货币进行调节、有管理的浮动汇率制度。此次汇率改革，人民币对美元一次性升值 2%，人民币汇率不再钉住单一美元，而是按照我国对外经济发展的实际情况，选择若干种主要货币，赋予相应的权重，组成一个货币篮子。篮子货币的确定以对外贸易权重为主，主要包括美元、欧元、日元、韩元、新加坡元、英镑等 11 种货币。“7・21 汇改”之后，伴随着中国国际收支持续的“双顺差”，人民币汇率呈单边升值趋势，至 2008 年 8 月人民币对美元共升值 21%。

2008 年 8 月国际金融危机爆发后，为避免出口市场受重创，人民币汇率实质上回到了钉住美元的汇率制度。随着金融危机影响的逐步减退，2010 年 6 月，中国人民银行宣布进一步推进人民币汇率形成机制改革，恢复人民币汇率弹性。2012 年 4 月，即期外汇市场人民币对美元交易价日浮动幅度由 0.5% 扩大至 1%；2014 年 3 月 17 日，日浮动幅度由 1% 进一步扩大至 2%。人民币汇率日波幅明显放大。

2015 年 8 月 11 日，中国人民银行决定当日推出对人民币中间报价机制的改革。“8・11汇改”的核心是商业银行以前一天的收盘价作参考（并综合考虑外汇供求状况以及国际主要货币汇率变化），按给定规则给出当天汇率的报价，然后由中国人民银行按给定公式决定当天人民币对美元汇率的中间价。市场汇率可以在中间价上下 2% 的范围内浮动。人民币汇率连续两个工作日触及浮动区间下限后，2015 年 8 月 13 日中国人民银行中止了参考前日收盘价确定当日中间价的汇改试验。2015 年 12 月中国人民银行公布了确定汇率中间价时所参考的三个货币篮子：中国外汇交易中心指数（CFETS）、BIS 和 SDR。2016 年 2 月中国人民银行进一步明确，做市商的报价要参考前日的收盘价加上 24 小时篮子汇率的变化，并在 2016 年 5 月 8 日初步形成了以“收盘价 + 篮子货币”为基础的人民币汇率形成机制。

2017 年 5 月，为减少国际市场大幅波动对中间价的影响，减少市场过度波动给中间价带来的冲击，人民币对美元中间价形成机制公式新增“逆周期调节因子”部分，新公式下，中间价 = 收盘汇率 + 一篮子货币汇率变化 + 逆周期调节因子。央行提供的逆周期调节因子公式框架中提供了部分设定好的系数。2020 年 10 月，国际市场风险情绪明显改善，人民银行宣布在中间价模型中淡出使用“逆周期因子”，汇率政策重新回归至中性。

三、人民币自由兑换问题

（一） 货币自由兑换的基本概念

所谓本国货币的自由兑换，是指在外汇市场上能自由地用本国货币购买（兑换）某种外国货币，或用某种外国货币购买（兑换）本国货币。在现实生活中，大多数国家对上述自由兑换行为进行了一定的限制，从而形成了不同含义的货币自由兑换。

按产生货币兑换需要的国际间经济交易的性质分，货币自由兑换可以分为经常账户下的自由兑换和资本与金融账户下的自由兑换两种。

经常账户下的自由兑换是指对经常账户外汇支付和转移的汇兑实行无限制的兑换。在国际货币基金组织章程第八条的二、三、四款中，规定凡是能对经常性支付不加限制、不实行歧视性货币措施或多重汇率、能够兑付外国持有的在经常性交易中所取得的本国货币的国家，该国货币就是可自由兑换货币。2019 年满足第八条款实现了经常账户下货币自由兑换的成员有 172 个。

所谓资本与金融账户可兑换，是指对资本流入和流出的兑换均无限制。在第二次世界大战后初期，各国都对资金流动实施了严格的控制。随着经济的发展，一些发达国家逐步取消了对资本与金融账户的管制，国际资金的流动迅速带来了金融市场的全球一体化，这一趋势的发展又呼唤着各国对资本与金融账户管制的进一步放松。在 1997 年香港年会上，国际货币基金组织确定了将以推动各国实行资本与金融账户下的自由兑换为今后的目标。但是，目前许多成员仍对部分或全部资本与金融账户交易实施限制。在实行资本与金融账户自由兑换的成员中，绝大多数是工业化国家，发展中国家和地区所占比例很少。

（二） 货币自由兑换的条件

一国货币要能成功地实行自由兑换（特别是资本与金融账户下自由兑换），应基本达到以下几项条件：

1. 健康的宏观经济状况。货币自由兑换后，商品与资本的跨国流动会对宏观经济形成各种形式的冲击，这就要求宏观经济不仅在自由兑换前保持稳定，还应具有自由兑换后能对各种冲击进行及时调整的能力。一国宏观经济情况是否健康，可以从如下三方面考察：

第一，稳定的宏观经济形势，即没有严重通货膨胀等经济过热现象，不存在大量失业等经济萧条问题，政府的财政赤字处于可控制的范围内，金融领域不存在银行巨额不良资产、乱集资等混乱现象。

第二，有效的经济自发调节机制，即市场机制。经济自发调节机制的有效与否取决于市场发育程度，市场上的价格应能充分反映真实供求状况，不存在扭曲因素，能对市场上各种因素的变动做出灵敏的、及时的反应；能与国际市场上的价格状况保持某种一致，不会产生过大的差异；同时，市场参与者是理性的。

第三，成熟的宏观调控能力。在货币自由兑换的进程中及其实现之后，政府必须能娴熟地运用各种宏观政策工具对经济进行调控，有效地应对各种复杂的局面。

2. 健全的微观经济主体。一国的微观经济主体主要是企业（包括金融企业）。在一国实现货币自由兑换后，企业将面临非常激烈的来自国外同类企业的竞争，它们的生存与发展状况直接决定了货币自由兑换的可行性。从制度上看，要求企业是真正的自负盈亏、自我约束的利益主体，能够对价格变动做出及时反应；从技术上看，要求企业具有较高的劳动生产率，其产品在国际范围内具有一定的竞争力，可以防止因企业的竞争力低下而恶化国际收支。

一国商业银行应该经营状况良好，资本充足，不良资产控制在一定限度内。否则，在资本与金融账户自由兑换后，存在着大量不良资产的银行会通过向国外借款以维持运转，这极易造成一国因对外过度借贷而引起外债偿付困难。更为严重的是，在国外金融机构可以与本国金融机构开展竞争的情况下，本国银行的不良资产将会诱使居民将存款大量提出并转存到国外银行去，这将加剧本国商业银行经营状况的恶化。上述情况极易使一国出现债务危机、货币危机等一系列问题，从而构成货币自由兑换的巨大障碍。

3. 合理的经济结构和国际收支的可维持性。在货币自由兑换后，政府很难以直接管制的方式强有力地控制各种国际间的经济交易。国际收支结构可维持性的要求之一是消除外汇短缺，即实现外汇收支的大体平衡，尤其是要将经常账户中的外汇短缺基本解除。国际收支可维持性的要求之二是政府具有充足的国际融资能力或国际储备。在货币自由兑换后，一国将面临国际资金流动尤其是短期投机资金的频繁冲击，如果不拥有及时从国际金融市场上获取大量资金的能力，就势必要求持有相当数量的国际储备以维持外汇市场的稳定。

4. 恰当的汇率制度与汇率水平。汇率水平恰当不仅是货币自由兑换的前提，也是货币自由兑换后保持汇率稳定的重要条件。在货币自由兑换的条件下，汇率的高估和低估极易引起投机，从而破坏宏观经济和金融市场的稳定，而汇率水平能否经常保持恰当则与汇率制度分不开。一般来说，在资本可以自由流动时，选择具有更多浮动汇率特征的汇率制度更为合适。

总的来说，一国货币的自由兑换特别是资本与金融账户下的自由兑换与该国的经济发展水平有着直接联系，在条件不成熟时强行实施货币自由兑换只会给经济带来灾难。

（三）货币自由兑换后经济面临的新问题

在资本与金融账户实现自由兑换后，国际资金流动将更直接地对一国经济产生影响，可能出现的问题主要表现在以下两个方面：

1. 资本逃避问题。资本逃避不同于资本流出，它是一种出于安全或其他目的而发生的非正常的资本流动。由于资本逃避行为的隐蔽性以及各国国际收支统计的不完善，它常常并不能完全反映在资本输出账户中。确定资本逃避的数量很困难，一般的估算方法有两种：其一是直接法，即用国际收支中的净误差与遗漏账户余额加上私人非银行部门短期资金流动来估算。这种方法简单直接，但净误差与遗漏账户余额不仅包括那些隐蔽的未记录的资本流动，也包括真实的统计误差；另外，长期资本流动也存在资本逃避问题。其二是间接法，即从作为资金来源的外债增长（ΔD）与外国直接投资净流入（ΔFDI）之和减去作为资金运用的经常账户赤字（ΔCAD）与储备资产增长（ΔR）之和的余额，用公式可表示为

$$\text{资本逃避} = (\Delta D + \Delta FDI) - (\Delta CAD + \Delta R)$$

资本逃避是资本所有者对其资产组合进行配置时发生的，因此境内外资产的收益与风险差异是形成资本逃避的主要原因。从收益因素来看，本国资产收益率较低可能是由以下几个原因造成的：本币汇率高估（因为潜在的汇率贬值会带来损失），本国执行的金融抑制政策带来的低利率，本国较高的通货膨胀带来的实际利率的下降等。从风险因素上看，本国政局不稳、新的管制政策的出台或政策多变、法制不健全可能会导致本国资产风险更大。

资本逃避可以通过种种合法与非法途径进行。大规模的资本逃避常发生在资本与金融账户自由兑换之后，因为此时资本逃避可以通过合法途径进行。资本逃避对一国经济的发展是极为不利的。从短期看，大规模的资本逃避会带来经济的混乱与动荡。从长期看，资本逃避降低了本国可利用的资本数量，减少了政府从国内资产中可获取的税收收入，增加了本国的外债负担，从而会引起一系列严重的经济后果。

2. 货币替代问题。当一国的通货膨胀水平较高或各种因素引起了币值高度不稳定时，本国法偿货币的价值储藏、记账单位和交易媒介的功能就会遭到严重的削弱。对于一种价值经常以不可预见的方式不时下降的货币而言，它已经不适于作为价值储藏的手段，同时也会对人们使用其作为记账单位造成不便。当然，货币价值的不稳定也会使公众不愿接受其作为交换媒介。

货币替代（Currency Substitution）是在经济发展过程中，国内对本国货币的币值稳定失去信心，或本国货币资产收益率相对较低时，外币在货币的各个职能上全面或部分地替代本币发挥作用的一种现象。在货币自由兑换后，一国政府必须采取有效措施避免货币替代。提高本国货币的币值稳定性、实际收益率和信心是解决货币替代问题最根本的方法。这就要求政府有效地控制通货膨胀及其他宏观不稳定状况。当这些条件尚未达到时，对货币兑换进行限制是有必要的。

（四）人民币完全可自由兑换的展望

实现人民币的完全可自由兑换，是中国外汇管理体制改革的长远目标。作为我国外汇管理的核心，对人民币可兑换性的制度改革自20世纪90年代中期以来取得了一系列的进展。

1. 第一阶段：推动人民币成为跨境贸易中的计价和结算货币。

（1）经常项目下的人民币自由兑换。中国自1996年12月1日起，接受国际货币基金协定第八条款的全部义务，不再限制经常性国际交易支付和转移，不再实行歧视性货币安排和多重汇率制度，实现了经常账户下人民币的完全可兑换。

（2）跨境贸易人民币结算。跨境贸易人民币结算是指将人民币直接用于国际交易，进出口均以人民币计价和结算，居民可向非居民支付人民币，允许非居民持有人民币存

款账户以便进行国际结算。2009 年 4 月 8 日，国务院首先在上海市和广东省广州、深圳、珠海、东莞 4 个城市开展跨境贸易人民币结算试点。2010 年 6 月，跨境贸易人民币结算试点范围扩大至 20 个省区市，业务范围包括跨境货物贸易、服务贸易和其他经常项目人民币结算，境外贸易区域也不再限制。2011 年 8 月，跨境人民币贸易结算进一步扩大至全国。人民币国际支付份额随之不断上升，成为继美元、欧元、英镑和日元之后的第五大支付货币。

2. 第二阶段：推动人民币资本项目下的可自由兑换。

（1）货币互换。货币互换，又称双边本币互换，是指两国事先签订协议，约定两国在需要时能按约定汇率直接获取对方货币用于贸易和金融支付。2008 年美国金融危机爆发，促使中国政府意识到自身在对外经济活动中高度依赖美元所带来的经济风险与政治困境。为此，中国政府从 2008 年开始全面启动人民币国际化进程。自 2009 年以来，中国人民银行先后与多个国家和地区签订了一系列双边货币互换协议，截至 2019 年末，人民银行共与 39 个国家和地区的中央银行或货币当局签署了双边本币互换协议，覆盖全球主要发达经济体和新兴经济体以及主要离岸人民币市场所在地，总金额超过 3.7 万亿元人民币；同时，人民币清算安排已覆盖 25 个国家和地区，覆盖东南亚、西欧、中东、北美、南美和大洋洲等地。

专栏 3－6

金融危机爆发　中国人民银行积极推动货币合作

自 2008 年金融危机爆发以来，截至 2016 年 12 月 31 日，为推动双边贸易和投资，加强外界对区域内金融稳定的信心，中国人民银行先后与韩国、中国香港、马来西亚、白俄罗斯、英国、欧洲央行等 36 个中央银行或货币当局签署或续签了总额 33 437 亿元人民币的双边本币互换协议。

货币互换协议是两个国家的中央银行签订一个协议，约定在某个时间内，以某种汇率可以换取等值的货币。货币互换协议一般包括时间、汇率、数量、货币种类，动机是向两个基本面和运行情况良好的经济体的金融体系提供短期流动性支持，以有效应对两种货币汇率发生激烈波动的情况，使两国央行可及时进行干预。货币互换的目的在于降低筹资成本及防止汇率变动造成的损失，两国央行通过互换将得到的对方货币注入本国金融体系，使得本国商业机构可以借到对方货币，用于满足进口商品的支付。同时，双边贸易中的出口企业都可收到本币计值的货款，可以有效规避汇率风险，降低汇兑费用。

货币互换为区域内扩大使用人民币结算提供了资金来源，也是人民币国际化的重要一步。因为一国货币实现区域化和国际化的前提，首先是要该国货币成为计价和结算货币，其次成为交易和储备货币。货币互换协议的签署，以及人民币跨境贸易结算的开展，增加了人民币在全球国际贸易结算中的份额，都可看作是人民币国际化的重要步骤。

（2）跨境人民币直接投资。跨境人民币直接投资是指外国投资者在跨境贸易人民币结算试点地区内合法获得的境外人民币来华开展直接投资活动。我国第一个跨境直接投资结算试点于 2010 年在新疆成立。2011 年 1 月，中国人民银行发布《境外直接投资人民币结算试点管理办法》，外商直接投资（FDI）人民币结算和对外直接投资（ODI）人民币结算迅速增长。

（3）人民币合格境外机构投资者制度。2010 年 8 月，银行间债券市场允许境外央行或货币当局、人民币清算行等境外机构进行投资。2011 年 12 月，出台人民币合格境外机构投资者（RQFII）制度，中国境内的基金管理公司和位于香港的证券公司子公司在满足相关要求后，可在批准的投资额度范围内，运用其在香港募集的人民币资金在境内开展证券投资业务。2013 年 3 月，人民银行、证监会、外汇局修订 RQFII 试点办法，扩大试点机构范围，放宽投资比例限制。2014 年 11 月，出台人民币合格境内机构投资者（RQDII）制度，合格的境内机构投资者可运用来自境内的人民币资金投资境外金融市场的人民币计价产品。2015 年 5 月，已获准进入银行间债券市场的境外人民币清算行和境外参加行可开展债券回购交易。2016 年，进一步放宽合格境外机构投资者（QFII）额度限制，并简化审批流程。2019 年 9 月，取消 QFII/RQFII 投资额度及 RQFII 试点国家和地区限制，打通银行间债券市场 QFII/RQFII 和直接入市渠道下债券和资金账户，允许债券非交易过户和资金双向划转。

（4）人民币离岸市场。2010 年 7 月 19 日，中国人民银行与香港金融管理局签署了修订后的《香港人民币业务清算协议》，标志着香港人民币离岸市场的形成。目前，离岸人民币市场产品体系已较为成熟。离岸场外交易市场（OTC）的人民币外汇产品包括即期、远期、掉期、货币掉期、无本金交割远期（NDFs）、期权等。离岸场内交易市场有多种人民币计价的投资产品，如人民币货币期货、人民币交易型开放式指数基金（ETF）、人民币房地产投资信托基金（REITs）等。根据 SWIFT 数据，人民币是全球外汇市场最活跃的货币之一，目前英国、中国香港、美国和新加坡人民币外汇交易金额分别排在离岸市场前四位，合计占离岸人民币外汇交易金额的八成以上。

在中国境外提供人民币的存放款等金融业务的场所被称为人民币离岸市场。

2020 年人民币国际化报告

3. 第三阶段：人民币国际化的最终目标是成为国际储备货币。

2015 年 11 月 30 日，国际货币基金组织决定将人民币纳入 SDR 货币篮子，意味着人民币成为全球储备货币。SDR 货币篮子相应扩大至美元、欧元、人民币、日元、英镑五种货币，人民币在 SDR 货币篮子中的权重为 10.92%，新的 SDR 货币篮子于 2016 年 10 月 1 日生效。根据国际货币基金组织官方外汇储备货币构成（COFER）数据，截至 2020 年第四季度末，人民币储备规模达 2 694.9 亿美元，占外汇储备总额的 2.27%。

本章小结

1. 汇率制度是一国货币当局关于汇率确定、维持、调整及汇率管理原则、机构等内容所作的一系列安排和规定。固定汇率制下货币比价基本固定，浮动汇率制下货币比价由市场决定。固定汇率和浮动汇率各有优劣，汇率制度的选择要因国、因时而异，要受到经济发展、金融深化、宏观经济、金融全球化等因素的影响。

2. 当一国出现各种突发的政治、经济冲突，或经济出现困难、外汇资金严重短缺，而其他的政策措施又不太奏效时，通常会实行外汇管制。不同国家负责外汇管制的机构各不相同。外汇管制主要包括数量管制和价格管制等手段。政府通过外汇管制可以达到一定的目的，但也会产生一定的弊端，主要表现在阻碍国际贸易的发展，使市场机制的作用不能充分发挥，影响资源的有效配置，影响本国经济的发展等方面。因此，一国是否能有效地实行外汇管制，应综合考虑其成本与收益。

3. 我国的外汇管理经历了5个阶段，总的趋势是不断放松管制。人民币汇率的演变经历了4个阶段，现行的人民币汇率制度（RMB Exchange Rate System）是以市场供求为基础、参考一篮子货币进行调节、有管理的浮动汇率制度。我国外汇管理体制改革的方向是在实现人民币经常项目可自由兑换的基础上，逐步放松资本项目的管制，最终实现人民币的完全可自由兑换。为此，我国将结合国情，采取逐步放开的策略，避免货币自由兑换所带来的消极影响，有序地推进人民币的完全可自由兑换。

关键词

汇率制度（Exchange Rate Regime or Exchange Rate System）
固定汇率制（Fixed Exchange Rate System）
浮动汇率制（Floating Exchange Rate System）
外汇管理（Exchange Management）
人民币汇率制度（RMB Exchange Rate System）

本章重要概念

美元化　货币局制度　稳定化安排　爬行钉住　角点汇率制　中间汇率制　三元悖论　外汇管制　本币高估　本币低估　复汇率　影子汇率　外汇留成制　调剂汇率　结售汇制　经常账户下自由兑换　第八条款　货币完全自由兑换　资本逃避　货币替代　人民币国际化

思考题

1. 试比较固定汇率制与浮动汇率制的优劣。
2. 一国汇率制度的选择应考虑哪些主要因素？
3. 本币高估和本币低估的影响表现在哪些方面？

4. 我国现行的外汇管理体制和人民币汇率制度主要包括哪些方面的内容？改革方向如何？

5. 一国货币完全可自由兑换需要具备哪些条件？人民币在实现自由兑换过程中应注意哪些问题？

练习题

1. 简述布雷顿森林体系下固定汇率制的特点及与国际金本位制下固定汇率的区别。
2. 简述浮动汇率制的内容与特点。
3. 现行浮动汇率制下各国汇率制度的主要表现形式有哪些？
4. 简述复汇率制的概念及表现形式。
5. 外汇管制主要采取哪些方式？实行外汇管制可能会产生哪些弊端？
6. 请梳理人民币国际化的主要进展。

案例题

通过阅读材料思考下列问题：

1. 香港退出联系汇率制度的时机成熟吗，为什么？
2. 如果退出联系汇率制，应选择何种汇率制度，选择理由是什么？

阅读材料：

香港在1983年开始实施与美元挂钩的联系汇率制度，这是一种货币局制度。在这个制度下，发钞银行发钞时，需按7.80港元兑1美元的汇率向金管局提交等值美元，并记入外汇基金的账目，以购买无息负债证明书，作为所发钞纸币的支持。香港金管局会在7.75港元兑1美元的汇率水平时，从持牌银行买入美元；当触及7.85港元的弱方保证时，则会卖出美元，让港元兑美元在7.75~7.85港元之间波动。

联系汇率制度为香港提供了一个稳定、低成本、高效率的交易结算工具，对促进及保持香港国际贸易中心和国际金融中心地位具有重要意义，IMF认为对一个拥有与环球金融服务融合的小规模开放型经济体系而言，联系汇率制度是维持香港金融稳定的基石。

然而任何一种汇率制度都不是完美无缺的，联系汇率制度使香港货币当局不能推行独立的货币政策，丧失了运用汇率调整经济的灵活性。相关货币政策跟随美国，与本地区的基本面完全脱钩，在面临竞争对手的货币大幅贬值或出口市场经济衰退等情况时，香港的产品面临竞争力下降的局面。尤其是2015年后美元走强，亚洲国家货币普遍走软的环境下，香港经济受到较大影响，重新评估联系汇率制度的呼声再起。对联系汇率制的改革观点归纳起来主要有：

第一，现行联系汇率制度是最优选择。认为“联系汇率制度是香港金融、货币稳定的基石”，一旦调整港元与美元挂钩的制度，则可能引发投机活动，并损害香港金融市场的公信度，对香港经济和货币稳定造成更大危害。

第二，钉住人民币。香港金管局（HKMA）前总裁任志刚在 2012 年 6 月时曾表示，香港应当重新评估钉住美元的汇率制度，转而考虑将港元汇率与人民币挂钩。

第三，钉住一篮子货币。汇丰银行曾表示，假如进行调整的话，则可以让港元钉住一篮子货币。

第四，自由浮动汇率制度。

第四章 外汇交易与外汇风险管理

本章知识结构

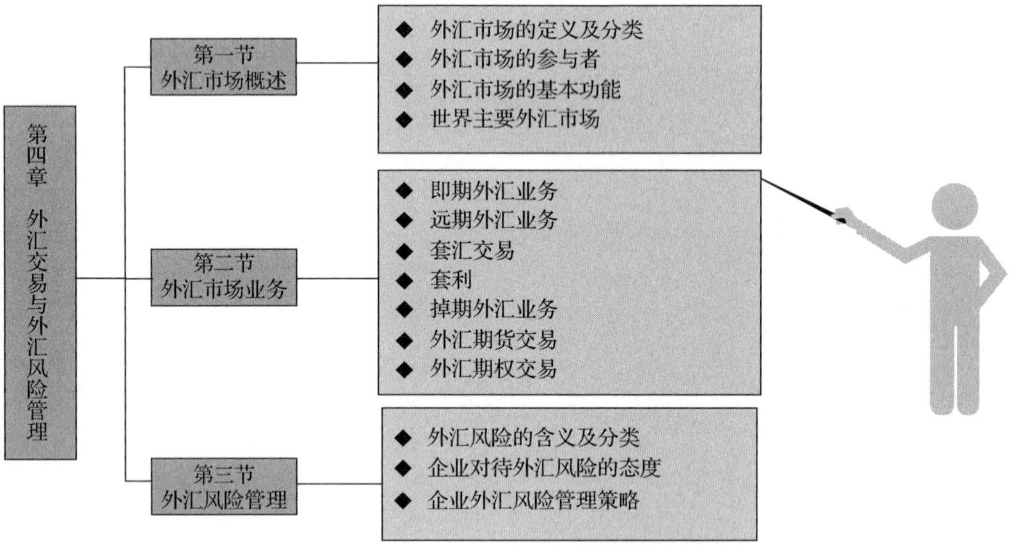

本章学习目标

- 了解外汇市场的功能、组织结构、市场参与者以及地理范围。
- 了解国际金融市场的套利和套汇行为。
- 掌握金融衍生产品如外汇期货、期权的投机功能和套期保值功能。
- 外汇风险的主要类型和企业风险管理策略和方法。

章前引例

随着全球经济增长以及各国经济贸易关系越加紧密，全球外汇市场交易量呈显著增长态势。2019 年 9 月 16 日，国际清算银行（BIS）发布了 3 年一度的全球外汇市场调查报告。报告显示，2019 年 4 月全球外汇市场日均交易量为 6.6 万亿美元，较 2016 年 4 月的 5.1 万亿美元，同比增长 29%。其中，外汇衍生品增长迅速，尤其是外汇掉期交易。

国际清算银行调查了 53 个主要国家、近 1 300 家银行及其他金融机构的数据，美元仍保持全球货币主导地位，在所有交易货币中占比 88%，欧元交易份额有所上升，达到 32%。相比之下，日元下降了约 5%，但仍是第三大活跃交易货币（占比 17%）；其次分别是英镑（13%）、澳大利亚元（7%）、加拿大元（5%）以及瑞士法郎（5%）。报告指出，新兴市场经济体（EMEs）货币在全球外汇市场交易中的占比继续上升，其中人民币交易量占比 4.3%，位居瑞士法郎之后排名全球第 8 位。随着人民币被纳入特别提款权（SDR）货币篮子和中国金融市场的进一步开放，人民币外汇交易占比有望保持上升趋势。

从外汇交易的地域分布看，2019 年，伦敦日均外汇交易量达 3.58 万亿美元，在全球外汇交易总量中占比高达 43.1%，优势较上一次调查进一步扩大。位居第二的是纽约，日均外汇交易量为 1.37 万亿美元，在全球外汇交易总量中占比 16.5%。新加坡外汇市场则以 6 330 亿美元排名第三；中国香港以 10 亿之差的 6 320 亿美元位居第四，第五名为东京，日均交易量为 3 760 亿美元。值得关注的是，上海以 1 360 亿美元进入全球第八大外汇交易中心之列，高于三年前的第十三位。随着我国金融改革的深化和金融市场进一步对外开放，上海正不断向国际金融中心的目标迈进，也见证了人民币国际化不断向前的步伐。

2019 年国际清算银行外汇市场调查报告

外汇市场是国际金融市场的重要组成部分，就交易规模而言，外汇市场是世界上最大的金融市场。随着中国全面融入全球经济、跨境资本流动和本外币兑换规模不断扩大，了解外汇市场的运行过程，熟悉和掌握各种类型外汇交易的操作手段与技巧，对财经类专业学生而言非常重要。

第一节　外汇市场概述

国际间的经济往来，必然伴随着货币的清偿和支付，要实现国际支付和债权债务清偿，需要进行国际间的货币兑换或外汇买卖活动。外汇市场就是为了适应各种货币的兑换或买卖的需要而产生的，其实质是不同货币之间的交换市场，市场上买卖的是不同国家与地区的货币。

一、外汇市场的定义及分类

外汇市场（Foreign Exchange Market），简单而言是指进行货币兑换或买卖的场所，具体而言则是外汇供给者、外汇需求者以及中介机构所构成的买卖外汇的交易系统和网络。外汇市场在实现购买力的国际转移、规避和防范外汇风险、提供国际性的资金融通和国际清算等方面发挥着重要的作用。

外汇市场按组织形式可以划分为抽象市场和具体市场。抽象市场又叫无形市场，它没有具体的交易场所，没有统一的交易时间，买卖双方也不进行面对面的交易，所有交易都是通过电话、电报、电传及其他通信工具进行的。英国、美国、加拿大、瑞士等国家的外汇市场均采取这种方式，因此这种方式被称为英美体制，它是外汇市场的主要组织形式。具体市场又叫有形市场，是德国、法国、荷兰、意大利等国遵循的传统的国际汇兑方式，外汇交易者在每个营业日规定的营业时间内集中在交易所进行交易，由于这种方式只流行于欧洲大陆，因而被称为大陆体系。有形外汇市场的交易目的非常有限，主要用于调整银行即期外汇头寸和决定银行对顾客交易的公定汇率，所以它不是外汇市场的主要组织方式。

外汇市场按其经营范围不同，又可分为国内市场和国际市场。国内市场的外汇交易仅限于国内银行之间或国内银行与国内居民之间，不允许国外银行或其他机构参与，而且由于当地中央银行的管制较严，在市场上使用的货币也仅限于本币与少数几种外币，其封闭特征往往对应着所在国较为严格的外汇管制。国际市场的特点是各国银行或企业均可按规定参与外汇交易，而且交易的货币较多，交易规模较大，市场网络的辐射面较广。纽约、伦敦、东京、法兰克福、新加坡等外汇市场就属于国际外汇市场，国际外汇市场的开放性，使得这类市场居于全球或区域性金融中心的地位。

外汇市场按其外汇买卖双方性质的不同，可以划分为外汇批发市场和外汇零售市场。外汇批发市场是指银行同业之间的外汇交易市场，包括同一市场上各银行之间的外汇交易、不同市场上各银行之间的外汇交易、中央银行与商业银行之间的外汇交易和各国中央银行之间的外汇交易。外汇零售市场是指银行与一般客户之间进行外汇交易的市场。

二、外汇市场的参与者

（一）外汇银行

在部分国家，外汇银行又称外汇指定银行或外汇特许银行，是指经过本国中央银行或者货币当局批准，经营外汇业务的商业银行或其他金融机构。外汇银行可以划分为三种类型：专营或兼营外汇业务的本国商业银行；在本国的外国商业银行分支行；其他经营外汇买卖业务的本、外国非银行类金融机构。外汇银行在外汇市场上既可以代理客户进行外汇买卖，目的是为客户提供尽可能全面的服务并从中获利；也可以用自身的本外币资金或信用融资在外汇市场上直接进行买卖，目的主要在于调整自身的外汇头寸或进行外汇投机买卖，使外汇资产保持在合理的水平或赚取投机的利润收入。外汇银行是外汇市场的主导者，一些大型国际性商业银行常常扮演着做市商（Market Maker）的角色。

（二）外汇经纪人

外汇经纪人是指为外汇交易双方介绍交易以获取佣金的中间商，其主要任务是利用其掌握的外汇市场各种信息以及与外汇银行所建立的长期密切关系，在外汇买卖双方之间充当中介，撮合交易顺利完成并收取佣金。外汇经纪人一般有三类：（1）一般经纪人，即那些既充当外汇交易中介又亲自参与外汇买卖以赚取利润者；（2）跑街经纪人，即那些本身不参与外汇买卖而只充当中介赚取佣金的经纪人；（3）经纪公司，指那些资本实力较为雄厚，既充当商业银行之间外汇买卖的中介又从事外汇买卖业务的公司。随着现代科技的不断发展，尤其是计算机技术和互联网技术的发展，传统人工经纪的市场日渐萎缩，取而代之的是电子经纪服务。电子经纪改变了外汇市场的分散局面，增加了市场透明度，提高了外汇市场的效率。

做市商(Market Maker)：通常是指有实力和有信誉的大型商业银行，他们提供各类货币的报价并许诺以此价成交，其随时提供汇价的行为保证了市场的流动性，被称为流动性提供者(Liquidity Provider)。

（三）中央银行

各国政府为了防止国际短期资金大量的流动对外汇市场的猛烈冲击，往往通过中央银行（有些国家是财政部）对外汇市场进行干预，即在市场外汇短缺时大量抛售，外汇过多时大量买入，从而使本币汇率不致发生过于剧烈的波动。与其他参与者不同，中央银行买卖外汇的主要目的不是为了获取经济利益，而是干预汇率水平或实现特定的经济政策目标。考虑到中央银行的权威地位和对外汇市场的特殊影响力，多数国家的中央银行并不频繁进行外汇市场操作。

（四）进出口商及其他外汇供求者

进出口商从事进出口贸易活动，是外汇零售市场上外汇主要和实际的需求者和供给者。出口商出口后要把外汇卖出，进口商为进口支付而需购买外汇，这些都要在外汇市场上进行。其他的外汇供求者是指银行、进出口商之外的客户，主要指由运费、保险费、旅费、留学费、赠款、外国有价证券买卖、外债本息收付、政府及民间私人贷款以及由其他原因引起的外汇供给者和需求者。

（五）外汇投机者和套利者

外汇投机者是指预期国际市场外汇汇率的波动趋势，用买空卖空或买卖远期外汇的方式进行外汇交易，从中获利的机构或个人。当投机者预期某种货币的汇价将要上升，会预先买入该种货币远期，到期后若汇率果然上升，就执行远期合约，买入合约中的外汇并将其在现汇市场卖出，从而获得投机利润；反之，若投机者预期某一种货币汇价将要下跌，就预先卖出该种货币远期，到时若汇率果然下跌，则可买进货币现汇进行交割，从中赚取投机利润。外汇投机者既可以是外汇供给者，又可以是外汇需求者，他们的积极参与增加了外汇市场的流动性，其套利行为还可以修正市场定价的错误，提高市场效率，但过度的投机行为也会造成市场的剧烈波动。

三、外汇市场的基本功能

（一）国际结算

国际经济交易的结果需要债务人向债权人进行支付，若债务人以债务国货币支付，则债权人需要在外汇市场上兑换成债权国货币；若债权人只接受债权国货币，则债务人需要先将债务国货币在外汇市场上兑换成债权国货币再进行支付。由此可见，外汇市场为这种国际结算提供了便利。

（二） 套期保值

进出口商从签订进出口合约到实际支付或收款，通常需要经过一段时间。由于汇率具有易变性，因此，外币债权人和债务人都要承担一定的风险，例如计价货币汇率下跌会使收款人遭受损失，而计价货币汇率上升则会使付款人蒙受损失。他们若不愿投机，则需要对这些以外币计价的资产或负债进行套期保值，目的是减少或避免外币计价资产、负债的头寸暴露。最常见的套期保值手段（hedge or hedging）就是通过卖出或买入等值远期外汇，轧平外汇头寸以实现保值。例如，收款人可以卖出远期外汇，而付款人则可以买入远期外汇。

（三） 投机

投机是指投资者有意保持某种外汇的多头或空头，希望从汇率变动中赚取利润的行为。它的主要特征是，投机者进行外汇交易并没有商业或金融交易与之相对应，而且外汇投机利润具有不确定性，当投机者预期准确时可以赚取利润，倘若预期失误则会蒙受损失。例如，若某投机商预期两个月以后某种货币汇率将会下跌，因此在期货市场上卖出该种货币的两个月期汇。两个月以后，若该货币汇率果真下跌，则投机商可以用低价补进现汇以交割期汇；但是如果该货币汇率不降反升，则会遭受损失。

四、世界主要外汇市场

目前，世界上大约有 30 多个全球性和区域性的外汇交易中心市场，其中比较重要的有欧洲的伦敦、法兰克福、苏黎世，美洲的纽约，亚洲的东京、新加坡、香港、上海。这些国际金融中心各具特色，联系紧密，在营业时间上又互相衔接，构成了一个庞大、统一的全球外汇市场体系。

（一） 伦敦外汇市场

伦敦外汇市场是世界上最重要的外汇市场，大大领先于其他国际金融中心。伦敦外汇市场历史悠久，拥有先进的现代化电子通信网络。根据国际清算银行的统计，2019 年伦敦外汇市场交易量占全球外汇交易额的比重高达 43. 1% 是纽约的近 3 倍。

伦敦外汇市场由经营外汇业务的银行及美日等外国银行在伦敦的分行、外汇经纪商、其他经营外汇业务的非银行金融机构和英格兰银行构成，伦敦外汇市场有 250 多家外汇银行，它们都领有英格兰银行的执照。在伦敦外汇市场上，大多数外汇买卖都是通过外汇经纪商进行的。伦敦外汇市场上的外汇经纪商二战前多达 40 家，1951 年外汇市场重开时由于英格兰银行的坚持减少到 9 家，它们成了今日伦敦外汇市场的主要角色，由它们组成的外汇经纪人协会支配着伦敦外汇市场。伦敦外汇市场上的外汇交易主要是现汇交易和远期交易，从 1982 年开始经营外汇期货交易。作为全球最重要的离岸金融中心，伦敦外汇市场的管制非常宽松，加之基础设施完善、人才众多，伦敦外汇市场的创新能力始终处于世界前列，这使得伦敦外汇市场能在激烈的竞争中立于不败之地。

从地理上看，伦敦居于世界时区适中位置，外汇市场在一天的营业时间里和世界其他重要外汇市场都能衔接。伦敦的上午 8 时是东京的下午 5 时和香港的下午 4 时，伦敦外汇市场可通过欧洲大陆的巴黎、法兰克福与东京、香港等远东外汇市场的尾市衔接；而开盘不久，便可与中东、非洲以及欧洲大陆的外汇市场进行外汇交易。此外，当伦敦为下午3时时，纽约正是上午10时，伦敦又可与纽约外汇市场交易，由此确定了伦敦外汇市场的重要地位。

（二）纽约外汇市场

纽约外汇市场的历史要比伦敦外汇市场短，它的形成和发展与两次世界大战中美国的政治、经济、军事实力的急剧增长密切相关。特别是随着布雷顿森林体系的建立，美国登上了世界金融霸主的宝座，美元取代英镑成了最重要的国际货币。加之美国奉行外汇开放政策，使得纽约外汇市场成为世界上仅次于伦敦的第二大外汇市场。根据国际清算银行的统计，2019年纽约外汇市场交易量占全球外汇交易额的比重为16.5%，比2016年略有下降。

由于美国没有外汇管制，对银行经营外汇的业务没有限制，所以几乎所有的美国银行和金融机构都可以经营外汇业务。目前，纽约外汇市场主要包括29家美国联邦储备体系的成员银行，23家非成员银行，60余家外国银行在纽约的分支机构，50多个外国银行建立的代理行和90多个代办处，以及一些人寿保险公司和外汇经纪商。纽约外汇市场有8家经纪商，其业务受到的监管宽松，对其安排的交易不是信用违约主体，仅承担有限的经济责任，只需要在每笔交易完成后向卖方收取佣金。

纽约外汇市场交易量虽然很大，但和进出口贸易相关的外汇交易量却很小，远远不及伦敦外汇市场和远东外汇市场。之所以出现这种现象，是因为美国的进出口贸易大多数以美元计价结算，出口商得到美元，进口商支付的也是美元。不仅美国如此，全球商品贸易的70%左右都是以美元计价支付的。世界各国的美元买卖，包括欧洲美元和亚洲美元交易在内，最终都必须在美国，特别是在纽约的商业银行的账户上办理收付、划拨和清算，纽约因此成为全世界美元交易的中心。

（三）东京外汇市场

东京外汇市场是在20世纪50年代末发展起来的。历史上，日本是一个外汇管制严厉的国家，20世纪50年代以后才逐渐放松管制。1964年，日本加入国际货币基金组织，日元成为可兑换货币，东京外汇市场原则上不再实行外汇管制，外汇交易也逐步走向了自由化。20世纪70年代中后期以后，由日本政府推动的日元国际化取得较大进展。1980年，日本政府废除了旧的外汇法，放宽了银行经营外汇业务的限制，由过去只有经政府批准的外汇银行和经纪商才可以经营外汇业务，转变为所有银行都可以在国内经营一般的外汇业务。

东京外汇市场的参与者包括5种：东京银行（日本的外汇专业银行），可经营外汇业务的日本本国银行和外国银行在东京的分支机构，日本的中央银行，8家外汇经纪商和一般客户。但与伦敦和纽约相比，东京外汇市场仍有一些不足之处：首先，东京外汇市场因为受地理位置的限制，与其他主要外汇市场基本是隔绝的。它与纽约市场营业时间根本不交叉，与欧洲也只在每个交易日的最后一两个小时有交叉。不能与纽约和伦敦的外汇市场同时交易，使东京外汇市场的活跃度和流动性受到影响。其次，虽然日本大力推进日元国际化，但泡沫经济破灭后的日本经济一直复苏乏力，日元的国际化进程受阻，日元的国际地位反而逐渐下降。再次，由于日本是一个典型的出口导向型国家，东京外汇市场受本国进出口贸易收支的影响较大，使得东京外汇市场的外汇交易带有明显的季节性特点。由于日本的进出口贸易多以美元结算，且日元为重要避险货币，所以东京外汇市场90%以上是美元对日元的交易。虽然东京与伦敦、纽约并称世界三大外汇市场，但是近年来，东京与伦敦和纽约的差距正在逐渐拉大，同时还面临着亚洲地区其他金融中心的挑战。2013 年起，东京连续被新加坡和香港赶上。2019 年，东京日均外汇交易量为3 760亿美元，在全球外汇交易总量中的占比下滑至4.5%，跌落至世界第5 的位置。

（四） 香港外汇市场

香港是20 世纪70 年代以后发展起来的国际性外汇市场。1973 年以前，香港实际上有两个外汇市场，一个是法定的外汇市场，参加者是外汇指定银行，汇率以法定平价为基础，波动幅度有限；另一个是自由外汇市场，由非指定银行和一些证券商组成，汇率完全取决于外汇的供求，和法定市场的汇率差异很大。1972 年底，香港取消了外汇管制，两个市场合二为一。1974 年11 月，港元开始实行浮动汇率。之后，香港外汇市场以较快的速度发展起来。在20 世纪80 年代，港元对美元汇率曾出现暴跌，为了稳定经济金融秩序，香港当局于1983 年10 月开始实施港元联系汇率制，港元与美元挂钩，1 美元 =7.8 港元，港元与美元同升同降，发钞银行每发行7.8 港元就要向外汇基金交1 美元作为发行准备，这种汇率制度有力地推动了香港外汇市场的发展。

在香港外汇市场，从事外汇交易的银行有100 多家，分别从属于汇丰银行集团、美资银行、日资银行、中银集团等。其他金融机构主要是指存款公司，在香港暂停申请新银行许可证时期，存款公司是一种在香港设立银行的间接方式。香港外汇市场上有10 家外汇经纪商，它们都是香港外汇经纪协会的会员。香港外汇市场上的交易可以分为两类：一类是港元和外币的兑换，其中以港元和美元兑换为主；另一类是美元兑换其他外币的交易。根据国际清算银行的调查，2019 年，香港日均外汇交易量为6 320 亿美元，在全球外汇交易总量中的占比为7.6%，与新加坡的6 330 亿美元并驾齐驱。

第二节　外汇市场业务

外汇市场上发生着形形色色的外汇业务，这些外汇业务满足了不同交易主体的需求，并因此衍生出多种多样的外汇交易方式。通过各类交易的完成，外汇市场发挥着调节外汇供求，从而使外汇资金以最有效率的方式在国际间兑换与支付的功能，同时也为外汇风险管理和外汇投机提供了广阔的空间。

一、即期外汇业务

（一） 即期外汇业务的定义

即期外汇业务是指交易双方以当天的外汇市场交易价格成交以后，根据事先约定的价格、汇率、金额，在两个营业日内完成交割的交易行为。即期交易是市场上最常见的一种外汇交易形式，也是其他类型外汇交易的基础。这里所说的“营业日”，是指两种货币的清算银行同时营业的日期。如果两种货币交割时，有一个国家是节假日，则交割日顺延，直到两个国家的银行都营业为止。交割日为当天称为当日交割，交割日为成交后第一个营业日称为明日交割，交割日为成交后第二个营业日称之为即期交割。标准的即期交割日是成交后第二个营业日。由于交割时间短，即期外汇业务的风险较其他外汇业务要小得多。但是，这并不意味着即期外汇业务不存在风险。由于时区的差别，在特定时间内，亚洲的外汇市场开盘早于欧洲市场，晚于美国市场，由此会带来不能同步交割的风险。

（二）即期外汇业务种类

1. 电汇。电汇是指外汇汇款人向当地银行交付本国货币后，由该行用电报或电传的方式通知其在海外的分行或代理行立即支付外汇的业务。电汇的凭证就是电汇汇款委托书。

交割日(Delivery Date)，是指外汇交易达成后，交易双方履行资金划拨，其货币收款或付款能真正执行生效的日期，交割日也叫结算日(Settlement Date)或起息日(Value Date)。

在浮动汇率制度下，汇率会经常剧烈波动，而电汇时间短，在实际操作中出口商为了减少风险，大多开出带有电报索汇条款的信用证，即开证行允许议付行在议付后，以电报方式通知开证行，说明各种单证与信用证相符。开证行在接到上述电报后，有义务立即将货款以电汇的方式划拨给议付行。这样，出口商能在较短的时间内收回货款，可以加速资金的周转，从而较好地规避了外汇风险。此外，商业银行为了平衡外汇买卖头寸，投机者为了进行外汇投机，也大多使用电汇汇率。因此，电汇汇率已成为外汇市场的基本汇率，是制定其他汇率的基础。

在电汇汇款方式下，银行在国内收进本国货币，在国外支付外汇的时间相隔不过一两日，由于银行占用客户资金的时间较短，获得的邮程利息较少，所以电汇汇款较贵。电汇汇率在国际贸易中使用很广，尤其是在大宗商品贸易的货款金额结算以及在急需货款项目的金额结算时多使用电汇汇款方式。在信用证结算方式下，付款行偿付议付行垫款时，也经常使用电汇汇款方式，即电索条款。

2. 票汇。票汇是指汇出行应汇款人的申请，开立以汇入行为付款人的汇票，列明收款人的姓名、汇款金额等，交由汇款人自行寄送给收款人或亲自携带出国的一种汇款方式。票汇的凭证是银行的汇票。票汇的特点是汇入行无须通知收款人取款，而是由收款人上门自取，收款人可以将汇票背书后转让。在国际贸易中，进出口商在支付佣金、回扣、寄售货款、小型样品、展品出售和索赔支付时，常采用票汇的方式进行。

3. 信汇。信汇是指汇款人向当地银行交付本国货币，由银行开具付款委托书并将其航寄给国外代理行，以办理外汇支付业务。在进出口贸易合同中，如果规定凭商业汇票“见票即付”，则议付行会把商业汇票和各种单据用信函寄往国外，进口方银行见汇票后，将用信汇（航邮）向议付行拨付外汇，这就是信汇方式在进出口结算中的应用。为了推迟支付货款的时间，进口商常在信用证中加注“单到国内，信汇付款”条款，一方面是为了避免自身资金的占压，另一方面也是为了在国内验单后，在保证进口商品质量的前提下再付款。信汇汇款凭证是信汇付款委托书，其内容与电汇委托书内容相同，只是汇出行在信汇委托书上不加注押密，而以负责人签字代替。

（三）即期外汇业务的交易程序

在即期外汇业务中，外汇交易按一定的固定程序来进行，这些程序包括：

1. 询价。当一家外汇交易部门接到顾客的委托要求代为买卖外汇，或银行自身因调整外汇头寸而买卖外汇时，交易员首先要通过电话或电传方式向其他银行进行询价，询价时通常要自报家门，以便对方作出交易对策。询价时不能透露出自己想买入或想卖出的意愿，否则对方就会抬高价格或压低价格。

2. 报价。当一家外汇交易银行接到询价时，一般被要求作出回答，即报价。一个银行报价是否合理，关系到外汇买卖能否成交。报价时银行要同时报出买价和卖价，并且通常只报出买价或卖价的最后两位数。报价时必须遵守"一言为定"的原则，只要询价方愿意按报价进行交易，报价行就不得反悔或变更。

3. 成交。当报价行报出价格后，询价行必须给予答复，明确表示是否买进或卖出。若不满意报价，询价方可回答"Thanks，Nothing"表示谢绝，报价则对双方无效。

4. 证实。在报价行作出交易承诺时，通常给对方的答复是："Ok，Done"。然后将买卖双方交易的货币、汇率、金额、起息日期、结算方法以及银行账户信息等予以确认。

5. 交割。双方的交易员需将交易的文字记录交给后台交易员，后台交易员根据交易要求指示其代理行将卖出的货币划入对方指定的银行账户。

（四）即期外汇的标价

即期外汇有直接标价法和间接标价法两种报价。

直接标价法下，银行报价一般同时报出两个价格，例如：

10 月 25 日，香港外汇市场某银行的报价为 1USD = 7. 7445/7. 7465HKD

则买入价为 7. 7445，即银行买入 1 美元（外币）支付给客户的港元（本币）价格；卖出价为 7. 7465，是银行卖出 1 美元收取客户的港元价格。买卖价差是银行在外汇交易中获取利润的重要来源。

间接标价法下，例如：

10 月 25 日，纽约外汇市场：1USD = 7. 7445/7. 7465HKD

则卖出价为 7. 7445，是指银行卖出港元（外币）收取美元（本币）的价格；买入价为 7. 7465，是指银行买进港元（外币）付出美元（本币）的价格。

二、远期外汇业务

（一）远期外汇业务的概念

远期外汇交易，又称期汇交易，是指外汇买卖成交的两个营业日后，按合同规定的汇率于未来特定日期进行交割的一种外汇交易。远期外汇交易的要求主要有以下几点。

1. 合约内容要全面。远期外汇交易的买卖双方必须订立远期合约。合约要载明买卖双方的身份、币种、金额、汇价、远期期限及交割日等。合约一经签订，双方必须按期履约，不能任意违约。若有一方在交割期以前要求取消合约，由此而遭受损失的另一方，可向取消合约的一方索赔。

2. 远期期限要明示。远期外汇期限有长有短，常见的期限有 1 周、1 个月、2 个月、3

个月、6个月和1年，超过1年以上的远期，往往会由于交易对手的匮乏而交易清淡。

3. 交割日期要确定。远期外汇交割日的确定有两种方法：一种是固定的交割日，即在即期交易交割的日期加上对应的远期合约时间，例如1月10日签约的2个月远期合约，其交割日是3月12日。另一种是非固定交割日的远期外汇交易，也叫择期外汇交易。存在择期交易的原因是由于外汇买卖的一方，通常是进出口企业，有时不能确定具体的结售汇日期，需要较为灵活的交割日。择期交易的具体方式，是由客户和银行签订一个远期外汇合同，并事先规定好交割期限。但在交割期限到期前的一段时间内，客户有权选择交割的时间。与外汇期权相比，择期交易具有交割时间的选择权，但不能拒绝承担交割的义务。

（二）远期外汇交易的报价

1. 远期外汇交易的报价方式。远期外汇交易的报价方式有两种：一是直接报出远期汇率的具体数字，采用这种方法的国家有日本、瑞士等少数国家。例如银行直接报出美元兑日元的三个月汇率是123.33/124.33。二是只报出远期汇率与即期汇率的差价，即报出远期汇率的升水与贴水额。

2. 远期汇率升、贴水额与远期实际价格。在银行的远期外汇实务中，银行的报价有时会明确说明是升水还是贴水，有时仅报出即期汇率和远期汇率的变动值，这时就需要计算远期汇率的实际值。计算完整远期汇率的方法是：列出即期外汇的完整报价，同时将远期汇率的变动值与即期汇率的买入价和卖出价进行加减后算出。

3. 判断远期汇率升水或贴水的规则。在直接标价法下，前面的点大于后面的点是贴水，前面的点小于后面的点是升水。在间接标价法下，前面的点大于后面的点是升水，前面的点小于后面的点是贴水。

4. 在直接标价法下，远期汇率等于即期汇率加升水减贴水；在间接标价法下，远期汇率等于即期汇率减升水加贴水。

例如，某年某月加拿大外汇市场：

美元/加拿大元即期汇率	1.4764/1.4784
三个月远期汇率	30/20

则：① 判断升水、贴水，直接标价法下，30 > 20 意味着美元远期贴水

② 三个月的实际汇率是

$$\begin{array}{r} 1.4764 \\ -\ 0.0030 \\ \hline =1.4734 \end{array} \qquad \begin{array}{r} 1.4784 \\ -\ 0.0020 \\ \hline =1.4764 \end{array}$$

计算远期汇率的规则还可以进一步简化为：已知远期汇率变化的两个数值，前面的点和后面的点相比“前小后大往上加”“前大后小往下减”。另外要注意：银行的远期汇率报价依然是前小后大，无论在何种标价法下，如果算出的远期汇率出现前面的数字大于后面的数字，说明计算错误，因为它违背了“贱买贵卖”的基本原理。

（三）远期外汇交易的应用

1. 出口商外汇保值。对于出口商而言，因为是未来收汇，如果他预期所收外汇将要

贬值，可以事先卖出远期外汇进行保值，从而锁定出口的本币收入。

2. 进口商付汇保值。与出口商相反，进口商担心所付外汇汇率在未来上升，可以事先以约定价格买进将来要支付的远期外汇，锁定进口的本币成本。

3. 投机性远期外汇交易。这是一种因预期远期汇率与未来市场即期汇率不一致而进行的投机性交易。在远期投机时，投机者并不需要投入全部金额，而只需要交纳合同金额一定比率的保证金，所以可以起到以小博大的作用。具体地讲，投机又分为“买空”和“卖空”两类投机。“买空”投机，是基于外汇即期汇率将要上升的预期。如果远期合约到期时，市场即期汇率果然上升，则合约持有者可以以约定价格交割远期合约，同时将所得外汇在即期外汇市场高价卖出，从而获利。

例：设东京外汇市场的美元/日元 6 个月远期汇率为 126.00/10，投机商预测 6 个月后即期汇率为 130.20/30，若预测准确，则其收益是多少？

解：6 个月后，投机者履行远期合约，买入 100 万美元，支付：1 000 000 × 126.10 = 126 100 000（日元）

随后，投机者在即期外汇市场卖出 100 万美元，收进：1 000 000 × 130.20 = 130 200 000（日元）

该投机者可获得 410 万日元投机收益。

同理，“卖空”是指投机者基于对外汇即期汇率将要下跌的预测而在市场上卖出远期合同的一种投机活动。远期合约到期时，如果即期汇率低于远期合约汇率，投机者可以用较低的市场即期汇率买入外汇，同时以较高的远期汇率卖出，从而获得投机收益。

当然买空卖空都是基于正确的外汇预测，一旦预测方向发生错误，将会使投机者遭受重大损失。

（四）择期外汇业务

择期外汇业务是一种特殊的远期外汇业务，是具有交割日期选择权的远期外汇交易。它是指远期外汇的购买者（或出售者）在合约到期前的一段时间内，有权要求银行进行外汇交割的一种业务，它赋予远期外汇买入或卖出者在收付时间上一定的灵活性。

在国际贸易中，进出口商签订了买卖商品的合同，但往往不能确定具体哪一天收到或付出货款。如果签订了固定日期的远期合约，一旦到期不能收款或付款，需承担汇率风险（Foreign Exchange Risk /Foreign Exchange Exposure）或违约责任。为了稳定贸易成本，规避外汇风险，择期外汇交易是一个很好的选择。

银行与客户进行择期交易，并将主动权授予客户，自身要承担更多的风险管理和相关成本。银行如果按择期第一天的报价卖出一种升水货币，而客户到择期的最后一天才办理交割，银行就需要付出这笔升水。同理，如果银行按第一天汇价买入贴水货币，客户到择期的最后一天才交付该货币，银行同样有贴水损失。为了维持该项业务，银行必须按与上述方向相反的方式选择报价，即买入的货币，升水按择期第一天计算，贴水按择期最后一天计算；卖出的货币，升水按择期的最后一天收取，贴水按择期第一天的汇价收取。总之，银行在择期外汇交易报价中的原则是：始终收取择期期间最高升水，付出最低贴水，见表 4 – 1。

表 4－1　　择期外汇业务的定价

	银行买入本币卖出外汇	银行卖出本币买入外汇
本币升水外币贴水	择期从现在开始，用即期汇率；择期在未来两日之间，按最初一日报价	按择期最后一天报价
本币贴水外币升水	按择期最后一天报价	择期从现在开始，用即期汇率；择期在未来两日之间，按最初一日报价
本币从升水到贴水（或相反）	按择期期间最高外币升水或最低外币贴水报价	按择期期间最高外币升水或最低外币贴水报价

（五）无本金交割远期外汇交易

无本金交割远期外汇交易（Non Deliverable Forwards，NDF），无本金交割远期是柜台交易的衍生产品，交易双方并不以基础货币进行全额交割，而是根据合同确定的远期汇率与到期时实际即期汇率之间的差额，用可自由兑换货币（通常为美元）进行净额支付。换句话说，无本金交割远期并非不交割，而是以本金之外的其他可自由兑换的货币来进行交割。先前没有无本金交割远期这种产品的时候，这些非自由兑换的货币被认为是“不可规避风险的”。无本金交割远期的产生，为国外投资者提供了一个能够完成货币避险功能的离岸机制。对于这些货币来说，无本金交割远期填补了在岸市场远期外汇交易缺失或者远期交易受限的不足。

无本金交割远期外汇交易是相对于传统的远期外汇交易而言的。多数新兴市场国家或地区的汇率不可自由浮动，而且对国外投资者进入本国金融市场实行不同程度的限制，此外这些国家或地区的境内远期外汇市场也不够发达，对国外机构的参与也有很多限制。因此，国际投资者或者贸易商对涉及这些国家的货币不易进行“风险规避”，无本金交割远期就此应运而生。无本金交割远期起源于1995年墨西哥金融危机，当时墨西哥金融机构与美国金融机构之间开始交易墨西哥比索无本金交割远期。墨西哥金融危机发生后，国际市场担心该危机可能波及其他新兴市场，所以无本金交割远期的交易很快发展到了其他新兴市场国家。其中，亚洲的无本金交割远期尤为活跃，该地区的无本金交割远期主要集中在新加坡和香港两个地区金融中心。

1997年亚洲金融危机爆发之前两年，人民币无本金交割远期市场就已经在香港和新加坡形成。随着2002年以来人民币升值压力产生，人民币无本金交割远期市场从贬值转向了升值，而且交易变得越来越活跃，对中国境内的汇率形成也产生了一定影响。

专栏 4－1

人民币 NDF 市场发展与人民币国际化

人民币 NDF 市场最早形成于新加坡和香港两大离岸人民币金融市场，但市场形成初期的交易活跃度并不高，主要交易参与者是欧美等国的大型银行和投机机构，交易目的是满足跨国公司或香港的中国内地企业等客户群体规避人民币汇率波动风险的需求。

2002 年后，离岸人民币 NDF 开始因其较低的交易成本与较强的灵活性，报价更能反映国外投资者对人民币汇率波动走势的真实看法，逐渐成为境外市场人民币汇率预期波动最为直接的反映，活跃度出现了质的飞跃。近年来，人民币 NDF 交易规模不断扩大，截至 2014 年底，国际清算银行（BIS）估算的离岸人民币 NDF 日均成交量已超过 30 亿美元，市场交易参与者的种类也逐步拓展和丰富。

2005 年人民币汇率制度改革后，在以权责发生制为基准的结售汇头寸管理政策指引下，外汇指定银行可以借助即期外汇市场完成其远期外汇头寸敞口的平盘交易，这实现了境内即远期市场的连通，逐步消除了境内人民币远期市场和即期市场之间的汇率价差。考虑到离岸人民币 NDF 市场与境内即远期人民币外汇市场存在的天然内在联系，在当前人民币汇率双向波动幅度不断加大、资本项目尚未实现完全可兑换的大环境下，如何设计某种机制，彻底打通境内远期人民币外汇市场和离岸人民币 NDF 市场，进而实现与境内即期人民币外汇市场之间的三者畅通，促进人民币汇率境内外定价的一致性，是完成人民币国际化任务的内在要求和必要条件。

三、套汇交易

（一）套汇交易概念

套汇是利用不同市场的汇率差异，在汇率低的市场大量买进，同时在汇率高的市场卖出，利用贱买贵卖，套取投机利润的外汇业务。这种做法具有强烈的投机性。

套汇的种类主要有地点套汇、时间套汇和利息套汇。时间套汇就是后面要讲到的掉期交易；利息套汇又叫套利交易。通常所说的套汇是指地点套汇，它是利用同一货币在不同外汇市场上汇率差异而进行的一种外汇买卖行为。

（二）地点套汇

1. 直接套汇。直接套汇又叫两角套汇，是投资者利用两个外汇市场之间货币汇率的差异，在一个市场上卖出货币，又在另一个市场买入同种货币，通过该买卖赚取差价，并规避风险。

例如，在某一时点，纽约外汇市场上 1 美元 = 128.40 ~ 128.50 日元，东京外汇市场：1 美元 = 128.70 ~ 128.90 日元。可见美元在纽约市场上比东京市场上便宜，投资者此时套汇，可获得收益。具体办法是：投资者在纽约市场以 1 美元 = 128.50 日元的价格卖出 128.50 日元，买入 1 美元，同时在东京市场上以 1 美元 = 128.70 日元的价格卖出 1 美元，买入 128.70 日元，则每一美元经过转手可得 20 点的差价收益。若该投资者以 100 万美元套汇，则可得 20 万日元，收益还是相当可观的。上述套汇活动可以一直进行下去，直到美元与日元两地汇差消失为止。

当然，套汇业务要花费电传费用、佣金等套汇费用，套汇利润必须大于套汇费用，否则套汇无利可图。事实上，外汇市场交易的银行在实务操作中，单纯依靠两地的汇差进行套汇，在今天几乎是不可能的了。主要原因是由于电讯技术的日益发达，不同外汇市场的汇差会同时为各国银行所认识，因而其差价会随着买卖的增加在极短时间内瞬间消失。要想获得套汇收益，往往需要三个或三个以上的地区，甚至更多的市场参与。

2. 间接套汇。间接套汇又称三角套汇或多角套汇，是投资者利用三个或三个以上外汇市场之间货币汇率差异，在多个市场间调拨资金，贱买贵卖，赚取差价的一种外汇买卖业务。

例如，在某一时点，伦敦外汇市场上 1 美元 = 119.63/65 日元，纽约外汇市场上 1 英镑 = 1.6180/96 美元，东京外汇市场上 1 英镑 = 195.59/79 日元。

（1）用100 万英镑套汇。方法：把100 万英镑在东京外汇市场卖出，按195.59 的汇率计算得到19 559 万日元；然后将日元在伦敦外汇市场卖出，按119.65 的汇率计算得到163.47 万美元；最后将美元在纽约外汇市场换成英镑，按 1.6196 的汇率计算得到100.93 万英镑。套汇收益：100.93 − 100 = 0.93 万英镑。

（2）用100 万美元套汇。方法：将100 万美元在纽约外汇市场卖出，按1.6196 的汇率计算得到61.74 万英镑；然后将英镑在东京外汇市场卖出，按195.59 的汇率计算得到12 076万日元；最后将日元在伦敦外汇市场换成美元，按119.65 的汇率计算得到100.93 万美元。套汇收益：100.93 − 100 = 0.93 万美元。

在进行间接套汇时，判断三地汇率有无差异的简便算法，就是把三种汇率都改用直接标价法表示，然后用汇率连乘。若乘积是 1，则表示汇率无差异，无套汇利润；若乘积不是 1，则表示汇率有差异，存在套汇利润。

例如，纽约外汇市场上 1 美元/瑞士法郎为 1.3226；苏黎世市场上 1 克朗/瑞士法郎为 0.1582；斯德哥尔摩市场上 1 美元/瑞典克朗为 7.0420。则采用连乘方法：1/1.3226 × 0.1582 × 7.0420 = 0.8423，表示三地汇率有差异，可以套汇。

四、套利

套利又叫利息套汇，它是指利用不同国家或地区短期利率差异，将资金由低利率国家或地区向高利率国家或地区移动，以获取利差收益的交易。

由于套利需要进行货币转换，套利者会面临汇率风险，根据套利者是否采取措施对套利收益进行套期保值，套利行为可以分为非抵补套利和抵补套利。

（一）非抵补套利

非抵补套利是把资金从低利率的货币转向高利率货币，从而谋取利差收益，但不同时进行反方向交易轧平头寸。

例如：假设日本市场年利率为 3%，美国市场年利率为 6%，美元/日元的即期汇率为 129.50/00。为了谋取利差，某日本投资者欲将 1.3 亿日元转到美国市场投资 1 年。如果 1 年后美元/日元的市场汇率不变，仍为 129.50/00。试比较该投资者套利与不套利的区别。

解：1. 套利。在即期外汇市场将 1.3 亿日元换成美元：13 000 万 ÷ 130 = 100 万，1 年后，将美元投资的本利和在即期外汇市场换成日元为：

100 万 ×（1 + 6%）× 129.50 = 13 727 万日元

2. 不套利。1 年后得到的日元投资本利和为：13 000 万 ×（1 + 3%）= 13 390 万日元。由此可见，套利要比不套利多收入：13 727 − 13 390 = 337 万日元。

但在上例中的套利活动中，有一个重要因素并未考虑，即汇率变动所带来的风险。显然，1 年后美元/日元的汇率会发生变化。在利率平价的约束下，利率高的货币通常会在未来发生贬值现象，该投资者的套利收益也会因此受损。此时，就需要采用某种交易形式，对套利期间的汇率风险进行套期保值，即进行风险抵补的套利。

专栏 4－2

日元套息交易

套息交易（Carry Trade），也称利差交易，是金融全球化和自由化的产物。套息交易的基本方式，是借入低息货币后在即期外汇市场上转换为高息货币，将高息货币存入银行或投资其他金融资产，以赚取利差和更高投资收益的一种市场投机行为。据统计，全球外汇市场日均成交量中，套息交易占了很大的比率。

日元套息交易是利差交易的典型。由于日本长期实行零利率货币政策，为了追逐利差收益，国际投资者纷纷借入日元，购买以其他币种计价的高收益资产。普通日元套息交易是个简单的数学问题，例如：投资人借进利率仅有 0. 5% 的日元，转而购买利率 5. 25% 的澳大利亚元资产，理论上就享有将近 5% 的高额利润。利率更高的加拿大元资产甚至人民币资产，也是利差交易者下手的投资标的。由于日元利率长期保持在极低水平，使得套息交易投机者的资金成本非常具有吸引力，低成本的日元资金，变成所谓的热钱在全世界投资各式金融商品，成为全球流动性泛滥的重要原因。

但日元套息交易并非只赚不赔，由于多数套息交易者采取非抵补套利的模式，没有对冲的投机者也面临着较大的汇率风险。因为套息者借来的日元最终要用日元偿还，若日元升值，套息交易者未来买回日元偿债的成本就会升高，不仅会侵蚀盈利，如果日元升值幅度超过利差幅度，套息交易还会亏损。

从宏观角度看，一旦日元有走强的迹象，利差交易者可能就会匆忙卖掉在全球各地配置的股票、债券等资产，买回日元提前还款，而这将使日元加速升值，让股市、债市甚至大宗商品价格跌得更凶。日元套息交易的退场，被市场人士视为全球金融市场波动的重要原因。

（二） 抵补套利

抵补套利，是指在把资金调往高利率货币套利的同时，在外汇市场上卖出远期高利率货币的本利和，即在套利的同时做远期交易，以规避汇率风险，此即为套期保值，是一种常见的套利行为。

在上例中，1 年后的市场即期汇率是无法事先预知的，假设美元/日元的 1 年期远期汇率为 127. 00/127. 50，投资者可利用远期交易来抵补这一风险。

解：1. 套利。

100 万美元投资美国的本利和折成日元为 13 727 万。

投资者在即期外汇市场将 1. 3 亿日元换成美元投资，一年后的美元本利和为 106 万美元。

2. 利用远期交易套期保值。投资者在投资美元的同时将可以预知的 106 万美元本利和以远期方式卖出，远期期限为 1 年，远期汇率为 127. 00。1 年后，投资者与银行进行远期交割，投资者付出 106 万美元，收进：106 万 × 127. 00 = 13 462 万日元，仍比未套利时所获得的日元本利和 13 390 万要多。

需要指出的是，一旦投资者以远期的方式卖出美元后，无论 1 年后美元/日元的即期汇率是上涨还是下跌，其所能得到的日元都是不变的。

（三）套利活动与利率平价

资金从 A 国流向 B 国会出现恢复利率平价的倾向。这是因为把 A 国货币换成 B 国货币，就会提高 B 国货币的现汇价；而按投资收益的本利和再买回 A 国货币期汇，卖出 B 国货币的期汇，又导致 A 国货币期汇降低，从而增加了远期抵补成本。同时，A 国的资金流出会提高 A 国货币的利率，在 B 国的投资会降低 B 国的利率。这两种倾向都会造成平价的恢复。这就是利率平价理论，它说明远期汇率围绕利率平价波动。

有多种因素妨碍这个趋势，例如可供套利的资金供应有限，合适的短期投资缺乏，外汇管理体制的限制，投资者担心资金转移受到冻结等。投机因素也往往使远期汇率脱离理论上的利率平价。当投机者预期美元贬值，大量抛出远期美元，而套利者又不愿意接受这些远期合约时，远期汇率就会与利率平价分离。

五、掉期外汇业务

掉期外汇交易从广义上讲应属于套汇的一种，也叫时间套汇。它是指同时买入或卖出同种货币、同等数额而期限不同的外汇，以规避汇率风险或套取汇率、利率差额的外汇交易。

（一）掉期外汇的种类

1. 即期对远期的调换。这是最常见的交易，即买入（或卖出）某种货币即期外汇的同时，卖出（或买入）同种等额的远期外汇，以覆盖外汇头寸，消除汇率风险。

2. 复远期调换。这是一种较复杂的远期对远期的调换，即同时买卖不同期限的等额同种外汇。复远期调换又分两种形式：一是买进较短交割期的远期外汇（如 30 天），卖出较长交割期的远期外汇（如 90 天）；另一种是买进较长交割期的远期外汇，卖出较短交割期的远期外汇。

（二）掉期外汇交易的成本和收益

掉期交易中，即期交易使用的是即期汇率，远期外汇交易使用的是远期汇率。由于两笔交易的数量相等，方向相反，成本只取决于两笔交易所用汇率的差额，称为掉期率，它以点报价。为了使掉期率能与各种货币的借贷利率相比较，常把掉期率换算成百分比的年率。转换公式为：掉期年率 =（掉期率 ÷ 即期或远期汇率）×（12/月数）×100%。

例如：英镑/美元即期汇率　　1. 7110/20

6 个月远期　　50/40

12 个月远期　　90/80

买入即期美元，卖出 12 个月远期美元的掉期率：0. 0090

换算成年率：（0. 0090/1. 7110）×12/12×100% =0. 53%

以年率表示掉期成本，有助于比较和选择两种不同的筹资方式。如美元与英镑借款年利率均为 6%，借入英镑，进行上述掉期交易，也能获得一年期美元。而美元对英镑升水，实际筹资成本年率为 6% −0. 53% =5. 47%，比直接借入美元更有利。

掉期交易的收益还来自不同货币的利率差。交易者在对未来汇率能否优于即期汇率吃不准或对远期汇率缺乏信心时，可以利用掉期交易，原则上是在即期买入高利率货币的同时，卖出期汇，以确保赚取的利差不受高利息货币可能贬值的影响。

例如，英镑利率9%，美元利率4%，即期汇率 GBP/USD：1.7270/80，假设远期汇率偏离利率平价，英镑期汇升水 20/30。

则：投资者 ①按即期汇率 1.7280 买入英镑

②同时按掉期 1.7300 卖出 12 个月远期英镑

③即期汇率 USD/GBP = 0.5787

远期汇率 USD/GBP = 0.5780

收益率 A = （9% −4%） +1×（0.5787 −0.5780）/0.5787

= 5% +0.12%

= 5.12%

掉期收益使 5% 的收益得以确定。

（三） 掉期交易的作用

掉期交易能为国际贸易和投资活动提供有效保值手段。当进出口商收到外汇和使用外汇的时间不同时，为防止贬值损失，可利用复远期调换，卖出收到日到期的近远期外汇，兑换成升水货币或高利率货币，买入使用日到期的远期外汇，既保证用汇需要，又可以赚取利差或汇差；投资者将资金调往海外时，为防止汇率波动损害未来投资回报，可以在买入即期外汇的同时，卖出远期外汇，而且掉期交易的成本低于单独买卖现汇和期汇的套期保值所需成本。

银行能利用掉期交易调整外汇资产结构，消除与客户和其他银行单独进行即期、远期交易产生的风险头寸，平衡外汇交易中的交割期限结构。当然，由于客户与银行的交易有各种各样的金额、期限、方向，能在一定程度相互抵消风险，但总会有承担汇率风险的头寸暴露。为了抵补头寸，银行间交易必须达到相当的规模和数量，才能获得报价优势和利率优势，而各种借款的增加必然又会改变银行资产负债结构，给资本比率、负债管理带来压力。相比之下，采用掉期交易具有更好的适用性和灵活性。

例如：银行 3 个月远期美元超买 100 万，6 个月远期美元超卖 100 万，银行对多头、空头分别进行抵补，需要很多笔交易，付出较高成本；而利用复远期调换，卖出 3 个月美元期汇，同时买入 6 个月美元期汇，能以一笔交易和较低费用实现抵补。

六、外汇期货交易

专栏4－3

外汇期货的产生

第二次世界大战行将结束的 1944 年，西方主要工业化国家首脑在美国召开会议，创建了布雷顿森林体系。布雷顿森林体系下实行的可调整钉住汇率制，对战后世界经济的发展和国际货币金融秩序的相对稳定都起到了重要的作用。

由于汇率波动极为有限，各经济主体的外汇风险有限，对外汇避险工具的需求自然也不大。然而进入20世纪60年代，随着美国经济实力的相对下降和国际收支逆差日益增大，以及欧洲经济恢复和实力相对增强，固定汇率制度开始发生动摇。1973年2月，西方各主要货币与美元脱钩，布雷顿森林体系崩溃，浮动汇率制取代固定汇率制。

芝加哥商品交易所（CME）一直关注着外汇市场，因为一旦布雷顿森林体系崩溃，浮动汇率制必将给期货市场带来新的机遇。1971年6月，CME董事长梅拉梅德专程拜访了诺贝尔经济学奖得主弗里德曼教授，弗里德曼非常赞同当布雷顿森林体系破产时推出外汇期货，并于当年12月写下了题为《货币需要期货市场》的论文，这极大地鼓舞了CME推出外汇期货的决心和信心。CME随即着手组建国际货币市场分部（IMM），并于1972年5月16日正式推出英镑、加拿大元、德国马克、日元、瑞士法郎、墨西哥比索及意大利里拉七种外汇期货合约交易。

IMM推出外汇期货，可谓是生逢其时，随后产生的经济动荡以及布雷顿森林体系的正式崩溃，使外汇期货在市场上很快站稳了脚跟。

（一）外汇期货概念

它是指在固定场所进行标准化的外汇期货合约买卖的一种交易。自20世纪70年代，国际汇率制度由固定汇率制转向浮动汇率制，从而使汇率风险剧增。为了有效防范风险，便在传统的远期外汇交易方式上产生了期货外汇交易。外汇期货最早产生于美国，1972年5月16日，美国芝加哥商品交易所（CME）的国际货币市场（IMM）成立，并首次开始经营外汇期货业务，后来又陆续经营其他金融期货业务（如政府债券、证券指数、欧洲美元存款等）。其后，纽约期货交易所和美国股票交易所也开办了金融期货业务。1982年9月，全球传统的金融中心伦敦成立了伦敦国际金融期货交易所（LIFFE），也开始进行外汇期货交易。接着，新加坡于1984年，中国香港于1986年，日本于1988年相继建立了金融期货交易所，外汇期货交易在国际金融领域乃至世界经济生活中扮演着越来越重要的角色，全世界已有10多个国家和地区进行外币和其他金融期货交易。其中，IMM与LIFFE交易规模最大，IMM的交易量占世界外汇期货交易量的50%。

（二）标准化的外汇期货合约

外汇期货与远期外汇交易的主要区别是外汇期货合约的标准化，具体体现在：

1. 交易币种。各外汇交易所分别规定特定的外汇期货交易币种。如IMM规定期货币种为英镑、加拿大元、荷兰盾、德国马克、日元、墨西哥比索、瑞士法郎、法国法郎八种货币期货，而LIFFE则规定期货币种为英镑、德国马克、瑞士法郎、日元四种货币期货。需要指出的是，从2001年开始，欧元区单一货币欧元正式流通，德国马克、法国法郎、荷兰盾等货币退出流通领域，在全球各货币期货交易所也不再进行这些币种的交易。

2. 合约面额。各交易所对期货合约面额有具体规定，每笔交易必须是合约面额的整数倍。如IMM对每份合约数额规定：

英镑	62 500 镑	日元	12 500 000 元
加拿大元	100 000 元	瑞士法郎	125 000 法郎
欧元	125 000 马克	墨西哥比索	1 000 000 比索

3. 交割月份及日期。交易所一般以 3 月、6 月、9 月、12 月作为交割月份。

交割日期是进行期货交割的具体某一天。如 IMM 规定，交割日为交割月的第三周的星期三。如果在合约到期前（一般为交割日的前两天），交易者未进行对冲交易（即进行反向交易），那么，就必须在交割日履行期货合约，即进行现货交易。

4. 价格波动。外汇期货交易中，每种货币期货合约都规定有价格最低限度和日价格波动最高限度。最低限度是指外汇期货买卖时合约每次变动的最低数额，如 IMM 规定英镑期货的最小价格变动单位为 2 个基本点，即 0. 0002 美元，这意味着每张英镑合约的每次报价必须高于或等于 12. 50 美元（62 500 × 0. 0002 = 12. 50）。日价格波动的最高限度是指一个营业日内期货合约波动的最高幅度，一旦期货合约价格波动达到或超过这一限度时，交易即自动停止。

（三） 外汇期货交易的功能

1. 价格发现。价格发现即外汇期货市场形成货币价格。这些货币价格反映了大量买方和卖方对未来供求形势和价格的综合看法。当然这并不意味着对未来的看法都是正确的，但是外汇期货的频繁买卖，会使货币汇率稳定在一定程度上，这种通过竞争形成的价格，极具参考价值，已经成为外汇买卖中不可缺少的重要组成部分。

2. 风险转移。外汇期货合约的买卖可以将面临的汇率风险转移出去，以达到避险的目的。

套期保值(Hedge或Hedging)，俗称对冲，是金融学中最重要的术语之一，其广义含义是通过反向持有一笔资产或一份合约，使其价值抵消现有头寸价值的变化。最常见的套期保值是“套用期货为现货保值”，“期”意指未来完成的交易，也可以引申为远期、期权。

3. 投机。投机指本身在目前或未来并无现货头寸的情况下进行外汇交易，从期货的价格变动中获得利润的行为。由于期货市场保证金要求不高，因而投机者可以用少量资金进行大规模的投机活动。

（四） 外汇期货交易程序

1. 期货交易者在经纪公司开立一个保证金账户。

2. 期货买方或卖方将买进或卖出订单递交给自己委托的交易所会员的经纪公司。若客户找的经纪公司本身不是交易所的会员，那么这个经纪公司也必须通过一个是交易所会员的经纪公司才能进行交易。

3. 会员经纪公司在场内通过传递人将订单传至本公司在场内（交易厅）的经纪人。

4. 场内经纪人根据订单要求在交易柜台内公开喊价，与交易对手定价成交并记录确认交易行为。当交易大厅声音嘈杂时，他们用一套标准手势来进行交易。

5. 买方或卖方的会员经纪公司向交易所的清算所交付保证金，并买入或卖出相应份数的交易合同。

（五） 外汇期货与远期外汇的比较

1. 外汇期货与远期外汇业务极其相似，它们的共同点是：

（1） 都是通过合同形式，把购买或卖出外汇的汇率固定下来；

（2） 都是在一定时期以后交割，而不是即时交割；

(3) 购买与卖出外汇的目的都是为了保值或投机。

2. 外汇期货与远期外汇又有许多不同点，其区别主要有：

(1) 交易场地与方式不同。外汇期货是在有形市场即在固定的期货交易所内进行的，由场内经纪人采用竞价方式成交；远期外汇交易一般是在无形市场上进行，不涉及固定的交易场所，基本上是外汇银行、外汇经纪人和顾客之间通过电话、电传等通信网络进行，由买卖双方询价和报价确定成交价格。

(2) 市场参与者不同。外汇期货交易的参与者可以是任何按照规定缴存了保证金的公司企业、机构及个人，没有资格限制；远期外汇交易虽没有资格限制，但参与者大多是一些资信良好的与银行有密切往来的大厂商，广大的个人投资者和中小企业难以参加交易。

(3) 交易合约不同。外汇期货交易合约是标准化的，交割日期有明确规定，到期后不一定进行交割，而大多是通过反向对冲终止交割。外汇远期业务没有固定交割数额限制，即合约非标准化与币种自由化，到期后必须履行交割义务。

(4) 保证金与手续费不同。外汇期货采用保证金制度，每一参与者须事先缴纳初始保证金，亏损时要追缴保证金，而且交易过程中经纪人会收取佣金；外汇远期业务一般不收取保证金，但对客户信誉保证要求极高，远期外汇同样不收取佣金。

(5) 信用风险不同。外汇期货交易因采用保证金制度和日结算制度，且有清算公司的介入，所以一般不存在信用风险。远期外汇交易多半是仅凭信用而达成，存在交易双方可能违约的风险。

(6) 成交方式及报价内容不同。货币期货在具体市场上公开喊价，买方只报买价，卖方只报卖价。远期外汇通过银行柜台业务成交，并主要以电话、电传方式完成买卖，在报价时同时报出买入价与卖出价。

（六）外汇期货的实际应用

1. 外汇期货的套期保值。它利用外汇期货交易价格与现汇价格变动方向一致的特点，通过在期货市场和现汇市场上进行反向买卖，以达到对所持有的外汇债权和外汇债务保值的目的。外汇套期保值又分空头套期保值和多头套期保值。

空头套期保值是指在外汇市场上先卖出某种货币期货，然后买进该种货币期货，以对冲因汇率下跌给所持有的外汇债权带来的风险。

例如：假设美国某公司 3 月 10 日出口一批商品，3 个月将收汇 80 万澳大利亚元，为防止 3 个月后澳大利亚元贬值，该公司决定做空头套期保值，操作见表 4-2。

表 4-2　　外汇期货的空头套期保值

现汇市场	期汇市场
3 月 10 日 预收 80 万澳大利亚元 汇率：1USD = 2.1200AUD 收入：800 000 ÷ 2.1200 = 377 358.49（$）	3 月 10 日 卖出 6 份 7 月澳大利亚元期货 汇率：1AUD = 0.5212USD 收入：125 000 × 6 × 0.5212 = 390 900（$）

续表

现汇市场	期汇市场
6月10日 卖出80万澳大利亚元 汇率：1USD = 2.1300AUD 收入：800 000 ÷ 2.1300 = 375 586.85（$）	6月10日 买进6份7月澳大利亚元期货合约 汇率：1AUD = 0.5213USD 支付：125 000 × 6 × 0.5123 = 384 225（$）
亏损： 375 586.85 − 377 358.49 = −1 771.64（$）	盈利： 390 900 − 384 225 = 6 675（$）

从表4－2中可见，由于3个月后澳大利亚元贬值，使该公司少收入1 771.64美元，但在期货市场上盈利6 675美元。当然，如果3个月后澳大利亚元汇率上升，该公司在期货市场上受损，但可以通过在现汇市场上的盈利得到弥补。

多头套期保值即在期货市场上先买进某种货币期货，然后再卖出该货币，以抵消现汇汇率上升给所负外汇债务带来的风险。

例如：3月末美国某公司急需一笔资金，而其瑞士分公司在9月份前恰巧有35万瑞士法郎暂时不用，于是总公司将瑞士分公司的35万瑞士法郎调回美国使用。为防范3个月后瑞士法郎汇率变动的风险，该公司决定做多头套期保值，见表4－3。

表4－3　　外汇期货的多头套期保值

现汇市场	期货市场
4月1日 卖出35万瑞士法郎 汇率：1USD = SFR1.5404 收入：350 000 ÷ 1.5404 = 227 213.71（$）	4月1日 买进3份8月瑞士法郎期货 汇率：1SFR = 0.6458USD 支付：125 000 × 3 × 0.6458 = 242 175（$）
7月1日 买进35万瑞士法郎 汇率：1USD = SFR1.5396 支付：350 000 ÷ 1.5396 = 227 331.77（$）	7月10日 卖出3份8月瑞士法郎合约 汇率：1SFR = 0.6494USD 支付：125 000 × 3 × 0.6494 = 243 525（$）
亏损： 227 213.71 − 227 331.77 = −118.06（$）	盈利： 243 525 − 242 175 = 1 350（$）

从表4－3中可以看出，瑞士法郎升值，使3个月后在现汇市场上买进35万瑞士法郎多支付了118.06美元，但在期汇市场上盈利1 350美元，大大抵消了外汇风险。同理，如果3个月后瑞士法郎贬值，公司期货交易损失可通过现汇市场的盈利得以补偿。

2. 外汇期货的投机。与套期保值者不同，外汇期货投机并不是因为债权与债务结算而进入外汇市场，它完全是投资者根据自己对期货行情的预测及判断，进行单边交易以赚取差价的行为。若该投机者预测汇率上涨会买入外汇期货合约，即做多头；若预测下跌则卖出期货合约，即做空头。如果行情变动与所预测方向相反，则该投机者将遭受损失。

例如：某外汇投机商3月1日预测瑞士法郎对美元汇率上升，于当天在IMM市场买进12月交割的瑞士法郎期货合约10份，并按要求交纳保证金10份×1 500美元/份=15 000美元，6月1日瑞士法郎果然升值，则卖出10份瑞士法郎期货合约。获利情况如表4－4所示。

表4－4　　多头外汇期货的投机

3月1日：买进10份瑞士法郎期货合约（12月交割） SFR1＝USD 0.6530 6月1日：卖出10份瑞士法郎期货合约（12月交割） SFR1＝USD 0.6760
盈利：125 000×10×（0.6760－0.6530）＝28 750（$）

做空头的货币期货投机同上述道理一样。

七、外汇期权交易

（一）外汇期权的产生及概念

期权亦称选择权，是由买方选择买或卖一种标的物的权利。最早的期权可以追溯到公元前1200年，当时希腊和古腓尼基国的交易者为了运输的需要，往往与船主达成协议，并支付一定保证金，以保证必要时有权得到一定舱位。17世纪荷兰的郁金香购买者及种植人为了规避风险，也曾有过期权交易。其后18世纪的英国、美国的农产品都曾出现过期权交易。外汇期权交易产生于1982年12月费城股票交易所，首次交易币种是英镑期权和德国马克期权。经过美国证券交易委员会的批准，1984年芝加哥期货交易所推出了外汇期货合同的期权交易。到20世纪80年代中后期，各大银行开始向顾客出售外币现汇期权，使外汇期权业务成为外汇银行的一项重要业务。

所谓外汇期权业务，是指期权合约的买方在支付一定费用后，可以获得在约定的时间内按规定的价格买卖约定数量的某种货币的权利或放弃这种买卖权利的交易。实际上，交易双方交易的是“选择权”，即在缴纳一定比例的期权费后，买方有权决定是否按规定买卖外汇。如果行情有利于自己，期权购买者可选择履约，不利于自己时可选择放弃履约。因为在一种交易交割之前，无论是买方和卖方都有盈亏的可能，而且这种风险理论上可能是无限的；一旦持有合约者支付了期权费，就可以将这种风险降低到一个可以承受的限度内，具体来看期权购买者降低风险的限度如表4－5所示。

表4－5　　期权盈亏判断

	看涨期权	看跌期权
当市价＞协定价＋期权费时	有利可图	
当市价＝协定价＋期权费时	扯平	
当市价＜协定价＋期权费时	无利可图	
当市价＞协定价－期权费时		无利可图
当市价＝协定价－期权费时		扯平
当市价＜协定价－期权费时		有利可图

（二）外汇期权交易的特点

1. 权责不对等。外汇期权的买方购买的是一种选择权，当协定汇率与未来的市场汇率相比对买方有利时，买方会执行合约，否则就放弃合约。对期权交易卖方而言，其没有选择余地。

2. 期权费不能收回。期权费相当于投保的保险费，期权交易的购买者必须向合约卖方支付一笔费用，以弥补卖方在汇率上可能遭受的损失。期权费在合约成交的第 2 个营业日一次付清，且不可追回。费率的高低，视合约到期长短与汇率波动大小而定。

3. 损失有限，不管汇率如何变动，期权持有者的损失不会超过期权费。

4. 外汇期权也有一定局限性。最主要的局限性表现在期权的合约是标准化的，每天随市清算，因此在范围上受限制。加之目前经营机构少、有效期短、流动性差等缺点，外汇期权的交易量不大。但是，随着现代金融资产运营的不断发展，期权交易的花样不断增多，已经构成了外汇银行业务的重要组成部分。

（三）外汇期权的种类

1. 按交割时间划分，分为欧式期权和美式期权。欧式期权在合约到期日方可办理期权交易，不能提前交割。美式期权买方在合同到期或到期日之前任何一天均可要求卖方执行期权合同。与欧式期权相比，美式期权的买方在合同执行上更具有灵活性，但支付的期权费也更高。

2. 按期权性质划分，分为看涨期权和看跌期权。看涨期权亦称多头期权、购买期权，期权购买者支付期权费便可取得以固定汇率购买特定数量外汇的权利，购买看涨期权既可在外汇价格上涨期间锁定债务成本，又可以协定低价买入，以较高价格再卖出，从中赚取利润。看跌期权又叫空头期权或卖出期权，购买者支付期权费便可取得以既定汇率出售特定数量外汇的权利。购买看跌期权是为了在价格下跌期间对所持有的外汇债权加以保值，或在外汇价格下跌时以较低的现汇市场价格买入外汇，再按较高的期权合约价格卖出，以赚取差价。

（四）外汇期权的保值与投机技术原理

外汇期权交易的参与者可能出于两个目的，其一是为了风险管理或保值，其二是为了投机盈利。由于保值与投机在期权合约中是相互渗透的，所以保值与投机技术之间并无一个严格界限。一般而言，对一个有进出口业务的跨国公司而言，保值是其主要目的；但对外汇期权市场的交易员而言，其主要意图是通过承担一定风险，从中盈利。

1. 买进看涨期权。买进看涨期权的目的，是套期保值者或投资者为了避免未来汇率上涨所带来的风险，或者期望从未来汇率的上涨中获利，以付出一定数额的期权费为代价，获得以固定价格买入某种货币的权利。

例如：英国一家贸易公司 6 个月后将有一笔 3 000 万美元的货款需要支付，为避免美元上涨风险，该公司向银行买入美元看涨期权（不考虑期权费），期权协定价格为：GBP/USD = 1.8910。假设 6 个月后市场即期汇率为：GBP/USD = 1.8790，则该公司做不做期权有何不同？

解：（1）设该公司没有买入美元看涨期权，6 个月后，该公司买入美元需要支付的英镑为：3 000 万 ÷1. 8790 =1 596. 59 万；（2）设该公司事先买入期权，6 个月后，该公司会行使期权，其买入 3 000 万美元须付出的英镑为：3 000 万 ÷1. 8910 =1 586. 46 万。该英国公司因期权交易而节省了 10. 13 万英镑。

2. 买进看跌期权。买进看跌期权的目的，是套期保值者或投资者为了避免未来汇率下跌所带来的风险，或者期望从未来汇率的下跌中获利，以付出一定数额的期权费为代价，获得以固定价格卖出某种货币的权利。

例如：某交易者预测英镑对美元的汇率将下跌，因此买入 1 份 2 个月后到期的英镑看跌期权（欧式），金额为 2. 5 万英镑，协定价格为：GBP/USD =1. 8610，期权费每英镑 0. 02 美元，设 2 个月后市场即期汇率为 GBP/USD =1. 8350，则该投机者收益如何？

解：该投资者将会以即期汇率买入 2. 5 万英镑，付出的美元数为：1. 8350 ×2. 5 万 =4. 5875 万。同时该投资者行使英镑看跌期权，以 1. 8610 的价格卖出 2. 5 万英镑，收进的美元数为：1. 8610 ×2. 5 =4. 6525 万。考虑付出的期权费 500 美元，该投资者仍可获利 150 美元。

3. 卖出看涨期权与看跌期权。买进看涨与看跌期权的目的是为了保值，为什么还需要卖出期权？

这是因为出售看涨期权与看跌期权意味着需要承担可能依据协定价格卖出升值货币和买入贬值货币所带来的损失，其投机性较买入期权要大。对卖出期权的交易者而言，其卖出行为的唯一目的是赚取期权费。但是由于货币汇率到期时与卖出期权者预期相符，卖出者极有可能要以较高价格买入已贬值货币，而不能收进升值货币。所以，交易员必须在确定汇率波动幅度较小时，或其价格趋跌时，才会卖出看涨期权；同理，也只能在市场相对平稳或价格趋涨时卖出看跌期权。

因为每个交易员对市场的感受和预测不同，所以对协定价格的选定以及是买进还是卖出看涨期权或看跌期权便有不同的理解。一旦所预测的行情与事实相反，该交易员就必须承担汇率变动的风险。

专栏 4 –4

中国外汇市场的新品种

2011 年 2 月 16 日，国家外汇管理局发布通知，决定推出人民币对外汇期权交易，以进一步发展中国外汇市场，为企业和银行提供更多的汇率避险保值工具。

自 2005 年 7 月人民币汇率形成机制改革以来，中国外汇市场加快发展，交易品种日趋丰富，相继推出远期、外汇掉期和货币掉期等外汇衍生产品。2010 年，中国外汇市场各类人民币外汇衍生产品累计交易量超过 1. 6 万亿美元，但与发达经济体和一些新兴市场经济体相比，交易品种仍显单一，产品功能不够多样化。人民币对外汇期权交易的推出，有利于丰富中国外汇市场交易品种。

为了控制期权业务的市场风险，国家外汇管理局采取了以下措施：

1. 市场发展初期将产品类型限于到期才能交割的普通欧式期权；

2. 为避免过度承担交易风险，市场发展初期仅允许企业买入期权，禁止卖出期权；

3. 为防止纯粹投机交易，企业开展期权交易必须有贸易、投资等真实交易背景。

中国外汇交易中心最初推出人民币外汇普通期权交易时，只允许非银行客户买入期权，不得卖出。2011 年 11 月 11 日，中国外汇交易中心推出了外汇看涨与看跌两类风险逆转期权组合业务，目的是赋予客户在买入基础上卖出期权的权利。通过对期权的买卖组合，买入期权的期权费支出与卖出期权的期权费收入可相互抵消，使保值的净成本为零或接近于零。为防止纯粹投机交易，客户办理期权组合业务必须有贸易、投资等真实交易背景，逆转期权组合业务中，客户卖出期权收入的期权费应不超过买入期权支付的期权费，防止客户因净收入期权费而过度承担风险。

在人民币汇率弹性逐渐增强的背景下，市场人士普遍认为，人民币外汇期权产品的推出不仅能进一步完善人民币汇率产品线，满足企业对避险工具的需求，也有助于进一步推进人民币汇率改革。从宏观角度看，汇率的频繁波动，使我国外贸进出口企业面临巨大的外汇风险。对于银行来说，在代理客户进行操作的同时，自身也存在相应的风险管理需求。因此，推出外汇期权组合产品有其客观的市场需求基础。

人民币外汇期权产品

第三节　外汇风险管理

汇率的波动，使得从事国际经济交易的企业面临着外汇风险。随着我国外汇管理体制改革的深入和人民币汇率弹性的提高，越来越多的中国企业将面临着外汇风险，如何认识、管理和防范外汇风险应成为企业密切关注的问题。

一、外汇风险的含义及分类

（一） 外汇风险的含义

外汇风险是指在国际经济、贸易、金融活动中，在一定时期内由于未预料到的汇率变动或其他原因，而使以外币计价的资产或负债获得收益或遭受损失的风险。凡是涉及外汇的一切贸易、金融活动，当事人都会面临外汇风险。在这些经济活动中，往往由于汇率的变动而使收入或支出的外汇的价值发生变化，使企业蒙受经济损失或获得额外的收益。外汇风险有狭义和广义之分，前者指汇率风险，后者除了汇率风险之外，还包括国家风险、信用风险和制度风险等，本节中的外汇风险特指汇率风险。

（二） 外汇风险的产生及分类

根据定义，外汇风险是企业外汇头寸不平衡时，因汇率波动产生损益可能的一种不确定性。因此，按照外汇风险产生的原因和对企业影响的不同，通常将外汇风险分为三类：

1. 交易风险。交易风险（Transaction Exposure）是指由于汇率变化导致企业应收账款和应付债务的价值发生变化的风险，反映汇率变动对企业交易过程中所发生的资金流量的影响。交易风险的产生是由于企业达成了以外币计价的交易，其以外币计算的现金流量已定，而交易还没有结束，账目还没有了结，因而汇率变化会使以本币计算的现金流量发生变化。交易风险从签订交易合同确定以外币计价交易金额时产生，一直持续到最终实际结算时为止。

2. 折算风险。折算风险（Translation Exposure）是指由于汇率变动导致资产负债表中某些外汇项目的价值发生变化的风险，又称会计风险、账面风险、换算风险等。当跨国企业编制统一的财务报告时，将其以外币计量的资产、负债、收入和费用折算成以本币表示的有关项目，汇率变动就有可能给公司造成账面损益，这种账面损益即是由转换风险所带来的。可见，会计风险的产生是由于换算时使用的汇率与当初入账时使用的汇率不同，从而导致外界评价过大或过小。会计风险是与经济事务的会计处理过程联系在一起的，它的产生有一个前提条件，就是将要合并的财务报表原来是用不同的货币表示的。

3. 经营风险。经营风险（Operating Exposure）又称经济风险，是指由于未预料到的汇率变化导致企业未来的纯收益发生变化的外汇风险。风险的大小取决于汇率变化对企业产品的未来价格、销售量以及成本的影响程度。一般而言，企业未来的纯收益由未来税后现金流量的现值来衡量，这样，经济风险的受险部分就是长期现金流量，其实际国内货币收益受汇率变动的影响而具有不确定性。对于一个企业来说，经济风险比会计风险和交易风险更为重要，因为其影响是长期性的，而会计风险和交易风险的影响是一次性的。

二、企业对待外汇风险的态度

投资人或者厂商对于风险的偏好程度、看法、经验与认知程度形成其风险观念，而风险观念又会影响外汇投资人或者企业负责人对国际投资与国际贸易所产生外汇风险的避险态度。正是因为风险观念、操作技巧以及外部避险环境决定其避险的措施，所以对于企业风险态度的研究就显得非常重要。规避和弥补外汇风险的态度大致可以分为三类：消极型、中间型和积极型。一般来说，采取什么样的风险态度，取决于当事人对汇率长期和短期变动趋势的估计、经营者不同的作风（冒险型还是稳健型）、外币与本币的需求形势、金融市场的健全程度以及风险的弥补成本等。

（一）消极型

在固定汇率制下，如果人们对汇率稳定有信心，就会采取消极型态度；退而言之，在理想的浮动汇率制下，市场没有交易限制、市场机制可以自由发挥、处于容易均衡的状态时，国内外的利差和国内外的通货膨胀之差一致，汇率的预测变动率和即期、远期汇率之差一致时，以远期交易弥补或者不弥补风险，结果都一样，那么企业就没有必要采取弥补风险的措施了。

但是，在现实的浮动汇率制下，汇率的变动是相当不稳定和难以预见的。这是因为不仅存在外汇、金融方面的交易限制，而且汇率还随着对政治、经济、社会不稳定的估计而敏感地波动。此外，从更加广泛的基础上看，因为汇率变动是物价水平变动的反映，所以本币下跌引起的进口商品价格的上升能通过提高国内销售价格来弥补，则汇差损失可以通过价格调整而抵消，似乎也没有必要进行风险弥补。但是，现实情况是这种价格调整受到价格管制和竞争的妨碍，而且考虑到整个价格水平变动与个别物价变动方向的偏离、汇价变动率与物价变动率的偏离以及时间上的不吻合，对于外汇风险，首先以外汇、金融手段采取对策仍然是很有必要的。因此，在国际上，除了特殊情况之外，完全不弥补风险而采取放任的方针是很少见的。

（二） 积极型

完全避险方针是将经营稳定放在第一位，消除所有的风险因素。外汇银行因其性质特殊，基本上都采取这种方针。但一般企业很少用，一方面因为弥补外汇风险需要一定的成本，有时成本还会很大（至少在企业看来是如此）；另一方面是不想失去保留风险头寸所带来的收益。美国学者的有关调查表明，在美国的跨国公司中，没有一家公司采用完全弥补风险的方针，任何一家公司对任何一种货币都在某种程度上留有受险部分。这说明企业基于自己的承受能力，对外汇风险的弥补采用机动变通的态度，也标志着企业对外汇风险管理进入了一个较高的阶段。但是，对于一般企业特别是中小型企业而言，其承受风险能力较差，外汇头寸管理也不是其本行，如果将弥补风险的成本视为风险保险费，为了不再为外汇风险问题而分散精力，专心本业经营，企业采取全部弥补风险的方针也不是没有现实性的。

（三） 中间型

许多企业在对待外汇风险的问题上，采取了中间路线，即部分弥补风险。在全部受险部分中应该对哪些部分进行弥补、弥补多少，是以“弥补风险成本”作为标准的。在金融交易中，弥补风险成本的计算，有以现在的即期汇率为基准的调整成本方式和以将来预测汇率为基准的预测方式。前者以即期、远期汇率的差价作为弥补风险的成本，该成本在市场上形成，对所有企业都一样；后者以远期与预测同期汇率的差价作为弥补风险的成本，因企业而定。除了有特别预测能力的企业之外，大多数企业都是将掉期成本作为风险弥补成本来对待，毕竟对预测风险的把握性差。但是预测也是很重要的，当两种方式计算的结果发生很大的偏差时，企业会转而考虑是否以预测方式结果作为弥补风险成本。

总之，在弥补外汇风险时，弥补风险成本是企业是否采取风险弥补措施、弥补多少的最重要的基准。如果企业认为弥补成本高，则风险弥补的比率低；反之，如果认为成本低的话，风险弥补的比率就高。对于受险部分，弥补风险的比率越高，汇率变动引起现金收支变动的可能性就越小，企业经营的稳定性与连续性就越能得到保障。究竟采取什么态度，是由各个企业对规避风险的态度与对汇率的估计决定的。各个企业都应该采取它们认为合适的弥补风险的比率。因此，企业对弥补外汇风险手段的合理选择，对控制外汇风险显得尤为重要。

三、企业外汇风险管理策略

（一） 交易风险的管理

管理交易风险的方法有多种，这些方法大致可以分成两类：一类是利用金融衍生工具来规避交易风险；另一类是利用贸易谈判中的经营策略来规避交易风险。

1. 利用金融衍生工具规避交易风险。

（1）远期外汇合同。例如：某公司于 2003 年 3 月 14 日与进口商签订了一份进口日本机器的合同，按照合同规定，该公司将于 2003 年 6 月 14 日向日商支付 1.17 亿日元；该公司希望将一笔 100 万美元的三个月后的外汇收入用于支付这笔日元款项。该公司可以与银行叙做一笔期限为三个月的远期外汇买卖，汇率为 USD1 = JPY117。到 6 月 14 日这一天，无论汇率发生怎样的变化，银行都保证按照 USD1 = JPY117 的汇率将日元卖给该公司。实际上，远期外汇买卖是国际上最常用的规避外汇风险、固定外汇成本的方法。通过与银行做远期外汇买卖，企业可以事先将某项外汇成本固定，有利于经济核算的进行，同时更能使企业集中时间与精力搞好本业经营。

（2）外汇期货。运用外汇期货管理外汇风险的案例可见本章第二节。

（3）外汇期权。例如：某家合资公司手中持有美元，并需要在一个月后用欧元支付进口货款，为防止汇率风险，该公司从银行购买一份美元兑欧元的期限为一个月的欧式期权。假设，约定的汇率为 EUR1 = USD1.1，那么该公司则有权在将来期权到期时，以 EUR1 = USD1.1 的汇率从银行购买约定的欧元。如果在期权到期时，市场即期汇率为 EUR1 < USD1.1，那么该公司可以不执行期权，因为此时在市场上以即期汇率购买欧元更加有利。相反，如果在期权到期时，EUR1 = USD1.2，则该公司可以行使期权，要求银行以 EUR1 = USD1.1 的汇率将欧元卖给他们。由此可见，外汇期权业务的优点在于客户的选择灵活性，对于那些合同尚未最后确定的进出口业务具有很好的保值作用。

2. 运用贸易经营策略规避交易风险。成功地利用贸易经营策略也能够起到很好的规避交易风险的作用。具体包括：

（1）提前收付汇。提前收付汇是一种资金转移时间的再选择，它包括提前付汇与提前收汇两种。所谓提前付汇是指如果企业本身持有以软货币计价的资产，而将来要支付的债务却是以硬货币计价的，就应该尽早支付；所谓提前收汇是指如果将来要收回的债券以软货币计价，则应尽早收汇，免得汇率损失抵销应得利润。

例如：美国进口商与日本出口商订立了一个以日元计价、3 个月后付款的贸易合同。假设在合同订立后，美元对日元大幅贬值，而且这种局面在半年之内不会得到改观。这时，美国进口商就可以适当地提前用美元兑成日元付给日本商人，因为这样做，它虽然会蒙受点利息损失，但与因美元大幅度贬值将要遭受的汇率损失相比，还是合算的。相反，美国出口商若向日本出口货物，它会尽可能地、合理地推迟收进日元的时间。

（2）延迟收付汇。延迟收付汇也是资金转移时间的再选择，与提前收付汇相反。持有硬货币资产和软货币负债的企业可尽量延迟支付以软货币计价的债务；若将来要收回的债权是硬货币时，可以延迟收回以硬货币计价的债权。值得指出的是，提前或延迟收付汇将会改变一家企业的现金与应付款地位，对另一家企业会产生相反的影响。

（3）利用转售中心。转售中心又称为再结算中心，它是一个管理跨国公司总公司交易风险的单位，该单位集中了多家分公司各种货币的债权债务关系，由该中心冲销掉这些债权债务，并对冲销后仍存在的货币头寸的受险部分采取措施。首先，它把公司内部交易的一切外汇交易风险管理集中在一个地区内，配备具有外汇管理才能的人员来选取最佳的套期保值方法。其次，由于通过套期保值可以固定远期订货的汇率，明确生产成本和预期收益，可以使销售子公司能专心于营销活动，不再因汇率的变动而影响正常的生产与经营。最后，它具有管理子公司内部现金流的能力，包括提前和推迟付款。所以，转售中心不仅规避和减少了外汇风险，还减少了由各分公司单独避险的交易成本。

需要指出的是，提前或者延后结汇作为外汇风险对策中弥补风险的一种办法，并不能使风险完全消失。提前结汇使外汇风险在结算阶段提前消失，而延期结汇则是将外汇风险保留下来，具有投机性，采取的是不弥补风险的投机态度。那么，对汇率变动的准确预测就显得相当重要，如果汇率的实际变动与预测正好相反，延期结汇将会蒙受损失。而且，在实际进行的提前或者延后结汇中，各国的外汇管理与信用限制往往会成为其障碍，有的国家规定了出口贷款的回收期和进口贷款的支付期。如日本规定进口贷款最早不得超过进口申报的前一年，最迟不得超过货物验关后一年；澳大利亚规定进口支付期一般不得早于装运期或者货物抵澳前1个月，也不得晚于货物抵澳后6个月。

（二）折算风险的管理

折算风险主要影响资产负债表，与现金流没有关系，造成的损失也只是存在账面上，它的管理方法主要有：

1. 集中套期保值。集中套期保值是集中管理与控制折算风险的主要手段。它要求国外分支机构将其多种货币的风险暴露程度报告持续地送到母公司总部。只要把风险暴露程度按货币与国家汇总后，集中协调的套期保值政策就可以抵消潜在的损失，从而防止子公司一级进行反复的套期保值，造成不必要的浪费。比如，一家美国公司在中国有一子公司，该公司的净资产是10万元人民币，显然这10万元人民币会随着美元与人民币汇率的变动而使其净资产的等值美元发生变化。为了规避汇率变动带来的风险和损失，美国公司可以签订一份远期合同，到期向外汇交易者支付人民币以接受美元，用产生的人民币负债抵销人民币资产。

2. 调整暴露在外汇风险下的资产与负债结构。这也是集中管理折算风险的主要方法。这种方法通过调整暴露在外汇风险下的资产与负债的水平及货币计价，使公司的外汇风险暴露程度尽可能接近于零。当功能货币为软货币时，应减少软货币资产（购买软货币远期，减少软货币现金、短期债权，收紧软货币信用，提前收回软货币应收款等）以及增加软货币负债（增加软货币借款，进口用软货币计价，延迟支付软货币应付款）；相反，当功能货币是硬货币时，就应该增加硬货币资产（购买硬货币远期，增强硬货币现金与短期债权，出口用硬货币计价，放松硬货币的信用，延迟收回硬货币应收款，增加硬货币证券投资等）以及减少硬货币负债（减少硬货币借款，提前支付硬货币应付款）。

3. 远期合同套期保值。远期合同可以通过创造一笔具有抵消效应的外币资产或者负债降低会计风险。

例如：美国某跨国公司的英国子公司有一笔5 000万英镑的会计风险（即英镑资产超过英镑负债的部分），该英国子公司可以将这5 000万英镑在远期外汇市场上全部售出，以完全消除会计风险。其会计受险部分的任何损失（收益）都将被远期合同相应的收益（损失）所抵销。虽然交易风险也可以利用远期合同来进行套期保值，但是会计风险的远期套期保值与其有所不同，它是利用远期合同进行投机，以获取与账面会计损失相等的收益。当然远期合同的损失（收益）会对现金流产生影响，属于应税收入（应扣收入），而会计收益（损失）却是未实现的损益，不必纳税（或者减免税收）。但是，公司是获得收益还是遭受损失，取决于预测的汇率与实际汇率的偏差，所以说这一远期合同套期保值实际上是对未来即期汇率的投机，企业不存在会计风险时也可以这样做。

（三）经济风险的管理

经济风险是衡量实际汇率发生变化时，一家企业在现金流与价值上可能产生的损失。我们当前面临的全球经济体系，是一个风险加剧的体系，必须高度重视风险管理。经济风险的影响因素可以归纳为两大类：该企业的销售市场的结构（销售数量、销售价格）；该企业购买生产要素的要素市场结构（劳动力成本、原材料成本等）。这些市场结构的变化决定了对应商品的价格弹性与收入弹性。实际上，汇率变动对金融市场利率的变化也产生影响，在分析经济风险时也必须予以考虑。经济风险管理的目标是预测和防止非预期汇率的变动对海外企业未来净现金流的影响。

针对以上影响经济风险的要素，企业可以采取如下策略：

1. 市场营销策略。选择产品的销售市场是出口商主要的战略考虑。它可以随着汇率的变动及时地调整销售数量与销售价格。此外，加强企业的品牌价值也是一个非常重要但是常常容易被忽略的策略。如果企业或者企业产品有着一定的知名度，那么只要存在汇率风险，承担风险的一方就可以尽可能地将汇率风险转嫁到产品价格里面。当然，还有其他的一些策略可以考虑，比如定价策略、促销策略以及产品策略等。

2. 生产经营策略。生产来源和工厂地理位置是企业不能通过改变营销策略进行风险管理的竞争性风险的两个主要变量。随着汇率的变动应该及时调整原材料、零部件来源等。例如，在日元升值时，日本公司会决定在外国建立产品制造基地，因为那里的生产成本低。但是同时，它也可以采用其他的策略：

第一，可以采用混合投入的策略。从企业海外生产的角度来看，生产成本的节约与使用较高比例的国内生产商品和服务密切相关。从长期来看，汇率变化改变国内制造商品的价格，意义在于促进跨国企业致力于用本国的投入品替代进口投入品，以减少生产投入组合的成本。所以，采取积极的措施可以增加投入品的替代性，有利于最小化经济风险暴露，当然也可能会增加生产成本。

第二，可以采取转移生产的策略。跨国公司可以根据本币生产成本的变化，在各个分厂之间分配和调整生产配置，以便在货币贬值国增加生产，在货币升值国减少生产。此外，还可以根据实际情况采取选择工厂的地理位置、提高生产能力等策略。

3. 经营多样化策略。所谓经营多样化是指在国际范围内公司多渠道地进行生产、销售、分散取得资金来源，这样当发生不均衡时，公司就可能及时地注意到不同国家企业之间的比较成本发生的变化；还可以根据价格与收入的需求弹性、竞争者的反应以及地区之间的差别，观察到边际利润和销售状况的变化，再相机抉择；同时也可在不均衡的条件下，在寻找原材料、零件或成品来源方面作出选择，由此加强竞争力。经济风险管理的目的在于预测和引导意外外汇汇率波动对公司未来现金流量的影响。为此，公司管理者不仅要能迅速判断外汇汇率与所涉及国家的通货膨胀率、利率之间的有效均衡关系是否存在，而且要在意外外汇汇率波动发生前事先准备好最佳对策。因此，有效防范和控制经济风险的最好方法，是在全球范围内将公司的经营和融资多元化。经营多元化意味着分散销售市场、生产地点和原材料来源，融资多元化则意味着在多个金融市场上进行多种货币的融资。经营和融资的多元化可以使得经济风险因相互抵消而趋于中和。

4. 筹资分散化策略。筹资分散化是指在几个资本市场上选择多种可自由兑换货币中的某些货币，这样在汇率发生变化时就有利于根据需要进行兑换或转移，从而减少或规避汇率风险。它是外汇风险管理中的一个重要的策略，其优点在于：（1）可以降低因国内经济周期变动引起的资金流的易变性，稳定对资金的需求；（2）可以降低资本成本；（3）可以分散因时局动荡带来的政治风险；（4）减少证券风险等。需要指出的是，选择货币时不仅要看其是否为可自由兑换的货币，而且还要注意在出口或对外资产业务中争取外汇汇价趋于上浮的硬货币，在进口或对外负债业务中争取汇价趋于下浮的软货币（当然还必须将商品价格、进销意图、投资条件等因素加以综合考虑）。

此外，管理外汇风险的方法还有：选择有利的币种，调整合同的价格，争取以本币计价，软硬币搭配，加列分摊损益条款，合理选择国际结算方式，投保外汇风险保险，利用国际信贷达到资产负债的“配对”，签订保值条款，掉期保值，择期保值，外汇票据贴现，等等。

专栏4－5

人民币汇率双向波动下的外汇风险管理

自2005年人民币汇率制度改革以来，人民币对美元汇率不断走高，人民币升值似乎成为一种常态。但这一常态却在2014年后被打破。统计数据显示，截至2014年最后一个交易日，2014年人民币中间价累计下跌0.36%，人民币即期汇率累计下跌2.42%，振幅达到3.76%，这是2005年人民币汇改以来的首次年度贬值，人民币只升不贬的态势已经结束。市场普遍预计，人民币在告别长期单边升值模式后，将呈现升贬交替、波幅加宽的双向波动走势。人民币汇率双向波动趋势的建立，使中国企业面临的外汇风险更加突出，管理难度也明显增大。

在人民币汇率双向波动且波动区间扩大的趋势下，如果任由外汇敞口暴露在汇率风险之中，会给企业的现金流和经营业绩带来较大不确定性。此时，采用完全避险策略或者积极避险策略是值得鼓励和提倡的。具体操作则需要企业在正确分析与预测汇率变化的基础上结合企业的风险承受能力来制定策略，合理选择避险工具，从而实现外汇风险管理的成本最小化与风险最小化的均衡。

由于外汇衍生工具具有对冲和分散风险的功能，在发达国家，外贸企业利用外汇衍生工具进行保值操作是规避国际贸易中外汇风险最常用的方法。外汇远期、外汇期货、外汇期权及货币互换等外汇衍生品在西方企业的外汇风险控制中得到广泛应用。目前，我国银行间市场已经推出了外汇远期、人民币与外币掉期、人民币对外汇期权等业务，而外汇零售市场以及人民币离岸市场提供的外汇衍生工具则更加丰富，为企业进行外汇风险管理奠定了良好的市场基础。

在人民币汇率进入双向波动的轨道之后，企业使用外汇衍生品进行风险管理时应遵循以下思路，一是在外汇衍生品工具的选择上应多样化。一直以来，远期结售汇是汇率风险管理中使用最多的外汇衍生品，在人民币单边升值预期下，它无疑是一种很好的避险工具，但在当前汇率波动复杂多变的情况下，外汇期权、互换等工具的优势就显现出来了。因此，企业在选择外汇衍生品时可以多样化，选择最合适的工具。二是在外汇衍生品使用的方式上应以套期保值为主，因为套期保值的最大作用就是无论后市汇率是上涨还是下跌都可以锁定风险，这显然是最适合人民币双向波动下的风险规避方式。

FK 化学股份有限公司汇率风险规避案例

随着人民币双向波动的实现，会有越来越多的企业使用外汇衍生工具来进行外汇风险管理。但是，基于当前我国外汇衍生品市场的发展有限、企业的操作技术不高等因素的存在，这将是一个长期的过程。

本章小结

1. 外汇市场是外汇买卖或兑换的交易场所，是由外汇需求者、外汇供给者及买卖中介机构组成的外汇买卖场所或网络。在现代外汇市场中，外汇银行与外汇经纪人扮演着举足轻重的角色。在经济、金融全球化的背景下，各国外汇市场都在快速发展，全球外汇市场已经成为一个整体。

2. 外汇市场上发生着各种不同类型的外汇交易。我们需要了解和掌握即期外汇交易的定义，即期外汇市场的汇率表示方法及报价惯例，即期外汇交易的程序，以及即期外汇交易的投机与投资操作。远期外汇交易是一种预约性外汇交易，它是一种管理汇率风险的有效工具。远期外汇交易不仅包括单纯的远期外汇交易和外汇掉期，还包括能提供交割日期选择权的择期外汇交易。外汇期货是一种外汇衍生产品，标准化的契约和保证金制度使得外汇期货成为一种具有高度流动性的金融产品，并使之成为套期保值和投机的有效工具。外汇期权是一种更为高级的外汇衍生产品，它可以为套期保值和投机提供更为灵活的选择。

3. 外汇风险是指在国际经济、贸易、金融活动中，在一定时期内由于未预料到的汇率变动或其他原因，而使以外币计价的资产或负债获得收益或遭受损失的风险。外汇风险可以划分为三种类型，即交易风险、折算风险和经济风险。根据风险偏好的不同，企业在管理外汇风险时可以采取不同的策略。涉外企业面临的主要外汇风险是交易风险，交易风险可以利用金融衍生工具，也可以利用贸易谈判中的经营策略来规避。

关键词

外汇交易（Foreign Exchange Transaction/FX Transaction）

汇率风险（Foreign Exchange Risk/Foreign Exchange Exposure）

套期保值（Hedge or Hedging）

本章重要概念

外汇市场　柜台市场　做市商制度　即期外汇交易　交割日 远期外汇交易　外汇掉期　外汇期货　外汇期权　交易风险　折算风险　经济风险　多元化策略

思考题

1. 外汇市场的主要参与者有哪些？其参与外汇市场的主要目的是什么？

2. 现代外汇市场的主要特征有哪些？在经济、金融全球化背景下，外汇市场的发展趋势是什么？

3. 利用利率平价理论分析外汇市场与货币市场的关系。

4. 企业在选择外汇交易风险管理方法的时候，会受到哪些因素的影响？

5. 结合我国外汇管理体制改革和人民币汇率形成机制的改革，分析我国企业将会面临哪些外汇风险，它们可以选择哪些方法管理这些风险？

练习题

1. 设香港外汇市场的即期汇率 USD/HKD = 7.7500/800；纽约外汇市场的即期汇率为 USD/GBP = 0.6400/10；伦敦外汇市场的即期汇率为 GBP/HKD = 12.200/50。如果不考虑相关费用，某投资者动用1000 万港元进行三角套汇，试给出其套汇过程，并计算其可获得多少套汇利润？

2. 外汇期货的套期保值原理是什么？如何运用外汇期货对外汇多头和空头进行套期保值？

3. 什么是外汇风险？如何理解外汇风险的成因？

4. 企业的风险偏好如何影响外汇风险管理战术的选择？

案例题

阅读材料：

中国海尔集团在美国南卡罗来纳州设立一家生产电视机的工厂。公司决定从日本引进一条彩色显像管生产线，总额为 140 000 000 日元，两个月后支付。公司财务人员担心两个月后日元升值。一个解决办法是委托中国银行买两个月远期合约。两个月远期汇率为 1 日元 = 0.007042 美元。但公司财务部又不情愿通过远期合约锁定一固定汇率，因为它希望日元贬值时也能受益。即公司希望日元升值时能得到保护，但当日元贬值时又能受益。

花旗银行为公司设计了这样的套期保值方案。公司买进一份协定价格为 1 日元 = 0.007143 美元的日元看涨期权，合约金额 140 000 000 日元，期权价格 50 000 美元。同时，公司卖出一份协定价格为 1 日元 = 0.006667 美元的日元看跌期权合约，合约金额和期权价格皆与看涨期权相同。由于两份期权合约的期权费相同，公司开始时没有任何现金支出。两个月后，外汇市场不外乎出现三种情况：

1. 当日元汇率大于 0.007143 美元时，（1）海尔行使看涨期权，按协定价格 0.007143 买进 140 000 000 日元，支付 1 000 000 美元；（2）期权买方放弃看跌期权，海尔无任何负担。

2. 当日元汇率小于 0.007143 美元但大于 0.006667 美元时，（1）海尔放弃看涨期权，按当时的即期汇率买进所需的 140 000 000 日元；（2）期权买方放弃看跌期权，海尔无任何负担。

3. 当如果日元汇率小于 0.006667 美元时，（1）海尔放弃看涨期权；（2）期权买方决定行使看跌期权，按 0.006667 美元卖给海尔 140 000 000 日元，海尔别无选择，只能按此价格买进这笔日元，支付 933 333 美元。

根据以上材料思考以下问题：

（1）银行制定的这套期权组合策略为海尔公司提供了何种保护和受益机会？

（2）银行制定的这套期权组合策略同远期和单一的期权策略相比，有何优点与缺点？

第五章
国际储备

本章知识结构

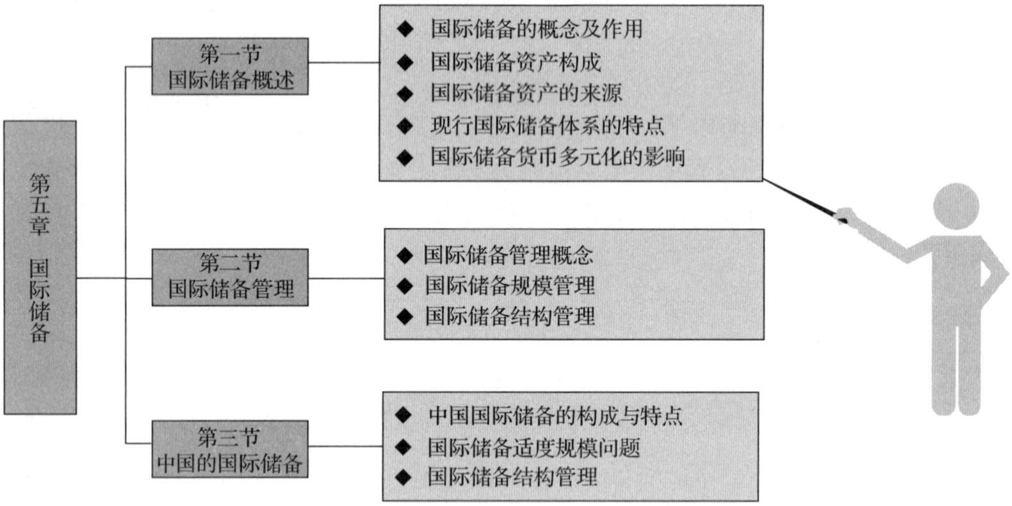

本章学习目标

- 了解国际储备的作用、资产的构成及现行国际储备体系的特点。
- 把握国际储备规模及结构管理的基本原则与方法。
- 领会中国国际储备形成的政策背景，理解中国国际储备管理的问题及难点。

章前引例

1997 年 2 月，美国人乔治·索罗斯（George Soros）主导的国际游资对泰铢发动攻击，他们大量借入泰铢，在外汇市场上兑换成美元。泰国中央银行运用 20 亿美元的外汇储备干预外汇市场，平息了这次风波。三个月之后，乔治·索罗斯联合国际投机资本卷土重来，大量抛售泰铢，泰国与新加坡联合投入 120 亿美元干预外汇市场。在历经数月泰铢汇率动荡之后，泰铢贬值压力进一步增加，外汇市场出现了连续不断的恐慌性抛售。到1997年6月底，泰国外汇储备下降300亿美元，失去了继续干预外汇市场的能力。1997年7月2日，泰国中央银行被迫放弃了实行13年的钉住汇率制度，实行有管理的浮动汇率制度，当日泰铢兑美元汇价应声下跌16%，泰国金融危机爆发，随后波及菲律宾比索、印尼盾和马来西亚林吉特，使其相继成为国际炒家的攻击对象，东南亚各国货币发生“多米诺骨牌效应”，纷纷大幅贬值，最终演变为东南亚金融危机。东南亚金融危机产生的原因是多方面的，经济结构失衡、房地产泡沫、国际收支逆差、政策失调等，而其中的一个直接原因是东南亚国家外汇储备普遍不足，当面对国际游资的投机冲击时，没有充足的国际储备资产来维护本币价值的稳定。

国际储备（International Reserve）是一国国力和金融实力的综合反映，它在弥补国际收支逆差、保持国际支付能力、稳定汇市、提高国家资信水平等方面发挥着重要作用。如何确定适度的国际储备规模，管好、用好国际储备，是国际金融管理中的重要问题之一。

第一节　国际储备概述

国际货币体系决定了国际储备体系的特点，布雷顿森林体系确立了以美元为中心的储备体系，牙买加体系下国际储备体系则呈现出储备货币多元化发展特征。

一、国际储备的概念及作用

（一）国际储备与国际清偿力

国际储备是一国货币当局能随时用来干预外汇市场，支付国际收支差额的各种形式的流动资产的总称。

国际储备又叫官方储备，能够作为国际储备的资产必须具有三个特征：可得性，政府所有并能自由支配使用的资产；流动性，具有较强的变现能力，能够随时满足对外支付的需要；接受性，用于干预外汇市场和国际支付时被普遍接受的资产。在国际贸易及金融市场普遍使用、价值稳定的可自由兑换货币可以成为国际储备资产，其发行国称为储备货币发行国。

国际清偿能力指一国货币当局干预外汇市场的总体水平。

国际清偿力与国际储备有联系又有区别。当一国需要进行国际支付时，有两种资产来源：一是动用自有储备，二是向外借款即借入储备。这两种融通外汇资金的能力称为国际清偿力，它反映了一国平衡国际收支和干预外汇市场的总体能力。国际清偿力和国际储备在职能作用上是一致的，国际储备是国际清偿力的一部分，国际清偿力包含国际储备。故国际储备又称之为无条件的国际清偿力或狭义的国际清偿力。

一国国际储备可以衡量该国对外金融实力和短期对外支付能力；一国国际清偿力则用于判断该国国际经济地位、金融资信和长期支付能力。

（二） 国际储备的作用

为保持对外的支付能力，各国均持有一定数量的国际储备。具体而言，国际储备的主要作用可归纳为以下几点。

1. 弥补国际收支逆差，保持国际支付能力。在一国出现国际收支逆差时，可以动用国际储备来弥补因国际收支逆差所产生的外汇缺口，维持必要的商品进口和对外支付的需要，以减轻采取国际收支调节措施对国内经济的冲击。一国政府通过国际储备作为缓冲体（BUFFER），通过中央银行在外汇市场买卖外汇，来消除国际收支不平衡所形成的外汇供求缺口，缓冲国际收支不平衡引起的外汇供求矛盾，有助于国内经济目标的实现。然而一国的国际储备是有限的，国际储备作为一种外汇缓冲工具，对于缓解短期或季节性的国际收支逆差效果明显，既简便易行，又可避免汇率波动，不会对国内经济正常运行形成冲击；而对于政策失误或经济结构失衡而出现的长期持续性国际收支不平衡的缓解作用则十分有限。

2. 干预外汇市场，维护本国货币汇率。在本国货币汇率波动超出预期水平时，为使本国货币汇率稳定在所期望的浮动范围内，政府货币管理当局可以利用外汇储备资金或多或少、或明或暗地干预本币汇率，以保持外汇市场的稳定。为此一些国家还专门设立外汇平准基金，以保证干预外汇市场的资金需要。如一国货币对外汇率持续下浮、外汇汇率持续上浮时，货币管理当局可以在外汇市场抛售外汇储备资产，购进本币，保持本币汇率稳定。如一国货币对外汇率持续上浮，则抛出本币，购进外汇。当然，一国货币管理当局对外汇市场的干预能力要受到其国际储备量的限制，只能影响汇率的短期走势。

3. 信用保证。国际储备是衡量一国对外信誉、偿债能力和国家风险的一项重要指标，是一国国际清偿力强弱的重要体现。充足的国际储备，是一国向外借款和还本付息的基础和信誉保证，有利于该国在国际金融市场融资，获得国外资金流入，促进国内经济发展。同时，充裕的国际储备表明一国金融实力以及应对外部冲击、干预汇市的能力增强，有利于提升对本币价值的信心，支持本币的国际地位。

二、国际储备资产构成

一国的国际储备资产包括黄金储备、外汇储备、本国在国际货币基金组织的储备份额和本国持有的特别提款权（SDRs）。

（一） 黄金储备 （Monetary Gold）

黄金储备指一国官方持有的货币黄金。黄金天然具备国际储备资产的条件，是最早、最重要的储备资产。在国际金本位制时期，国际储备资产的90%以上是黄金，在布雷顿森林体系时期，黄金占国际储备总额的比例在50%以上。随着布雷顿森林体系的瓦解，黄金在世界总储备中的比重大幅下降，但黄金在国际货币体系中仍具有重要影响，各国均保持一定量的黄金储备。

黄金作为储备资产的作用明显减弱。首先是因为受自然条件的限制，黄金的生产量有限，在私人储藏和工业用金量不断增长的情况下，作为国际储备资产的黄金数量已不能满足日益发展的国际贸易和国际投资的需要。其次是国际货币基金组织人为降低黄金在货币体系中的作用，1976 年的《牙买加协定》废除了国际货币体系的黄金条款，取消黄金官价，取消用黄金清算，允许成员在黄金市场自由买卖黄金，取消了黄金的货币作用，让黄金成为普通商品。最后，黄金作为国际储备资产有自身的局限性，黄金本身不能生息，保管和运输费用高昂，同时黄金不能直接作为流通手段和支付手段使用，须先将黄金换取外汇后才能用于对外支付。

1972 年后，随着多元化国际储备体系的发展，黄金储备实物量变动较小，但黄金市场价格波动较大，使各国的黄金储备价值变化不定。实际中，各国的黄金储备比例各不相同，主要发达国家的黄金储备量基本维持不变；石油输出国和中国、印度等国家采取适当增加政策；部分国家因外汇短缺而抛售黄金。

表 5－1　国际货币基金组织成员官方储备资产结构表　单位:%

年份	1950	1970	1985	1995	2003	2011	2016－09	2021－06
黄金储备	69.1	39.7	7.6	2.86	1.5	0.5	10.96	12.95
外汇储备	27.5	48.6	79.4	91.4	94.5	95.17	84.83	82.7
储备头寸	3.4	8.3	8.8	3.74	3.1	1.41	1.08	1.39
SDRs	—	3.4	4.2	2.0	0.9	2.92	2.35	2.11

注：表内数字表示各项资产占当年官方储备资产总额的百分比。1950—2011 年黄金按每盎司 35 特别提款权计算，其他年份按市场价计算。2016 年、2021 年官方储备资产中的其他储备资产未列出，各分项加总与 100% 略有差异。

资料来源：国际货币基金组织《国际金融统计》1995 年、2002 年年报及 2004 年 6 月刊，其他年份数据来源于国际货币基金组织网站的国际金融统计数据。

（二）外汇储备（Foreign Exchange Reserve）

一国官方持有的流动性较强的自由外汇资产，是一国国际储备的最主要部分。充当外汇储备的货币称为储备货币，一种货币要作为国际储备货币，必须在国际货币体系中占有重要地位，是国际贸易和国际投资的主要计价和结算工具；能够自由兑换成其他储备资产；国际社会对该货币的稳定性有信心，愿意接受和持有该种货币作为国际经济活动的支付媒介和流通手段。同时储备货币发行国必须向国际市场提供适当数量的货币，以满足国际交易的需要，但是又要注意保持货币价值的稳定。

储备货币随着国际货币体系的发展而演变，在国际金本位制度下，英国是当时全球最大的国际贸易和国际金融中心，英镑是主要的国际储备货币。20 世纪 40 年代下半期到 70 年代初布雷顿森林国际货币制度下，美元与黄金直接挂钩，其他国家货币与美元挂钩，使美元成为各国国际储备货币的主体。在这一时期，成员为维持汇率波动不能超过平价上下 1% 的汇率目标，频繁利用储备货币干预汇率，国际储备的调整成为实现汇率目标的重要工具。随着 20 世纪 60 年代末 70 年代初美元货币危机的不断爆发，美国宣布停止美元兑换黄金，布雷顿森林体系瓦解，美元不断贬值，德国马克、日本日元、瑞士法郎等货币则因为本国经济实力的增强和货币国际化程度加速，而进入国际储备货币行列。美元在全球外汇储备中的占比下降，其他国家货币的占比上升，国际储备货币种类因此由单一货币逐步发展为多样化货币。

与黄金储备相比，外汇储备是信用货币，本身没有价值，其所代表的价值是以储备货币发行国的信誉作担保，因此，当储备货币发行过多出现货币贬值时，储备货币持有国将遭受损失。但是，储备货币发行不受生产条件的局限，可以不受限制地供应以满足国际经济发展的需要，且持有外汇储备的机会成本低，可在国际间进行灵活调度和使用。20 世纪 70 年代后，外汇储备在国际储备中的地位显著上升，成为最主要的国际储备资产。

（三） 在国际货币基金组织的储备头寸 （Reserve Position in IMF）

储备头寸也称普通提款权，是国际货币基金组织成员可自由提取使用的资产。根据国际货币基金组织的规定，一国在国际货币基金组织的自动提款权，等于成员在国际货币基金组织的外汇份额加上国际货币基金组织用去的本国货币持有量部分，以及成员对国际货币基金组织的贷款。

普通提款权包括：（1）国际货币基金组织成员向国际货币基金组织认缴份额中 25% 的储备货币或黄金部分，按照规定成员可以无条件地自由提用这部分资金。（2）国际货币基金组织向其他成员提供贷款而使用的本国货币，按照规定成员认缴份额的其余 75% 用本币缴纳，国际货币基金组织向其他成员提供本国货币的借款，会形成该成员对国际货币基金组织的债权，一国对国际货币基金组织的债权可以无条件提取使用。（3）国际货币基金组织向成员借款的净额，也形成该成员对国际货币基金组织的债权。

普通提款权在成员发生国际收支逆差时可以随时无条件提取使用，不需国际货币基金组织批准，所以各成员均把它们在国际货币基金组织的净储备头寸列为官方储备资产。如表 5－1 所示，普通提款权在国际货币基金组织成员国际储备资产总量中所占比例较小。

专栏 5－1

国际货币基金组织的每个成员被分配一定的份额，份额大致基于成员在世界经济中的相对地位。成员的份额决定了其向国际货币基金组织出资的最高限额和投票权，并关系到其可从国际货币基金组织获得贷款的限额。

国际货币基金组织利用份额公式评估一个成员的相对地位。现行份额公式是以下变量的加权平均值，即 GDP（权重为 50%）、开放度（30%）、经济波动性（15%），以及国际储备（5%）。这里的 GDP 是通过基于市场汇率计算的 GDP（权重为 60%）和基于购买力平价计算的 GDP（权重为 40%）的混合变量计算。

份额以特别提款权（SDR）计值。国际货币基金组织最大的成员是美国，其份额（截至 2016 年 4 月 30 日）为 830 亿特别提款权（约合 1 180 亿美元），最小的成员是图瓦卢，其份额为 250 万特别提款权（约合 350 万美元）。

（四）特别提款权（Special Drawing Rights，SDRs）

> 特别提款权是国际货币基金组织为补充国际储备资产而人为创设并分配给成员的一种在国际货币基金组织的账面资产，是成员原有普通提款权之外的提款权，故称特别提款权。

国际货币基金组织在1969年9月通过了十国集团提出的关于设立特别提款权的方案，决定从1970—1972年的三年内，由IMF发行95亿SDRs，按成员的原有份额比例进行分配，以此作为成员原有普通提款权以外的储备资产手段。成员可以用特别提款权向国际货币基金组织换取可兑换货币进行国际支付，或直接用于偿还对国际货币基金组织和其他成员政府的官方债务。作为一种使用资金的权利，特别提款权成为储备资产的一部分。

特别提款权作为人为创造的信用资产，在创设之初，其价值用黄金表示，1特别提款权等于0.888671克纯金，美元与黄金脱钩后，改用一篮子16种货币定值。1980年开始采用美元、德国马克、日元、英镑、法国法郎5种货币加权平均定值，5种货币的权重以各国对外贸易在5国总贸易中的占比决定，每5年调整一次。1999年欧元启动后，用美元、欧元、日元、英镑4种货币定值，至2010年底，4种货币的权重分别为41.9%、37.4%、9.4%、11.3%。2015年11月30日，国际货币基金组织执董会完成了对组成特别提款权的货币篮子的例行5年期检查，认为中国人民币满足了加入特别提款权篮子的所有标准，人民币现在可被认定是事实上广泛用于国际交易的自由使用货币，决定自2016年10月1日起，人民币纳入特别提款权（SDR）货币篮子，SDR货币篮子相应扩大至美元、欧元、人民币、日元、英镑5种货币，权重分别为41.73%、30.93%、10.92%、8.33%和8.09%。国际货币基金组织每周公布SDR的利率，每天测算公布SDR价值，至2021年8月30日SDR利率为0.5%，SDR1 = US \$ 1.4226。

专栏5-2

特别提款权篮子货币选择标准

两个选择标准：（1）这些货币是国际货币基金组织成员（或包括国际货币基金组织成员的货币联盟）发行的货币，在比定值决定生效日期提前12个月截止的五年期间内，这些成员的货物和服务出口值是最大的；（2）这些货币须经国际货币基金组织确定，是符合《国际货币基金组织协定》第三十条（f）款的可自由使用货币。

出口规模的标准是为了反映国家在全球贸易中的相对重要性，确保它们有足够的能力提供储备资产，并限制篮子中的货币数目。根据2000年的决定，如果要用某种货币取代篮子中的另一货币，必要条件之一是，某个其货币没有被纳入特别提款权篮子的成员或货币联盟的出口价值在有关期间内超过某个其货币被纳入篮子的成员或货币联盟，而且超过幅度至少为1%。

《国际货币基金组织协定》第三十条（f）款把可自由使用货币定义为："可自由使用的货币是指被基金组织指定的一成员国的货币，该货币：（i）事实上在国际交易的支付中被广泛使用；（ii）在主要外汇市场上被广泛交易。"即一种货币必须具备这个定义中的两个要素——"广泛使用"和"广泛交易"，才能被确定为可自由使用。"广泛使用"要素的目的是保证有关货币可以直接用于满足某个国际货币基金组织成员的国际收支需要，而"广泛交易"要素则是为了保证该货币可以间接使用，即可以在市场上兑换成另一种货币，用于满足某个成员的国际收支需要，同时可以合理地保证这样做不会产生重大的不利汇率影响。可自由使用货币不一定必须在所有外汇市场广泛交易，但必须在一个以上的主要外汇市场中交易。

国际货币基金组织按成员持有的份额比例分配特别提款权，1970 年首次分配时，美国获得了 23% 左右，主要发达国家获得 61% 左右，其余为发展中国家获得。成员可以无偿使用分配的特别提款权。但是特别提款权限于政府持有和使用，只能用于成员政府、国际货币基金组织之间官方支付使用，不能用于私人企业及贸易和非贸易的交易支付。

特别提款权自 1970 年首次创设发行至 1981 年间，集中分配了两次，发行了 6 次共 214 亿特别提款权，在国际储备中的占比很小，2000 年后保持在 1% 左右。2007 年美国次贷危机爆发后，为应对全球性金融危机，补充成员的外汇储备，增加全球经济的流动性，帮助各国度过金融危机，2009 年 8 月，国际货币基金组织宣布新增 1 827 亿 SDRs（折合 2 830 亿美元），其中 1 612 亿 SDRs（2 500 亿美元）根据各成员在国际货币基金组织的现有份额按比例分配，215 亿 SDRs（330 亿美元）通过“特殊分配”一次性发放。2021 年 8 月，为解决全球对储备资产的长期需求，帮助成员应对新冠肺炎疫情的影响，国际货币基金组织批准新增 4 560 亿 SDRs（6 500 亿美元），此次分配完成后，特别提款权在国际储备中的占比将会明显增加。

三、国际储备资产的来源

从一个国家而言，国际储备资产主要有如下来源渠道。

（一）国际收支顺差

国际收支顺差是一国国际储备最主要的来源。其中经常项目的顺差，特别是贸易项目的顺差起着重要作用，因为贸易项目主要为自主性交易，其顺差相对于金融账户顺差更为稳定；金融账户顺差则可能是调节性交易而形成，并会因为资本外逃、外资撤资而减少盈余，带有借入储备的性质。

（二）中央银行干预外汇市场时购进的可兑换货币

在有管理的浮动汇率制度下，各国对外汇市场汇率走势都或多或少、或明或暗地进行干预。在本币汇率有升值压力时，中央银行或金融管理部门会在外汇市场上抛售本币，购进外汇，以保持市场汇率稳定，购进的外汇则成为官方外汇储备的一部分。反之，在本币有贬值压力时，中央银行抛售外汇，买进本币，外汇储备会因此而减少。

（三）国际货币基金组织分配的特别提款权

特别提款权是国际货币基金组织无偿分配给成员使用的记账单位。虽然特别提款权是成员额外的国际储备来源，但分配总额占全球储备资产总额过低，且发达国家和发展中国家分配不平衡，故不是成员的主要来源。

（四）中央银行持有黄金量的增加

一国中央银行可以从国内和国际黄金市场购进黄金来增加货币性黄金的储备量，用本币在国内市场收购黄金可以直接增加一国的国际储备量，如果动用外汇储备在国际市场买进黄金，则不影响国际储备总量，只是改变国际储备结构。牙买加体系的黄金非货币性条款，使得黄金在国际储备中的地位降低，占比下降，成员中央银行持有的黄金储备量变化较少。

（五）货币金融当局的向外借款

上述来源渠道形成的国际储备构成了一国的自有储备，一国的国际储备还可通过借款方式获取，以提高国际支付的清偿力和灵活性。主要的借款方式包括国际货币基金组织的备用信贷、借款总安排、借款新安排和互换货币安排。

备用信贷（Stand－by Credit）是成员在国际支付可能发生困难时，与国际货币基金组织签订的备用借款协议，协议一旦签订，成员在需要时便可按协议规定使用资金。借款总安排（Gerenal Arrangements to Borrow，GAB）是国际货币基金组织与十国集团于1962年联合设立的一种短期信贷资金，由十国集团管理。鉴于成员在国际收支出现严重支付困难时，有可能耗尽在国际货币基金组织的资金，因此，借款国可以向国际货币基金组织和十国集团同时申请，经十国集团2/3多数和国际货币基金组织同意，由国际货币基金组织向有关国家借入，再转贷给借款国，贷款期限3～5年。借款新安排（New Arrangements to Borrow，NAB）是1997年由25个国家和地区共同向国际货币基金组织提供340亿SDR而建立的短中期信贷资金，以帮助国际货币基金组织筹措份额资金，稳定国际货币体系。互换货币安排（Swap Arrangements）是成员之间签订的进行双边互借备用信贷的一种协定协议，协议国中央银行互开设对方货币的账户，规定相互可以动用对方货币的额度，在需要对方货币时，可用本币换取对方货币，用于干预外汇市场，稳定汇率。

四、现行国际储备体系的特点

国际储备是一个不断发展的概念，其内容的规定和变化是由国际储备体系决定的。国际储备体系是国际货币制度的组成部分，其核心问题是确立国际货币制度的中心货币。随着国际货币制度的发展变化，国际储备体系也经历了一个相应的发展演变过程，从以黄金和英镑为中心货币的国际储备体系，发展到美元成为中心货币的国际储备体系，再到现行的多元化中心货币的国际储备体系。现行国际储备体系的特点主要表现在以下方面。

（一）储备货币多元化

储备货币多元化指由单一的美元充当储备中心货币发展为多种储备货币构成国际储备体系的中心货币。储备货币多元化形成的主要原因是：一是国际贸易的发展需要相应增加国际储备。二是各国经济发展不平衡，日本、德国等国家经济实力增强，美国经济实力相对下降。三是主要国家对储备货币的态度变化，美国因美元危机愿意降低美元的地位，同相关国家分享储备货币的利益和负担；德国、日本、瑞士在经历了1979年石油危机出现国际收支逆差后，放松对资本的管制，加速了货币的国际化进程。

布雷顿森林体系下，美国凭借其强大的经济实力确立了美元作为国际储备货币的霸主地位；20世纪60年代开始，美元频繁发生信用危机，动摇了美元双挂钩的基础；70年代美元先后两次宣布贬值及美元停止兑换黄金，使持有美元储备货币的国家遭受了极大损失，它们纷纷抛售美元，抢购黄金以及买进升值的德国马克、日元、英镑和瑞士法郎等硬通货，开始形成了外汇储备多元化格局。

布雷顿森林体系后美元地位虽有所下降，但受人们支付习惯的影响，美元仍然是全球最主要的支付手段和贸易计价货币，也是各国官方外汇储备中的主要币种。据国际货币基金组织的统计，美元在全球外汇储备所占比例从 1973 年的 84.6% 下降至 1990 年的 49.4%。随着 20 世纪 90 年代美国经济的强劲增长，美元币值坚挺，美元在国际官方外汇储备中所占的比例上升，由 1991 年的 51.3% 升至 1997 年的 57%，2001 年更高达 71%；日元所占比重从 1991 年的 8.5% 下降到 2000 年的 5.3%；英镑的比重维持在 3% ~4% 之间。1999 年欧元正式启动后，欧元成为全球官方外汇储备的第二大货币，在官方外汇储备的比重从 1999 年的 17.9% 增加到 2010 年的 26.2%，近年受欧元区政治经济的影响，比重有所下降。2020 年末，美元占全球官方储备货币的比重为 58.94%，为 20 年来的最低水平。而人民币自 2016 年成为 SDR 的篮子货币后，国际化步伐明显加快，国际储备货币功能逐渐显现，2020 年末在全球官方储备货币的比重达到 2.3%，一跃成为全球第五大国际储备货币（见表 5 -2）。

表 5 -2　　官方外汇储备的币种结构　　单位:%

主要货币	1973 年	1980 年	1985 年	1990 年	1994 年	2000 年	2005 年	2010 年	2015 年	2020 年
美元	84.6	66.8	55.3	49.4	55.7	68.2	66.5	61.5	64.2	58.9
欧元	—	—	—	—	—	18.4	24.4	26.2	20.2	21.3
德国马克	5.8	15.0	13.9	17.0	14.4	—	—	—	—	—
法国法郎	1.0	1.7	0.8	2.3	2.4	—	—	—	—	—
英镑	7.0	3.0	2.7	2.8	3.3	3.9	3.7	4.0	4.7	4.7
日元	—	4.4	7.3	7.9	7.9	5.3	3.6	3.8	3.8	6.1
加拿大元	—	—	—	—	—	—	—	—	1.9	2.1
澳大利亚元	—	—	—	—	—	—	—	—	1.8	1.8
人民币	—	—	—	—	—	—	—	—	—	2.3

资料来源：1985—2001 年，2006 年、2011 年《国际货币基金组织年报》，2015 年、2020 年数据来源于 Currency Composition of Official Foreign Exchange Reserves（COFER），International Financial Statistics（IFS），http：//data. imf. org/。

（二）黄金作为储备资产的作用减弱，特别提款权作用有限

黄金作为储备资产的作用明显降低主要受三方面因素的影响：一是国际货币基金组织于 1976 年从法律上取消了黄金的货币作用，人为降低了黄金在货币体系中的作用；二是黄金本身的局限性，黄金自身不能生息，保管费高，须先将黄金换取外汇后才能用于对外支付；三是全球黄金的产量有限，无法满足全球经济快速发展的需要。

特别提款权在 1969 年创设之初，是为了支持布雷顿森林体系及固定汇率制度，用于弥补成员官方储备的不足。随着布雷顿森林体系的崩溃，主要国家货币转向浮动汇率制度，而国际资本市场的快速增长使得成员有了更多的融资渠道，导致对特别提款权的需求降低。2009 年特别提款权在向全球经济体系提供流动性以及补充国际金融危机期间各

成员的官方储备中发挥了重要作用。2021 年批准的有史以来最大一笔特别提款权的分配使用，将有助于增加成员的流动性和储备资产，促进全球经济稳定性。扩大特别提款权的使用，增强特别提款权的作用，再次成为人们关注的问题。

作为国际货币基金组织分配给成员的一种使用资金的权利，特别提款权在国际储备中所占份额很小。它是靠国际纪律创造出来的储备资产，作为一种看不见摸不着的账面资产，只能用于偿还国际货币基金组织债务、弥补成员政府之间的国际收支逆差，它缺乏作为货币的关键功能“流通手段”。同时，它既不像黄金本身具有价值，也不像美元、英镑、日元等货币有一个国家经济实力作为后盾，是一个没有物质基础的记账单位，是一种虚构的国际清偿能力，只能作为成员普通提款权的一种补充。

（三）全球国际储备分布结构不平衡

长期以来，由于各国经济和金融实力发展的不平衡，国际储备分配不合理的现象较为突出。

1. 从黄金储备的分布来看，主要发达国家拥有全球大部分的黄金储备。1950 年，20 个工业发达国家持有世界黄金储备额的 90.56%，1987 年这一比例为 83.41%，一直到 2011 年 3 月仍保持在 79.64%。美国在布雷顿森林体系瓦解后，其黄金储备量仍然稳居全球第一，远远超过其他国家（见表 5－3），到 2020 年 11 月，其黄金储备量高达 8 133.5 吨，而位居第二的德国储备量为 3 362.4 吨，不到美国黄金储备量的一半。

表 5－3　　中央银行黄金储备量全球排名前十国家　　单位：吨

排名	国家	2003 年 12 月	国家	2012 年 1 月	国家	2020 年 11 月
1	美国	8 135.4	美国	8 133.5	美国	8 133.5
2	德国	3 439.5	德国	3 396.3	德国	3 362.4
3	法国	3 024.8	意大利	2 451.8	意大利	2 451.8
4	意大利	2 451.8	法国	2 435.4	法国	2 436.1
5	瑞士	1 666.2	中国	1 054.1	俄罗斯	2 298.7
6	荷兰	800.5	瑞士	1 040.1	中国	1 948.3
7	日本	765.2	俄罗斯	873.6	瑞士	1 040
8	中国	600.3	日本	765.2	日本	765.2
9	西班牙	523.4	荷兰	612.5	印度	668.2
10	葡萄牙	517.2	印度	557.7	荷兰	612.5

资料来源：根据世界黄金协会（WGC）发布的数据整理。

2. 特别提款权和储备头寸的分配不合理。少数发达国家因经济金融发达，可以凭借其在国际货币基金组织的份额分得较多特别提款权和储备头寸。根据 1997 年 12 月的国际货币基金组织《国际金融统计》资料，国际货币基金组织的份额分布中，发达国家占 60.85%，金额为 88 425.2 百万 SDR，发展中国家占 39.15%，金额为 56 893.6 百万

SDR；其中美国占 18.25%，德国占 5.67%，日本占 5.67%，法国占 5.10%，英国占 5.10%。随着全球经济的发展，一些发展中国家在全球的经济地位快速上升，其经济实力与其在国际货币基金组织中拥有的份额不对称的现象越发严重。到2006 年8 月，美国仍拥有国际货币基金组织份额的 17.4%，日本的份额为 6.24%，德国的份额为 6.09%，英国和法国的份额均为 5.03%。

2010 年 10 月，二十国集团（G20）财长和央行行长会议在韩国商定，在 2012 年之前向包括新兴国家在内代表性不足的国家转移 6%以上的份额，2010 年 12 月 15 日，国际货币基金组织理事会批准了关于国际货币基金组织份额的改革。份额改革完成之后，发展中国家持有的储备头寸和特别提款权有所增加，中国的份额从 3.72% 升至 6.39%，超越德国、法国和英国，排在美国和日本之后，从第六位升至第三位，但美国仍然拥有 17.09%的份额。截至 2020 年，发展中国家持有的储备头寸和特别提款权占 35.11%，发达国家拥有 64.89%（见表 5－4）。

表 5－4　　国际储备在工业化国家和发展中国家的分布　　单位：10 亿 SDRs

年份		2000	2002	2004	2006	2008	2010	2015	2020
储备头寸和 SDRs	工业化国家	54.1	69.5	58.9	26.3	32.3	164.1	174.8	207.7
	发展中国家	11.8	16.2	17.2	9.5	11.7	84.3	92.8	112.4
外汇储备	工业化国家	602.6	662.4	846.5	1 497.4	1 617.5	2 012.5	2 868.8	3 687.2
	发展中国家	888.3	1 109.6	1 567.8	1 993.5	3 146.8	4 003.9	5 017.7	5 134.2
黄金储备（百万盎司）	工业化国家	796.5	769.8	740.6	729.0	703.7	700.0	706.6	705.3
	发展中国家	155.9	161.3	159.4	138.7	149.2	175.2	261	317.4

资料来源：2006 年、2015 年、2021 年《国际货币基金组织年报》。

3. 在外汇储备方面，储备货币多元化的发展，使得主要发达国家均成为储备货币的发行国。作为储备货币发行国，它们可以通过发行本币支付国际收支逆差，因而可以积累较多的黄金外汇储备，并保持充足的国际储备。而发展中国家的货币不是储备货币，增加外汇储备的主要途径就是实现国际收支顺差，出现国际收支逆差也只能用黄金或外汇支付，或借入外债；如果一个国家出现持续的国际收支逆差，就可能出现储备不足，陷入债务危机。一些发展中国家不得不采取“奖出限入”的调整政策节省外汇储备的使用。

20 世纪 90 年代以来，发展中国家的国际储备水平逐渐提高，外汇储备增长的分布呈现出一些新的特点。一些发展中国家、新兴市场经济体和产油国的外汇储备普遍出现持续快速增长。据国际货币基金组织统计，截至 2021 年 7 月，全球外汇储备规模达 116 829亿美元，其中，发展中国家外汇储备增长远快于发达国家，其外汇储备占全球的比重从 20 世纪 90 年代初的 1/3 提高到 2/3；亚洲经济体储备增长尤为显著，在全球储备占比超过 40%（见表 5－5）。

表 5－5 主要经济体官方外汇储备情况

序号	经济体	官方外汇储备（亿美元）					占全球比重（%）	
		2000 年	2005 年	2010 年	2014 年	2021 年 7 月	2014 年	2021 年 7 月
1	中国	1 682.78	8 215.14	28 660.79	38 591.68	32 359	32.15	27.7
2	日本	3 549.02	8 342.75	10 614.9	12 310.1	13 019	10.26	11.14
3	瑞士	322.72	362.97	2 234.81	5 054.63	10 182	4.21	8.72
4	沙特阿拉伯	195.85	1 550.29	4 447.22	7 319.2	4 333	6.1	3.71
5	中国台湾	1 067.42	2 532.9	3 820.05	4 189.8	5 133	3.49	4.39
6	俄罗斯	242.64	1 758.91	4 435.86	3 393.7	4 498	2.83	3.85
7	中国香港	1 075.42	1 242.44	2 686.49	3 284.3	4 740	2.74	4.06
8	韩国	961.3	2 103.17	2 914.91	3 587.85	4 449	2.99	3.81
9	巴西	324.34	532.45	2 870.56	3 609.65	3 347	3.01	2.86
10	印度	379.02	1 319.24	2 752.77	3 034.55	5 541	2.53	4.72
11	新加坡	799.61	1 159.6	2 255.03	2 566.43	4 029	2.14	3.4
12	泰国	320.16	506.91	1 675.3	1 512.53	2 304	1.26	1.97
13	墨西哥	355.09	740.54	1 202.65	1 909.23	1 855	1.59	1.59
	全球总量	20 216.64	43 896.46	97 104.7	120 031.81	116 829		

数据来源：国际货币基金组织国际金融统计数据。

（四）国际金融市场对外汇储备的影响明显增强

储备货币是储备货币发行国通过国际收支逆差输出货币实现的，如果各国将持有的储备货币存入国际金融市场，通过国际银行业的信贷扩张，可以派生更多的储备货币。随着各国对资本流动管制的放松以及离岸金融市场的发展，国际信贷资金的扩张和周转速度大大加快，大量的储备货币通过国际金融市场在国与国之间流动，促进了全球外汇储备量的增加。自 20 世纪 70 年代以来，国际外汇储备的总量增加很快，1970—1974 年外汇储备的年均增长率为 31%，1975—1979 年年均增长 14.3%，20 世纪 80 年代后全球外汇储备的增长速度有所降低，但保持了一定的增长幅度。20 世纪 90 年代特别是 2000 年后，全球外汇储备增长迅速，2011 年末全球外汇储备规模是 1995 年的 7.42 倍。全球外汇储备占储备总额的比重 1950 年仅为 27.5%，1970 年为 47.8%，到 2011 年已达 95% 以上，2021 年仍占 82.7%。国际金融机构的信贷派生功能有可能导致储备货币的过度增加，形成流动性过剩，引发或加剧世界性的通货膨胀；国际金融机构的信贷收缩功能则可能造成储备货币头寸不足，引发世界性通货紧缩。

五、国际储备货币多元化的影响

储备货币多元化弥补了单一储备货币的缺陷，对国际货币体系及各国经济发展有积极作用，但同时也存在某些明显的不足。

（一）储备货币多元化的积极作用

储备货币多元化的积极影响主要表现在：

1. 促进国际合作与协调。多元化的储备货币发行国可以进行公平竞争获取货币发行带来的利益，减少和避免了单一储备制度下一国控制国际储备货币发行而形成垄断和霸权的情况，储备货币发行国的相互协调和磋商有利于稳定金融环境。

2. 有利于保持国际储备价值的稳定，防范汇率风险。储备货币摆脱了对美元的过分依赖，既减轻了美国维持美元汇率稳定的义务和压力，又使储备货币持有国可以根据外汇市场的波动，灵活调整外汇储备的币种结构，避免储备货币价值受到储备货币发行国经济衰退和国际收支赤字的影响而带来损失。

3. 满足了经济发展对储备货币的需要。在以美元为中心的国际储备体系下，外汇储备的增长必须以美国的国际收支逆差为前提，受到较大的限制。在多元化储备体系下，多种储备货币同时并存，当某种储备货币发行国出现国际收支顺差时，不会引起国际储备的紧缺，解决了国际储备不足的矛盾。

（二） 储备货币多元化的负面影响

多元化储备货币的缺陷主要表现在：

1. 多元化储备货币制度具有内在不稳定性，“特里芬难题”（Triffin Dilemma）仍然存在。任何一个储备货币发行国的经济不稳定和国际收支持续大量逆差，都会削弱其货币的信用基础，如果保持国际收支平衡，又会给其他储备货币增加压力。同时，储备货币的分散化发行使外汇储备的增加具有无计划性和盲目性。当某种储备货币坚挺时，国际外汇市场会增加对该储备货币的需求，该国政府为应付这种需求或人为干预，在外汇市场大量抛售本币，产生新的储备。在国际商品流通没有增加的情况下，储备货币的过度增加，必然出现对该种储备货币价值信心的动摇，引发货币贬值。同时多元化储备制度的稳定是建立在多元货币稳定的基础上的，在目前对储备货币多元化还没有建立相应的协调和约束机制的情况下，任何一个储备货币发行国经济的波动，都会影响到储备货币的稳定。

特里芬难题又称特里芬悖论，指储备货币发行国无法在为各国提供货币流动性的同时确保币值的稳定。

专栏5－3

美国耶鲁大学教授罗伯特·特里芬（Robert Triffin）在1960年出版的《黄金与美元危机——自由兑换的未来》一书中，提出布雷顿森林体系存在着其自身无法克服的内在矛盾：“由于美元与黄金挂钩，而其他国家的货币与美元挂钩，美元虽然因此而取得了国际核心货币的地位，但是各国为了发展国际贸易，必须用美元作为结算与储备货币，这样就会导致流出美国的货币在海外不断沉淀，对美国来说就会发生长期贸易逆差；而美元作为国际货币核心的前提是必须保持美元币值稳定与坚挺，这又要求美国必须是一个长期贸易顺差国。这两个要求互相矛盾，因此是一个悖论。”这一内在矛盾在国际经济学界称为“特里芬难题”，这个难题决定了布雷顿森林体系的内在不稳定性和瓦解的必然性，直到今天国际货币体系的改革也没有解决“特里芬难题”。

罗伯特·特里芬

2. 加剧了外汇市场的波动。不同储备货币发行国的经济实力和国际收支发展的对比变化，会引起几种储备货币之间的汇率波动。为规避汇率风险，各国持有的外汇储备不断地从一种货币转向另一种货币；同时，软硬通货的经常变化，引起大量国际游资流动，影响外汇市场供求，影响储备货币发行国经济的稳定，引起世界经济的波动。在多元化的储备货币体系下，任何一种储备货币都不可能保持长期稳定，汇率受各种因素影响时涨时落。一国货币疲软时，国际游资流出；坚挺时，国际游资流进。对资本流出入国的经济造成不利影响。

3. 不利于储备货币发行国货币政策的实施。储备货币发行国的货币政策常常受到国际游资和世界储备货币需求波动的干扰和冲击。高利率政策引起国际游资流入，迫使中央银行增加本币发行；利率的降低引起国际游资流出，影响货币政策效果。

第二节 国际储备管理

在四种国际储备资产中，储备头寸和特别提款权不是一国货币当局能够控制和主动调整的资产，因此一国国际储备管理的主要对象是黄金储备和外汇储备，其中外汇储备作为国际储备的主体，成为管理的中心。

一、国际储备管理概念

一国政府及货币当局根据本国国际收支状况和经济发展的需要，对一定时期国际储备规模、结构及储备资产运用进行安排，以保持储备资产的规模适度、结构合理及运用高效。它既包括宏观上需要确定最适度国际储备量和储备管理政策问题，也涉及微观方面对国际储备资产进行具体的营运操作问题。

（一）管理的必要性

对国际储备管理的必要性突出体现在以下方面。

1. 一国宏观经济管理的需要。要确保一国对外经济支付的需要，必须保持一定的储备量。一国的国际储备多少为宜，要考虑持有国际储备的利益和机会成本。持有国际储备的利益在一国出现国际收支逆差时表现得较充分，如果国际储备太少，会导致为调节国际收支不平衡而采取牺牲国内平衡为代价的措施；国际储备太多，则机会成本大，国际储备是实际财富的储备，一国持有储备，就意味放弃了一部分实际财富的使用，形成这部分财富的闲置，不利于经济的发展，一国储备过多，还会产生通货膨胀的压力。

2. 汇率制度变化的需要。在固定汇率制下，储备资产几乎不存在汇率风险，对储备资产的管理主要集中在保持适度规模问题。浮动汇率制的实行和多元化储备体系的形成，导致储备货币汇率波动频繁，软硬货币时常转换，使得储备货币持有国必须随时注意储备货币的币种选择和结构调整，避免储备货币资产因贬值而遭受损失，使得储备货币资产保值管理变得越来越重要。

3. 国际金融市场资产价格波动的需要。储备货币作为一种资产可以进行投资生息，而各种储备货币的利率时高时低，要获得较高的投资收益，必须在不同利率的储备货币之间进行转换。黄金市场价格的动荡也使官方的黄金储备价值不稳定，通过在黄金市场的操作，可以保持黄金储备价值的稳定甚至增值。

（二） 管理重点

国际储备管理的重点在于两个方面：一是国际储备的规模管理。货币管理当局根据影响本国国际储备需要量的相关因素，权衡持有国际储备的利弊，确定本国最适度的国际储备规模量。二是根据保值、增值及国际支付的需要，对国际储备的结构进行调整。包括根据黄金市场价格变化调整黄金储备和外汇储备的结构，根据汇率和利率走势重新安排外汇储备的币种结构，根据本国对外支付和干预外汇市场的需要，将外汇储备合理投放于不同的资产形式，以保持外汇储备资产的安全性、流动性和盈利性。

二、国际储备规模管理

（一） 影响一国国际储备需要量的基本因素

影响一国国际储备需要量的因素多而且复杂，一般而言，主要的影响因素包括以下几个方面：

1. 国际收支差额及其变动程度。一国国际收支差额及其变动程度对国际储备有较大影响，在国际收支的自动调节机制下，国际收支的失衡可以通过汇率、利率、收入、价格机制实现自动调节，官方不需要保持过多的国际储备；在国际收支自动调节机制不能充分发挥作用时，国际收支的逆差不能通过市场调节，官方就必须保持足够的国际储备来应对对外支付的需要。如果国际收支逆差的出现是短期暂时的，官方持有少量国际储备进行缓冲即可；如果一国的国际收支出现长期持续逆差，官方必须持有较大量的国际储备才能满足对外支付的需要，否则会影响到国内经济发展。

2. 国家对外贸易和经济开放程度。一国经济对外开放程度越高，对外贸易规模越大，则该国经济发展受国际市场的影响越大。国际商品市场商品供求变化、价格波动等，直接影响该国的对外贸易规模和贸易差额，国际市场进口商品价格的上涨、出口商品价格的下跌等均可能造成该国的贸易赤字，为减轻贸易赤字对国内经济发展的不利影响，应保持一定量的国际储备。

3. 金融市场的开放程度。一国金融市场对外开放程度越高，外汇管制越少，应对国际游资冲击的国际储备应保持较多。在国际资本流动异常活跃的今天，国际游资对一国外汇市场的冲击影响越来越大，保持足够的国际储备干预汇市，抵消国际游资的负面影响，有利于维护本国金融市场的稳定。相反，实行严格外汇管制的国家，国家储备持有量可低些。

4. 利用国际金融市场融资的能力。一国的国际储备可以是自有储备，还可以通过借款方式借入储备。一国在国际金融市场的融资能力越强，持有的自有储备可以越少；反之，则相应增加国际储备。一般而言，主要发达国家在国际金融市场的融资能力强，部分储备货币发行国还可以增加对外负债来弥补国际收支逆差，相应持有的国际储备较少。

5. 国际合作环境。如果一国政府与其他国家政府及国际金融机构有良好的合作关系，通过签订双边或多边协议，在该国发生国际收支逆差、支付困难时，其他国家政府及国际金融机构可以提供资金支持或联手干预外汇市场，则该国国际储备较少；反之，则需较多。

（二） 适度国际储备的含义

最适度国际储备量是指一国政府为实现国内经济目标而持有的用于平衡国际收支和维持汇率稳定所需要的最低限度的黄金和外汇储备量。

关于国际储备适度规模的定义，西方经济学家有过不少的论述，至今还没有统一的定义。如弗莱明认为，适度的外汇储备存量和增长率应该使储备的“缓解”程度最大化，所谓“缓解”程度是指一国金融当局运用外汇储备融通国际收支逆差而无须采用支出转换政策、支出削减政策和向外借款融资的能力。海勒则认为，能使解决国际收支逆差所采取的支出转换、支出削减和向外借款融资政策的成本最小的外汇储备量就是适度外汇储备规模。巴洛认为，在现有资源存量和储备水平既定的条件下，能促进经济增长率最大化的储备增长率就是适度外汇储备水平。阿格沃尔认为，如果储备持有额能使发展中国家在既定的固定汇率上融通其在计划期内发生的预料之外的国际收支逆差，同时使该国持有储备的成本与收益相等，此时的储备规模就是适度的。

一般认为，最适度国际储备量是在经常储备量和保险储备量之间的一个动态变量。经常储备量是适度国际储备量的下限，即保证一国最低限度进口的对外支付所必需的国际储备资产数额，是最低限度的国际储备需求。保险储备量是当国民经济发展较快时，保证最大限度的国际支付所需的国际储备资产数额。

具体地说，适度的外汇储备规模应能保证：（1）正常的国际支付的完成；（2）满足调节短期国际收支平衡的需要；（3）干预外汇市场，支持汇率稳定；（4）持有外汇储备的机会成本最小。

（三） 适度国际储备量的衡量方法

外汇储备过多或者不足，都会对一国经济产生不良影响。而一国持有多少外汇储备才算是适度的，用什么方法测算，成为国内外学者研究的对象。在影响国际储备的因素中，有的可以进行较为准确的量化描述，有的只能用经济估算的方法来衡量。主要的测算方法有以下几种。

1. 比率分析法。比率分析法是根据外汇储备与某种经济变量之间的比例关系来判断一国外汇储备量是否适度的一种方法。

外汇储备/进口额比例：该方法最早由特里芬（R. Triffin）提出，他通过对62个国家和地区的历史数据进行研究后得出结论认为，一国的国际储备对进口额（R/M）的比例一般以40%为适度，低于30%就需要采取调节措施，如外汇管制措施，最低不能小于20%，这就是著名的“特里芬法则”。这一方法简单易行，至今仍是各国判定国际储备适度标准的重要指标，国际货币基金组织和世界银行把能够支付三个月进口额的储备水平视为发展中国家的理想水平。从全球范围看，这一比例呈下降趋势，1949年为78%，1969年为31%，1979年为26%，1991年为14.9%。目前一般认为，20%～50%的范围适用于世界大多数国家。发达国家因融资能力强，可以用本币支付债务，这一比例可低于发展中国家。

外汇储备/外债余额比例：20世纪六七十年代，随着世界经济的迅速发展以及金融创新的不断深入，资本往来已经成为国际间经济活动的主要形式，国际资本流动规模迅速增长。因此，在国际资本流动规模较小、进出口贸易是国际经济往来主要活动的背景下产生的“特里芬法则”已失去其实用性。特别是20世纪80年代国际债务危机的爆发，让人们相信外汇储备规模应与外债余额规模保持一定的比例关系。根据有关学者对各国数据实证分析的结论，目前一般认为，外汇储备与外债余额的比例（R/D）保持在40%的水平为适度。

一些经济学家进一步提出了用储备与国际收支差额的比例、与GDP的比例或综合考虑储备与进口额、外债还本付息额和外商直接投资资金回流额的比例来衡量储备的适度规模水平的方法。

比率分析法采用静态分析法得出的经验值，分析中只包含一个变量，而影响外汇储备的经济变量很多，它们都与外汇储备密切相关，因此比率分析法对外汇储备适度规模的测算存在一定的片面性，是一种比较粗略的分析方法。

2. 成本—收益分析法。成本—收益法产生于20世纪60年代末期，来源于西方微观经济学的厂商理论，是现在运用比较多的方法，其主要代表人物有海勒（H. R. Heller）和阿格沃尔（J. P. Agarwal）。微观经济学理论认为，当生产某种商品的边际成本等于其所获得的边际收益时，厂商将获得最大利润。一些经济学家们假设政府同其他经济单位一样，在对不同的行为作出选择时，以利润最大化为目标，并将其决策集中在边际成本和边际收益上。于是，他们就将微观经济学中的成本—收益法运用到外汇储备适度规模问题中。他们认为，一国持有外汇储备的收益就是在国际收支逆差时仍能保持汇率稳定；那一国持有外汇储备也必然会产生成本，如把这些储备用来进口商品、劳务，用于国内投资而可能产生的收益即为持有外汇储备的机会成本。持有的外汇储备越多，机会成本越大。根据边际分析方法，一国持有的外汇储备增加时，其边际收益递减，而边际成本递增。当两者相等时，带来的社会福利最大，此时的储备规模也就是最适度的储备规模。

成本—收益分析法的引入为储备需求的计量研究开辟了一条新的途径，也使储备适度规模理论进入了一个全新的发展阶段。但是由于很难对外汇储备的边际收益进行量化，因此该理论在实际应用中存在很多困难。

3. 回归分析法。20 世纪 60 年代以后，一些经济学家将计量经济学中的回归模型运用到外汇储备适度规模的测算中，他们以外汇储备为因变量，以国际收支变动量、国内货币供应量、国民收入、持有储备的机会成本、进口水平等影响外汇储备的因素为自变量建立相关的回归模型，测算一国的适度国际储备规模以及各因素对储备的影响程度。

与比率分析法相比，回归分析法使得对于适度储备量的衡量更加数量化和精确化，是顺应经济数理化的趋势发展起来的，有了较大的进步。第一，它克服了比率分析法的片面性，同时考虑了影响外汇储备的诸多因素，从而使得对外汇储备适度规模的分析更加全面；第二，通过建立回归模型，不仅能计算和预测适度外汇储备规模，还能了解储备及其影响因素之间的相互关系，使得该研究方法从简单的静态分析发展成为动态分析；第三，回归分析法首次针对发展中国家和发达国家不同的国情，对各自储备需求函数分别进行了分析，确定一国储备的适度规模。

但是回归分析法同时也存在着许多缺陷：首先，储备需求函数是在以下两个假设的基础上建立起来的。假设一是以前的经验数据都是合理的，并且以前年度的外汇储备就是适度需求量；假设二是储备供给应具有弹性，能够随时满足一国对储备的需求。显然，这两个假设不一定能够成立，尤其是在发展中国家。其次，回归分析法将储备作为国际收支调节的唯一手段，因此在对储备需求的影响因素进行分析时，忽略了国际收支调节方式的多样性、互补性和替代性。最后，回归模型运用的首要前提就是无多重共线性，然而在自变量较多时，这一条件难以满足。

4. 货币供给决定理论。该理论是由货币主义学派亨利·约翰逊（Heny Johnson）等经济学家提出的。该理论从货币供给角度来界定适度的外汇储备规模，认为国际收支失衡本质上是一种货币现象，当国内货币供应量超过国内需求时，多余的货币就会流向国外，从而形成国际收支逆差，在固定汇率下便会造成外汇储备水平的下降。因此，国内货币供应量就决定了外汇储备的需求量。该理论试图建立外汇储备规模与货币供应量之间的联系。现在人们一般选择 M2 作为衡量外汇储备的货币供应量，将外汇储备与货币供应量之比视为衡量资本外逃的金融风险指标。选择钉住汇率制度或固定汇率制度的国家，一般可将该比例控制在 10% ~20% 之间；对于浮动汇率制度国家，保持在 5% ~10% 之间为宜。

5. 定性分析法。该理论是 20 世纪 70 年代由卡包尔（R. J. Carbaugh）和范（C. D. Fan）等经济学家提出的。他们主张从宏观经济政策和经济变量的状况来判断储备规模是否适度，认为影响一国外汇储备的因素有六个方面，即：①一国储备资产质量；②各国经济政策的合作态度；③一国国际收支调节机制的效力；④一国政府采取调节措施的谨慎态度；⑤一国所依赖的国际清偿力的来源及稳定程度；⑥一国国际收支的动向以及一国经济状况。

定性分析法对影响一国外汇储备的因素分析较为全面且符合实际，为探索如何更为合理地界定一国应该持有的外汇储备水平提供了有益的借鉴意义。但是由于该理论中的很多影响因素难以量化，并且这个理论也没有提供具体的计量模型，因此，该理论的运用具有很大的局限性。

（四）国际储备不足的标志

鉴于影响一国国际储备的因素复杂，而相关的测算方法有一定局限性，考虑到一国的国际储备短缺通常会通过经济活动和一些变量反映出来，故国际货币基金组织曾采用几个客观标志来反映一国国际储备的不足。

1. 国内利率持续保持较高水平。这表明一国以高利率来限制资本外流，吸引外资流入，借以增加国际储备。

2. 对国际经济交易的限制加强。为减少外汇的消耗，控制国际贸易和资本流动，把积累储备作为经济政策的首要目标。

3. 因储备不足而采取鼓励出口、限制进口、紧缩银根等政策措施。

4. 持续的汇率不稳定。储备不足必然引起汇率波动，持续的波动反映一国进行内部平衡与外部平衡调节的失败。

5. 储备增加额的构成。来自出口创汇的储备下降，信用安排的储备上升，反映出储备不足，对国际清偿力的需要增加。

三、国际储备结构管理

国际储备资产结构管理的基本原则是安全性、流动性、盈利性。所谓安全性指储备资产价值保持稳定，资产价值没有遭受损失的风险，如持有价值稳定的储备货币，并存放在政治经济形势稳定、外汇管理宽松及信誉好的国际大银行。流动性是指储备资产可以随时变现，能够在国际市场灵活调拨，满足对外支付的需要。盈利性指储备资产能够投资获利。不同金融资产的安全性、流动性和盈利性不同，安全性、流动性高的资产，盈利性低；盈利性高的资产，安全性和流动性又很低。一国货币当局保持国际储备主要是为国际支付和干预汇市所需，因此，在国际储备资产的管理中，只有在保证安全性和流动性的基础上，才能考虑投资的盈利性。

（一）黄金储备与外汇储备的结构管理

黄金相对安全，但其价值受金价波动的影响较大，20 世纪 70 年代初黄金价格从每盎司 40 多美元一路攀升至 80 年代初的 600 多美元，此后一路下滑至 2001 年不到 300 美元，2001 年 4 月以后开始反弹，2006 年 5 月创下每盎司 725 美元的高位，2007 年年初徘徊在每盎司 630 美元左右。2007 年美国次贷危机爆发后，黄金价格一路上涨，2011 年最高价曾触及 1 900 美元/盎司，此后价格回落至 1 200 美元左右，2019 年 6 月黄金价格开始新一轮的上升，2020 年 8 月最高价触及 2 089 美元/盎司。而外汇受不同货币利率、汇率、通货膨胀率的影响，外汇储备价值也容易出现波动。因而一国可以通过预测汇率的变化和黄金价格走势，合理搭配黄金及外汇储备资产，调整储备资产的黄金和外汇资产的结构。

实际中，因黄金不能直接用于国际支付，不能生息又需较高的仓储费，许多国家货币当局采取了减少或基本稳定黄金储备而增加外汇储备的政策，外汇因其安全性、流动性和盈利性方面的相对优势，在国际储备中居于绝对优势地位。

（二）外汇储备的币种结构管理

外汇储备币种结构管理指根据软硬通货的变化，调整各种储备货币的占比。如预测美元汇率下浮，欧元汇率上浮，可以减少美元储备，增加欧元储备。现实中，一国外汇储备币种结构的安排不仅要考虑汇率变化，还需要兼顾其他方面的需要：一是本国贸易和金融对外支付所需的币种；二是外债还本付息所需的币种；三是干预本国外汇市场所需的币种；四是比较不同储备货币名义利率与汇率变动率，选择收益率较高的储备货币。

在全球的贸易结算和金融交易中，美元占据了主导地位，2005 年，全球国际贸易结算中美元占比 65%，全球外汇交易中美元占比 62%；同时美国发达的货币市场和资本市场为储备货币的投资提供了便利条件，2005 年美国资本市场的市值占全球资本市场比重高达 50%。2008 年后，美元在全球外汇储备的占比有所下降，欧元、英镑、日元等其他货币占比有所上升，但美元的国际地位并未被撼动。2016 年后，人民币的国际化地位稳步提升，根据国际货币基金组织官方外汇储备货币构成（COFER）数据，截至 2021 年第一季度末，人民币储备规模达 1 874.6 亿美元，占标明币种构成外汇储备总额的 2.29%。据不完全统计，目前全球已有 70 多个央行或货币当局将人民币纳入外汇储备。各国对外汇储备币种的结构管理，总体上实行以美元为主，以欧元、英镑、日元、人民币等货币为辅的多元化储备货币结构。

（三）外汇储备的资产结构管理

保持储备资产的目的之一是用于国际支付，这就要求储备资产具有充分的流动性。因此，一国可以根据对外支付的需要，将外汇储备投资于具有不同流动性、盈利性的资产，使外汇储备资产组合能够兼顾流动性与盈利性。一般而言，一国外汇储备资产可按照流动性的高低，分为三个层次进行管理。

1. 一级储备，流动性高，盈利性低，包括在国外银行的活期存款、3 个月内的短期存款、外币商业票据、外国短期政府债券等。这些资产可随时或变现后用于对外支付，必须足以满足一国经常性、临时性的对外支付需要。

2. 二级储备，盈利性高于一级储备，流动性低于一级储备，包括期限在 5 年以内的各种有价证券。二级储备是在必要时弥补一级储备不足，用于补充性或意外事件的支付。

3. 三级储备，盈利性高，流动性低，包括各种长期有价证券，此类储备资产到期时可转化为一级储备，但到期之前的变现能力差，如果提前动用，会蒙受收益甚至资产上的损失。一般国际收支顺差国保持较大比例的三级储备。

第三节　中国的国际储备

2006 年中国外汇储备跃居全球第一，使中国国际储备问题备受关注。如何确立适度的国际储备规模，加强对国际储备资产的营运管理，已成为我国宏观经济管理和外汇管理体制改革的重要课题。

一、中国国际储备的构成与特点

自1980年恢复在国际货币基金组织的合法席位后，与其他会员国一样，我国国际储备资产同样是由黄金储备、外汇储备、特别提款权和储备头寸四个部分组成。总体而言，我国国际储备具有以下特点。

（一）黄金储备数量保持多年稳定情况下，近年明显增加

1949年以来，我国一直实行稳定性的黄金储备政策，黄金储备基本呈稳定态势。20世纪五六十年代我国黄金储备基本保持在500万盎司的水平，1975年增加到1 280万盎司，这一水平保持了6年；1981年至2001年黄金储备维持在1 267万盎司的水平。2001年12月黄金储备由1 267万盎司增加到1 608万盎司（约500吨），2002年12月黄金储备进一步增加到1 929万盎司（约600吨）；2003年后，通过国内杂金提纯以及国内市场交易等方式，增加了1 460万盎司（约454吨），至2009年4月，黄金储备达到3 389.7万盎司（约1 054吨）；2015年再次增持黄金储备，至2016年底，储备数量达到1 842.6吨，约合5 924万盎司；2018年12月开始黄金储备逐月增加，至2019年9月为6 264万盎司（约1 947.8吨）。中国黄金储备在国际储备的占比因黄金价格的波动而变化，虽然增加了部分黄金储备，黄金储备在国际储备中的占比仍较低。据国家外汇管理局公布的数据，2004年我国黄金储备价值为41亿美元，占当年国际储备资产的0.66%，随着黄金储备的增加，其在国际储备中的占比有所上升，2016年黄金储备为679亿美元，占国际储备资产的比重为2.19%，到2020年末黄金储备在国际储备中的占比达到3.52%。

表5－6　　中国国际储备结构表（年末数）　　单位：亿美元

项目	2004年	2006年	2008年	2010年	2015年	2020年
国际储备资产	6 186	10 808	19 662	29 142	34 061	33 565
其中：货币黄金	41	123	169	481	602	1 182
特别提款权	12	11	12	123	103	115
在IMF储备头寸	33	11	20	64	45	108
外汇	6 099	10 663	19 460	28 473	33 304	32 165

注：未列入其他储备资产，货币黄金、特别提款权、储备头寸、外汇储备小数点后四舍五入。

资料来源：国家外汇管理局官方储备资产表。

（二）特别提款权和储备头寸占比较低

我国在国际货币基金组织的份额较低，因此特别提款权和在国际货币基金组织的储备头寸在我国国际储备中的占比较小。1980年我国的特别提款权为0.7亿SDR，储备头寸为1.5亿SDR；1992年特别提款权增加到4.17亿SDR，储备头寸增加到7.58亿SDR。1994年特别提款权和储备头寸总和约为12.94亿美元，占当年国际储备的2.42%。2001年国际货币基金组织提高了中国的份额，由46.872亿SDR提高至63.692亿SDR，中国在国际货币基金组织的份额由2.33%提高为2.98%，位于第八位；2006

年9月中国的份额进一步提升至80.901亿SDR（约合120.23亿美元），占比3.72%，位于第六位；2010年国际货币基金组织份额的改革，将中国的份额升至6.39%，位于第三位。虽然国际货币基金组织多次调高了我国份额，两种资产也有较大的增长，但我国外汇储备的快速增长使之在整个储备资产中所占比重仍然很低。如表5-6所示，2004年我国持有的特别提款权和储备头寸占国际储备资产比例为0.73%，2010年则降至0.64%左右，2015年为0.43%，2020年有所上升为0.66%。

（三）外汇储备增长迅速

1979年以前，国家外汇储备由中国人民银行集中管理；1979年以后，我国的外汇储备由两部分构成，即国家外汇库存和中国银行外汇库存。前者是我国对外贸易和非贸易收支的历年差额总和，后者是中国银行的外汇自有资金加上中国银行在国内外吸收的外币存款和在国际金融市场筹集到的外汇资金，减去中国银行在国内外的外汇贷款和投资。按国际货币基金组织的规定，外汇储备包括官方机构持有的外汇，由于中国银行原来一直是属于国家所有的外汇专业银行，因此将其外汇结存也计入国家的外汇储备。随着我国金融体制改革的深化，中国银行逐步向自主经营、自负盈亏的商业银行改进，政府不再无条件地使用其所持有的外汇，而只能划入国际清偿能力的范畴。因此，从1993年起，中国银行的外汇结存不再计入我国外汇储备的范围，外汇储备只包括国家外汇结存部分。

外汇储备是我国国际储备的主要部分，在我国国际储备资产中的比重长期保持在90%以上，2005年这一比例更高达99%。自1981年以来，我国的外汇储备一直呈增长之势，从1981年的27.08亿美元到1996年突破1 000亿美元，在2001年突破2 000亿美元后，外汇储备增加之势更加迅猛，2006年末突破10 000亿美元，位居全球第一。2020年末更高达32 165亿美元（见表5-7）。

我国外汇储备规模的发展呈现出明显的阶段性特征：

1981—1993年间，外汇储备在波动中增长。在改革开放初期，采取了一系列的政策，限制进口，促进出口，外汇储备稳步增长至1983年的89亿美元。1985年的大量进口，导致外汇储备下降，至1986年仅为20亿美元；1987年采取措施控制进口，外汇储备量回升。1990年鉴于国内经济的过热，加强了宏观经济调控，紧缩货币政策，“奖出限入”，外汇储备出现跳跃式增加，由1989年的55.5亿美元分别增加到1990年的110.9亿美元、1991年的217.1亿美元，增幅分别高达99.82%、95.76%。

1994—2000年间，外汇储备稳步增长。1994年我国外汇管理体制改革，实现汇率并轨，建立了以市场供求为基础、单一的、有管理的浮动汇率制度，取消企业外汇留成制度，实行银行强制结售汇制度、建立银行间外汇交易市场等一系列改革措施，外汇储备再次出现跳跃式增长，由1993年的212亿美元增长到1994年的516.2亿美元，增幅高达143.49%。此后连续三年，外汇储备每年净增200亿~300亿美元，至1997年底，我国外汇储备余额增长到1 398.90亿美元，是1993年的6.6倍，国家外汇储备进入了较为宽松的时期。受亚洲金融危机和人民币贬值预期的影响，1998—2000年外汇储备增长速度明显减缓，三年累计净增257亿美元。

2001—2013 年期间，外汇储备大幅增长。2001 年末，中国加入世界贸易组织，我国对外开放程度进一步增加，外贸进出口量和利用外资额出现较大幅度的增长，外汇储备连续两年分别净增 466 亿、742 亿美元。2003 年开始我国经济走出紧缩，步入快速发展时期，国际收支顺差进一步增加，主要国家对人民币升值进行施压，受国内外对人民币升值强烈预期的影响，吸引了大量套汇型资金流入，外汇储备连年净增1 000亿美元以上。2005 年 7 月人民币开始渐进式持续升值，但外汇储备仍然保持巨额增长态势。

2014 年后，在经历连续两年下滑后外汇储备规模基本保持稳定。随着美联储在 2014 年 10 月正式退出量化宽松货币政策并启动加息，美元开始在全球走强，而中国经济则从高速增长转为中高速增长，开始对经济结构进行调整。人民币对美元贬值、企业对外投资加快、人民币国际化进程加速等诸多因素，使得跨境资金流动呈现较大波动，导致 2015 年、2016 年外汇储备分别减少 5 127 亿美元、3 199 亿美元。此后外汇储备规模小幅波动，截至 2021 年 7 月底，我国外汇储备规模为 32 358 亿美元，仍是全球最高水平。

表 5－7　　我国历年外汇储备　　单位：亿美元

年份	1980	1981	1982	1983	1984	1985	1986	1987	1988
外汇储备	－12.96	27.08	69.86	89.01	82.2	26.44	20.7	29.2	33.7
年份	1989	1990	1991	1992	1993	1994	1995	1996	1997
外汇储备	55.5	110.9	217.1	194.4	212.0	516.2	736.0	1 051	1 399
年份	1998	1999	2000	2001	2002	2003	2004	2005	2006
外汇储备	1 450	1 546	1 656	2 122	2 864	4 033	6 099	8 189	10 663
年份	2007	2008	2009	2010	2011	2012	2013	2014	2015
外汇储备	15 282	19 460	23 281	28 473	31 811	33 116	38 213	38 430	33 304
年份	2016	2017	2018	2019	2020				
外汇储备	30 105	31 399	30 727	31 079	32 165				

资料来源：国家外汇管理局网站。

二、国际储备适度规模问题

我国国际储备规模管理的重点是外汇储备。在持续 20 多年的国际收支顺差环境下，我国外汇储备规模不断增加，形成巨额的外汇储备。保持外汇储备的适度规模一直是我国外汇储备规模管理中的焦点问题。随着 2015—2016 年国际资本流动方向出现逆转，外汇储备连续两年出现下滑，保持外汇储备稳定又成为近年关注的话题。

外汇储备反映了一国国际收支和各项经济政策的实施结果，要客观衡量我国外汇储备的适度规模，除了考虑对外支付和干预外汇市场的需要量外，还必须综合考虑我国宏观经济环境及各项宏观经济政策对外汇储备的影响。

（一）外汇储备过多的负面影响

关于外汇储备的适度规模，虽然不同学者测算的规模差异较大，但在 2015 年前我国国际收支持续顺差的背景下，外汇储备量过多是不争的事实。事实上，巨额的外汇储备也对我国经济产生过负面影响，主要表现在以下方面。

1. 外汇储备过多会加剧国内通货膨胀的压力。外汇储备过多会给本国货币流通及物价水平带来不利影响，不利于国民经济发展。外汇储备的数量规模与一国的货币发行是直接联系的，特别是在中央银行通过控制基础货币从而达到控制货币总量的调控模式下，外汇占款是引起中央银行基础货币投放的重要渠道之一。外汇储备越多，基础货币投放越多，经过乘数作用，本币的货币供应量大大增加，在一定时期内会给本国货币流通、利率水平与物价水平带来压力，触发或恶化通货膨胀。同时，外汇储备过多，还会受到国外通货膨胀的冲击，给国内货币稳定和经济发展带来压力。

2. 外汇储备过多会增加本币升值的压力。从基本的供求原理来看，一国外汇储备过多必然会带来对本币的需求增大，对外汇的需求减少，从而使本币汇价上升。过多的储备资产形成的升值预期，刺激国际资本大量流入，造成短期外债大幅增加，大量的外资流入，增加了兑换人民币的需求，使人民币加快升值的可能性增大。

3. 外汇储备过多会造成外汇资金的闲置和积压。外汇储备规模过大造成的宝贵资金资源的浪费表现在多方面。首先，外汇储备主要来源于贸易收支顺差，是用出口商品换取的外汇资金，这部分储备资产，实际上是国内的物资以资金的形式存放在外国。外汇储备越多，意味着从国内抽出的物资越多，是一种变相的物资闲置，因此，过多的外汇储备，将人为地减少本国国民经济对其资源、物资的有效利用。其次，一国外汇储备过多，说明进口支付减少，该进口的物资没有及时进口，宝贵的外汇资源不能及时转化为现实的生产力，势必会影响国内生产力的发展。再次，容易蒙受国际金融市场汇率变动产生的风险资产损失。最后，要承受放弃投资高收益率、低利保有储备资产和高成本使用国外资金的多重负担。

4. 过多的外汇储备不利于获取国际金融组织、外国政府和其他国际性组织的优惠贷款，使得当我国向国外借款时需要支付更高的成本。根据国际货币基金组织的有关规定，成员国发生外汇收支逆差时，可以从“信托基金”中提取相当于本国所缴份额的低息贷款。如果成员国在生产、贸易方面发生结构性问题需要调整时，还可以获取相当于本国份额160%的中长期贷款，利率也较优惠。相反，外汇储备充足的国家不但不能享受这些优惠低息贷款，还必须在必要时对国际收支发生困难的国家提供帮助。

（二） 外汇储备适度规模应考虑的因素

1. 按国际储备基本作用来考察适度储备量。外汇储备的基本作用表现为满足对外支付和干预汇市的需要，根据比率法来粗略测算，一国国际储备与进口额的比例，一般认为20%～40%为宜，2020年我国进口总量约19 822亿美元，按3个月的进口需要计算，外汇储备应保持在4 956亿美元；外汇储备与外债余额比例一般为40%，2020年底我国外债余额为24 008亿美元，则外汇储备应保持在9 603亿美元；干预外汇市场的平准基金占年外汇成交额的10%，2020年我国外汇市场即期交易总成交120 000亿美元，则外汇储备应保持在12 000亿美元。三项合计为26 559亿美元。考虑到用于稳定经济与应付突发性事件的预防性需求，在此基础上再增加20%，外汇储备需求总额约为31 870亿美元。按此方法测算我国外汇储备规模近年基本适度。虽然采用不同方法测算的外汇储备适度规模差异较大，但考虑外汇储备的基本需求应为基本要求。

2. 从应对经济金融冲击能力来考察适度储备量。我国是一个发展中国家，在发展的过程中不确定因素很多，持有比较充裕的外汇储备，有利于应对突发事件，平衡国际收支波动，防范和化解国际金融风险。1997 年亚洲金融危机、2007 年美国次贷危机等均凸显了国际资本流动的冲击和危害，同时能源问题、自然灾害等危及国家安全和社会稳定的因素增多，适度的外汇储备有助于增强国家对宏观经济金融的调控和风险防范能力。

发展中国家在发生国际收支困难时一般难以在国际市场上以较低成本迅速融资及获得国际社会救助，适度外汇储备有助于提升在国际金融市场上的资信度，提升应对国际收支风险的能力。我国目前正处于经济中高速增长和经济结构转型时期，对外开放度及人民币国际化程度在稳步提升，一定规模的外汇储备，有利于维护国家和企业的对外信誉，拓展国际贸易和吸引外商投资，降低境内机构进入国际市场的融资成本，提高我国的对外融资能力，进一步推动改革开放和人民币国际化进程。

总之，从国际上看，尚没有一个简单的普遍适用的衡量外汇储备适度规模的标准。过去国际经济活动以贸易交往为主，一般认为一国外汇储备额至少应当能够支付本国 3 至 4 个月的进口。随着国际资本流动的日益频繁，特别是 20 世纪 80 年代以来金融危机频发，各国在考虑外汇储备规模时，更加重视资本流动和防范金融危机的因素，综合考虑本国国民经济规模和发展水平、经济开放和对外依赖程度、对外贸易规模、国际收支波动性、外部经济活动的未来预期、汇率制度安排以及货币当局的反应速度、调节外汇储备的能力等各方面因素。

专栏 5－4

东亚经济体囤积国际储备的动机

1997 年亚洲金融危机之后，东亚经济体的国际储备大幅增加，国际储备的累积与贸易的增长有关，同时也受到金融因素的影响。随着全球金融一体化的深入，金融动荡逐渐增多，金融危机一波未平一波又起。危机导致经济增长大幅下滑，脆弱的银行体系受到威胁，甚至危及社会的稳定。抵御危机不能依靠国际货币基金组织，也不能依赖于宏观经济政策。越来越多的国家认为应该通过增加流动性进行自我保护，而增加央行的外汇储备就是增加流动性的重要方式之一。因此，在全球金融一体化的背景下，累积国际储备作为一种预防措施已经显得越来越重要。

一些经济学家将东亚经济体对国际储备的囤积部分地归因于是为了改善竞争力。囤积国际储备可以很好地为出口导向战略服务。通过累积国际储备，一个经济体的本币就会相对贬值，从而提高出口竞争力，促进出口增长。

东亚经济体大多实施出口导向战略，不排除具有实力的国家为改善竞争力而进行国际储备的囤积。如果存在一个经济体进行储备的囤积，那么会诱使其他出口导向战略的国家进行相同的竞争性储备囤积，以化解第一个经济体所获得的任何竞争优势。结果就是导致各个经济体的国际储备的惊人增长。

摘引自侯海英．东亚经济体囤积国际储备的动因［J］．世界经济研究，2010（7）．

三、国际储备结构管理

外汇储备，双边货币互换与流动性冲击

我国国际储备结构管理涉及两个层面：其一是黄金储备和外汇储备结构；其二是占国际储备绝大部分的外汇储备的结构，包括外汇储备资产中的币种安排和外汇储备资产投资组合中的地区分布、期限搭配、工具选择等。

（一）外汇储备管理机构

承担我国外汇储备管理工作的机构主要有国家外汇管理局的储备管理司和中国投资有限责任公司。

1. 储备管理司。国家外汇管理局储备管理司的主要职能包括：研究提出国家外汇储备和黄金储备经营管理战略、原则及政策建议，组织国家外汇储备总体经营方案的拟订和实施；确定国家外汇储备资产组合中的地区分布、币种安排、期限搭配、工具选择等；进行日常的外汇交易、清算和结算等经营性工作；监督检查委托储备资产的经营状况；承担与国际机构之间相关的协调与合作，参与有关国际金融活动，承担与港澳台交流合作的有关工作；研究拟订其他外汇资产受托经营原则。

经营管理的外汇储备资产包括外币存款、债券、债券回购、同业拆放、外汇掉期、期权等各项外汇资产。通常外汇储备管理司将需要投资的外汇储备分成许多份额，在市场上寻找合适的买家（多是全球知名的投资银行和基金公司）要价，并对每个具体交易对手实行授信额度控制。同时将部分外汇储备委托海外经理人直接管理。

2. 中国投资有限责任公司。中国投资有限责任公司（以下简称中投公司）成立于2007 年 9 月，是从事外汇资金投资管理业务的国有独资公司，注册资本金 2 000 亿美元。公司的经营目标，一是以境外的金融组合产品为主，开展多元投资，提高外汇资产的长期收益；二是向国内金融机构注资，依法履行出资人代表职责，实现国有金融资产的保值增值。

中投公司专营国家外汇资金多元化投资，是目前从事境内外投资活动的中国唯一一家主权财富基金公司。中投公司下设三个子公司，分别是中央汇金投资有限责任公司（以下简称中央汇金）、中投国际有限责任公司（以下简称中投国际）、中投海外直接投资有限责任公司（以下简称中投海外）。中央汇金主要对国有重点金融企业进行股权投资，并以出资额为限代表国家依法对国有重点金融企业行使出资人权利和履行出资人义务，实现国有金融资产保值增值。中投国际于2011 年9 月设立，承接了中投公司当时所有的境外投资和管理业务，开展公开市场股票和债券投资，对冲基金和房地产投资，泛行业私募基金委托投资、跟投和少数股权财务投资等业务。中投海外于 2015 年 1 月成立，是中投公司对外直接投资业务平台，通过直接投资和多双边基金管理，促进对外投资合作，实现投资收益的最大化。

中投公司早在尚未正式挂牌之时就已进行境外投资实践。2007 年 5 月，中投公司购买美国黑石集团价值 30 亿美元的股权，占黑石集团股权份额达到 9.9%；同年 11 月，购买中国中铁集团 H 股股票约 1 亿美元；同年 12 月，购买美国摩根士丹利公司50 亿美元的可转换股权单位。作为一只新兴主权财富基金，中投公司利用外汇储备开展的若干对外投资项目，在国际上形成了巨大影响。截至2020年底，中投公司总资产达1.2万亿美元，公司境外投资中自营投资占比为44%，委托投资比例为56%；境外投资组合分布比例为现金资产2%、另类资产43%、固定收益17%、公开市场股票38%；累计投资净收益率6.71%。

（二）结构管理重点

各国外汇储备资产主要集中在自由兑换货币，诸如美元、欧元、日元、英镑等发达国家的货币，其中美元占主导地位。对我国来说管理的重点是适应国际金融市场的风云变幻，不断调整外汇储备中美元与欧元、英镑、日元的结构比例，使外汇储备保值增值。

1. 适当增加黄金储备比例。2005年我国外汇储备占国际储备的比例高达99%，黄金储备价值比例仅占0.51%，2010年黄金储备增加到1 054吨，黄金储备价值占国际储备比例为1.65%，2020年黄金储备数量达到1 948.3吨，黄金储备价值占国际储备资产的比重也仅为3.52%。

适度提高黄金储备比例，可以为人民币国际化提供重要的保障，提升对突发风险的应对能力。当前影响国际政治和经济局势的不稳定因素较多，国际货币体系中基础货币的不确定性风险较大，增持黄金储备，不仅有助于规避风险或应对突发事件，而且可以为人民币成为国际储备货币提供支撑。一些发达国家尤其是储备货币发行国长期保有较高比例的黄金储备，以世界黄金协会公布的2011年8月及2020年11月的数据为例，黄金储备在外汇储备总额中的占比在美国分别为74.2%、79.4%，德国分别为71.4%、76.6%，意大利为71.2%、71.1%，法国为66.2%、66.7%，荷兰为58.9%、69.3%，欧洲央行为31.3%、34.8%，中国则为1.6%、3.6%。尽管黄金市场价格受政治经济因素影响有涨有跌，但从长期战略角度出发，预测黄金市场的价格走势，适时合理地购买部分黄金，既能够达到保值增值的目的，又能使中国的国际储备结构更为合理。

2. 合理调整外汇储备资产的币种结构。2008年之前，我国外汇储备资产70%左右为美元资产，大部分外汇用来购买了美国债券。持有过多的美元资产，使得我国外汇储备的质量直接受到美元汇率波动的影响，外汇储备价值随着美元汇率的涨跌而起伏，面临着增值或缩水的风险，也影响国内货币市场的稳定。2008年以来，中国着手改变外汇储备各币种的配置，实施储备资产的多元化投资，采取减持美国国债，分散至欧元、日元等资产，增持亚洲国家、欧洲国家的国债等方法，降低美元在外汇储备中的比重。外汇储备多元化投资不仅可以实现分散经营、保值增值的目的，而且有助于推动一篮子货币的有效汇率形成机制。

我国外汇储备资产结构调整中，汇率、利率的波动是主要的影响因素。具体而言，外汇储备资产的结构调整必须综合考虑以下因素：

第一，各储备货币汇率变动的中长期趋势。及时了解储备货币发行国的经济、金融情况，包括该国经济、金融实力、货币供给量、经济发展趋势、国际收支动态等，较准确地预测储备货币的汇率走势。从短期来看，汇率受利率以及政治、经济等偶发性事件影响较大，因此应注意主要储备货币发行国家的利率动向，同时也应密切注视世界上政治经济的变动，避免某些储备货币的贬值风险。

第二，根据本国对外贸易的地区结构及其金融支付对储备货币的需求作出选择。国际储备是国际收支的准备金，因此，分析外贸商品的流向、数量及历来的支付惯例，力求使外汇储备货币结构与进口付汇和偿付外债的要求相一致。

第三，选择储备货币的结构还应考虑在外汇市场上为支持本国货币汇率，进行干预时所需的货币类型和规模。国际储备的作用之一就是干预外汇市场，尤其是在本国货币受到某种储备货币的冲击，汇率趋于下跌时，为了使本国汇率趋于稳定，货币当局必须抛售该种储备货币换购本国货币以支持本国的汇率，这就要求我国在外汇储备中保持一定比例的该种储备货币。

第四，储备货币持有除了追求安全因素之外，还需使之尽可能盈利，即尽可能持有一些盈利性较高的储备货币。在一般情况下，任何一种投资方式都不能同时具有较高的流动性、安全性和盈利性。因此，在外汇储备存量一定时，应在流动性、安全性和盈利性之间进行利弊得失的权衡。我国进行外汇储备资产组合时，应考虑我国生产季节性对进出口的影响，国际借贷市场的发达程度，证券投资的选择对象、比例，以及该国的资信等。因此，外汇储备的投向结构要合理，既要能满足国家日常及急需时的对外支付，又能满足获取最大的收益。根据对外支付的时间和比重，留足周转金存放在实力信誉好的国外银行或购买短期的政府债券，把超过周转金额的资金作为较长期的投资，购买外国政府公债、国库券或可靠、稳定、收益高的有价证券，始终保持外汇储备的合理投向。同时，外汇储备资产的存放要分散化。储备资产的存放要避免出现过于集中于一两个银行的情况，经常注意观察储备货币发行国、存放银行和国际金融市场的各种变动状况，防止遭受外国政府冻结资金、银行倒闭或发生意外事件的损失。

本章小结

1. 国际储备是一国国力和金融实力的综合反映，是一国货币当局能随时用来干预外汇市场、支付国际收支差额的各种形式的流动资产的总称，包括黄金储备、在国际货币基金组织的储备头寸、特别提款权和外汇储备。现行的国际储备体系具有储备货币多元化、储备资产分布不平衡和国际金融市场对外汇储备影响明显增强的特征。多元化储备货币解决了对单一美元的过分依赖，但是“特里芬难题”仍然存在。

2. 对一定时期国际储备规模、结构及储备资产运用进行安排，以保持储备资产的规模适度、结构合理及运用高效是国际储备管理的中心工作。影响国际储备适度规模的因素包括国际收支、经济金融市场对外开放度和依存度、融资能力、国际合作环境等，对适度储备规模的测算方法有比率法、成本收益法、货币供给决定理论等。国际储备资产结构管理要遵循安全性、流动性、盈利性原则。

3. 中国国际储备增速较快，尤其是外汇储备规模巨大，外汇储备的适度规模管理和资产结构管理是我国国际储备管理的中心工作。

关键词

国际储备（International Reserve）
外汇储备（Foreign Exchange Reserve）
特别提款权（Special Drawing Rights，SDRs）
特里芬难题（Triffin Dilemma）

本章重要概念

国际清偿力　黄金储备　储备头寸　储备货币　普通提款权　备用信贷　货币互换安排　适度国际储备　特里芬法则　安全性　流动性　盈利性　一级储备

思考题

1. 简述测量一国国际储备适度规模的方法及其局限性。
2. 如何看待我国国际储备的适度规模问题？
3. 您认为东亚国家保持超额外汇储备的动因是什么？

练习题

1. 简述国际储备的含义与主要作用。
2. 简述国际储备的构成及其分布特点。
3. 影响一国国际储备需要量的因素主要有哪些？
4. 试述国际储备资产结构管理的基本原则。

案例题

针对阅读材料思考讨论以下问题：
1. 超主权储备货币实施的可行性。
2. 特别提款权有望成为主要的国际储备资产吗？
阅读材料：

国际储备货币制度改革

此次金融危机的爆发与蔓延使我们再次面对一个古老而悬而未决的问题，那就是什么样的国际储备货币才能保持全球金融稳定、促进世界经济发展。历史上的银本位、金

本位、金汇兑本位、布雷顿森林体系都是解决该问题的不同制度安排，这也是国际货币基金组织（IMF）成立的宗旨之一。但此次金融危机表明，这一问题不仅远未解决，由于现行国际货币体系的内在缺陷反而愈演愈烈。

理论上讲，国际储备货币的币值首先应有一个稳定的基准和明确的发行规则以保证供给的有序；其次，其供给总量还可及时、灵活地根据需求的变化进行增减调节；最后，这种调节必须是超脱于任何一国的经济状况和利益。当前以主权信用货币作为主要国际储备货币是历史上少有的特例。此次危机再次警示我们，必须创造性地改革和完善现行国际货币体系，推动国际储备货币向着币值稳定、供应有序、总量可调的方向完善，才能从根本上维护全球经济金融稳定。

创造一种与主权国家脱钩、并能保持币值长期稳定的国际储备货币，从而避免主权信用货币作为储备货币的内在缺陷，是国际货币体系改革的理想目标。

1. 超主权储备货币的主张虽然由来已久，但至今没有实质性进展。20 世纪 40 年代，凯恩斯就曾提出采用 30 种有代表性的商品作为定值基础建立国际货币单位“Bancor”的设想，遗憾的是未能实施，而其后以怀特方案为基础的布雷顿森林体系的崩溃显示凯恩斯的方案可能更有远见。早在布雷顿森林体系的缺陷暴露之初，国际货币基金组织就于 1969 年创设了特别提款权（下称 SDR），以缓解主权货币作为储备货币的内在风险。遗憾的是，由于分配机制和使用范围上的限制，SDR 的作用至今没有能够得到充分发挥。但 SDR 的存在为国际货币体系改革提供了一线希望。

2. 超主权储备货币不仅克服了主权信用货币的内在风险，也为调节全球流动性提供了可能。由一个全球性机构管理的国际储备货币将使全球流动性的创造和调控成为可能，当一国主权货币不再作为全球贸易的尺度和参照基准时，该国汇率政策对失衡的调节效果会大大增强。这些能极大地降低未来危机发生的风险，增强危机处理的能力。

同时还应特别考虑充分发挥 SDR 的作用。SDR 具有超主权储备货币的特征和潜力。同时，它的扩大发行有利于国际货币基金组织克服在经费、话语权和代表权改革方面所面临的困难。因此，应当着力推动 SDR 的分配。这需要各成员国政治上的积极配合，特别是应尽快通过 1997 年第四次章程修订及相应的 SDR 分配决议，以使 1981 年后加入的成员国也能享受到 SDR 的好处。在此基础上，考虑进一步扩大 SDR 的发行。

由国际货币基金组织集中管理成员国的部分储备，不仅有利于增强国际社会应对危机、维护国际货币金融体系稳定的能力，更是加强 SDR 作用的有力手段。

资料来源：节选自《周小川：关于改革国际货币体系的思考》，中国人民银行网站，2009 年 3 月 23 日。

第六章
国际金融市场

本章知识结构

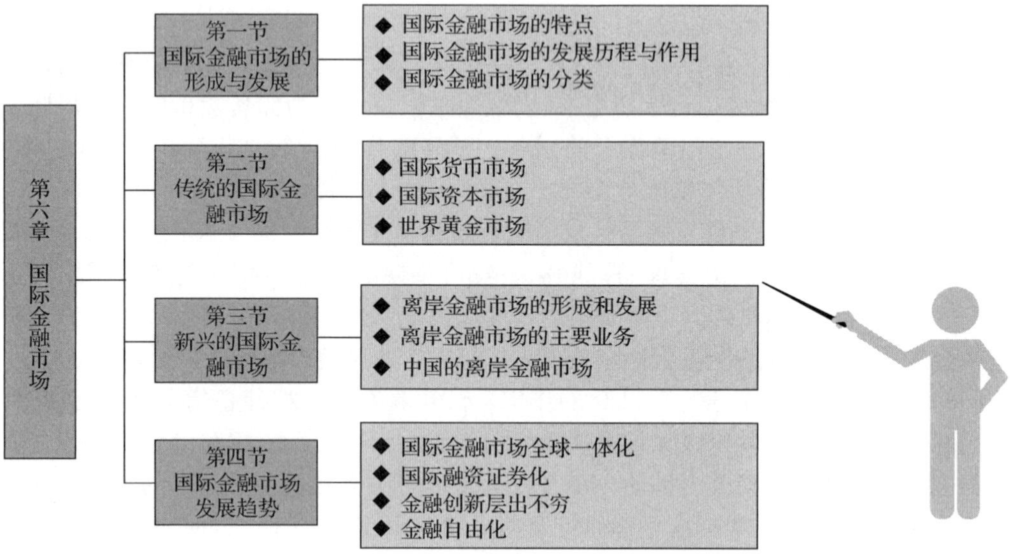

本章学习目标

- 了解国际金融市场的发展历程与市场结构。
- 理解衍生金融工具以及新兴国际金融市场的特点。
- 把握金融创新背景下国际金融市场的发展趋势。

章前引例

美国全球投资者公司首席执行官兼首席投资官弗兰克·霍尔姆斯（Frank E. Holmes）在2019年底曾公开讨论过他对未来黄金价格的预期。该公司管理着超过40亿美元的资产（纳斯达克股票代码：GROW）。弗兰克·霍尔姆斯以在黄金和贵金属方面的专业知识以及推出独特的投资产品而闻名。

弗兰克·霍尔姆斯表示：当前世界出现了负实际利率，这是前所未有的，特别是在欧盟地区，这是因为缺乏一个真正有效的财政刺激。相反，他们的策略一直是让货币没有价值，实际利率为负。例如，丹麦向你提供抵押贷款，你借了银行的贷款，银行反而要付利息给你，这是荒谬的，它没有解决经济放缓的根本原因。

他认为，零利率货币刺激的需求非常强劲，每一次经济放缓，都需要数万亿美元才能推动国内生产总值（GDP）1%的增长。因此，货币正在贬值。当你意识到黄金的重要性时，就很容易看到黄金作为真正的资产在上涨。这是一个非常理性的论点，因为黄金的供应是有限的，并不像货币供应量那样可以大规模增加。

有学者认为进入2022年黄金价格就将触及每盎司3 000美元，而弗兰克·霍尔姆斯则认为未来黄金价格会上涨到每盎司10 000美元。

每盎司10 000美元！

它有你想象的那么不可思议吗？

第一节　国际金融市场的形成与发展

经济的发展依赖于资源的合理配置，而资源的合理配置则主要通过市场机制的运作来实现，金融市场在市场机制的运行过程中发挥着关键的作用。

一、国际金融市场的特点

（一）国际金融市场的含义

作为市场必须具有两个基本特征：一是主体间选择的自愿性，即买卖双方都是根据自己的主观愿望和实际能力来选择交易的对象；二是价格上的协商性，即买方会付出多少代价，卖方可取得多少价值，可通过双方协商确定，有变动的余地。不具备以上特征的市场是不完整的市场，作为金融市场也需要具备以上两个特征。金融市场是以金融资产为交易对象而形成的供求关系及其机制的总和。一个有效的金融市场意味着金融资产的价格能及时准确地反映所有公开的信息，资金在价格信号的引导下合理流动，从而优化经济资源的配置。

国际金融市场（International Financial Market）是指当金融市场活动跨越国界，在国际间进行外汇、证券、黄金买卖以及资金借贷、结算等活动所形成的市场。

国际金融市场的交易不受国界限制；交易的标的十分丰富，可以是多种货币或金融资产；市场极为活跃，富于创造性，拥有现代化的服务方式；市场管理相对宽松，较少受官方干预和约束。

（二） 国际金融市场与国内金融市场的区别

国际金融市场与国内金融市场是既有联系又有区别的。

1. 国际金融市场与国内金融市场的联系。两者的联系主要体现于：第一，国内金融市场是国际金融市场得以发展的基础，没有国内金融市场的发展就不可能形成国际金融市场。第二，国际金融市场与国内金融市场在本质上是一致的，都要受市场机制的作用，国内金融市场的货币资金运动与国际金融市场的货币资金运动互相影响。第三，国内金融市场上的某些大型金融机构，同样也是国际金融市场的主要参与者。

2. 国际金融市场与国内金融市场的区别。两者的区别则主要表现为：第一，市场运作境界不一，国际金融市场的业务范围超越了国家的界限，而国内金融市场业务范围限于一国领土之内。第二，市场业务活动不一，在国际金融市场上一些主要国家的货币和票据都可以作为交易的对象，而国内金融市场只允许使用本国货币；在国际金融市场上无论是居民还是非居民都可自由参加国际金融市场活动，而国内金融市场只限于居民参加。第三，市场管制程度不一，国际金融市场所在地国家对其活动不会采取过多的干预，交易比较自由，而国内金融市场的一切交易受本国法令、规章制度的控制，管制相对较多。

（三） 国际金融市场的形成条件

国际金融市场的形成必须具备一定的政治经济条件，一般而言主要包括以下几点：

1. 政治经济的稳定。如果政治经济局势不稳定，经常出现政治动乱或其他的纷扰，就无法形成一个国际金融中心，即使是已经形成的国际金融中心，其地位也会削弱。

2. 自由开放的经济体制。它主要包括自由开放的经济政策与宽松的外汇管制。

3. 发达的金融市场。必须具备健全的金融制度、发达的金融机构以及经验丰富的国际金融专业人才，以保证形成高质量、高效率的金融活动。

4. 现代化的通信设施与交通方便的地理位置。良好的地理位置和现代化的通信联络装置有利于适应国际金融业务的新发展。

二、国际金融市场的发展历程与作用

（一） 国际金融市场的形成与发展

国际金融市场的形成与发展经历了以下几个阶段。

1. 第一次世界大战前。第一次世界大战前，伦敦形成最初的国际金融市场。第一次世界大战以前，由于英国经济迅速发展，工业生产趋于垄断，对外贸易也迅速跃居于资本主义世界首位。同时，英国的金融机构和金融制度也不断得到发展和完善，英镑成为当时世界上主要的国际结算货币和储备货币，从而使得伦敦成为最初的国际金融市场。

2. 第二次世界大战期间。第二次世界大战期间，伦敦作为国际金融市场的地位衰落。第一次世界大战爆发后，主要资本主义国家放弃了传统的金本位制，英镑作为最主要的国际结算货币和储备货币的地位削弱，伦敦的国际金融市场地位也随之下降。第二次世界大战爆发后，英国经济遭受严重破坏，使得伦敦的国际金融市场地位更是不如从前。

3. 第二次世界大战后。第二次世界大战后，国际金融市场的发展又经历了几个阶段：

第一阶段（20 世纪 60 年代前）：纽约、伦敦和苏黎世成为世界三大国际金融市场，以纽约居于首位。美国在第二次世界大战中，积累了大量财富。1944 年，《布雷顿森林协议》又确立了以美元为中心的国际货币体系，美元成为各国的储备货币和国际结算货币。世界上许多国家和地区的外汇储备中大部分是美元资产，均存放于美国，由纽约联邦储备银行代为保管，纽约联邦储备银行在金融市场上的活动直接影响到国际金融市场利率和汇率的变化。世界各地的美元买卖，包括欧洲、亚洲等地的市场交易都必须在美国进行，纽约成为世界美元交易的清算中心。因此，纽约成为当时西方最大的国际金融市场。而瑞士由于保持了瑞士法郎的自由兑换，并发展了自由外汇与黄金市场，使得苏黎世成为欧洲比较活跃的国际金融市场。

第二阶段（20 世纪 60 年代）：国际金融市场的特点是由集中转向分散。60 年代开始，资本主义各国的经济实力发生了变化，美国由于连续发动战争，国际收支恶化，黄金大量外流，美元地位急剧下降。由于美国采取一系列的保护性措施限制资本外流，纽约金融市场对外限制较多，降低了纽约在国际金融市场的作用。在欧洲则形成了欧洲美元市场，使得国际金融市场不再局限于少数传统的金融中心，而是迅速扩展到巴黎、法兰克福、布鲁塞尔、阿姆斯特丹、东京、新加坡和卢森堡等地。

第三阶段（20 世纪 70 年代）：新兴金融市场建立并向国际化发展。70 年代以后，以美元为中心的国际货币体系崩溃，随着发展中国家金融市场的兴起，国际金融市场的发展产生了深刻的变化。近年来，亚洲的新加坡、马来西亚、菲律宾、印度尼西亚、泰国、中国香港、中国澳门以及拉丁美洲、非洲等国家的金融市场都有较大程度的发展，它们在进一步发展本国和本地区金融业的同时，逐步建立和发展了一些区域性的国际金融市场，如亚洲美元市场自 1968 年在新加坡建立后迅速扩展到马尼拉、东京，乃至非洲和拉美。又如，70 年代中期以后，石油输出国由于积累了巨额的石油美元，促进了阿拉伯银行体系的建立和巴林国际金融中心的形成和发展。

第四阶段（20 世纪 80 年代后）：国际金融衍生工具市场的发展。70 年代后随着浮动汇率体系的确立，国际金融市场的波动更加频繁，市场风险进一步加大，为了规避各种金融风险的金融衍生工具不断被创新出来，同时受 70 年代初美国经济学家罗纳德 · I. 麦金农和爱德华 · 肖的“金融抑制论”和“金融深化论”的影响，一些发展中国家和地区以及发达国家相继开始了金融自由化的改革，迎来 80 年代的全球金融创新的浪潮，从而使得金融衍生市场的交易量不断扩大，成为当今国际金融市场的重要组成部分。

2008 年之前，国际金融衍生品经历了 30 多年的发展，市场规模不断膨胀，交易日益活跃，各类机构在参与广度和深度上都不断加强，相关监管总体呈现宽松状态。自 2008 年国际金融危机爆发后，金融衍生品备受诟病，市场发展进入了一段低谷时期。

近几年来整个国际金融市场主要价格变化凸显出投机因素困境，随着世界政治经济格局的变化，美联储加息、英国脱欧、民粹主义反全球化等一连串事件，对国际金融市场的影响加大。但就国际金融市场格局来看，伦敦、纽约、东京仍然是全球三大外汇交易中心，全球外汇交易量稳步上升；英国仍是跨国借贷业务集中地；美国、欧元区、日本、英国占据全球债券市场绝大部分份额；伦敦、纽约是黄金现货以及期货交易中心，全球黄金交易量呈上升趋势。

随着2020年新冠肺炎疫情在全球范围内的暴发，为保护生命而实施的隔离、封锁、关闭等措施，在阻断病毒传播的同时也对经济活动造成严重影响。未来疫情走势、供给中断等因素将可能造成国际金融市场急剧收紧，更使全球经济增长存在着极大的不确定性。

（二）国际金融市场的作用

随着国际金融市场的不断发展，其活动范围涉及全球各地，其作用也不断扩大，主要表现在以下几方面：

1. 促进了生产和资本的国际化。在世界范围内调拨资金，使闲置资本转化为盈利资本，把储蓄有余国家的资金调拨到资金不足国家，从而促进了生产和资本的国际化。通过国际金融市场的融资、结算、资金调拨等运作，进一步为国际投资与贸易的发展提供便利，加强了各国经济间的相互联系。

2. 调节国际收支。20世纪70年代石油大涨价以后，许多石油进口国包括一些发达国家都出现了大量国际收支逆差，而石油出口国则将积累的“石油美元”盈余资金，投放到国际金融市场，缓和许多国家的国际收支失调问题。同时，国际收支不平衡会引起外汇供需的变化，造成外汇汇率的变动，进而也可调节国际收支。

3. 推动了银行国际化的发展。第二次世界大战后，银行业务的国际联系进一步加强，一些传统的内向型银行纷纷走出国门，发展成为跨国银行，这无疑是国际金融市场发展推动下的结果。

4. 负面影响主要是国际资本流动问题。大量资本跨越国界的流动，会影响一国国内货币政策的执行，引发外汇市场的波动，也会使一国国际清算能力在数量和结构上的管理难度加大，可能加剧世界性通货膨胀。随着欧洲货币市场的产生和发展，国际金融市场的运作更加复杂，如何加强国际金融市场管理成为重要课题。

三、国际金融市场的分类

随着国际经济交易的不断发展，国际金融市场的类型不断演变，从不同的角度主要分成以下几种类型。

（一）按照资金融通期限的长短划分

国际金融市场可以分为国际货币市场和国际资本市场。国际货币市场是期限在1年及1年以内的在国际间交易的金融工具市场，它包括国际间的短期资金拆借市场、国库券市场、大额可转让存单的交易市场、商业票据和银行承兑汇票的交易市场等。国际资本市场是资金借贷期限在1年以上的在国际间交易的金融工具市场，其业务活动按照融资方式的不同分为国际中长期信贷市场和国际证券市场。

（二）按照经营业务的种类划分

国际金融市场可以分为国际货币市场、国际资本市场、国际外汇市场和国际黄金市场。国际外汇市场是指进行外汇买卖的场所或网络。国际外汇市场上的外汇买卖有两种类型：一类是本币与外币之间的买卖；另一类是不同币种的外汇之间的买卖。国际黄金市场是世界各国集中进行黄金交易的场所，是国际金融市场的特殊组成部分。国际黄金市场主要由黄金现货市场、期货市场和期权市场所组成。

（三）按照交易对象所在区域和交易币种划分

国际金融市场可分为传统的国际金融市场（在岸市场）和新兴的国际金融市场（离岸市场）。传统的国际金融市场是国内金融市场的延伸，从事市场所在国货币的国际借贷，并受市场所在国政府政策法规的管辖。其特点主要表现为：（1）受到市场所在国法律和金融条例的制约较多，借贷成本较高；（2）交易活动是在市场所在国居民和非居民之间进行，国际化程度不高；（3）通常只经营市场所在国货币的信贷业务，是市场所在国资金输出的窗口。

新兴的国际金融市场是传统国际金融市场的延伸，是不受任何国家国内政策法规的制约和管制的。新兴的国际金融市场是目前最主要的国际金融市场。其特点则主要是：（1）资金业务基本不受市场所在国及其他国家的政策法规约束；（2）交易活动是在市场所在国的非居民之间进行，交易关系是外国贷款人和外国借款人之间的关系；（3）交易的货币是市场所在国之外的货币，包括世界主要的可自由兑换货币，国际化程度高，是真正的国际金融市场。

第二节　传统的国际金融市场

传统的国际金融市场主要包括国际货币市场、国际资本市场、国际外汇市场和国际黄金市场四部分，这些市场主要是以本国货币发行外国债券或从事对外国居民的信贷业务等。由于国际外汇市场在前面章节已有介绍，故本章节相关部分内容省略。

一、国际货币市场

（一）国际货币市场的基本特点

作为国际金融市场的重要组成部分，国际货币市场既包括无形市场也包括有形市场。所谓无形市场是指通过先进的电讯手段进行交易的市场；所谓有形市场是指通过交易所交易的市场。货币市场融通的资金主要用于短期周转的需要。

> 国际货币市场（International Currency Market）是指期限在1年及1年以内的国际短期资金交易场所。

一般而言，货币市场的主要特点体现在以下几个方面：

1. 货币市场工具的平均质量较高，风险性较小。货币市场的发行人主要有三类：政府、金融机构以及少数资信程度极高、知名度极大的大公司。它们都是一流的借款人，因而违约情况极少发生，因而货币市场上交易的金融工具一般都时间短、流动性强、价格相对平稳，风险小，随时可以在市场上转换为现金，且各种金融工具之间的利率差距也小。

2. 货币市场是一个典型的单纯的柜台市场。绝大部分交易都是通过电话、电传进行的。另外由于货币市场交易双方多数是银行，因而交易多采用银行的传统业务方式，如记账、转账等。

3. 货币市场工具的发行多采用贴现方式。贴现发行方式是投资人最喜欢的方式，但股票和债券因期限缘故不可能大量采取或根本不可能采取这种发行方式。

4. 货币市场上有中央银行的直接参与。在实行中央银行制的国家的金融体系中，货币市场是中央银行同商业银行及其他金融机构的资金连接渠道，是国家利用货币政策工具调节全国金融活动的杠杆支点。

（二）国际货币市场工具

货币市场的工具多种多样，大致可将其分成两大类：一类是与银行有关的市场信用工具，如大额存单、银行承兑票据等；另一类是非银行的市场信用工具，是非银行金融机构发行的票据，如国库券和商业票据等。一般而言，货币市场根据其业务活动的不同，具体可以分为银行短期信贷市场、贴现市场和短期证券市场。

1. 银行短期信贷市场。银行短期信贷是指期限不超过 1 年的资金借贷活动。短期信贷按照当事人来划分，可以分为银行与银行之间的短期信贷和银行对非银行客户的短期信贷，而其中前者在该市场处于重要地位。

（1）银行与银行之间的短期信贷。银行与银行之间的短期信贷市场称为同业拆借市场，同业拆借市场产生于存款准备金政策的实施，它在整个短期信贷市场中占据着主导地位。同业拆借市场主要是银行等金融机构之间相互借贷在中央银行存款账户上的准备金余额，用于调剂准备金头寸的市场。随着市场的发展，同业拆借市场的参与者呈现出多样化的格局，交易对象也不仅限于商业银行的准备金了，还包括商业银行相互间的存款以及证券交易商和政府拥有的活期存款，拆借的目的除满足准备金要求外，还包括轧平票据交换的差额，解决临时性季节性的资金要求等，但它们的交易过程都是相同的。

同业拆借市场交易活动一般是无形市场，主要通过电讯手段成交。同业拆借市场的交易金额一般都较大，例如在伦敦同业拆借市场上，每笔交易的金额最低为 25 万英镑，一般情况下为 100 万 ~300 万英镑。同业拆借市场的拆借期限通常以 1 ~2 天为限。短至隔夜，多则 1 ~2 周，一般不超过 1 个月，当然也有少数同业拆借交易的期限接近或达到一年的。

同业拆借市场的利率随市场利率的变化而变化，一般低于对国内大客户的优惠放款利率。在国际货币市场上，比较典型的同业拆借利率有三种，即伦敦银行同业拆借利率、新加坡银行同业拆借利率和香港银行同业拆借利率。

伦敦银行同业拆借利率是伦敦金融市场上银行间相互拆借英镑、欧洲美元及其他欧洲货币时的利率，由报价银行在每个营业日的上午 11 时对外报出，分为存款利率和贷款利率两种报价。伦敦银行同业拆借利率是国际金融市场上的一种关键利率，一些浮动利率的融资工具在发行时也以该利率作为浮动的依据。相比之下，新加坡银行同业拆借利率和香港银行同业拆借利率的生成和作用范围是两地的亚洲货币市场，其报价方法与拆借期限和伦敦银行同业拆借利率并无差别，但它们在国际金融市场上的地位和作用则要差得多。

但是自2008年国际金融危机后市场看到，由于伦敦银行同业拆借利率计算时所使用的原始数据为全球各大银行自己提供，各银行极易通过操纵该利率的定价以获私利。鉴于此，据英国金融行为监管局（FCA）的公告，伦敦银行同业拆借利率从2022年1月1日起逐步停用，朝着退出历史舞台迈出了第一步。它标志着全球基准利率迎来多元化时代。

专栏6-1

Libor操纵案首位"罪人"被判入狱14年

瑞银（UBS）及花旗集团（Citigroup）前明星交易员汤姆·海耶斯（Tom Hayes）因合谋操纵伦敦银行同业拆借利率（Libor）被判犯有八项罪行，成为这起全球基准利率操纵丑闻第一个被判有罪的人。

现年35岁的海耶斯此前是一名日元衍生品交易员，负责该案件的一名调查员曾形容他是"Libor的马基雅维利（Machiavelli）"。2015年8月，海耶斯被判处14年监禁。法官在根据8项被判成立的罪名给海耶斯量刑时对他说："本案显现了诚信的缺乏，而诚信本该是银行业的特征。你是这起案件的核心，是这桩阴谋的中枢，而且你牵涉了其他人。"

根据美国、英国和瑞士监管机构提交的文件，瑞银（UBS）在三大洲的交易员和经理曾利用电话、网上聊天室以及电子邮件，几乎每日操纵5种货币的基准利率。这些活动遍及全球，涉及日本和美国的交易员、伦敦和其他地区的经纪商以及伦敦和瑞士的利率提交者。

根据英国金融服务管理局（FSA）的通报，约40名瑞银员工、5家其他银行的交易员以及6家交易商间经纪商的11名员工，直接参与了操纵不同货币银行间拆借利率的行为，或对这些行为有所知晓。

（2）银行对非银行客户的短期信贷。银行对非银行客户的短期信贷是指银行对工商企业所提供的短期信贷，主要是解决企业临时性及季节性资金周转的需要，这部分贷款在短期信贷市场不占主要地位。银行在为工商企业贷款时，主要是注意掌握企业的借款用途，以免资金挪作他用，而且还要了解企业的财务状况，以确保能够按时收回贷款。

2. 短期证券市场。短期证券市场是指进行短期证券发行和买卖的场所。在市场上进行交易的短期证券主要包括：

（1）国库券。国库券是西方各国财政部发行的短期政府债券。短期国库券交易的特征表现在：①违约风险小。由于国库券是国家的债务，因而它被认为是没有违约风险的。②流动性强。国库券能在交易成本较低及价格风险较低的情况下迅速变现。③面额小。相对于其他货币市场票据来说，国库券的面额较小；对许多小投资者来说，国库券通常是他们能直接从货币市场购买的唯一有价证券。

由于存在这些特点，国库券已经成为货币市场上发行量最大、流通量最广的一种证券，广泛地被各金融机构和广大公众所持有。国库券的发行以贴现方式进行，到期时按照票面金额进行偿还，投资者的收益是证券的购买价与证券面额之间的差额。国库券的期限种类较多，通常以3个月、6个月和1年期最为常见。

（2）大额可转让定期存单。大额可转让定期存单是由商业银行发行的不记名的定期存单，具有转让性质。它是由美国花旗银行于1960年8月创立的一种金融工具，为了阻止存款外流，银行设计了大额可转让定期存单这种短期的有收益票据来吸引企业的短期资金。大额可转让定期存单一般由较大的商业银行发行，主要是由于这些机构信誉较高，可以相对降低筹资成本，且发行规模大，容易在二级市场流通。

定期存款和可转让定期存单的区别主要在于：①定期存款记名、不可流通转让；而大额定期存单则是不记名的、可以流通转让。②定期存款金额不固定，可大可小；而可转让定期存单金额较大，在美国最少为10万美元，二级市场上的交易单位为100万美元。③定期存款利率固定，可转让定期存单利率既有固定的也有浮动的，且一般来说比同期限的定期存款利率高。④定期存款可以提前支取，提前支取时要损失一部分利息；可转让存单不能提前支取，但可在二级市场流通转让。大额可转让定期存单的期限一般可以有3个月、6个月和1年期。目前已推广到许多国家的金融市场中，其中以美国和日本的市场业务最为发达。

（3）商业票据。商业票据不是以商品交易为基础的，而是专门为融通资金而签发的一种票据。它是大公司为了筹措资金以贴现方式出售给投资者的一种短期无担保承诺凭证。这种证券实际上是一种无担保的公司欠条，它是基于贴现基础上发行的，公司允诺其证券持有人到期时以全额偿还，也可在到期前于市场上出售。这种融资方式对于工商企业来讲比较灵活，而且成本也较低。

商业票据类似于国库券，其有效期限的种类也很多，但一般不超过270天，市场上未到期的商业票据平均期限在30天以内，大多数商业票据的期限在20天至40天之间。由于商业票据没有担保，仅以信用作保证，因此能够发行商业票据的一般都是规模巨大、信誉卓著的大公司。

（4）银行承兑汇票。银行承兑汇票是经过银行承兑的保证到期付款的商业汇票。在商品交易活动中，售货人为了向购货人索取货款而签发的汇票，经付款人在票面上注明承诺到期付款的“承兑”字样，并签章后就成为承兑汇票。经购货人承兑的汇票称商业承兑汇票，经银行承兑的汇票即为银行承兑汇票。

由于银行承兑汇票由银行承诺承担最后付款责任，实际上是银行将其信用出借给企业，因此企业必须交纳一定的手续费，这里银行是第一责任人，而出票人则只负第二责任。汇票经银行承兑后，出票人可以持有汇票，但通常情况下是将承兑汇票在市场上贴现。由于它具有了银行信用，因此就更易于在市场上流通。

银行承兑汇票最常见的期限有30天、60天和90天等几种，另外也有期限为180天和270天的。交易规模一般为10万美元和50万美元。银行承兑汇票的违约风险较小但有利率风险。银行承兑汇票一般运用在进出口贸易中，是贸易融资的一种手段。

3. 贴现市场。贴现市场是办理票据贴现、进行短期资金融通的市场。贴现是指把未到期票据按照贴现率扣除从贴现日至票据到期日的利息，向银行或贴现公司换取现金的一种方式。贴现市场交易的对象主要包括国库券、短期债券、银行票据和各种商业票据等。

贴现市场主要由贴现公司、商业票据行、商业银行和中央银行组成，其中主要以贴现公司为主。贴现公司为取得资金的再融通，则可以将持有的票据向中央银行要求再贴现，中央银行则通过提高或降低再贴现率来调节货币市场的利率，从而收缩或放松银根。

二、国际资本市场

（一）国际资本市场的结构与功能

1. 国际资本市场的特点与结构。随着资本主义社会化大生产的发展，国际间形成了多边的经济关系，各国间的信贷关系也日益发展，于是国际资本市场便逐渐形成。

国际资本市场(International Capital Market)是指期限在1年以上的各种资金交易活动所形成的国际金融市场。

第二次世界大战后西方主要资本主义国家恢复了货币自由兑换，先后取消了外汇管制，实行多边支付，促使国际贸易和国际资本移动更加活跃和自由化，使得国际资本市场迅速复苏并发展起来，其重大变化主要体现为：（1）在浮动汇率制度下，由于汇率变动频繁，汇率风险极大；（2）为了分散风险，银行吸收短期资金充作长期贷款，出现了辛迪加联合贷款方式；（3）银行资金来源由吸收一般的存款逐步发展为大额可转让定期存单以及向资本市场的拆借；（4）中长期贷款的数额不以存款大小为依据，而是先贷款后借款，贷款利率也由固定而变为定期浮动。

国际资本市场的中长期资金供应者大多数为商业银行、储蓄银行和保险公司。资本市场则主要包括一级市场（发行市场）和二级市场（流通市场）。按照在资本市场融通资金方式的不同主要分为：（1）银行中长期信贷市场。银行的中长期信贷主要用于各国企业的大型固定资产的购置、更新和扩建方面。（2）证券市场。证券市场通过发行各种证券来吸收国内外的中长期资金，为政府、银行、企业提供所需资金。

2. 国际资本市场的功能。国际资本市场的功能主要表现在：

（1）提供了一种机制，使资本能迅速和有效地从资本剩余单位转移到资本不足单位，使得资本市场承担了一级市场功能，只有一级市场才能为需求者提供新的资本来源。

（2）为已发行证券提供充分流动性的二级市场，即已发行证券的交易市场，二级市场上投资人可以通过不断调整其持有的证券来形成有效的资产组合降低风险，获取最大的收益。

（3）能够更广泛地吸引国外资本或国际资本。一国或一家公司在不同的发展时期对不同种类资本的需求程度不一样，而国际资本市场为资本需求者提供了广阔的市场范围，尤其对发展中国家而言，在国外发行股票或其替代品既可获得长期资本又没有债务风险。

（4）能够以较低的成本吸收资本。各国总可以在世界范围的资本市场上寻求到相对低成本的资本来源，并发行适当的金融工具来有效地筹集。

（5）能够通过发行国际证券的形式或创造新的金融工具，逃避各国的金融、外汇管制及税收问题。

（二）国际银行中长期信贷

1. 国际银行中长期信贷的特点。国际银行中长期信贷是指在国际金融市场上一国银行向另一国借款人提供的1年以上资金融通的业务，其期限为2～10年，甚至10年以上。它的主要特点表现为：（1）资金来源广泛，不限用途，有较强的选择性和灵活性。一般而言，中长期信贷在贷款资金的用途上可以不受贷款银行的任何制约，可由借款人根据自己的意愿安排使用。（2）使用浮动利率，反映借贷市场的供求关系。由于随行就市，因此利率较高。（3）与发行证券相比，手续简便。

2. 国际银行中长期信贷的方式。国际银行中长期信贷的方式一般可分为以下两类：

（1）双边贷款（又称独家银行贷款）。双边贷款是指一家银行对另一家银行、一国政府或工商企业提供的贷款。这是一种最简单的贷款形式。双边贷款通常只涉及一家贷款银行与另一国借款人之间的关系，从而减少一定的管理以及其他费用，降低信贷成本。双边贷款提供的贷款金额一般较小，金额最多是1亿美元。贷款期限多为中期，即5年以内。贷款手续比较简便，资金用途不受限制。贷款利率按照市场利率，成本适中。

（2）银团贷款（又称辛迪加贷款）。银团贷款是指一家或几家银行牵头，多家商业银行联合向借款人提供资金的一种贷款方式。银团贷款是银行中长期贷款的典型方式。由于银团贷款是由多家商业银行共同提供的，因而能够保证大规模的资金需要。由于贷款数量巨大，贷款的用途通常在合约签订时就已明确规定。贷款期限一般在5～10年或10年以上。由于贷款涉及数家甚至数十家银行，因此贷款费用较高。同时，风险由各成员银行依其所提供的贷款额大小共同分担，从而达到分散风险、共同获利的目的。

在银团贷款中所涉及的有关银行主要有牵头银行、代理行、参与行、担保行等。牵头银行是整个银团的组织者，通常都是信誉良好、声望较高的银行，它在贷款协议签订前先与借款人联络和洽谈，并准备有关文件，在贷款协议签订后与各有关银行商谈组成银团，签订贷款合同。代理行作为整个银团的代理人在贷款合同签订后负责与借款人联系，负责各项具体工作，在借款人与贷款人之间起桥梁作用。参与行是受到牵头银行邀请而加入银团的贷款银行，参与行只跟牵头银行和代理行打交道，不直接面对借款人。担保行是根据银团的要求对借款人起到还款担保作用的银行。

3. 国际银行中长期信贷的成本。国际银行中长期信贷的成本由利息（伦敦银行同业拆借利率＋附加利率）和费用构成。

（1）利率。借贷双方在确定国际银行中长期信贷利率时，一般都以3个月或6个月的伦敦银行同业拆借利率作为基础，再加上一定的附加利率计收利息，并且根据市场利率的变化，每3个月或半年调整一次。利息分期支付。一般而言，附加利率比较稳定，而对于期限较长的贷款，附加利率是不固定的，通常采用在整个贷款期间分段计算附加利率的方法，一般是后段的附加利率高于前段的附加利率。

（2）费用。国际银行中长期贷款的费用主要有：

①管理费（又称经理费或手续费）。管理费是指在银团贷款方式下借款人向银团的牵头银行对其进行的管理活动所支付的费用。管理费按贷款总额的一定百分比计算，一次或多次付清。管理费主要由牵头银行收受，并把其中的一部分按照参与银行的贷款金

额分付给各个银行。

②代理费。代理费也是在银团贷款方式下借款人付给代理行的报酬。代理行要组织参与银行按时提供贷款，向借款人收取利息，在与借款人的联系过程中，还要发生各种费用支出，如电报费、电传费、办公费等，其报酬就是代理费。代理费的收费标准视贷款金额的多少以及事务的繁简而定，每年按商定的固定金额支付。

③杂费。杂费是指在贷款过程中实际发生的费用，如律师费、差旅费、通讯费以及办公费等。这些费用均由借款人承担。

④承担费。承担费是贷款人向借款人收取的一种由于借款人没有按期使用贷款的补偿性费用。

4. 国际银行中长期贷款的期限。国际银行中长期贷款的期限是指贷款协议生效日至贷款还清日所包括的这段时间。按照国际惯例，贷款期限分为：（1）宽限期。宽限期是指借款人在一定的时间内可以不还本，只付利息。宽限期结束，借款人便开始分期归还本金。（2）偿还期。偿还期亦称还款期，是指每笔贷款归还本金的期限。贷款期的宽限期终了，便进入还款期。

5. 国际银行中长期贷款的偿还。国际银行中长期贷款的偿还办法一般有三种：

（1）到期一次偿还。借贷双方签订贷款协议后，借款人按期分数次使用贷款，按期支付利息（一般半年一次），贷款期满时一次偿还本金。这种偿还办法，一般只用于贷款金额较小、期限较短的贷款。

（2）分次等额偿还。借贷双方在签订贷款协议时，一般都明确规定一个宽限期。宽限期内借款人仅需按时付息，宽限期满借款人就必须按照贷款协议的规定，每半年或每一年还本付息一次，每次还本的金额相等，直到最终还清贷款。这种偿还办法适用于贷款金额较大、期限较长的贷款。

（3）无宽限期的分次等额偿还。这种方法与第二种方法类似，只是没有宽限期。

（三）国际股票市场

1. 国际股票市场的特点。股票市场是股票发行和交易的场所，它可以分为交易所市场和场外市场。国际股票市场（又称为国际股权市场）是指在国际范围内发行并交易股票的市场。交易所市场是有组织的、有规则的、有固定地点的有形市场。场外市场是指通过通信设施进行股票交易的无形市场。

证券市场包括一级市场和二级市场。新证券的发行市场，即一级市场或初级市场，指新证券的发行人从策划到由投资银行等中介机构承销直至全部由投资人认购完毕的全过程。一级市场没有有组织的固定场所，其实际发行地点是通过承销机构所在地的机构进行。

已发行证券的交易市场，即二级市场。二级市场包括有形市场和无形市场两部分。在二级市场上最活跃的部分是股票市场，国际股票市场的特点主要表现为：（1）股票交易价格波动频繁，受政治、经济、金融及市场因素影响大，投资人完全承担着股价波动的风险。（2）股票市场的一体化程度大大加深。（3）股票市场发展了许多为降低风险而衍生出的派生证券市场，如股票期货市场、期权市场。（4）一级市场与二级市场之间的联系越来越密切，两个市场的价格也越来越趋于一致。（5）二级市场的主要投资人有机构投资人和个人投资人，但国际股票市场的主要投资人是机构投资人，机构投资人包括各种基金及其他金融机构和公司等。

2. 股票的种类。股票是股东在股份公司中拥有股权的凭证。这种证书可以是纸质的经过特殊印制的有形股票，也可以是无形的股票。现代股票交易中的无纸化交易大大节约了成本，并加速了发行与交易过程，这就是通常所说的电子股票。

发行股票主要是为筹措资金，而投资人投资于股票则是由于这种资产的高预期收益，尽管股票投资收益存在着极大的不稳定性，但是高风险所伴随的高收益是刺激投资人进行股票投资的根本动力。

股票就其种类而言，主要有以下分类：

（1）记名股票与无记名股票。记名股票依据公司股东名册上登记在册的股东姓名为股权拥有者；无记名股票依据当时持有人的姓名为股权拥有者。美国大多数州公司法规定只能发行记名股票；英国公司法允许无记名股票发行，但要受到严格的控制与管理，许多大陆法系国家都是以无记名股票形式发行的。

（2）有面额股票与无面额股票。有面额股票是指股票票面记载着股票的票面价值。票面价值的含义是该种股票的每张票面是多少股并且每股价值为多少。每股的价值必须相等。有的国家会规定票面的最低金额，有的国家则由发行人自己规定。无面额股票只标明每股占公司资本总额的比例，其价值随着公司财产价值的增减而增减，无面额股票在美国比较常见，但一般国家都不允许发行无面额股票。

（3）普通股与优先股。普通股是我们通常意义上所讲的股票，也是证券交易所上市的股票。优先股是指优先于普通股股东得到固定股息的股票。优先股优先分享收益，并以丧失其他权利为代价，如经营管理权、表决权等。优先股又根据本年公司亏损后其股息是否累积到下一年而分为累积优先股和非累积优先股；根据得到股息后是否还可以参与分红而分为参与优先股和非参与优先股。

3. 股票的发行。股票的发行方式从不同角度有不同的分类，而且各国股票发行方式存在着很大差异，主要有以下三种分类：

（1）直接发行与委托发行。如果由发行公司自己发行，只要求股票发行中介机构进行协助，就是直接发行。如果把股票发行委托给一家或几家股票发行中介机构代理发行，就是委托发行。

（2）公开发行与内部发行。公开发行就是指股份公司依照公司法及证券交易法的有关规定，办理有关发行审核程序，并将其财务状况予以公开的股票发行。内部发行就是指发行公司未办理公开发行的审核程序，股票不公开销售，或其发行对象仅为少数特定人。

（3）有偿增资发行、无偿增资发行和混合增资发行。有偿增资发行是认购者以发行价格缴纳现金的发行方式，包括社会募股、第三者配股和股东配股。无偿增资发行是将新股按比例无偿分配给股东以调整公司的资本结构，如将公积金转为分给股东的红股。混合增资发行即以有偿增资发行与无偿增资发行相结合的方式增加资本，如一方面可以送红股，另一方面可以实行股东有偿配股。

股票发行大体经过四个阶段：

一是股票发行前的策划准备阶段。包括股票种类及其发行方式选择，股票发行量选择，股票发行对象、范围和发行地点的选择，发行价格选择，发行时机选择，承销机构选择，公证机构选择等。

二是申请核准注册或审批阶段。各国证券监管机构的法规和管理体制不同，有的国家采取的是注册登记核准制，有的国家采取特许审批制。如美国法律规定股份公司必须向美国证券交易委员会提供有关公司财务状况、组织机构、业务性质、资金用途等证券发行必备资料的登记说明书，如果从申请注册登记之日起 20 个工作日内未接到任何通知则注册登记自动失效。

三是股本募集阶段。即进入股票实际发行阶段，这主要是承销团的工作，其间宣传广告工作必不可少，应该让公众或私募的主要投资人尽可能地了解公司。

四是股本划入公司账户及公司最终成立阶段。发行总收益扣除各项支出的实际收益由主承销商一次或分次划入发行公司账户，经发行公司本国公司注册登记法律程序予以注册登记后，最后宣告公司成立，股票发行阶段便宣告结束。

4. 股票交易所。股票交易市场的核心是股票交易所。一般把通过股票交易所买卖股票的交易称为场内交易。股票交易所是证券经纪人、自营商等投资机构有组织建立的从事股票交易的公开场所。除了股票交易以外，在股票交易所往往也有债券和金融期货及期权的交易。

股票交易所与通常的债券市场不同，它是有组织的、集体的、有固定地点的市场。股票交易所一般只经营已发行上市的股票，所以是二级市场。

股票交易所的组织形式一般有两种：（1）会员制。股票交易所是通过吸收会员的形式组织起来的非营利的事业法人，世界上大部分股票交易所都是会员制的，如美国、日本、法国等国均采用会员制。（2）公司制。股票交易所是通过发行股票组织起来的以盈利为目的的股份有限公司，如英国、中国香港等国家和地区是采取公司制。

股票交易所的参加者主要有：（1）经纪人。经纪人是在股票交易所充当交易中介而收取佣金的商人，经纪人必须是交易所会员。一般经纪人又可分为三类：一是佣金经纪人。佣金经纪人与投资公众直接发生联系，接受顾客的委托后在交易所交易厅里代为买卖，成交后收取佣金。二是两元经纪人。他们一般不接受客户的委托，只在佣金经纪人业务繁忙或业务处理发生困难时才接受佣金经纪人的委托从事证券买卖，两元经纪人亦可自行买卖证券。三是零股经纪商。他们专门接受在一个交易单位（即一手）以下的股票买卖委托，为小额投资者服务。（2）自营商。自营商利用自有资金在股票交易所买卖证券，它们不能接受客户的委托。（3）自营经纪人。他们兼有经纪人和自营商二重身份，一般是以代客户买卖业务为主，并且有较强的专业分工，专营几种股票。

5. 场外交易市场。广义的股票交易市场不仅包括股票交易所，而且还包括场外交易市场。场外交易市场（又称柜台市场或直接市场）是指从事未上市证券交易的市场。场外交易市场遍及各地，大小规模差别很大，其价格就是自营商买卖双方之间或客户与自营商之间协商的价格，不收佣金；同时，在场外市场交易的部分证券发行公司规模太小，知名度低，以致部分证券交易能力很差，给投资者带来的风险较大。现在场外交易市场已逐渐由全美证券商协会自动报价系统（NASDAQ）所取代，这一市场已成为非在证券交易所上市的股票交易的主要市场，也是美国股票市场的重要组成部分。

除了场外交易市场外还有两个市场是新兴市场，它们是第三市场和第四市场。第三市场指那些已在交易所内批准上市，但却在场外交易市场进行交易的证券市场。由于佣金制度使得大批量证券交易的成本变得很昂贵，而交易所之外的证券交易可不受佣金制度的约束，因而部分已在交易所上市的股票却在第三市场交易。第四市场指投资者完全绕开证券经纪人，自己相互之间直接进行证券交易而形成的市场。第四市场的交易通常只牵涉买卖双方，而在个别情况下也有帮助安排交易的第三方参与，这些中间人不需向证券主管机关登记，也不需公开申报其交易情况。

（四）国际债券市场

1. 债券的特点与种类。债券的特点在于：它是一种债权债务凭证，债券发行人到期时需要偿还本息；债券的利息是预先规定好的，其风险比股票小，但它在通货膨胀时期对投资人造成的损失最大；它的流动性不如上市股票；国际债券还有汇率风险等。

一般情况下，我们可以把债券分为以下几类：

（1）政府债券、金融债券和公司债券。政府债券是政府根据信用原则，以承担还本付息责任为前提而发行的债务凭证，它包括中央政府债券（国家债券或国债）和地方政府债券（地方债券）。其主要特点是信用度高、流动性强、风险较低、收益也相对较低。金融债券是由银行及非银行金融机构发行的债务凭证。公司债券（企业债券）是发行者对持有人在一定时期按约定条件还本付息的书面承诺，公司债券是发行公司资金来源的重要组成部分，公司发行债券的目的是为了筹集长期建设资金，因此公司债的期限一般都比较长。

（2）记名债券和无记名债券。记名债券是指在债券上载明债权人姓名的债券，投资人须凭印鉴领取本息，债券转让时要办理登记，这种债券的流动性较差。无记名债券是指在债券转让时无须背书，交付债券即完成转让，流通性较强。

（3）附息债券和贴现债券。附息债券是在债券上附有各期息票的中、长期债券，通常息票每半年为一期，息票到期时从债券上剪下来凭以领取本期的利息。贴现债券是以低于债券面值的价格发行，到期时按债券面值兑付而不另付利息的债券。

（4）公募债券和私募债券。公募债券是指向社会公开发售的债券。发行公募债券必须经过公认的资信评级机构评定资信级别，级别不同债券的发行条件亦不同。私募债券是指只向与发行人有特定关系的投资者发售的债券，私募债券的发行范围狭窄，不采用公开制度，债券的转让也受到一定的限制，因此流动性较差。

（5）普通债券和可转换债券。普通债券不能转换为股票，可转换债券则可以按预先规定的条件转换成股票或其他债券。

2. 国际债券的特点。国际债券是一国政府或居民（金融机构或企业等）为筹措外币资金，在国外发行的以外币计算的债券。国际债券发行的目的主要是：弥补发行国国际收支逆差；用于大型工程项目；用于金融机构的开发计划或贷款计划；用于增加企业的资本等。

国际债券市场上有外国债券和欧洲债券之分。欧洲债券是指发行人在本国之外的市场上发行的，不以发行所在地国家的货币计值，而是以其他自由可兑换货币为面值的债券（欧洲债券在新兴国际金融市场里有专门介绍）。

外国债券是指筹资者在国外发行的，以当地货币为面值的债券。外国债券的发行和担保是由发行所在国的证券机构承担的，发行外国债券必须得到发行所在地国家证券监管机构的同意，并受到该国金融法令的制约，如在美国发行外国债券要在美国证券交易委员会注册，在日本发行债券最初需经过日本大藏省的批准，后改为金融厅负责监管。

目前最重要的外国债券市场包括苏黎世、纽约、东京、法兰克福、伦敦和阿姆斯特丹。在国际金融中某些外国债券市场有其常用的名字，比如：在美国发行的外国债券被称为扬基债券，在日本发行的外国债券被称为武士债券，在伦敦发行的外国债券被称为猛犬债券等。英国是世界上最发达的企业债券市场，在证券交易所中上市的债券量也是世界第一。

3. 债券的发行。债券的交易市场主要是场外市场，而债券的发行，目前新的方式主要有：

（1）包销。包销成为国际债券发行的新标准。在包销中，主承销商从借款人处按设定的金额、息票和发行价买下全部债券。投资银行间是通过一揽子报价进行竞争的。较早的包销始于 1980 年，这种方式使得债券从发行到上市的总时间缩短。

（2）收益定价。收益定价是根据当前的二级市场上同类债券的收益来确定新债券价格的一种方法。收益定价在美国国内债券市场中被广泛运用，近年来也被用于欧洲债券市场。

（3）拍卖发行。拍卖发行是借款者公布新发行债券的期限和息票利率，邀请投资者竞价，借款者从出价最高的竞价者开始依次往下卖出其债券，直至分配完认购数额。拍卖制度在美国国内市场使用十分广泛，如美国政府证券就是通过拍卖制度卖出的。拍卖制度消除了管理费和银团费用，对一些非常知名的欧洲债券市场借款者有利。

（五）几个重要的股票交易所和股票指数

1. 纽约证券交易所。纽约证券交易所是美国国内证券交易所之一，也是世界上最大的股票交易所。纽约证券交易所建立于 1792 年，是一个自律性的协会组织，成员数一般是固定的，新成员要求参加时必须向现有成员购买主交易所的“席位”，购买价格随市场状况不同而变化。

交易委托方式主要有：（1）市价委托。市价委托指客户委托经纪公司和经纪人按当时最有利的价格和时间买卖股票。（2）限价委托。限价委托指经纪人按照客户指定的价格买卖股票。（3）停损委托。停损委托指为了防止投资损失过大，保证一定程度的收益，投资者向经纪人发出停止指令。

在美国股票市场上有一些常用的价格指数，其中道琼斯指数、标准普尔指数和纽约股票交易所指数是最为重要的指数。道琼斯指数最早产生于 1884 年，已有 100 多年的历史。它是以 1928 年 10 月为基期（100），以后各期用发行量为权数进行加权计算出同基期相比的百分比，成为各期的股价指数。目前有 4 种股票价格指数系列，在纽约证券交易所营业日开盘、收盘时公布，期间每小时公布一次，包括工业平均数指数、运输业平均数指数、公用事业平均数指数和综合平均数指数。

道琼斯工业平均数指数是最为广泛引用的指数，人们通常简称的道琼斯指数即指这一种。这个指数是 30 家大制造业公司股票价格波动的简单算术平均数，如埃克森石油公司、通用汽车公司和美国钢铁公司等。运输业平均数指数是 20 家具有代表性的运输公司股票价格波动的平均数，如泛美航空公司、环球航空公司等。公用事业平均数指数是 15 家公用事业公司股票价格波动的平均数，如美国电力公司等。综合平均数指数是上述三种平均数的综合。

标准普尔指数由标准普尔公司于 1957 年编制公布，该指数选取不同行业的 500 种股票，较为全面地反映整体股票市场的状况，500 种股票的分布是：工业企业 400 种，运输业 20 种，公用事业 40 种，金融业 40 种。该指数不是平均数而是加权指数。它是 500 种股票市场价值总额除以它们在 1941—1943 年度基期的加权平均价值，再乘以 10 得出的。因此如果指数为 100，那么股票售价即为 1941—1943 年度的 10 倍。

纽约证券交易所指数是由纽约证券交易所于 1966 年起编制公布的，反映了所有在纽约证券交易所挂牌上市交易的普通股的价格情况，同标准普尔指数相同，它将 1 000 多种普通股票按其市场价值加权，基本指数定在 1965 年 12 月 31 日为 50，每半小时计算和公布一次。

在众多的价格指数中标准普尔指数是最为全面完整地反映国民经济运行态势的指数，因此被股票市场的参与者、中央银行、商业部和经济学家引为判断股市变动的最主要依据。

2. 东京证券交易所。东京证券交易所于 1878 年 5 月 15 日成立，并于 6 月 1 日开始交易活动。东京证券交易所实行会员制。

东京证券交易所交易的证券主要有 5 种，即股票（普通股、优先股、红利扣存股、无选举权股、外国股）、债券（包括公债、公共机构债券和武士债券等）、投资信托、可转换债券、认股权证书，此外还有期货和期权等。东京证券交易所的股票交易分为第一部分、第二部分以及外国部分。第一部分的股票都是老股票，第二部分的股票都是新上市的股票，就市场规模而言东京证券交易所是仅次于纽约的世界第二大证券交易所。

与其他发达国家相比，日本企业对银行贷款的依赖程度比在一级市场发行股票筹资要大得多。这是因为：（1）股本成本高；（2）股本过多就会有互相吞并的威胁。因此，日本金融市场上有一种非股份筹资倾向，公司宁愿通过信贷借款也不轻易发行股票，即便发行股票，许多公司也都以老股东认购的方式直接在股东中间出售，而不愿扩大市场股份份额。

在日本显示股票价格动向最具有代表性的指标是日经道式平均股价指数。日本自 1950 年利用美国道琼斯公司制定道琼斯股票指数的方法，发表了 225 种股票的平均股价。日本经济新闻社于 1975 年 5 月 1 日起向道琼斯公司买进商标，而使其所编股价成为

“日经道式平均股价”。东京证券交易所的东证股票价格指数也是一种重要的股票指数。该指数是由日本东京证券交易所于 1969 年 7 月 1 日正式公布的，包括 250 种交易活跃的股票。由于这一指数表示的是在东京证券交易所上市的各主要行业股票价格的市价总值，因此能正确展示出整个股票价格的变动，是一个重要的经济指标。

3. 伦敦证券交易所。英国的证券交易所最早成立于 1773 年，历史非常悠久，最初是从伦敦城咖啡馆的非正式交易发展起来的。在第一次世界大战前，伦敦证券交易所一直是世界上最大的证券交易所，目前为欧洲第一大交易所，同时也是世界上最大的“金边市场”（政府债券市场）。伦敦证券交易所实行会员制，有公司会员和个人会员两类。目前在伦敦证券交易所挂牌的各种证券共有7 000多种，根据股票交易价值来看，伦敦证券交易所（或伦敦国际证券交易所）现已排在纽约和东京之后，成为世界第三大交易所。

在伦敦股票市场上标价的每种股票的活动，都通过英国《金融时报》统计的股票指数予以监视，每日进行计点，由该报公开发表。《金融时报》股票价格指数包括三种主要指数：

第一种是最普遍的标价指数称为“FT”指数，全名为“金融时报工业普通股票指数”，它是一个包括 30 种股票价格的指数，代表 30 个主要公司或热门股票的公司，指数是这些股票价格不加权的算术平均数，其基础是以 1962 年 4 月 10 日作为 100，每小时计算一次。

第二种是由 746 种股票组成的综合性股价指数，每天计算一次，这是代表一切工业部门（包括发行石油股票的公司）股票价格不加权的平均指数。

第三种是 1984 年新编制的“福奇指数”，即“伦敦《金融时报》指数 100”，或 FT100 指数。由在伦敦证券交易所上市的 100 种股票组成，其中包括 74 家工业股、18 家金融股和 8 家其他公司股票，这 100 种股票具有较强的代表性，在整个股市中占有重要地位。通过自动报价系统，该指数在交易所营业期间，每小时计算公布一次。

专栏 6－2

前 Worldpay 老板罗恩·卡利法（Ron Kalifa）评论：改革上市规则将促进脱欧后的英国金融科技发展。

根据行业机构 Innovate Finance 的数据，英国是全球金融科技发展的主要参与者之一，2020 年吸引了 4. 1 亿美元的风险投资。它是数家金融科技独角兽（市值超过 1 亿美元的私人公司）的所在地，其中包括 Checkout. com，Revolut 和 Monzo。

罗恩·卡利法领导的上市规则审查提出了多项建议，包括：建立新的快速签证流程以吸引国际金融科技人才；建立由机构投资者支持 1 亿英镑启动基金；放宽与上市相关的规则，以鼓励后期金融科技公司上市。……卡利法说：“我们必须继续培养我们的创业文化，但至关重要的是，我们还必须向高增长公司提供支持，使其成为全球巨头。”同时他强调要建立国际合作的金融创新和技术中心。未来英国在欧洲乃至世界的重要金融地位绝不可小视。

三、世界黄金市场

（一） 世界黄金市场发展概述

1. 世界黄金市场发展状况。19 世纪 60 年代，主要资本主义国家先后实行货币制度改革，金本位制在各国广泛流行，成为国际性的货币制度。在这种货币制度下，黄金将货币的五种职能发挥得淋漓尽致。当时黄金的价格由政府根据金币的重量成色制定，伦敦作为黄金销售和兑换的中心，于 1919 年 9 月开始实行按日报价制度，从而正式成为有组织的世界最大的黄金市场。世界主要黄金生产国南非、澳大利亚和加拿大等的大部分黄金都是先集中到伦敦，然后再分配到世界其他地区。

第一次世界大战后金本位制仅在英、美等个别国家实行，大多数国家改行金汇兑本位制；金本位制彻底崩溃以后，黄金的货币职能更是大为减弱，纸币代替金币成为法定货币，黄金市场在金融市场中的地位也随之削弱。

第二次世界大战后黄金是货币平价的尺度，黄金市场与金融市场的联系实际上是靠黄金与美元的固定比价关系来维持。由于 20 世纪 60 年代美元信用下降，1968 年 3 月，西方实行黄金双价制，政府官方结算时仍按黄金官价进行，而自由市场的金价根据供求关系自由波动，不再受政府干预。黄金开始与美元脱钩。在美元危机的冲击下，1973 年 11 月西方宣布结束黄金双价制，各国货币不再与黄金挂钩。1976 年在《牙买加协定》中，正式宣布废除黄金官价，取消货币含金量，各成员国的中央银行需按市价从事黄金交易。至此，黄金正式与美元完全脱钩。

随着黄金的非货币化，世界黄金市场在 20 世纪 70 年代后的特点主要表现在：

（1） 黄金市场从以金融市场为主转为以商品市场为主，遵循一般商品市场的运作规律。但是由于黄金是最安全、最可靠的保值手段，它仍作为政府官方储备和私人资产组合中的一部分，是国际清算和债务抵押的一种手段，特别是在国际经济领域或政治舞台出现不稳定因素时，往往被作为保值或投机牟利的主要手段。因此黄金市场仍在金融市场占有一席之地。

（2） 黄金市场朝着全球一体化方向发展。由于许多国家纷纷放松黄金管制，世界黄金交易量大增，市场上除了黄金现货交易外还有黄金期货交易。随着私人投资、黄金饰品业和工业用金需求不断增长，日本经济崛起，中东产油国石油美元激增等因素导致黄金需求结构趋向多元化，促使一批区域性黄金交易中心不断发展与壮大。随着现代化通信设备的运用，全球黄金可以昼夜 24 小时交易。

（3） 黄金市场大力发展期货交易。20 世纪 70 年代美国、加拿大积极开办了期货市场，黄金期货交易成本相对较低，使得黄金期货市场迅速发展，目前纽约已成为世界上最大的黄金期货市场。

2. 世界黄金市场的分类。世界黄金市场按市场性质来区分，一般可划分为国际性市场和区域性市场。国际性市场的价格的形成及交易量的变化对其他市场有很大影响。世界五大黄金市场分别是伦敦、苏黎世、纽约、芝加哥和香港。由于世界五大黄金市场存在交易类型与方式的差异，形成了以现货交易为中心、用电话联系的欧洲类型的市场和设有独立交易场所、以期货交易为中心的美国类型的市场。

区域性市场即本地区黄金交易集中的市场，它对其他市场影响不大，如欧洲的巴黎、法兰克福、布鲁塞尔，中东的贝鲁特，东南亚的新加坡、曼谷，东亚的东京，非洲的开罗、卡萨布兰卡、达喀尔，北美的多伦多、旧金山，南美的里约热内卢等。

（二）世界黄金市场的供求与价格

1. 黄金市场的供给

（1）各国金矿开采并出售的黄金。这是黄金的主要来源。目前主要的黄金生产国有南非共和国、美国、澳大利亚和加拿大。1989 年后南非共和国采金地位下降，其所占资本主义世界采金量比重由 1980 年的 70% 下降到 1989 年的 37%，而美国、加拿大、澳大利亚等采金地位上升，三国占资本主义世界采金量比重由 10.4% 上升到 37%，但南非共和国采金产量仍居世界首位。

迄今为止探明资源储量最丰富的金矿在南非的威特沃特斯兰德盆地（Witwatersrand Basin）。全世界历年来开采的黄金，大约 30% 来自那里。其他著名的金矿还有世界上最深的金矿——南非的姆波尼格（Mponeng）金矿、澳大利亚的博丁顿金矿和美国的内华达金矿。

中国是目前世界上最大的黄金开采国，俄罗斯和秘鲁也都是重要黄金生产国。

世界黄金协会（World Gold Council，WGC）的数据显示，2019 年全球黄金产量是 3 531吨，比 2018 年减少 1% 。

（2）各国政府和国际货币基金组织抛售黄金。这是 20 世纪 70 年代黄金供给的一个重要来源。由于 1976 年国际货币基金组织正式承认黄金非货币化，存放在各国政府和国际货币基金组织中的黄金被大量拍卖。各国中央银行是世界上黄金的最大持有者，1969 年，官方黄金储备为 36 458 吨，占当时全部地表黄金存量的 42.6%，而到 1998 年官方黄金储备大约为 34 000 吨，占已开采的全部黄金存量的 24.1%。在政府当局的黄金拍卖中，以美国的拍卖数量最多。全球官方出售黄金在 2007 年有 501 吨，2008 年为 236 吨，受 2008 年国际金融危机的影响，到 2009 年则只有 33.6 吨，此后各国央行在黄金市场上则转为需求方。

（3）出售金币。这是黄金供给的另一种形式。金币一般分为实体金币、古董金币和纪念金币三类。实体金币未经铸造，其价格与其所含黄金量的价值差不多，在金币市场流通时，无须检验。它是投资者在金币市场最容易购买到的金币。古董金币价格高于黄金材料价值，投资者主要是购买其稀有性。纪念金币则多为国家法定货币，有面值，可交换，有收藏价值，其价格常超出其面值。南非、美国和加拿大是世界主要金币生产国。

（4）集团或私人出售的黄金。它也是市场上黄金供给的一个来源。

2. 黄金市场的需求

（1）工业用金。长期以来，黄金一直是电子创新的核心。今天，黄金的独特性质和纳米技术的出现正在推动其在医学、工程和环境管理方面的新应用。黄金的工业用途主要表现在电子电器工业、航天、医疗和军工等方面。据 WGC 统计，2020 年，工业用金量为 302. 2 吨。

（2）作为储备资产的黄金。在黄金非货币化之前，这是黄金的最主要用途，但是自黄金货币职能逐步丧失后，作为官方储备的黄金需求不断减少，各国的黄金储备基本上变化不大。但是自 2008 年金融风暴出现后，2010 年以来，各国央行已成为黄金净买家。过去十年中央银行对黄金的行为发生了根本性转变。新兴市场央行增加了官方黄金购买量，而欧洲银行已停止出售黄金，各国央行已成为目前黄金年度需求的重要组成。据 WGC 的统计，各国中央银行在 1987 年至 2009 年间出售了 7 853 吨黄金，在 2010 年至 2016 年期间购买了 3 297 吨黄金。据 WGC 统计，2020 年各国央行黄金需求为 326. 3 吨。

（3）集团或私人购买用于保值、投资或投机。主要是资金拥有者担心通货膨胀造成损失，将部分资产以黄金形式保存，当然也有部分是属于收藏目的。目前购买金币是黄金投资、收藏的主要形式。据 WGC 统计，在过去的 30 年里，投资者每年购买的黄金数量至少增加了 235%，2020 年投资性黄金需求为 1 773. 8 吨。

（4）黄金首饰。消费者通常认为购买首饰也有一定的投资作用，金价上涨对黄金首饰的需求有一定的抑制作用，但是通常当金价上涨成为既定的趋势后，消费者对首饰的需求又会恢复正常甚至进一步上涨。近几十年来，这一数字有所下降，但仍占总需求的 50% 左右，是主要需求因素之一。就数量而言，印度和中国是迄今为止最大的黄金饰品市场，合计占当前全球黄金需求的 50% 以上。亚洲和中东市场主要是对纯度更高的高克拉黄金的需求。据 WGC 统计，2020 年黄金首饰用金为 1 400. 8 吨。

3. 黄金市场的价格决定。第二次世界大战后黄金价格的变动大致经历了两个阶段。第一阶段是布雷顿森林体系阶段，是维持官价时期。此阶段美国和世界各国政府承担了维持 1 盎司兑换 35 美元的黄金官价义务，自由市场的黄金价格与官价偏离不大。第二阶段是 1971 年以后，由于美国停止兑换黄金、布雷顿森林体系崩溃，黄金的市场价格受到猛烈的冲击，波动的幅度较大，人为控制金价的时代已一去不复返。

影响黄金价格变动的因素很多，一般来说主要有以下几个：（1）供求关系。黄金的供求是影响黄金价格波动的基本因素之一。（2）美元汇率。由于黄金市场大多以美元标价，因此美元汇率的变动直接影响到黄金价格的变化。通常情况下，美元汇价下跌，黄金价格则上升。（3）市场利率与通货膨胀率。通常情况下，通货膨胀严重，金价看涨；利率提高，金价看跌。（4）石油价格。石油价格的变动给金价带来了间接或直接的影响。从间接方面来说，石油以美元计价，油价上涨意味着美元下跌，而美元的变动又影响到金价的升降。从直接方面来说，石油输出国所积累的石油美元除了投资于欧洲货币市场外，还大量购入黄金，从而使得金价上涨。（5）国际政治局势的变动。黄金市场上的金价对国际政治局势的变动反应十分敏感。一般来说，国际政治局势紧张，金价可能会攀升。总之，影响黄金价格的因素既有基本的供求关系，又有其他多种因素，它们相互制约、互为影响、错综复杂，使得黄金商品化以来，价格反复升降，但目前金价总体呈上升趋势。2020 年 8 月 6 日，黄金价格突破历史最高价，达到每盎司 2 067. 15 美元，随后价格有所回落。

（三） 世界黄金市场的主要交易方式

1. 金块（条）交易与黄金券交易。在黄金市场上，对新开采出来的黄金常以实物方式交易。专业金商交易的对象一般是重400盎司、成色为99.5%的大金锭，而普通私人黄金储藏者交易的对象则是成色、重量不等的小金条，大宗交易一般采取账面划拨的方式进行。目前世界各国的黄金储备主要存放在美国和英国的金库里，世界最大的金库位于美国纽约联邦银行地下25米的黄金储藏室，金库中储藏的金砖分属70多个国家的中央银行和国际机构。

近年黄金交易方式出现了一些新变化，交易单位重量减轻，黄金券和黄金存折出现。黄金券是黄金的凭证，持有人可随时向发行银行要求兑换黄金。黄金券的特点是面额种类多、持有者与持有黄金实物无区别、可用于投资与保值、携带方便和安全，因此很具有吸引力。黄金存折则是投资者开户后得到一本存折，每次交易均登记在存折上，当投资人决定结束买卖行为时，只要补足差额，即可将黄金领回。

2. 黄金现货交易与期货交易。国际上主要的黄金现货市场在伦敦、苏黎世、纽约、法兰克福和香港。黄金期货市场主要在纽约、芝加哥、香港、新加坡和悉尼。在伦敦市场黄金现货交易分为定价交易和报价交易两种。世界其他黄金市场则参照这个定价，根据各自市场的供求状况决定金价。伦敦市场在定价交易以外的时间进行报价交易，报价交易由买卖双方自行达成。目前瑞士是世界最大的黄金现货市场。

黄金期货交易根据交易者的目的不同，分为保值交易和投机交易两种。保值交易是指为了避免通货膨胀、政治动乱和金价变动的损失而购买黄金。投机交易是指利用金价的涨落，买空或卖空，从中牟取投机利润。黄金期货交易价格一般以现货价格为依据，再加期货期限的利息而定。由于参与者众多，黄金期货市场较现货市场开放性强、复杂性大。目前纽约是世界最大的黄金期货市场，此外，美国的芝加哥国际货币市场、新加坡的黄金交易所和伦敦的黄金期货市场在世界上也占有重要地位。

第三节　新兴的国际金融市场

区别于传统的国际金融市场，新兴的国际金融市场主要是指离岸金融市场。随着世界经济的不断发展，国际金融交易日益摆脱国家金融法规的管制和约束，形成了国外借款人与国外贷款人之间的金融交易，即离岸交易，国际上把这种交易所形成的市场称为离岸金融市场。

一、离岸金融市场的形成和发展

（一） 离岸金融市场的发展

1. 离岸金融市场发展历程。货币在离岸金融市场上存与贷所受到的约束远少于它在发行国国内货币市场上所受的约束。相对于离岸金融市场，人们通常把传统的国际金融市场叫做在岸金融市场，最初在岸金融市场和离岸金融市场的区别是境内和境外货币存与贷的区别，但是随着离岸金融市场的发展，在岸金融市场和离岸金融市场的区别主要体现的是市场管理体制的区别。例如，美国在境内设立的国际银行便利（IBFs），虽然其中存与贷的美元在美国境内，但它按照离岸金融市场的规则进行，因而也被叫做欧洲美元，国际银行便利也属于离岸金融市场。

离岸金融市场（Offshore Finance Market），是指主要为非居民提供境外货币借贷或投资、贸易结算、外汇黄金买卖、保险服务及证券交易等金融业务和服务的一种国际金融市场，亦称境外金融市场，其特点可简单概括为市场交易以非居民为主，基本不受所在国法规和税制限制。

离岸金融市场最早在20世纪50年代末形成于英国伦敦，它是在一定的国际政治和经济环境下由多种因素造成的。由于当时以美国和苏联为首的世界两大阵营处于冷战之中，再加上朝鲜战争后，美国冻结了中国在美国的所有美元资产，苏联和东欧国家担心美元资金存放在美国银行也会受到美国政府的冻结和管制，于是把美元资金存放到欧洲国家的银行，主要是伦敦的各大银行，在客观上产生了境外美元的供给。同时，1956年末到1957年初，英国发生英镑危机，英国政府为了控制英镑资金外流，禁止用英镑为非英镑使用国的贸易融资，所以英国银行开始用美元发放贸易贷款，它们在地理和法律意义上的美国境外开创了一个美元市场，当时在市场上交易的主要是英国商人和海外银行。

离岸金融市场在20世纪六七十年代的迅速发展则是与美国的政策密切相关。根据美国联邦储备法案Q字条例，美国银行对活期存款不付利息，对少于90天的存款不得支付超过1%的利息，对超过90天的存款支付的利息不得超过联邦储备系统规定的上限。但是由于不受美国联邦储备的管制，欧洲银行可以通过有竞争力的利率来吸引美元存款。1963年美国政府开始征收利息平衡税，规定美国银行对非居民发放贷款或美国居民购买外国在美国发行的债券，所得利息要缴纳赋税。在这种情况下，美国银行纷纷把美元资金转移到欧洲，以逃避利息平衡税。这些都使得欧洲美元市场在1966年至1969年间有了突飞猛进的发展。

随后布雷顿森林体系解体，而离岸金融市场仍然不断地发展壮大，这与20世纪70年代石油输出国组织（OPEC）有关。大量石油美元的投放以及石油贸易逆差国对资金的需求对离岸金融市场的发展起到了极其重要的作用。70年代以来，离岸金融市场从伦敦、巴黎、法兰克福、苏黎世、卢森堡、列支敦士登等欧洲城市扩展到新加坡、巴拿马、巴哈马、香港等地，在20世纪80年代金融自由化浪潮的推动下，离岸金融市场更是不断发展，各国资本市场放松管制进一步缩小了在岸金融市场和离岸金融市场的差异，又出现了纽约、东京等地的离岸金融中心。到90年代，离岸金融市场已遍布世界各地。

2. 离岸金融市场交易的货币。在离岸金融市场上交易的货币最早是欧洲美元。欧洲美元的创造最初是指在美国以外的货币市场上的美元的创造过程。在欧洲美元出现以后，欧洲马克、欧洲法郎等也相继出现，离岸金融市场的业务不断扩大，其他国家或地区的银行也开始办理境外货币借贷业务，离岸金融市场向世界各地延伸。

（二）离岸金融市场的类型

根据离岸金融市场业务经营和管理的不同，我们可以将其分为四大类型，即内外混合型离岸金融市场、内外分离型离岸金融市场、分离渗透型离岸金融市场和避税港型离岸金融市场。

1. 内外混合型离岸金融市场。内外混合型离岸金融市场是指离岸金融市场业务和所在国的国内金融市场业务不分离。这一类型的市场允许非居民在经营离岸金融业务的同时经营在岸业务和所在国的国内业务，但必须缴纳存款准备金和相关税款，而且金融管理机构严格控制“全面业务”的发放量，所以非居民经营在岸业务量远远小于离岸业务。随着管制的放松，各类市场日益互相依存，它们之间的界限日趋模糊。这一类型市场典型的地区是伦敦等。

2. 内外分离型离岸金融市场。内外分离型离岸金融市场具有同国内市场相分离的特征，表现为管理当局对非居民交易予以金融和税收的优惠。对境外资金的流入不实行国内的税制、利率限制以及存款准备金制度，对非居民交易与国内账户必须严格分离，禁止非居民经营在岸业务。这一类型市场典型的地区是纽约、新加坡和东京。

3. 分离渗透型离岸金融市场。分离渗透型离岸金融市场同内外分离型离岸金融市场有相似的特征，即管理当局对非居民的交易给予税收上的优惠，对境外资金的流入不实行国内的税制、利率限制以及存款准备金制度，但这一类型的市场对居民和非居民的账户的分离并不是很严格，它允许部分的离岸资金流入国内金融市场，并允许居民参与离岸交易，但禁止非居民经营在岸业务。这一类型市场典型的地区是马来西亚纳闽和泰国的曼谷。

4. 避税港型离岸金融市场。避税港型离岸金融市场是指在不征税的地区，只是名义上设立机构，通过这种机构在账簿上处理境外交易，这些空壳分行名为分行，实际上只是银行总行设立的一套独立的账簿，设立分行所需的小额资本可以由总行资本提供，同时它由银行总行直接下达指令进行操作，总行可以把利润转移到这里的分行，从而避免银行总行所在地征收的较高利得税。避税港型离岸金融市场大多原来是发达国家的殖民地或附属国，战后获得独立。由于这些国家多为岛屿，与大陆分离，资源贫乏，制造业非常有限，对经济发展有许多制约因素。为发展本国经济、改善国际收支状况，故这些国家或地区对离岸金融市场业务提供一种较为宽松的管理环境和优惠政策。这一类型市场典型的地区是加勒比海的巴哈马和开曼以及百慕大、巴拿马和西欧的海峡群岛。

（三）离岸金融市场的影响

1. 离岸金融市场作为真正意义的国际金融市场，其对世界经济的积极意义主要表现在：

（1）离岸金融市场为二战后发达国家的经济恢复提供了大量的建设资金。

（2）20 世纪 70 年代后，发展中国家逐渐进入离岸金融市场，成为离岸金融市场的重要参与者。欧洲货币市场为发展中国家的经济发展以及偿债能力的提高作出了贡献。

（3）离岸金融市场在一定程度上为一些国家解决了国际收支失衡问题。由于离岸金融市场的短期资金流动非常便利快捷，从而为国际收支顺差国提供了一个投放外汇储备的场所，也为国际收支逆差国提供了一个借入资金的场所。

（4）离岸金融市场为国际贸易融通资金提供了方便，促进了国际贸易的发展。

2. 离岸金融市场也有一定的消极作用，主要表现在：

（1）由于离岸金融市场的利率结构和资金流动不受管制，为套利、套汇等投机活动提供了方便。这些资金在国际金融市场上的大规模流动，不利于各国货币汇率的稳定，加剧了国际金融市场的动荡。

（2）离岸金融市场会影响一部分国家国内金融政策的实施。如果某些国家对离岸金融市场依赖程度较高，则离岸金融市场资金流动状况的变化会影响这些国家国内经济因素的变化，进而会使得政府政策效果不理想。

二、离岸金融市场的主要业务

（一）离岸金融市场的存款业务

1. 通知存款。通知存款是没有指定到期日的存款。当存款人向银行发出通知要求付款时，银行予以付款。其存款人通常是公司或政府当局。根据通知存款账户类型的不同，银行的支付时间可以是存款人提出要求的当天，或在 2 天后，或在 7 天后。

2. 定期存款。定期存款是指定到期时间的存款。银行于定期存款到期日还本付息。定期存款是负债栏中数额最大的一项。定期存款的期限主要有 1 个月、3 个月、6 个月、12 个月等，期限通常很短，欧洲银行存款中大约 70% 的存款期限短于 3 个月。存款的利息率最初是固定的，但 20 世纪 70 年代后也出现了浮动利率定期存款。

3. 大额可转让定期存单。大额可转让定期存单是定期存款的一种凭证。其与普通定期存款的区别主要是：定期存款的金额可大可小，而大额可转让定期存单的金额一般有一个数额较高的下限；定期存款不能转让，不存在定期存款二级市场，而大额可转让定期存单可以转让，存在着存单的二级市场。如果一个大额可转让定期存单持有人想在到期日之前赎回本金，他可以在二级市场上以存单的现值出售该存单。

欧洲美元可转让定期存单是 1965 年由美国第一花旗银行在伦敦发行的，进入 70 年代后，相继又出现了以德国马克、英镑、日元、法郎、特别提款权等为面值的存款单，它是离岸金融市场的一种重要资金来源。以欧洲美元大额可转让定期存单为例，其期限从 1 个月到 5 年不等，通常是 3 个月、6 个月、12 个月，欧洲美元存单的票面金额一般是 100 万美元或者 100 万美元的倍数，它的利率分为固定利率和浮动利率两种。

4. 浮动利率票据。浮动利率票据也是定期存款的一种凭证。存款人购买浮动利率票据后便相当于存入定期存款。浮动利率票据与大额可转让定期存单的主要区别在于：大额可转让定期存单的利率既有固定的也有浮动的，浮动利率票据的利率是浮动的，保证一个最低限度的利率水平，在此基础上随市场利率浮动；大额可转让定期存单的利息可以分段计算，但一般仅在到期日付息，浮动利率票据则在到期前分段支付利息；浮动利率票据的期限一般长于大额可转让存单，利率一般也高于大额可转让存单。浮动利率票据与大额可转让存单一样也具有二级市场。

离岸金融市场上的存款除了具有与国内货币存款相同的风险如信用风险之外，由于离岸业务涉及跨越国境的货币资金流动，因此离岸金融市场上的存款还具有国家风险，即货币发行国限制该国货币资金流动和该国货币兑换所造成的风险。由于存在国家风险，离岸金融市场上的存款利率将高于同一种货币在发行国国内的存款利率，而且国家风险越大，离岸金融市场上的存款利率将越高。

（二）离岸金融市场的贷款业务

离岸金融市场的贷款对象一类是对银行的贷款。这些贷款是从离岸金融市场上的银行同业市场中产生的，主要银行间的离岸业务是通过电话完成的。在伦敦银行同业往来市场中，可进行多种欧洲货币存款的交易，它们主要包括日元、欧元、英镑、加拿大元、澳大利亚元和美元等，在特殊的地区性市场中还存在着其他一些欧洲货币，例如，巴林岛上的银行进行存款交易时用沙特里亚尔标价。银行同业拆放在离岸金融市场各种信贷业务中占有非常重要的地位。另一类是对公司和政府的贷款。这些贷款通常期限较长，并要承担较大的借款方违约风险，因此在离岸金融市场对该资金成本上附加的利率要比银行同业往来市场中的高。

根据借款人何时以及如何取得贷款中的资金，离岸金融市场贷款可分为两种类型：

1. 定期贷款。定期贷款有固定的时间表，贷款本金在期限内将逐步提供给借款人，在宽限期内贷款本金将全部提供给借款人，宽限期过后借款人则分期归还本金，其利率可以是固定的也可以是浮动的。

2. 转期循环贷款。转期循环贷款的借款人有个最大信贷额度，他可以自行决定是否使用这一额度，其新旧贷款衔接，旧的贷款到期偿还后银行自动提供新的贷款，利率则随市场利率变动，借款人可以根据需要选择是否提取新贷款。这种贷款将短期贷款灵活地转变为中期贷款或长期贷款。

在离岸金融市场上，如果贷款期限长且数额巨大，一般采用银团贷款（又叫做辛迪加贷款）的形式来发放，参与银行还可以向其他银行转让其贷款资产，这种由多家银行来共同承担的贷款，可以分散信用风险。

离岸金融市场的贷款除了存在利率风险、信用风险外，也存在国家风险，即借款人所在国的政府对借款进行干预，如征收利息预扣税等，从而给贷款银行造成的风险。通常离岸金融市场贷款会附关于政府干预风险的条款，规定如果遇到借款人所在国的政府的干预而造成的代价，由借款人承担，以保证实际支付给贷款银行的利率保持不变。

（三）欧洲债券业务

1. 欧洲债券的特点。欧洲债券是指发行人在本国之外的市场上发行的，不以发行所在地国家的货币计值，而是以其他自由可兑换货币为面值的债券。欧洲债券是在国际资本市场上融资的一个重要途径。欧洲债券的发行人、货币单位、发行地点分别属于不同的国家，如美国公司在英国发行的日元债券是欧洲债券。

欧洲债券的特点主要表现为：

（1）多数的欧洲债券是不记名债券。持有这张债券就表示拥有这张债券的所有权。

（2）欧洲债券利息支付通常是免税的。如果债券发行人在支付利息时其国家要对利息的支付征税，则必须提高名义利率使扣税后的净利率与非扣税利率相等，即使债券持有的利益不受税收的影响。

（3）欧洲债券是通过国际银行辛迪加同时在几个国家发售。债券被分散到世界各地的投资者手中，多数国家都不需要发行前的注册或信息披露，对发行期限和发行数量也没有限制。

（4）欧洲债券的面值货币多样化。这些货币的共同特征就是可兑换性。发行币种可以在主要国家可兑换货币间任意选择，为债券的发行人提供了充分的债务资本筹措余地。

（5）欧洲债券安全性高。欧洲债券的主要发行人多数是大的跨国公司、政府和国际金融组织，这些发行人资信较好，对投资人而言资金比较安全。

（6）欧洲债券对利率、汇率等市场因素反应敏感。由于该市场是充分的世界性市场，不受任何人的干预，因而市场机制完善，能及时反映市场资金供求状况。

欧洲债券与离岸金融市场贷款业务的不同主要在于离岸金融市场上的贷款要求借款人保证一定的资本与资产比例，否则不管借款人是否偿还贷款，都视为技术违约，但欧洲债券的发行人不受此约束，债券持有人对借款人的金融活动没有发言权，因此欧洲债券的发行仅限于被认为具有低信贷风险的借款人。由于欧洲债券本身具有的优点，欧洲债券市场发展很快，成为欧洲货币市场的一种主要的资金运用方式。

2. 欧洲债券的类型。欧洲债券主要有以下几种形式：

（1）普通债券。普通债券（又称固定利率债券）是一种传统债券，以固定的间隔，通常是一年支付固定票面利息。与一般的国内债券市场的 6 个月间隔付息不同，选择每年付息是因为向全球的投资者发放债券利息的成本较多的缘故。

（2）浮动利率债券。浮动利率债券的利率是在参考利率（通常是伦敦同业拆借利率）之上加一个差价，利息支付更频繁，通常是每 6 个月付息一次。利率变化得越快，债券利息越能反映最新货币市场利率。最早的浮动利率债券出现在利率不断提高的 1969 年和 1970 年，大多数的浮动利率债券是以美元标价的，日元和德国马克标价的浮动利率债券直到 1985 年才出现。

（3）零息票债券。零息票债券是不附任何息票的纯贴现债券。它或者是折价发行，以面值归还；或者是以面值发行，归还时加以适当升水。购买价和偿付价之间的差额即为回报。

（4）可转换债券。可转换债券指债券在付息基础上还可转换为其他资产。较普通的转换就是允许把该债券转化为其债券发行公司所发行的普通股股票。有些债券可以转化为其他资产如黄金、石油或有不同偿付特征的其他债券（比如浮动利率债券在一定条件下可以转化为固定利率债券，反之亦然）。有些债券按借款人的选择在还本或付息时可以选择用两种货币中的一种支付，债券从一种货币转换为另一种货币。

（5）附有认购权证的债券。附有认购权证的债券是指在债券发行时给予投资者在一定时期内按照一定比例认购发行公司一定数量证券的权利的债券。这种权利是在到期前执行的。认购权证分为股票认购权证（认股权证）和债券认购权证（认债权证）。尽管在执行认股权证时须付出更多的货币，但是当债券价格上涨时认股权证的价值也会增加。

专栏6－3
欧洲债券发行的费用结构

在欧洲债券市场上，发行者得到的金额未必就是发行价格。比如，主承销商也许只同意每1 000美元债券付给借款人975 美元，这25 美元，即每一张1 000 美元债券的2. 5%就是“发行成本”或者叫“投资银行差价”。

如果以按2. 5%投资银行差价发行欧洲债券，主承销商每1 000 美元债券付借款人975 美元；主承销商以980 美元的价格将债券卖给承销商；主承销商以985 美元的价格将债券卖给销售商；其费用结构以及费用中各部分的名称如下：

1 000 美元－975 美元＝25 美元“发行成本”或“投资银行差价”　（差价的100%）

1 000 美元－985 美元＝15 美元“销售费用”　（差价的60%）

985 美元－980 美元＝5 美元“承销费用”　（差价的20%）

980 美元－975 美元＝5 美元“管理费用”　（差价的20%）

对一般销售商，债券可以按985 美元以上的任何价格出售，而且会有边际利润（在销售费用付出之前）。承销商在很大程度上可以比销售团队一般成员更低的价格获得债券，同时是销售商的承销商获得承销费用和销售费用，而既是承销商又是销售商的主承销商就会获得全部差额手续费用收入。

三、中国的离岸金融市场

（一）中国具备一定的建立离岸金融市场的条件

中国改革开放以来，经济和金融的国际化程度不断提高，但由于受到国内制度及其他因素的制约，真正的经济国际化和金融国际化的实现在我国仍需一个过程，而建立离岸金融市场则是实现我国经济金融国际化的战略性步骤，将有利于促进国内银行商业化改革以及国内金融市场与国际金融市场的接轨。

中国具备一定的建立离岸金融市场的条件，主要体现在：（1）政治上的安定团结，经济持续稳定发展，社会财富急剧积累。（2）对外开放程度不断提高。（3）中国地处环太平洋经济圈，具有得天独厚的地缘优势，有国际知名的深水良港，海陆空交通网络和通信网络已成完整的体系。特区和沿海开放城市已建立起良好的基础设施，为国际金融机构的进入创造了良好的条件。（4）中国金融制度和金融组织体系渐趋完善，金融业务不断增长。

（二）中国离岸金融业务的特点

自1989 年蛇口招商银行被批准开办离岸业务之后，中国人民银行和国家外汇管理局先后批准了招商银行、中国工商银行深圳市分行、中国农业银行深圳市分行、深圳发展银行、广东发展银行深圳分行等银行试办离岸金融业务，拉开了探索离岸金融市场的序幕。但是，由于离岸金融市场上的金融风险和亚洲金融风暴等因素的影响，1999 年初中国人民银行暂停了国内银行的离岸金融业务。考虑到国内经济金融运行稳定、银行经营管理日益规范、市场对离岸金融业务有所需求等因素，2002 年中国人民银行允许部分银行在获得主管部门审批的条件下，重新开办离岸金融业务。2002 年 6 月 11 日中国人民银行批准了交通银行、招商银行、浦东发展银行、深圳发展银行重新开办离岸金融业务。2006 年 8 月天津启动了离岸金融的试点。2010 年 1 月在海南探索开展离岸金融业务试点。2012 年重庆开始推出离岸金融结算业务，2013 年 9 月上海自贸区挂牌以来也在努力开展离岸金融业务。2014 年上海设立分账核算（FT）账户，是独立于传统账户的自贸区创新账户体系，该账户与境内区外账户之间的资金划转，视同跨境业务管理；而到 2014 年重庆离岸金融业务达到 1 190 亿美元，可以说是离岸业务发展最好的城市，2021 年重庆正力争离岸金融结算规模达 6 000 亿美元。同时，2021 年国务院明确提出要构建与上海国际金融中心相匹配的离岸金融体系，支持浦东在风险可控的前提下，发展人民币离岸交易。

目前各试点银行的离岸业务发展表现为以下几个主要特点：（1）内外分离型经营。各行设立离岸业务部，专门经营离岸业务，离岸业务与在岸业务实行分账管理、独立核算，离岸账户与在岸账户严格区分。（2）业务种类以传统的存、贷、结算等初级零售业务为主，同业拆借等批发业务相对不足。90% 的客户主要分布在港澳地区。此外离岸业务也选择了部分外销楼盘，为境外人士在中国置业提供按揭贷款服务，逐步将服务面扩展到境外居民个人。总体来看，离岸业务品种少，范围窄。（3）各行的离岸资产较小，资金来源途径单一，因此抗风险能力较差。

在中国可以申请的离岸银行业务主要包括外汇存款，外汇贷款，同业外汇拆借，国际结算，发行大额可转让存款证，外汇担保（外汇担保是指离岸银行以本行名义为非居民提供的对非居民的担保），咨询、见证业务以及国家外汇管理局批准的其他业务。离岸存款币种目前主要为美元、英镑、日元、港元、欧元和瑞士法郎等可自由兑换的货币。存款种类可分为活期存款和定期存款以及银行提供的其他形式存款。各种货币的存款利率，原则上由离岸银行参照国际金融市场利率水平而自行制定，实际上均不低于该种货币的市场存款利率。

银行吸收离岸存款免交存款准备金。离岸贷款的对象必须是符合离岸金融政策规定的在境外注册登记，并在离岸银行开立离岸账户的非居民。贷款原则上不采纳信用方式，坚持以抵押担保（又分为财产抵押和权益抵押）及信用担保。贷款的用途不受国界的约束，它主要用于境外，也可以转用于境内的投资。同时，境内机构向离岸银行申请离岸贷款，视同国际商业贷款，按照《境内机构借用国际商业贷款管理办法》管理。

第四节　国际金融市场发展趋势

20 世纪 80 年代后，随着经济全球化趋势的加强，国际金融市场呈现出崭新的发展趋势。

一、国际金融市场全球一体化

> 金融一体化(Financial Integration)是指国与国(地区)之间的金融活动相互渗透、相互影响而形成一个联动整体的发展态势。

各国金融市场之间的界限越来越模糊，全球各地金融市场相互贯通，金融市场的电子化、网络化把全球主要国际金融中心连为一体，打破了不同市场时差的限制，24 小时连续运作，从而成为真正意义上的全球统一市场。金融市场的全球一体化趋势自 20 世纪 70 年代末、80 年代初开始加剧，是宏观经济发展、金融管制放松、技术进步和金融创新的结果。其主要表现在以下几个方面：

1. 银行业务的国际化。跨国银行逐渐开始从全球战略出发来考虑其业务，经营管理具有更高的灵活性，以适应不同国家的不同立法要求。而离岸金融市场的产生，缩小了金融市场在时间和空间上的距离，使跨国银行可以 24 小时内不间断地营业，离岸市场还加剧了金融市场的竞争，有助于形成合理的国际利差水平，既增加了跨国银行的国际利润，也便利了跨国银行的海外业务发展。

2. 证券业务的国际化。随着证券业务的国际化，投资者可以在国际范围内最大限度地分散投资风险以获得较大收益；同时，借款人也可以在国际范围内寻找信贷和股本资金来源，从而降低筹资成本。

3. 管理手段的国际化。西方主要金融市场的管理手段，实际上已经通用化和国际化了。各国金融监管体制和监管内容也日益趋同，普遍强调金融法规监管、行业约束和市场约束方面的结合。金融监管的国际合作也在不断加强，最有代表性的是巴塞尔委员会及其相关协议。

此外，高科技通信技术的永无止境的发展，为全球金融一体化不断带来新的突破，各国金融机构不断增强管理全球金融工具的能力，这些都将强有力地推进国际金融市场全球一体化的发展。

二、国际融资证券化

（一）国际融资证券化的影响

> 融资证券化(Financing Securitization)是指传统的通过银行来筹资的方式开始逐渐向通过金融市场发行证券转变，即由间接金融向直接金融的转变，也即“脱媒”现象。

筹资手段的证券化主要体现在商业票据、债券、股票等有价证券发行的扩大和国际证券市场重要性的增加。越来越多的企业更加积极地通过证券化筹集资金，尤其是规模巨大的跨国公司，它们有着很好的信誉，容易从市场上筹集大量资金，进一步促成了国际融资证券化的发展。这类新型的金融工具已经在国际金融市场上得到广泛的应用，2008 年国际金融危机前，美国住房抵押贷款支持证券（MBS）存量已超 9 万亿美元，资产支持证券（ABS）存量达 2 万亿美元。2007 年美国 MBS 和 ABS 产品的发行量分别达到 24 346 亿美元和 7 959 亿美元，分别占当年美国债券发行总量的 38.2% 和 12.5% 。而 2008 年国际金融危机对原本高速发展的资产证券化市场造成了沉重打击，虽然 2008 年后逐年有所回升，但至今仍未恢复至危机前的发行量水平。2019 年美国

MBS 存量约为 9 万亿美元，ABS 存量则大概为 1.6 万亿美元。

融资证券化可能会造成金融机构作用的削减，然而银行本身也在国际市场上吸收、发行证券，大大加强了其在证券市场上既是投资者又是借款人的作用。同时在信用制度、股份制以及社会化大生产的发展需要下，融资证券化的发展具有以下几个优点：

1. 融资证券化的发展可以弥补银行信用的局限性。银行信用投资者不能直接选择经营者，经营者亦不能直接选择投资者。因此，银行信用不能把由这种互相选择所产生的能力和压力转化为推动经济发展的巨大力量。而证券信用具有投资者与经营者之间的相互选择机制，同时证券信用比银行信用具有更高的流动性和效益性。

2. 融资证券化的发展可以弥补传统股份制的缺陷。现代股份制股权不可返还和股票可以自由转让的优点，保证了企业经营的连续性，也保证了投资者回避风险的可能性，它适应了经济发展的要求。证券市场的发展进一步推动了整个金融市场证券化的发展，使金融市场证券化进入了一个前所未有的崭新时期。

3. 融资证券化的发展满足了社会化大生产对一个稳定而灵活的筹集巨资的方式的需要。以债券和股票作为基本融资工具的金融市场证券化可以迅速把社会资金集中到股份公司里，并且立即投入到所需巨额资金的项目上去。目前，金融资产是否证券化已经被作为衡量一个国家的金融市场是创新还是呆滞、是深化还是抑制的一个标志。

但是在经历了 2008 年国际金融危机后，市场普遍认为这次危机在很大程度上是由于资产证券化产生的风险放大效应导致的，这种证券化的发展会加剧交易者信息不对称，进而加剧信用风险。

（二）国际融资证券化的特点

国际金融市场融资证券化的特点主要表现在：

1. 国际证券发行急剧增加，国际银行贷款却呈现下降趋势。20 世纪 80 年代前国际金融市场上银行信贷一般占市场融资总额的 2/3，而仅 1981—1987 年期间国际金融市场上每年新发行的国际债券就增长 2 倍多，同时期银行信贷减少 200 多亿美元。90 年代后国际证券发行更是空前增长，仅 2002 年第三季度国际债券的净新发行量就达约 1 723 亿美元；截至 2005 年，美国的证券化产品发行量达 1.385 万亿美元。同时我们也看到，受次贷危机的影响，危机爆发前后证券化产品发行量骤减。例如全球 CDO（债务担保证券）发行量从 2006 年的 5 206.4 亿美元下降到 2008 年的 611 亿美元。但是 2012 年欧美银行重启 CDO 业务，当年 CDO 余额就飙升至 3 840 亿美元，截至 2018 年仅美国 CDO/CLO（贷款担保证券）存量就达 6 900 亿美元。

2. 国际银行直接参与国际证券市场业务，出现了证券式贷款。一方面，国际银行大量发行与持有证券，银行发行的浮动利率票据和其他债券以及长期存款成倍甚至成十倍增加。另一方面，银行贷款业务变得日益灵活，出现多种证券式贷款，如转让贷款证券，这种证券使原放款者可以把贷款承担的义务转让给二级市场，从而为银行贷款开辟了一个二级市场；又如票据发行单把传统的银团信贷和债券的特点结合，通过出售短期债券提供中期贷款，由银行出面担保，使借款者以新债券取代旧债券来取得资金。

3. 其他各种证券买卖方式如新型股标转让、信托投资证券、投资基金不断涌现并获得长足的发展。20 世纪 80 年代以来，西方各国跨国股票投资和筹资活动均迅速膨胀。1983 年在欧洲发行的股票为 2 亿美元，1986 年已达 100 亿美元，1991 年美国的全球股票购入额已达 260 多亿美元，90 年代末仅优惠利率基金就达到了 370 亿美元，到 2004 年底，世界交易所联合会统计成员国股票市场总市值 39 万亿美元，而投资基金就持有其中的 1/5 左右。截至 2015 年底，全球的投资基金管理资产规模已达到 40.2 万亿美元。而 2020 年第四季度末，全球受监管的开放式基金资产已达 63.06 万亿美元。

三、金融创新层出不穷

（一）金融创新产生的原因

> 金融创新(Financial Innovation)是指金融机构为创造机会、追求更大利润而对金融要素进行的重新组合，包括金融工具、融资方式、金融市场、支付清算手段以及金融组织形式的创新。

20 世纪 80 年代以来是国际金融创新发展最为迅猛的时期。金融创新的出现主要是由于：第一，经济主体的需求发生变换，原有金融方式的效用降低，对高效用新金融方式（金融工具、融资方式和金融市场等）的需求增大。第二，新金融方式成本较低，使金融机构供给欲望增强。第三，金融市场上的制度性因素推动了金融创新的发展。最初各国对金融活动的管制刺激了金融机构及企业的规避行为，20 世纪 80 年代后的金融自由化发展又加速了金融创新的进程。

金融创新的方式主要有两种：一种是业务创新，它是全部创新活动的基础并由此引发了金融机构职能和市场组织等一系列的创新活动；另一种是制度创新，它是指为了保证金融机构和整个金融体系的安全、稳定所进行的一系列在管理制度和管理活动上的调整和改善。

制度创新一般来说是紧随业务创新活动的，为了防止和消除业务创新活动引发的各种金融风险，就会有相应的金融管理制度的调整。同时制度创新又会成为业务创新的原因，许多业务创新的品种和内容，实际上是在设法逃避现行制度管制的过程中出现的。如可转让支付命令账户（NOW）就是为逃避活期存款账户不得支付利息和储蓄存款账户不能使用支票的限制而设计出来的，它名为储蓄账户，可以支付利息，但同时又能使用不是支票而又能发挥支票作用的“可转让支付命令书”，以达到为客户办理转账结算的目的。

（二）金融衍生工具的特点、种类和作用

1. 金融衍生工具的特点。在金融业务的创新中涌现出一批金融衍生工具，它是指其价值由利率、汇率或指数等衍生的交易合约，如期货、远期合约、选择权合约或其他性质类似的金融工具。它是在传统金融工具，如货币、外汇存贷款、股票、债券等基础上衍生出来的，通过预测股价、利率、汇率等未来行情走势，采用支付少量保证金或权利金签订远期合同或互换不同金融商品等交易形式的新兴金融工具。

金融衍生工具的特点主要表现在：第一，结构复杂。相对于传统金融工具而言，金融衍生工具的权利和义务较新，有一定的理解难度，某些结构需要加以拆解才能了解个中风险。第二，高财务杠杆原理。只需要投入较少的保证金，投资人就可介入较大成交

量的交易。

2. 金融衍生工具的种类。金融衍生工具种类繁多且在不断发展，其分类方法也有多种方式。按照基础工具种类不同来划分，金融衍生工具主要有以下几种：

（1）利率衍生工具。是指以利率或利率的载体为基础工具的金融衍生工具，主要包括远期利率协议、利率期货、利率期权、利率互换以及上述合约的混合交易合约。

（2）股权式衍生工具。是指以股票或股票指数为基础工具的金融衍生工具，主要包括股票期货、股票期权、股票指数期货、股票指数期权以及上述合约的混合交易合约。

（3）货币衍生工具。是指以各种货币作为基础工具的金融衍生工具，主要包括远期外汇合约、货币期货、货币期权、货币互换以及上述合约的混合交易合约。

按照金融衍生工具自身交易方法及特点，则主要分为：

（1）金融远期。是指合约双方同意在未来日期按照固定价格交换金融资产的合约。

（2）金融期货。是指买卖双方在有组织的交易所内以公开竞价的形式达成的，在将来某一特定时间交收标准数量特定金融工具的协议。

（3）金融期权。是指合约双方按约定价格，在约定日期内就是否买卖某种金融工具所达成的契约。

（4）金融互换。是指两个或两个以上的当事人按共同商定的条件，在约定的时间内，交换一定支付款项的金融交易，主要有货币互换和利率互换两类。

3. 金融衍生工具的作用。金融衍生工具的出现有很大的积极作用，主要表现在：

（1）进行低成本、高效率的风险管理。金融衍生工具可以将风险先集中，再分割，然后重新分配。由于衍生交易的杠杆比率非常高，可以使套期保值者以极小的代价，占用较少的资金实现有效的风险管理，同时也增强了投机者的功用，因而比证券组合投资更能满足市场需求。

（2）发现市场价格。由于衍生市场采取公开竞价方式，所形成的价格反映了真实市场的供求关系和不同买主与卖主的预期，使真正的未来价格得以发现。

（3）增强市场流动性。衍生工具对市场的流动性影响很大，由于市场中各类风险可以被有效转移，衍生市场会提高资本运用速度和效率。

但衍生工具也有可能成为巨大的风险源，而出现负面作用：

（1）衍生工具集中了分散的风险，并集中在固定市场上加以释放。这使衍生交易的风险看起来比一般商品与金融交易要大得多。这种风险的集中性容易成为金融灾难的策源地。

（2）衍生工具具有较高的杠杆比率，投资者用少量的资金便可控制几十倍甚至上百倍的交易，这样基础价格的轻微变动就会导致衍生工具账户资金的巨大变动，造成投机猖獗。

（3）许多衍生工具刚推出时设计不一定完善，而且有些衍生工具设计过于复杂，难以为投资者理解和掌握，有可能造成操作失误；同时由于有关的法规尚未出台或不完善，容易引起法律纠纷。

（4）衍生金融工具的出现，逐渐模糊了传统活期存款和定期存款的界限，使货币供应量的含义发生变换，原来控制 M1 的货币政策效用必定下降，因此衍生工具的运用会削弱金融政策的效果。

总体来看，一方面，金融创新促进了国际金融市场一体化，加速了资本在国际间的流动，使得融资成本大大降低，融资渠道多样化，融资效率提高。但从另一方面看，由于金融创新改变了金融机构原有的资产负债的比例，模糊了原有各种金融机构之间的业务界限，使竞争日趋激烈，增加了金融体系的不稳定性和金融管理的难度；而且金融创新在转移和分散风险的同时也带来了新的风险，如交易风险、表外风险等。

四、金融自由化

金融自由化（Financial Liberalization）是指针对金融抑制这种现象，减少政府的行政干预程度，确立市场机制的基础调节作用。

20 世纪 90 年代后，国际金融市场上掀起了新一轮的金融自由化浪潮，不是将自由化仅仅局限于对金融管制的放松，而是将金融自由化拓展到整个金融改革之中，带动整个金融制度和金融结构的良性发展。金融自由化增强了金融市场的竞争性，提高了国际金融市场的效率，使得金融信息更具公开透明性，尤其是金融混业经营制度的实行，为金融企业提供了很多的盈利机会，金融自由化的发展推动了金融全球一体化，促进了资本流动的自由化。

金融自由化发展的特点主要体现在以下几个方面。

1. 价格自由化。价格自由化主要包括利率市场化和汇率自由化。利率市场化是指使利率能正确地反映金融市场的价格与金融资源的配置状况，有利于投资者寻求最佳的投资组合，实现利润最大化，提高融资效率。汇率自由化主要是指一国由固定汇率制度向浮动汇率制的转变，实现汇率由外汇市场供求关系来决定。在金融市场内，汇率政策的核心是让汇率自由浮动，实行货币自由兑换，同时实现国际贸易的自由化发展。

2. 市场准入自由化。市场准入自由化是指放开金融机构市场准入的限制条件，包括市场准入的条件和程序的控制、对金融分支机构设立的限制、对金融机构合并的政策等。市场准入的放宽有利于提高金融机构服务质量，改善金融服务条件。

3. 金融机构和业务自由化。金融机构和业务自由化主要指放宽对金融机构业务范围的管制，允许同一金融机构同时经营银行、证券和保险等业务，使得金融业由分业经营走向混业经营，使金融机构向全能化方向发展。金融机构和业务的自由化发展促进了金融机构的有效竞争，充分利用金融资源，提高创新能力。

金融自由化在增强金融市场效率的同时，也是存在风险的。金融自由化会加大客户和金融业自身的风险，利率和汇率管制的解除导致市场波动幅度剧增，同时混业经营之后，商业银行涉足高风险领域，风险资产明显增多，而资本流动的自由化为国际游资的冲击提供了机会。特别是经历了 2008 年国际金融危机之后，自由主义者不得不哀叹：“金融自由化时代已经结束”，认为金融自由化未能促进增长，反而频繁引发危机。

本章小结

1. 国际金融市场经历了从传统的国际金融市场到发展形成了新兴的国际金融市场的过程，其活动范围涉及全球各地，其作用也不断扩大。

2. 传统的国际金融市场经营在岸业务，主要是市场所在国货币的国际信贷和国际证券业务，同时要受市场所在国法律的管制。

3. 新兴的国际金融市场是金融市场创新的结果，它是目前国际金融市场的核心部分。

4. 国际金融市场是随着生产和资本的国际化发展而发展变化的，目前国际金融市场上的竞争不断加剧，金融变量的价格波动速度和幅度都加快，使得国际金融市场呈现出新的发展特点，也使得金融危机的“多米诺骨牌效应”更加明显。

关键词

国际金融市场（International Financial Market）
国际货币市场（International Currency Market）
国际资本市场（International Capital Market）
离岸金融市场（Offshore Finance Market）

本章重要概念

伦敦银行同业拆借利率　大额可转让定期存单　银团贷款　欧洲美元　欧洲债券　外国债券　金融一体化　融资证券化　金融创新　金融自由化

思考题

1. 新兴国际金融市场与传统国际金融市场有何不同之处？
2. 试述衍生金融工具的风险是什么？
3. 如何看待金融自由化发展与金融监管的博弈？
4. 如何理解量化宽松政策的收益与成本？如何判断其对新兴市场的作用？
5. 如何理解当前黄金需求趋势？

练习题

1. 简述金融承压时期的政策工具。

2. 货币市场利率的变化影响证券价格的变化，如果市场利率上升超过未到期公司债券利率，则（　　）

A. 债券价格上涨，股票价格上涨　　B. 债券价格下跌，股票价格下跌
C. 债券价格上涨，股票价格下跌　　D. 债券价格下跌，股票价格上涨

3. 促进国际金融市场形成和发展的主要因素是（　　）

A. 货币的自由兑换　　B. 国际资本的流动
C. 生产和资本的国际化　　D. 国际贸易的发展

4. 美国联邦储备 Q 条款规定了（　　）

A. 储蓄利率上限　　B. 商业银行存款准备金比率
C. 活期存款不计利息　　D. 储蓄和定期存款利率上限

5. 如果美国利率持续上升导致风险重新定价和融资环境收紧，对新兴市场会产生怎样的影响，对中国的影响又如何?

案例题

案例一

针对阅读材料思考讨论以下问题：

1. 如何看待英国脱欧后伦敦国际金融中心的地位?
2. 你认为未来国际金融中心会有哪些新的发展特点?

案例材料：

近年来，市场投资者普遍关注英国脱离欧盟后，是否会动摇伦敦国际金融中心的地位。虽然，英国经济的总体规模不如德国、日本、中国和法国，但金融业却相当发达。伦敦的金融市场自 19 世纪起，便领先世界各国，尤其在 2016 年 3 月超越纽约，排名世界第一位。且从地理位置上，伦敦获益于亚洲和美国之间的时区，在全球金融市场交易中，往往起到承上启下、无缝对接的作用。而在过去的 20 年里，伦敦金融板块的影响力更在快速提升。

对比纽约来看，美国证券交易所的全球公开发行股票总价值曾经约为全球的 75%，而到了 2008 年，这一数字大幅下降至 15%。这在很大程度上是由于伦敦的崛起，此消彼长。世界大部分地区涉及的重要经济事件，绝大多数是由伦敦金融区董事会作出的决策，而纽约却做不到这一点。因此，从这个角度来看的话，即便是美国联邦政府及各市政府，每天都要参考伦敦的利率标准，来制定一系列广泛的金融合同。

伦敦银行同业拆借利率（Libor）已成为全球贷款方及债券发行人的普遍参考利率，是目前国际间最重要和最常用的市场利率基准。因此，脱离欧盟非但不会影响伦敦的国际金融中心地位，或许还会因脱离了欧盟的直接掣肘，使伦敦的国际金融中心地位进一步加强；反倒是对欧盟来说，绝对是利空，这将使得欧元区进一步陷入困境，甚而增高散伙的概率。

➊ 资料来源：节选自《英国脱欧后伦敦国际金融中心真的地位不保?》，凤凰财经网站，2016 年 7 月 21 日。

案例二

针对阅读材料思考讨论以下问题：

1. 如何看待期货市场的金融风险？

2. 你认为目前中国银行体系存在怎样的风险？

案例材料：

2020年受新冠肺炎疫情、地缘政治、短期经济冲击等综合因素影响，国际商品市场波动剧烈。美国时间2020年4月20日，WTI原油5月期货合约CME官方结算价-37.63美元/桶为有效价格，中国银行原油宝产品参考该价格进行结算，使中国银行及客户都蒙受损失，由此触发“原油宝”事件。这种极端价格令世人一脸茫然，随后人们才逐渐明白，原油期货出现价格跌成负数是一起高风险事件导致的。

2020年12月，中国银保监会决定对中国银行及其分支机构合计罚款5 050万元；对中国银行全球市场部两任总经理均给予警告并处罚款50万元，对中国银行全球市场部相关副总经理及资深交易员等两人均给予警告并处罚款40万元。除依法实施行政处罚外，中国银保监会还暂停了中国银行相关业务、相关分支机构准入事项，责令中国银行依法依规全面梳理相关人员责任并严肃问责。

第七章
国际资本流动

本章知识结构

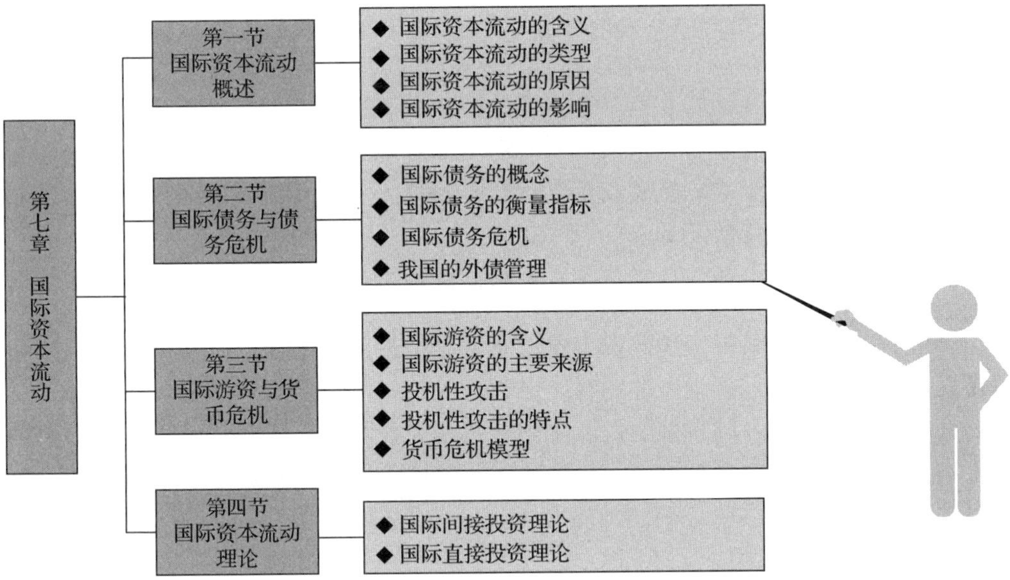

本章学习目标

- 掌握国际资本流动的含义、类型、原因、影响。
- 掌握国际债务的含义及其衡量指标。
- 掌握国际游资的含义及投机性攻击的含义。
- 掌握分析债务危机和货币危机的方法。
- 了解国际资本流动的理论。

章前引例

在2008年国际金融危机爆发之际，出任英国金融服务局主席一职且大力推动国际金融监管体系改革的阿代尔·特纳（Adair Turner）勋爵在其新著《债务和魔鬼——货币、信贷和全球金融体系重建》中，对国际资本流动给出了较为负面的评价：虚幻的好处。他认为，一战前资本流动的成因和经济功能一目了然。当时，英国是世界上最富裕的国家之一，其国内储蓄规模超过国内投资需求。英国的海外殖民地及其他新兴市场经济体（如拉丁美洲）存在大量投资机会，而国内储蓄资源却相对有限。于是，以长期债务或股权为主要形式的资本流入这些地区，为投资活动融资。这些投资产生的收益可用于偿还债务，并向股权投资者分红。

特纳认为，现代社会中有一部分资本流动仍延续上述模式，但多数资本流动既没有从富国流向穷国，也没有支持可持续的资本投资。相反，资本流动往往从穷国流向富国，或穿梭于收入水平相当的不同国家之间（如欧盟）。资本所支持的是不可持续的消费、铺张浪费的投资以及现存房地产价格泡沫。2007—2008年次贷危机前夕，美国资本内流助长了住房抵押贷款繁荣，中低收入人群得以在短期内提高消费水平。在西班牙和爱尔兰，资本流入引发了房地产建设投资热潮；1997年亚洲金融危机爆发前夕，泰国和印度尼西亚也上演过同样的一幕。

特纳勋爵对国际资本流动的评价是否准确？我们应当怎样看待国际资本流动？

在经济全球化的背景下，国际资本流动对世界经济产生了巨大的影响，它在促进国际贸易发展、提高全球经济效益的同时，也为债务危机的产生提供了丰富的土壤。国际游资的消极影响是世界各国特别是发展中国家密切关注和讨论的热门问题。本章将介绍国际资本流动的含义、类型、原因、影响，以及发展中国家的债务危机、国际游资和货币危机等内容。

第一节　国际资本流动概述

20世纪70年代布雷顿森林体系崩溃以来，国际资本流动成为一种普遍的经济现象，各国经济的运行方式也发生了根本的变化。本节主要介绍国际资本流动的基本内容，为后面两节内容做一些准备工作。

一、国际资本流动的含义

> **国际资本流动是资本跨越国界的运动转移过程。**

国际资本流动（International Capital Flows）是指一个国家（或地区）的政府、企业或个人与另外一个国家（或地区）的政府、企业或个人之间，以及国际金融组织之间资本的流入和流出。这里的“资本”可以是以货币形态的资本，也可以是实物形态的资本（如生产设备、技术、原材料、劳动力等）。它是国际间经济交易的基本内容之一。

国际资本流动是资本跨越民族国家的界限而在国际范围内运动的过程，是资本要素在不同主权国家和法律体系管辖范围之间的输出与输入。资本的本质决定了资本跨国流动的本质，是居民的一部分储蓄或社会剩余劳动积累在不同社会再生产体系、不同社会经济分配体系、不同政府宏观决策体系之间的运动。

国际资本流动不同于以所有权的转移为特征的商品交易，它是以使用权的转让为特征的，但一般仍以营利为目的。一国（或地区）的国际收支平衡表中的资本与金融账户，集中反映了该国（或地区）在一定时期内与他国（或地区）的资本流动的综合情况。

国际资本流动包括资本外流与资本内流两方面。

（一）资本外流

资本外流（Capital Outflows）是居民向非居民让渡资本使用权的过程，或者说是资本由居民流向非居民的过程，也可以理解为本国的资本输出。资本外流所强调的不是资本流入（Flowing In）或流出（Flowing Out）的方向，而是资本使用权由居民让渡到非居民。通常情况下，资本外流在方向上表现为流出，但在资本外流发生逆转时（Outflows Reversal），比如本国居民收回海外投资或非居民偿还居民的贷款时，则在方向上表现为资本流入。在国际收支平衡表中，资本外流反映在金融账户下的“资产”方，记录的是不同居民资本外流增加和减少相抵后的净值，数字前符号若为“－”号，意味着居民的资本净流出，海外资产增加。但当居民将之前流出的资本大规模收回时，则资产方的数字有可能变为“＋”号，这表明资本外流发生了大规模逆转，居民的资本净流入了，海外资产减少。所以，资本外流在方向上通常表现为资本的流出，但在某些时候也可以表现为资本的流入。

（二）资本内流

与资本外流相反，资本内流（Capital Inflows）是非居民向居民让渡资本的使用权过程，或者说是资本由非居民流向居民的过程，通常也可以理解为资本的输入。同样，资本内流所强调的也不是资本流入或流出的方向，而是使用权由非居民让渡到居民。通常情况下，资本内流在方向上表现为资本的流入，但在发生逆转时则表现为流出。20 世纪 80 年代以来，大规模的资本内流是新兴市场经济体的一个显著特征，为弥补它们经济发展中的资本不足发挥了重要积极作用。但这些资本内流也经常遭遇突然停顿（Sudden Stop）或逆转，往往会引发东道国的货币危机。比如 1997 年爆发的亚洲金融危机，直接原因就是大规模的资本内流逆转；2008 年国际金融危机爆发后，很多新兴市场也遭遇了资本内流的逆转，从而引发了本国货币的大幅度贬值；2020 年新冠肺炎疫情全球大流行后，很多新兴经济体再次遭遇资本内流的突发停顿或逆转，引发汇率的剧烈波动。资本内流在国际收支平衡表中记录在金融账户下的“负债”方，数字通常用“+”表示，意味着非居民的资本在方向上是净流入，但在遭遇大规模的资本内流逆转时，数字也会变为“-”值。所以，与资本外流相反，资本内流通常表现为资本的流入，但在某些时候也可能表现为资本流出。

从汇率的角度看，在某种类型的浮动汇率制度下，资本流入或流出是汇率变动的重要影响因素。资本外流增加、内流减少或逆转会引起资本净外流的增加，导致外币升值、本币贬值；相反，资本内流增加、外流减少或逆转引起资本净流入的增加，引起本币升值、外币贬值。

另外，在把握“国际资本流动”含义时，还必须清楚地界定几个与其相关的概念及它们之间的关系。

1. 国际资本流动与资本输出入的关系。资本输出入是一般只与投资和借贷等金融活动相关联，并且以谋取利润为目的的资本流动，因而不能涵盖国际资本流动的全部内容，也就是说，国际资本流动不一定就是资本输出入。比如一国用黄金外汇来弥补国际收支赤字，属于国际资本流动，而不属于资本输出，因为这部分黄金外流不是为了获取高额利润，而只是作为国际支付的手段以平衡国际收支。也就是说，通常把私人部门所从事的以营利为目的的国际资本流动视为资本输出入，而官方部门补偿性交易引起的国际资本流动不作为资本输出入。

2. 国际资本流动与资金流动的关系。资金流动是指一次性的、不可逆转的资金款项的流动和转移，相当于国际收支中经常账户的收支。资本流动即资本转移，是可逆转的流动或转移，如投资或借贷资本的流出伴随着利润、利息的回流以及投资资本和贷款本金的返还。由此，是否具有可逆转性是这组概念的主要区别所在。

3. 国际资本流动与国内资本流动的关系。国际资本流动与国内资本流动的差异性最主要体现在资本拥有者和使用者的居民属性上。首先，国际资本流动是资本拥有者和使用者出现跨越国界的分离情况下出现的；其次，国际资本流动表现为资金形式的跨国运动，而金融资本流动的结果必然导致以商品和服务为主要内容的实际资源的移动，即实际资本在国家间的流动。

专栏7-1

近年来中国资本流动情况

表7-1　中国金融账户收支平衡表简表（2010—2020年）　单位：亿美元

年份	2010	2011	2012	2013	2014	2015	2016	2017	2018	2019	2020
金融账户	-1 895	-1 278	-1 326	-883	-1 691	-915	276	180	1 538	266	-1 058
资产	-6 536	-6 136	-3 996	-6 517	-5 806	95	-2 320	-4 239	-3 620	-2 605	-6 263
负债	4 641	4 858	2 670	5 633	4 115	-1 010	2 596	4 419	5 158	2 871	5 206

续表

年份	2010	2011	2012	2013	2014	2015	2016	2017	2018	2019	2020
非储备性质的金融账户	2 822	2 600	-360	3 430	-514	-4 345	-4 161	1 095	1 727	73	-778
资产	-1 819	-2 258	-3 030	-2 203	-4 629	-3 335	-6 756	-3 324	-3 432	-2 798	-5 983
负债	4 641	4 858	2 670	5 633	4 115	-1 010	2 596	4 419	5 158	2 871	5 206
直接投资	1 857	2 317	1 763	2 180	1 450	681	-417	278	923	503	1 026
资产	-580	-484	-650	-730	-1 231	-1 744	-2 164	-1 383	-1 430	-1 369	-1 099
负债	2 437	2 801	2 412	2 909	2 681	2 425	1 747	1 661	2 354	1 872	2 125
证券投资	240	196	478	529	824	-665	-523	295	1 069	579	873
资产	-76	62	-64	-54	-108	-732	-1 028	-948	-535	-894	-1 673
负债	317	134	542	582	932	67	505	1 243	1 604	1 474	2 547
金融衍生工具	0	0	0	0	0	-21	-54	4	-62	-24	-114
资产	0	0	0	0	0	-34	-65	15	-48	14	-69
负债	0	0	0	0	0	13	12	-12	-13	-37	-45
其他投资	724	87	-2 601	722	-2 788	-4 340	-3 167	519	-204	-985	-2 562
资产	-1 163	-1 836	-2 317	-1 420	-3 289	-825	-3 499	-1 008	-1 418	-549	-3 142
负债	1 887	1 923	-284	2 142	502	-3 515	332	1 527	1 214	-437	579
储备资产	-4 717	-3 878	-966	-4 314	-1 178	3 429	4 437	-915	-189	193	-280
外汇储备	-4 696	-3 848	-987	-4 327	-1 188	3 423	4 487	-930	-182	198	-262

表 7 -1 为 2010—2020 年中国国际收支平衡表中金融账户的简表，较为全面地反映了中国近年来国际资本流动的情况。金融账户的资产项反映了资本外流，负债项为资本内流。进一步看，资本外流又可以分为私人部门资本外流和官方部门资本外流，分别体现在非储备性质的金融账户中的资产项和储备资产项下。从总体看，除 2015 年外其他年份资本外流均表现为资本流出，而 2015 年资本外流表现为资本流入，表明我国居民在该年度大规模收回海外投资，或非居民偿还对居民的借款，使得净资本外流表现为资本的流入。关于资本内流，同样除 2015 年外其他年份均表现为资本流入，但 2015 年资本内流发生了逆转，净资本内流表现为资本流出 1 010 亿美元。所以，2015 年对于中国国际资本流动来说是一个不同寻常的年份，本年度无论资本外流还是资本内流均发生了逆转。进一步看，2015 年私人部门资本外流表现正常，净流出 3 335 亿美元，而官方部门资本外流改变了以前年份净流出的趋势，表现为净流入 3 429 亿美元，且超过了私人部门的净流出，最终使得中国的资本外流表现为资本的净流入。2015 年资本内流的逆转主要原因在于其他投资项下资本内流表现为净流出 3 515 亿美元，表明非居民在中国的其他投资在该年大量减少。2016 年整体资本外流表现为资本净流出，但私人部门的资本外流急剧增加，比 2015 年增加近一倍，但官方部门的资本外流表现为资本流入，且规模达到 4 437 亿美元，所以最终净资本外流为资本流出 2 174 亿美元，相比于 2010—2014 年大为减少。2015 年和 2016 年连续两年官方资本外流表现为资本流入，使得中国外汇储备快速下降，从 2014 年 12 月底的 3. 84 万亿美元下降到 2016 年底的 3. 01 万亿美元。2020 年全球经济遭遇了新冠肺炎疫情大流行，但中国的资本外流和

内流与上一年度相比均有大幅度增加。资本外流的主力是私人部门，增加最显著的是其他投资这种资本外流形式。而资本内流增加最显著的是证券投资，这与中国最先控制住疫情，证券市场表现稳定有很大关系。

二、国际资本流动的类型

国际资本流动的种类很多，根据不同的标准，可以做出不同的划分。

根据流向可以分为资本流入与资本流出；根据资本流动的期限可以分为短期资本流动与长期资本流动；根据资本属性可以分为官方资本和私人资本；根据资本流动的目的不同可以分为借贷资本流动和生产资本流动。

上述各种分类又是相互交叉的，譬如可以有官方长期资本流动，也可以有私人长期生产性资本流动，或私人短期信贷资本流动等。

通常我们将资本流动按回流的期限划分，即短期资本流动和长期资本流动。

（一）短期资本流动

短期资本流动是指期限在一年以内的资本通过一定的信用工具来实现在国际间的转移。这类信用工具有银行票据、商业票据、银行活期存款凭证、短期政府债券以及可转让银行定期存单等。因为这些短期资本容易转化为货币，因此，它们可以迅速和直接地影响到一国的货币供应量，这一点与长期资本流动不同。

短期资本流动一般有四种情况：

1. 贸易资本流动。这是指国际间贸易往来的资金融通与资金结算而引起的货币资本在国际间的转移。世界各国在贸易往来中，必然会形成国际间的债权债务关系，而为结清这些关系，货币资本必然从一个国家或地区流往另一个国家或地区，贸易资本流动就形成了。一般来说，这种资本流动，是资本从商品进口国向商品出口国转移，具有不可逆转的特点，因此，严格来说，它不属于国际资本流动。

2. 银行资本流动。各国经营外汇业务的银行，由于外汇业务和牟取利润的需要，不断地要进行国际间同业资金的往来，如收付、结算、套汇、套利、掉期，外汇头寸的抛补和调拨，短期外汇资金的拆入、拆出等。这些都会产生频繁的国际短期资本的流动。

3. 保值性资本流动。这是金融资产的持有者为了资金的安全和保持其价值不下降，而在国际间进行资金调拨转移形成的短期资本流动。某国或某地区政治局势不稳，可能引起其国内资本或国内的外国资本外流。一国经济情况不好，国际收支状况恶化，那么其货币必定是趋于贬值，于是其国内资金就会向币值稳定的国家移动。例如，从1990年起，泰国的外贸逆差逐年增加，经常项目赤字连年居高不下，外汇储备每年只减不增。与此同时，外债也急剧膨胀，1990年尚为280亿美元，到了1996年已高达900亿美元，仅1998年到期的短期外债就达400多亿美元，超过了其现有全部外汇储备。于是1997年5月中旬投资者开始纷纷抛售泰铢，买进美元。据国际货币基金组织估计，1997年泰国资本净外流额达到了164亿美元。另外，国家如果宣布实行外汇管制、限制资金外流或增加某些征税时，也可能引起大量资本外流，形成突发性的大规模短期资本流动。

4. 投机性资本流动。投机性资本流动是投资者在不采取抛补性交易的情况下，利用汇率、金融资产或商品价格的波动，伺机买卖、寻求高利而引起的短期资本流动。投资者能否盈利全凭其对形势的预期或判断是否正确，若预测有误，必然遭受损失。例如投资者将资金投向目前疲软的货币，预期该货币汇率不久就要转向，若日后该货币汇率果然回升则投机盈利。国际市场上能引起投机性资本流动的因素很多，除贵金属及证券价格的剧烈波动能引起投资者极大兴趣外，国际市场某些重要商品价格的大幅涨跌也能诱使投机者不断买入卖出。这都形成短期资本市场上的投机性资本流动。

（二）长期资本流动

期限在一年以上的资本流动是长期资本流动，它包括对外直接投资、对外间接投资和国际贷款。

1. 对外直接投资（Foreign Direct Investment）。对外直接投资是指一国企业或个人对另一国或地区的企业等经济组织（机构、社团等）进行的投资。对外直接投资可以取得对方或东道国厂矿企业的全部或部分管理和控制权，进而取得企业经营利润。国际货币基金组织对对外直接投资下的定义是：在投资者母国以外的国家（经济）所经营的企业中拥有持续收益的一种投资，其目的在于对该企业的经营管理拥有有效的发言权。对外直接投资主要有三种类型：（1）创办新企业（独资和合资），这类直接投资往往不限于货币资本的投资，特别是创办合资企业时，机器设备、存货和技术专利、商标权、特许经营权等无形资产都可以折价入股；（2）收购或合并外国企业，包括建立附属机构；（3）收购国外企业的股权达一定比例以上。例如美国有关法律规定，本国公司拥有外国企业股权达10%以上，就属于对外直接投资，但外国企业只要拥有美国企业股权达5%以上，就属于对外直接投资。按照国际货币基金组织的规定，外国投资者如拥有当地企业25%的投票权，可视为对外直接投资。

“十三五”期间我国证券投资双向开放提速

除此之外还有利润再投资。投资者在国外企业投资所获利润并不汇回国内，而是作为保留利润投入该企业或其他企业，这也是直接投资的一种形式，虽然这种投资并不引起一国资本的流入流出。

2. 对外间接投资（Foreign Indirect Investment）。对外间接投资也称为证券投资（Portfolio Investment），它是指以取得利息或股利等形式的资本增值为目标，以被投资国的证券为购买对象的投资。国际货币基金组织对间接投资下的定义是：间接投资是为了获得投资收入或资本收益的一种投资，而不是对企业的经营有直接兴趣。对购买有价证券的国家来说是资本流出，对发行有价证券的国家来说则是资本流入。

国际证券投资可分为国际股票投资和国际债券投资。国际股票投资是指在股票市场上购买外国企业的股票。国际债券又分为外国债券和欧洲债券。

间接投资与直接投资的区别在于两个方面：

第一，有效控制权的区别。根据国际货币基金组织的解释，有效控制权是指投资者拥有企业一定数量的股份，因而能行使表决权并在企业的经营决策和管理中享有发言权。国际直接投资以股权方式参与而取得的对企业的控制权，有别于非股权参与的控制权。如果没有股权参与，即使能通过其他途径或方法对企业产生影响，也不能算直接投资。在国际直接投资活动中，投资者对企业的控制权一般与投资者对企业拥有的股份成正比，拥有的股份越多，控制权越大。国际货币基金组织认为，投资者在所投资的企业中拥有 25% 或更多的股份，可以作为有效控制的标准。

第二，国际直接投资的性质和过程比国际间接投资复杂。国际直接投资从本质上说是生产资本在国际间的流动和转移，它不但包括货币形式的资本转移，还包括生产资本的物质形态转移（如机器设备、原材料及劳动力的投入）和无形资产的输出（如商标、专利、专有技术和管理经验）。在整个经营过程中，国际直接投资的收益是浮动的，随着投资企业经营状况变化而变化。因此，从国际直接投资的股权确认、谈判过程以及实际操作过程等各个方面看，都比国际间接投资要复杂，其风险也要大于国际间接投资。间接投资者对投资对象企业并无实际控制权和管理权，所以只能收取债券或股票的利息和红利。国际间接投资的性质比较简单，收益也是相对固定的。

3. 国际贷款。国际贷款主要有政府贷款、国际金融机构贷款、国际银团贷款和出口信贷。政府贷款是一个国家政府向另一个国家提供的贷款，其目的是为了促进本国商品和劳务的出口以及企业的对外投资等。一般为发达国家向发展中国家提供的双边贷款，其实就是两国政府机构之间的资金借贷。国际金融机构贷款是国际金融机构向其成员国政府提供的贷款。国际银团贷款是指由一家银行牵头，多家银行参加，共同对一个借款人提供贷款，并且共同分担贷款风险。银团贷款不限定用途，借款人可以自由使用资金，而且贷款资金额度也不受限制。出口信贷是与国际贸易直接相关的中长期贷款。它是商业银行对本国出口商或外国进口商及其银行提供的贷款，其目的是为了解决本国出口商的资金周转困难，或是满足外国进口商对本国出口商支付贷款的需要。其一般有三个特点：贷款特定用途、利率低和有偿还担保。

三、国际资本流动的原因

（一） 国际资本流动的根本原因

国际资本流动的形成，是一种供给与需求关系产生的结果。正因为存在这样的一种供求关系，才从根本上导致了国际资本流动。

1. 资本供给。在国际资本流动中，长期资本与短期资本流动的具体原因各不相同，但从总体上看，其动因都不外乎两个：其一是追求利润，其二是规避风险。第二次世界大战后，由于世界经济发展的不平衡，各国资本的预期收益率必然地会形成差异。资本追逐利润最大化的本性驱使它从一国流向另一国。若一国资本的预期收益率高于他国，在其他因素相同的情况下，他国资本便会流入该国；反之，若一国资本的预期收益率低于他国，或者在相同收益率下风险高于他国，不仅外国资本会从该国抽走，而且本国资本也会存在外逃现象。

在国际资本流动中，追逐利润并非单纯的唯一动机。对投资者来说，还要考虑资本的相对安全性。在某国或地区风险因素超过投资者所能承受的范围时，资本外流也就产生了。因此，任何国际资本的流入流出，都是追求利润和规避风险的权衡结果。而也正是因为这两个原因的存在，使谋求流动的国际资本始终存在，产生资本供给。

2. 资本需求。资本需求是多方面的，但是发展中国家的资本需求是最为明显的。在发展中国家，由于国内储蓄不足以支持经济发展或起飞阶段所需要的投资需求，收入不足以支付进出口所需要的资金，为了开发本国资源、本国新产品，扩大生产能力以及引进先进技术和先进的管理经验，需要利用外资弥补经济发展的资金缺口，从而形成了对国际资本持续的需求。同时，国际投机者，尤其是以对冲基金为代表的机构投机者，在进行投机交易时，需要动用巨额资金，对国际资本的投机性需求也是非常大的。

（二）具体影响因素

在基本原因之外，国际资本流动还受到很多具体因素的影响，主要有以下几个因素。

1. 利率。利率水平的高低不仅制约着资本的收益率，而且也直接影响着资本流动的方向。当今世界各国经济发展与富裕程度不一，各国之间的利率水平不同，因而存在利差。这样资本就会在利润机制的驱动下，从利率较低的（可能资本比较充裕）的国家或地区流向利率较高（可能资本比较短缺）的国家或地区，直到利差消失为止，投资的利润在这个过程中达到最大化。

2. 汇率。汇率的高低和稳定与否也决定着资本的流动，尤其是短期资本的流动。20世纪70年代初以来，世界普遍实行浮动汇率制，各国货币汇率经常波动，且幅度较大。一些国家把本币币值定得过高，如果一国汇率不稳定，本国资本所有者可能预期到所持的资本价值将发生贬值，就会把手中的资本或货币资产转换成另一种货币资产而存于国外，从而使资本向汇率较为稳定的国家或地区流动。因此，为了避免贬值所造成的损失或为了获得升值所带来的收益，投资者会根据自己对汇率的预期，将自己的资金进行不同货币之间的转换，从而使资本在国际间发生流动。

3. 财政赤字与通货膨胀。财政赤字和通货膨胀在一定条件下是相通的，这两者都会引起国际资本流动。如果一国发生财政赤字，而这个赤字又以发行纸币来弥补，这必然对通货膨胀造成压力。一旦发生严重通货膨胀，居民为避免持有的资产贬值，减少通货膨胀所带来的损失，就会把国内资产转化为外国债券。如果财政赤字是以出售债券或向外国借款来弥补，也可能导致国际资本流动。因为居民可能预期到在将来某个时期，政府又会靠发行纸币来抵偿债务或征收额外赋税来偿付债务，这样又会促使居民把手中的资产从国内转移到国外。

4. 政府的经济政策。一国的国际资本流动与该国家的宏观经济政策有着很大的关系。例如，当一国采取金融自由化政策时，意味着对资本的流入流出不加过多干预，此时国际资本在该国的流出与流入往往比较频繁，规模也较大。如今，许多发展中国家为了弥补本国储蓄不足，制定了许多鼓励外资流入的政策，这对于加快国际资本流动产生了极大的影响。在世界经济处于萧条或国际经济关系不稳定的时候，国家经济政策对国际资本流动的影响作用就更加明显了。

5. 政治、经济以及战争风险的存在。政治风险是指由于一国的投资气候恶化而可能使投资者所持有的资本遭受损失。这里所指的投资气候，是针对被投资国的政局是否稳定、法律是否健全以及政治态度是否友好等方面而言的。投资气候好坏是判断政治风险程度的一个重要标准。经济风险是指由于一国投资条件发生变化而可能给资本所有者招致的损失。这里所指的投资条件涉及被投资国的经济状况是否良好、经济前景是否广阔、基础设施是否完善、居民与非居民的资产是否安全等方面的内容。投资条件的好坏，是判断投资经济风险大小程度的一个重要标准。战争风险，是指可能爆发或已经爆发的战争对资本造成的可能影响。例如海湾战争就使国际资本流动发生了重大变化，在战争期间许多资金流往以美国为主的几个发达国家，战后大量资本又涌入中东，尤其是科威特等国。

专栏 7 -2

国际社会对资本流动的态度

第二次世界大战后，资本自由流动的趋势持续上升。1944 年后，国际货币基金组织鼓励资本自由化，允许储蓄在世界范围内实现最优配置，资本从富裕国家流向贫穷国家。具有里程碑意义的事件是 1992 年欧洲一体化法案的通过，该法案取消了欧洲联盟内部所有的资本管制并且鼓励与其他的国家资本也自由流动。在整个 20 世纪 90 年代，资本自由化是“华盛顿共识”的一部分并且被 G7、OECD 和许多新兴市场国家所实施。

然而，90 年代后期新兴市场国家的货币危机是对资本自由流动共识的严重打击。亚洲资本自由化使短期资本大量流入，资产价格上升，最终导致了银行与货币危机，越来越多的人开始质疑资本流动对长期经济发展的贡献。在 1990 年的文献中，罗伯特 · 卢卡斯注意到，资本流动是“北一北”流动（即在富裕国家间流动）多于“南一北”流动（即从富裕国家流向贫穷国家），这与经济增长理论的预测有悖。更重要的是，金融项目开放带来的福利也不如之前预想得多。Gourinchas 和 Jeanne 发表于2006 年的一篇文章指出，对于非 OECD 国家，从融资的完全自给自足转向资本完全自由流动，福利效应仅相当于消费永久性增长了 1%。这一增长并不多，甚至低于一些国家生产力提高所带来的效应，其重要性也低于货币危机对产出的短期效应。

20 世纪 90 年代的亚洲和墨西哥危机之后，新兴市场国家开始反思资本账户开放的弊端。在尝试实施国际货币基金组织牵头的、常规性的加息和财政紧缩政策失败后，马来西亚将汇率固定在一个较高的水平（3. 8 马来西亚林吉特兑 1 美元，林吉特升值了 10%），降低利率，并重新对资本进行管制。事后看来，对马来西亚的经验评价是毁誉参半的。然而，国际货币基金组织对资本管制采取了一个更加温和的态度。特别是在 2008 年国际金融危机后，国际货币基金组织承认资本管制是在某些条件下的一项合意的政策工具。

四、国际资本流动的影响

（一） 国际资本流动的积极影响

国际资本流动的积极影响，主要是在客观上促进了世界经济的发展。具体表现在以下几个方面：

1. 促进全球经济效益的提高。国际资本流动促进全球经济效益提高的原因如下：(1) 资本流动大多伴有生产要素的转移，这将有利于生产要素在全球范围内的合理配置，能产生较高的经济效益。(2) 伴随资本流动而发生的，是先进技术和管理知识的扩散与传播，也会促进全球经济效益的提高。(3) 资本流动推动了国际分工的深化。资本流动会带动资本输出国出口贸易与国民收入的增加。各国国民收入的增加，又反过来促使国际贸易扩大和国际经济联系的加强，增强了各国之间经济的互相依存和经济合作关系，从而推动国际分工在全世界范围内展开，有利于提高全球经济效益。当然，这种经济影响主要是针对长期资本流动而言的，短期资本流动一般不具有这样的效益。

2. 调节国际收支。资本流入意味着本国收入外汇，而资本流出则意味着本国支出外汇。因此资本流动具有调节国际收支的作用。但是，短期资本流动的这个作用却是短暂的，长期资本流动在这方面的作用才具有持久性。这不仅在于其期限长，而且还在于长期资本流入可增大资本输入国的投资能力，扩大生产和增加出口，从而起到改善国际收支的作用。

3. 缓和各国的内部与外部冲击。内部冲击是指经济衰退和危机、农业歉收等自然灾害。外部冲击是指国际市场商品价格的巨大波动。国际资本流动缓和内部冲击与外部冲击的原因在于，资本输出有带动出口贸易发展的作用，而资本输入则能使资本输入国获得进出口贸易的资金融通，从而有利于进出口贸易的扩展。出口贸易规模的扩大能使本国更多的商品销往国际市场，使资本再循环顺畅进行，这就有助于缓和经济衰退和经济危机。进口贸易的正常进行与发展，有助于缓解自然灾害造成的商品短缺。国际货币基金组织发放的“出口波动补偿贷款”“缓和库存贷款”和“石油贷款”都是为缓和国际商品市场价格波动对其成员国造成的冲击而设立的。

跨境资本流动对金融稳定的影响

4. 加速各国经济的国际化进程。“二战”后，资本流动国际化已经形成一个趋势，20 世纪 90 年代以来更是有增无减。尤其资本流动国际化的外部环境与内部条件不断完善，如全球金融市场的建立与完善、高科技的发明与运用、新金融主体的诞生与金融业务的创新，以及知识的累积、思维的更新等都使资本流动规模大增、流速加快、影响更广，而其所创造的雄厚物质基础又反过来推动生产国际化与市场国际化，使各国经济在更广的空间、更高的水平上发展。

（二）国际资本流动的消极经济影响

1. 易于造成货币金融混乱。短期资本流动在这方面的消极影响最为明显。短期资本的大量流入，会导致资本输入国利率水平的降低和通货膨胀的加剧；短期资本的大量流出，会导致资本流出国利率水平的升高。另外，短期资本的大量流入流出，又会加剧有关国家的收支不平衡并引起汇率的剧烈波动。因此，短期资本的流动不仅使当事国实现其稳定汇率、平衡其国际收支及控制通货膨胀的目标产生困难，也是造成国际金融形势动荡不稳的一个重要原因。

2. 不利于本国经济的发展。在货币资本额一定的条件下，大量资本输出会使本国国内投资下降，减少国内就业机会，降低国内财政收入，对本国经济发展造成压力。另外，资本输出可导致先进技术及投资所产生的增加生产与改进产品质量等经济效益转移到资本输入国，从而培养和造就了贸易竞争对手。英国第二次世界大战后经济发展停滞的原因之一便是其长期过度输出资本。

3. 易于陷入经济附庸的地位。利用外国直接投资，虽然有助于加速资本输入国的经济发展，但如果资本输入国缺少正确的政策，管理不善，使用不当，不仅会使本国资源遭到掠夺，无法建立自己的优势产业，而且可能会使本国的部分行业，甚至国家的经济命脉受到外国垄断资本的控制，国家主权受到侵犯，处于依附发达国家的地位。

4. 外债负担加重会陷入债务危机。对资本输入国来说，除外国的直接投资以外，流入的所有其他类型的资本都属于外债，都需还本付息。如果外债金额过大，超出了本国还本付息的能力，将会陷入债务危机的困境之中。

第二节　国际债务与债务危机

20 世纪 70 年代，外债逐渐成为发展中国家经济振兴的一项重要工具，国际借款达到了一个鼎盛时期。发展中国家借入巨额外国资本来发展本国经济，在全球范围内营造了一片经济飞速发展的繁荣局面。但是自 20 世纪 80 年代以来，外债危机问题浮出水面，并且愈演愈烈，全球性的债务危机接踵而来，几乎造成了世界范围内的资本流动阻塞。20 世纪 80 年代席卷全球的债务危机、1994 年的墨西哥债务危机、1997 年的亚洲金融危机以及随后的俄罗斯债务危机、2001 年的阿根廷债务危机、2009 年开始的欧洲债务危机等，给许多国家带来了近乎灾难般的后果。

一、国际债务的概念

国际债务即外债，根据国际货币基金组织、国际清算银行、世界银行和经济合作与发展组织的有关资料，一国的国际债务可定义为：对非居民用外国货币或本国货币承担的具有契约性偿还义务的全部债务。

这一定义对国际债务有两个基本的判断：一是债权方必须是非居民，对本国居民的负债，包括外币负债均不在国际债务之列；二是债务必须具有契约性偿还义务，按此定义国际债务不包括外国直接投资，因为它不是“具有契约性偿还义务”的债务。如中外合资经营企业、中外合作经营企业、外商独资经营企业等。国家对这些企业的外商投资，不承担偿还的义务，而是根据有关法律、企业或公司的章程、合同、契约，由参加合营、合作双方共负盈亏。外商独资企业则由投资者自负盈亏，从企业盈利或收益中偿付外国投资者的股息、红利或应分配的收益。虽然这类外资不构成国家的债务，但外资所得的股息、红利或分配的收益，以及合营、合作期满后本金的汇回，都属于国家的外汇支出。我国在计算国际收支平衡时，需把这些列为外汇支出，并按期支付。

国际货币基金组织和经济合作与发展组织计算国际债务的口径大致分为以下几项：(1) 官方发展援助，即经合组织成员国提供的政府贷款和其他政府贷款；(2) 多边贷款（包括国际金融机构，如世界银行、亚洲开发银行等机构的贷款）；(3) 国际货币基金组织的贷款；(4）债券和其他私人贷款；（5）对方政府担保的非银行贸易信贷（卖方信贷)；（6）对方政府担保的银行信贷（如买方信贷等)；（7）无政府担保的银行信贷(如银行同业拆借等)；　（8）外国使领馆、外国企业和个人在一国银行中的存款；(9）公司、企业等从国外非银行机构借入的贸易性贷款。

我国国家外汇管理局对外债所下的定义为：外债是指中国境内的机关、团体、企事业单位、金融机构或其他机构，对国外的国际金融组织、外国政府、金融机构、企事业单位或其他机构，以外国货币承担的具有契约性偿还义务的全部债务。

我国外债具体包括以下几种：（1）双边政府贷款；（2）国际金融组织贷款；(3）国外银行等金融机构贷款；(4）在国外发行的债券；(5）买方信贷；(6）延期付款；(7）国际金融租赁中直接用现款偿还的部分；(8）补偿贸易中用现汇偿还的部分；(9）向国外企业或私人的借款以及他们在我国境内的存款；(10）其他，包括向外资银行的同业拆借，已在境外注册的驻外机构调入境内实际需要偿还的借款，中方替外方担保、由中方实际履行偿还义务的款项，等等。

从我国对外债所下定义以及实际操作中可以看到，我国的外债定义，除包含外债的一般特性，即按居民、非居民区分和偿还义务的契约性外，还具有如下特征：(1）借款形式为货币。换句话说，以实物形式构成的债务不算外债。(2）由于目前人民币在国际上不能自由兑换，所以规定了外债的币种是外币而非本币。(3）对中国境内的外资和中外合资银行的债务视作非居民管理。(4）外汇担保只有在实际履行偿还义务时才构成外债，否则应视为或有债务，不包括在外债统计监测范围内。

从上述的解释我们可以看出，国际债务与国际资本是有区别的。两者是两个互相联系但又完全不同的概念。国际资本比国际债务包括的范围广。国际资本包括需要偿还的借贷资本和一般不采取偿还方式的直接投资；而国际债务只是那些需要还本付息的资本流动。同理，一个国家利用的外资和外债也是两个互相联系但又完全不同的概念。外资比外债的范围广。外资包括直接投资，而外债是外资当中需要还本付息的那一部分。

二、国际债务的衡量指标

一国借用外债的规模，受国际资本的可供量、国内资金缺口和经济的承受能力所制约。所谓承受能力包括两个方面，即当前的吸收消化能力和未来的偿还能力。吸收消化能力指国内资金配套、基础设施完善程度、原材料和能源供应、适用技术的吸收能力等。偿还能力取决于投资效益、出口增长和国内储蓄水平等因素。因此，借用外债关键在于对引进外国技术有效地吸收消化，增加国民收入，提高出口创汇能力。

国际上，对一国外债的承受能力和偿还能力的衡量指标，通常有以下几个方面。

（一）偿债率

它是一国当年应偿还的外债本息额占当年商品、劳务出口收入额的比率。这是衡量偿还能力的主要参考指标。其公式为

$$\text{偿债率} = \frac{\text{当年应偿还本金与利息}}{\text{当年商品与劳务出口收入}} \times 100\%$$

国际上一般认为偿债率在 20% 以下是安全的。该比率称为国际债务警戒线。当然

20%的限度也只能作为参考，并非一旦超过20%就一定会发生债务危机。因为一国的偿债能力既取决于所借外债的种类、数量、期限，还取决于一国的经济增长速度和出口增长速度等因素。

（二）债务率

债务率又称债务出口比率。它是一国当年外债余额占当年商品劳务出口收入的比率。这是衡量一国负债能力和风险的主要参考指标。其公式为

$$债务率 = \frac{当年年末外债余额}{当年商品与劳务出口收入} \times 100\%$$

国际上公认的债务出口比率为100%，超过100%为外债负担过重。

（三）负债率

它是外债余额与国内生产总值的比率，有时也用外债余额与国民生产总值的比率。用公式表示为

$$负债率 = \frac{当年年末外债余额}{当年国内生产总值} \times 100\%$$

$$或:负债率 = \frac{当年年末外债余额}{当年国民生产总值} \times 100\%$$

负债率用于衡量一国对外资的依赖程度，或一国总体债务风险。外债余额占GDP的比率，一般参考安全值为10%以下；外债余额占GNP的比率，一般参考安全值为20%以下。

（四）短期债务比率

它是在当年外债余额中，一年和一年以下期限的短期债务所占的比率。这是衡量一国外债期限结构是否安全合理的指标。其公式为

$$短期债务比率 = \frac{当年年末外债余额 + 短期债务余额}{当年年末外债余额} \times 100\%$$

国际上公认的短期债务比率为25%以下。

（五）其他衡量指标

除了上述几种常用的衡量一国偿债能力和承受能力的指标以外，还有一些其他指标可供参考。比如：（1）一国当年外债还本付息额占GNP的比率，根据经验数据，在5%以下是安全的；（2）外债总额与本国黄金外汇储备额的比率，一般控制在3倍以内；等等。

上述几个指标中，第一个指标即偿债率是用于衡量外债偿还能力的一个最主要的指标，也是用来显示未来债务偿还是否会出现问题的一个晴雨表。其余指标，相比而言，是辅助或补充性的指标。常见的说法是，偿债率控制在20%以下为宜，如超过20%，说明债务偿还会出现问题。换句话说，一个国家的外债规模应控制在外债本息偿还额不超过年外汇总收入——当年商品和劳务出口收入的20%。世界银行曾经分析了45个债务国的情况，偿债率超过20%的17个国家中，15个国家出现了严重的债务问题，以致不得不重新安排债务。

无疑，上述偿还债务的比率或指标，特别是偿债率对衡量一国的外债偿还能力有重

要的参考作用，但它们不是决定性的或唯一的指标，这是因为它们存在一些局限性：(1) 上述指标所显示的是过去的情况，并不包括将来形势的发展。出口商品产销的变化、出口市场的兴衰、商品价格的升降等因素，都直接影响未来出口收益的增减。而这些因素的变化在相当程度上是不受本国主观努力所左右的。对未来形势发展缺乏预见性是偿债率和其他类似比率或指标先天缺乏的。(2) 以出口收入为基础的偿债率只显示了国际收支的一个方面，并没有考虑到国家进口商品和劳务的因素，也没有包含国际储备状况。而这些都是影响一国国际支付能力的重要因素。如果一国的偿债率超过20%，但外汇储备充足，人均国民收入水平较高，今后经济发展速度快，外债偿还也不会出现问题。(3) 能否持续地、有保证地借入外债，也是外债偿还不出问题的因素之一。因此，将一国外债偿还能力局限于以外汇收入来衡量显然是有局限性的。

总之，由于外债问题牵涉面广，可变因素多，对一国的外债水平或外债的偿还能力，不能用一个比率或一组比率来概括，需要从更多方面、更多角度去衡量一国的外债水平及偿还能力。

三、国际债务危机

（一） 国际债务危机爆发的原因

债务危机（Debt Crisis）是指一国不能按时偿付其国外债务的现象，包括主权债和私人债务，表现为大量的公共或私人部门无法清偿到期外债，一国被迫要求债务重新安排和国际援助。

国际债务危机的爆发是国内、国际因素共同作用的结果，但外因往往具有不可控性质，且外因总是通过内因而起作用。因此，从根本上说债务危机产生的直接原因在内因，即对国际资本盲目借入、使用不当和管理不善而导致的结果。具体表现为：

1. 外债规模膨胀。如果把外债视为建设资金的一种来源，就需要确定一个适当的借入规模。因为资金积累主要靠本国的储蓄来实现，外资只能起辅助作用；而且，过多地借债如果缺乏相应的国内资金及其他条件的配合，宏观经济效益就得不到应有的提高，进而可能因沉重的债务负担而导致债务危机。现在国际上一般把偿债率作为控制债务的标准。因为外债的偿还归根到底取决于一国的出口创汇能力，所以举借外债的规模要受制于今后的偿还能力，即扩大出口创汇能力。如果债务增长率持续高于出口增长率，就说明国际资本运动在使用及偿还环节上存在着严重问题。理论上讲，一国应把当年还本付息额对出口收入的比率控制在20%以下，超过此界限，借款国应予以高度重视。

2. 外债结构不合理。在其他条件相同的情况下，外债结构对债务的变化起着重要作用。外债结构不合理主要表现有：

(1) 商业贷款比重过大。商业贷款的期限一般较短，在经济较好或各方一致看好经济发展时，国际银行就愿意不断地贷款，因此这些国家就可以不断地通过借新债还旧债来“滚动”发展。但在经济发展中一旦出现某些不稳定因素，如政府的财政赤字、巨额贸易逆差或政局不稳等使市场参与者失去信心，外汇储备不足以偿付到期外债时，汇率就必然大幅度下跌。这时，银行到期再也不愿贷新款了。为偿还到期外债，本来短缺的外汇资金这时反而大规模流出，使危机爆发。

（2）外债币种过于集中。如果一国外债集中于一两种币种，汇率风险就会变大，一旦该外币升值，则外债就会增加，增加偿还困难。

（3）期限结构不合理。如果短期外债比重过大，超过国际警戒线，或未合理安排偿债期限，都会造成偿债时间集中，若流动性不足以支付到期外债，就会爆发危机。

3. 外债使用不当。借债规模与结构确定后，如何将其投入适当的部门并最大地发挥其使用效益，是偿还债务的最终保证。从长期看，偿债能力取决于一国的经济增长率，短期内则取决于它的出口率。所以人们真正担心的不是债务的规模，而是债务的生产能力和创汇能力。许多债务国在大量举债后，没有根据投资额、偿债期限、项目创汇率以及宏观经济发展速度和目标等因素综合考虑，制定出外债使用走向和偿债战略，不顾国家的财力、物力和人力等因素的限制，盲目从事大工程建设。由于这类项目耗资金、工期长，短期内很难形成生产能力，创造出足够的外汇，造成债务积累加速。同时，不仅外债用到项目上的资金效率低，而且还有相当一部分外债根本没有流入到生产领域或用在资本货物的进口方面，而是盲目过量地进口耐用消费品和奢侈品，这必然导致投资率的降低和偿债能力的减弱。而不合理的消费需求又是储蓄率降低的原因，使得内部积累能力跟不上资金的增长，进而促使外债的进一步增加。有些国家则是大量借入短期贷款在国内作长期投资，而投资的方向主要又都是房地产和股票市场，从而形成泡沫经济，一旦泡沫破灭，危机也就来临了。

4. 对外债缺乏宏观上的统一管理和控制。外债管理需要国家对外部债务和资产实行技术和体制方面的管理，提高国际借款的收益，减少外债的风险，使风险和收益达到最圆满的结合。这种有效的管理是避免债务危机的关键所在。其管理的范围相当广泛，涉及外债的借、用、还各个环节，需要政府各部门进行政策协调。如果对借用外债管理混乱，多头举债，无节制地引进外资，往往会使债务规模处于失控状态和债务结构趋于非合理化，它妨碍了政府根据实际已经变化了的债务状况对政策进行及时调整，而政府一旦发现政策偏离计划目标过大时，偿债困难往往已经形成。

5. 外贸形势恶化，出口收入锐减。由于出口创汇能力决定了一国的偿债能力，一旦一国未适应国际市场的变化及时调整出口产品结构，其出口收入就会大幅减少，经常项目逆差就会扩大，从而严重影响其还本付息能力。同时巨额的经常项目逆差进一步造成了对外资的依赖，一旦国际投资者对债务国经济前景的信心大减，对其停止贷款或拒绝延期，债务危机就会爆发。

专栏7－3

欧洲的主权债务危机

2009年10月，希腊政府宣布2009年财政赤字将达到GDP的12.7%，远远高于欧盟规定的3%的上限，希腊债务危机由此拉开序幕。12月，全球三大评级公司依次下调希腊主权债务评级，希腊债务危机随即愈演愈烈，随后从希腊到爱尔兰，从意大利到西班牙，欧洲其他国家也不断陷入危机，欧元区正面对成立以来最为严峻的考验。究其主要原因，主要包括以下几个方面：

首先，主权债务问题实际是2008年国际金融危机的延续和深化。一般来说，每次危机之后，政府的财政赤字都会出现恶化。各国政府为抵御经济系统性风险的救市开支巨大，部分国家多年财政纪律松弛、控制赤字不力，财政赤字过高和债务严重超标直接引发了本次债务危机。

其次，欧元区财政、货币政策二元性导致了主权债务问题的产生。一方面，分散的财政政策和统一的货币政策使得各国面对危机冲击时，过多依赖财政政策，而且有扩大财政赤字的内在倾向；另一方面，欧元区长期实行的低利率政策，使希腊等国能够获得低廉借贷，掩盖了其劳动生产率低但劳动成本高等结构性问题。经济危机下这些问题日益凸显，希腊和西班牙等国越来越难以履行债务，最终引发大规模违约。

最后，欧元区各国（如PIIGS国家，即希腊、爱尔兰、葡萄牙、意大利和西班牙）内部经济失衡是引发债务问题的深层原因。如希腊长期财政预算超支，公务员队伍庞大，公共事业投资占GDP的40%，逃税现象严重，经济危机造成的政府收入下降使得情况更加严重；葡萄牙的经济增长在21世纪的前十年迅速回落，其人均GDP只有欧盟平均的2/3；爱尔兰经济在过去的两年陷入衰退，其房地产泡沫破灭严重影响了政府税收和民众消费能力；意大利经济近年来发展缓慢，并为高失业率、高税收所困扰；西班牙的经济在高于欧盟平均值之上增长十多年之后陷入了严重的衰退之中，失业率在过去的一年里大幅上升，其财政赤字也远远超出欧盟所允许的上限。

（二）债务危机的解决方案

如何采取措施防范、化解危机，是各国极其重视的问题。一般来说，解决债务危机的措施有以下方面：

1. 债务重新安排。当一国发生债务危机无力偿还外债时，解决方法之一就是与债权人协商，要求将债务进行重新安排。这样，一方面债务国可以有机会渡过难关，重整经济；另一方面债权人亦有希望收回贷出的本金和获得的利息。所谓债务重新安排，其含义是指借贷双方通过协商将原贷款协议进行修改，或将贷款时间延长，使债务国在短时间内不能偿还的本金和利息能够在较长时间内偿还；或以新债还旧债的形式，使债务国在有新贷款协议的情况下，能履行偿还本息的义务。其形式为：

（1）回购债务（Buyback）。回购债务是允许一些国家按一定折扣以现金购回其债务。在直接同债务国进行谈判时，回购活动一般需要债权银行免去贷款的某些条款，或重新安排债务协议。债务国可以利用从官方或私人来源捐赠或借入的外汇回购其债务。

（2）债务—股权转换（Debt－Equity Swaps）。是指投资商购入债权银行对发展中国家的债权，将债权通过债务国的中央银行调换成当地货币进行投资。这种转换的前提是债权银行同意将自己的账面债权以债券形式折价出售。

上述转换对债权人、债务人和投资商都有好处。①原债权人能以低于账面的价格卖出到期未能实现的债权，收回大部分本金；②投资者以低于账面额的价格买入债权，又以账面额价格调换成当地货币进行投资；③债务国能将外币债务以本币购回，减少了外债，促进了投资。但这种转换也存在一定的障碍，最大的问题是受债务国外资政策的影响，因为这种转换会导致外国资本参与国内企业。为了保护本国经济，许多发展中国家限制外资的投入。另外，一些债务国在投资后一段时间内不能回收投资，利润汇出境外受到限制，加上流入的外币债权调换成当地货币，会使货币供应量增加，导致通货膨胀。

（3）债务调换（Debt Conversion）。债务调换指发行新债券以偿付旧债券。具体做法是：一国以债券形式举措新债，出售债券取得现款，以便在二级市场上回购债务，或直接交换旧债。这种方案的设想是，如果新债券能比现存债务以较小的折现率出售，那么其效应将是减少债务而不必使债务国动用大量外汇储备。例如：墨西哥政府以20亿美元的现金向美国财政部购买100亿美元利息为0、期限20年的国库券，并将其存入纽约的联邦储备银行，作为墨西哥发行100亿美元新债券的担保；债权银行再按50%的折扣，将墨西哥200亿美元的旧债转换成100亿美元的新债券。这样使墨西哥以较少的现金换回了较大的债务，从而缓解了债务负担。

专栏7－4

20世纪80年代拉丁美洲的债务危机解决办法

在20世纪80年代初拉丁美洲多国发生债务危机后，最初的措施是各债务国实行紧缩性的财政政策与货币政策，债权国机构改变偿还债务的条件，或重新安排官方债务来帮助债务国暂时渡过难关。1985年下半年，发展中国家的债务问题再次紧张起来，于是，社会各界又提出了如下几种解决债务危机的办法。

（1）贝克计划。1985年10月，在国际货币基金组织和世界银行第40届年会上，由美国前财政部长詹姆斯·贝克提出，国际上称之为"贝克计划"。其主要内容是：①债务国应在国际金融机构的监督和支持下，采取综合的宏观管理和结构调整政策，促进经济增长，平衡国际收支，降低通货膨胀；②国际货币基金组织继续发挥中心作用，与多边开发银行协力增加提供更有效的结构性和部门调整贷款，对采取以市场为导向的债务给予金融上的支持；③以美国商业银行为主，联合其他发达国家的商业银行，在今后两年内对15个主要债务国提供200亿美元的贷款。

贝克计划体现了债权国的利益，对解决债务问题起了一定的帮助，但它没有从根本上解决债务问题，各债务国在实行贝克计划后仍然存在着下列问题：①主要债务国资金净流入减少，甚至出现了资金流出；②重债国的经济并没有明显好转；③世界银行和各国家商业银行对重债国实行了高的呆账准备率；④主要债务国的债务负担有加重的趋势。

（2）密特朗方案和日本政府计划。法国总统密特朗于1988年6月在多伦多举行的七国首脑会议上建议：债权国应大量放宽最贫穷国家的偿债条件，国际货币基金组织为中等收入的债务国建立一笔担保基金，发达国家可留出新分配给它们的特别提款权为基金来源，该基金保证对转换成请求的商业贷款支付利息。这笔基金提供的担保会促进减债计划的谈判，并可大大降低债务国支付的费用。

日本大藏省在1987年正式公布了"资金还流计划"：向国际金融机构提供资金130亿美元，向地区性金融机构提供39亿美元贷款，通过日本输出入银行和海外协力基金会提供双边政府贷款120亿美元，向非洲等不发达地区提供特别援助资金5亿美元，提高世界银行和地区性开发金融机构在东京市场的发债限额。此外，为鼓励向发展中国家进行直接投资，日本政府还对实行债务资本化的日本企业在税收上实行优惠政策。1988年9月，时任日本大藏大臣宫泽喜一在国际货币基金组织与世界银行的年会上提出一项倡议：一是输出入银行将日本的一部分外汇储备还流给债务国，而不附有必须购买日本货物的条件，来协助债务国经济增长。二是由国际货币基金组织设立专门账户，负责管理债务国的外汇储备，支持债务证券化后的债券实力；凡债务未换为证券的债务国，则按适当条件帮助它们进行债务的重新安排。

（3）布雷迪计划。1989 年 3 月，美国财长尼古拉斯·布雷迪提出一项旨在减轻发展中国家债务负担的新计划。主要内容包括：债务国应继续实施以长期经济增长导向的调整方针；多方减免债务国的债务自担；国际货币基金组织、世界银行、债权国政府应为削减债务本金和利息提供资金支持，债权国政府和国际商业银行应继续对各自的债权进行重新安排，并继续提供新贷款。布雷迪计划承认国际债务问题是债务国偿付能力的危机，因而主张把削减债务及其利息放在首位，而不是以往所主张的借债还债，这反映了国际债务问题解决方案的一个很大转变。这个方案受到了债务国的较普遍欢迎。

---

2. 解决新兴市场债务危机的自愿性原则。这是 20 世纪末债务危机以来的经验总结，新规则的全称为《在新兴市场实现稳定资本流动与公平债务重组的原则》。2004 年 11 月，在柏林召开的 20 国集团会议上，这套国家债务重组方案得到了与会各国财长与央行行长的支持。这套原则是私人部门的债权机构与新兴市场的债务国讨论的产物。

新原则旨在预防违约事件，以及建立稳定的债务重组环境，使得违约国家能够尽快重新获得国际资本。其强调的重点包括：（1）提高透明度，债务国和债权方之间及时交流信息；（2）债务国和债权方进行密切的对话与合作，以求避免债务重组；（3）各方应遵守诚信原则；（4）公平对待与债务重组有关的各方。

这套原则旨在尽早限制债务危机，主要设想是，在问题失去控制之前，通过信息披露、债权方与债务国的磋商以及“方向修正”机制来消除不利因素。该方案还支持债务国采取减少市场传染的行动。根据这套原则，如果债务国丧失了履约支付的能力，那么债务与债权双方将遵照诚信原则进行谈判，在此基础上进行市场化的债务重组，力图达成对各方都公平的解决方案。通过这个程序，违约的债务国就可以在保持宏观经济稳定的情况下，尽快恢复借款资格，重新得到市场的接纳。

（三）债务危机的性质

西方有两种关于国际债务危机性质的理论。第一种是流动理论。该理论认为多数发展中国家的债务是个暂时性的问题，从长期看它们有能力偿还其债务，只是现在需要一些资金以解决世界经济衰退所造成的困难，国际债务最终随着时间的推移、发展中国家经济的改善而解决。第二种观点是清偿理论。该理论认为许多欠发达国家深陷债务之中而没有偿还债务的希望，原因在于目前居高不下的实际利率，使这些国家债务负担越来越重并呈日益恶化的趋势，时间将使最终赖账的数字更庞大。该理论还认为，美国银行家被迫修正两个传统观点：一是国家不会像一个公司那样因破产而倒掉或消失；二是美国的力量不会坐视不救而会去保护它。因此它们对主权国家冒险贷款。但是历史表明，主权国家违约的现象不断发生，它表明主权国家迫于无奈，可以无视其债务，真正决定违约的主动权在债务国手中。

从短期分析来看，债务危机是个资金流动性问题，当债务国无力偿还债务时，国际金融机构和国际商业银行通过双边安排一揽子解决办法融通资金，缓解债务危机，还不至于发生大规模违约事件。从长期发展趋势来看，国际债务危机反映了清偿能力问题，许多发展中国家借新债还旧债，深陷债务之中，累积的外债大于国内用来偿债的生产性资产，导致了债务国无法靠自身力量摆脱债务的恶性循环。因此说，国际债务危机表面上反映的是资金周转和清偿能力问题，而实质上是一国经济增长如何进入良性循环和持续发展的问题。

（四）债务危机的启示

从发展中国家借用外债成功的经验和失败的教训中，我们可以归纳出以下几点，以此为鉴。

1. 举债规模不要超越本国经济发展的能力，加强外债的统一管理。一个国家的外债总政策必须与本国的国民经济发展相适应，与本国的发展战略相适应，同时也要考虑外部资金供应状况和本国的债务偿还能力。对外债应统一管理和严格审查，控制举债增长速度，合理安排借债年期、货币种类和利率结构，避免偿债期过分集中和重复引进等现象。

一个成功的外债策略体现在：外债的规模和形式符合本国经济发展的需求，外债能在本国经济中发挥最大经济效益，本国的外债偿还能力是有保证的，外债流入是会延续不断的。

2. 必须坚持筹措资金以国内积累为主、外部资金为辅的原则。从长远的角度来看，外国贷款只能起到辅助推动作用，过分依赖外国资本，忽视本国经济发展的基础条件、人口资源和财政资源等因素，即使把外国贷款用于生产性投资，也难以产生足够偿还外债的经济效益，因而最终可能不可避免地陷入债务泥潭。

3. 借债要多元化，并提高其使用效益。举债要多渠道，多争取国际金融组织的贷款。官方贷款和商业贷款应该有合理的比例。商业贷款必须慎重，确保商业贷款的投资方向和使用效益，确保偿债能力。能否如期偿还外债，关键是它的使用效益，特别是出口创汇效益。一般来说，能源、交通、港口等基础设施建设周期长，投资效益实现较慢，这些项目宜借用官方贷款，尤其是无息或低息和期限长的软贷款。而商业银行贷款应投向较快形成出口创汇能力的行业，例如制造业等。

国家外汇管理局副局长、新闻发言人王春英就2021年3月末外债数据有关问题答记者问

四、我国的外债管理

（一）我国的对外债务状况

从1979年起，我国借用外资相继经历了“五五”末期和“六五”初期的起步、“七五”发展和“八五”“九五”“十五”迅速发展及“十一五”后的平稳发展几个阶段，对外债务关系得到了空前的发展。这不仅反映在国际资本来源从以往的少数国家（如20世纪50年代以苏联为主，70年代以日本、联邦德国、美国为主）扩展到几乎所有的发达国家和国际经济组织，而且更反映在有关债务统计指标的巨大变化上，这些变化主要集中在债务规模、债务结构以及债务监测指标几个方面。

1. 外债规模连年扩大。我国外债规模是连年扩大的。20 世纪 80 年代初期，我国借用外债每年不到 100 亿美元，到 1995 年突破千亿美元，外债余额为 1 066 亿美元。2001 年末，中国外债余额达到 2 033 亿美元，突破两千亿美元关口。截至 2020 年底，我国外债余额达到 24 088 亿美元。进入 20 世纪 90 年代以来，我国对外债务余额迅速增加，已成为发展中国家中的债务大国。

2. 短期外债比例逐渐增加。中国在 2000 年以前，长期债务占绝对支配地位。2000 年末，长期债务余额占外债总余额的比重已达到了 91%，短期外债余额所占比重越来越低，到 2000 年仅为 9.0%，远远低于 20% 的国际安全线。但是 2001 年以后，中国的短期外债急剧增长，短期外债占外债总额的比例也飞速增长，至 2020 年末，短期外债余额占到中国全部外债余额的 51.5%，已高于国际公认的 40% 的警戒线。

3. 外债负债结构稳定。从外债负债结构看，各负债主体占比基本稳定。外债负债主体通常分为广义政府、中央银行、其他接受存款公司、其他部门和公司间贷款五类。广义政府外债占外债总额头寸的比重有不断上升的趋势，从 2014 年末的 6.37% 上升到 2021 年 9 月末的 16.81%。其他主体外债占比历年虽有波动，但幅度较小，相对稳定。五类负债主体的外债占比从 2014 年末到 2021 年 9 月末平均分别为 10.86%、2.35%、46.15%、28.10% 及 12.54%。

4. 债务指标良好。从外债监测指标看，各项指标良好。我国偿债率、债务率和负债率均低于一般国际标准，各项指标良好。

（二）我国的外债管理对策

我国目前外债风险各项指标均控制在合理的范围之内，也均低于国际上公认的安全警戒线，外债规模在国家的承受能力之内，外债结构较为合理，近期发生债务风险和危机的可能性很小，对外举债还有较大的活动空间。总的来说，中国利用外债发展国民经济是比较成功的。

但我国外债增长速度过快，国际商业贷款比重偏大，外债风险管理中存在着潜在危险。尤其是短期外债的飞速增长，让我们联想到 1997 年亚洲金融危机发生之前，无论是泰国、马来西亚还是韩国，都有一个短期资本大量流入的阶段，这些短期资本对经济冲击一段时间之后又迅速流出。短期外债大规模流入流出会对汇率、金融市场和经济造成严重冲击，因此对短期外债的风险管理问题显得尤为重要。

我国对外债的管理从过去微观管理型向宏观管理型转变，从直接管理向间接调控转变。今后对外债管理的重点应放在合理引导间接利用外资的投向，提高外资的使用效率，加强对外债的监控，采取有力措施，确保不发生外债偿还危机。而对于宏观管理，首先应该把握好外债的总量问题。从偿债能力角度看，可以利用国际公认的经验性警戒线，结合最新的数量研究方法得到的结果，作为衡量外债总量是否适度的基准。同时，还要考虑外债的结构，并综合考虑国民经济的增长速度，国内资金、物资、技术及人员的配套能力，国际经济环境可能出现的冲击等，探讨建立具有我国特色的外债预警指标体系和外债监测机制，合理确定我国利用外债的规模，并加强对外债借入量的监控。通过总量控制，把外债借入量控制在合理范围内，力求使外债的借入达到成本最低、规模适度的目标，外债的使用达到风险最小、效益最佳的目标，外债的偿还达到按期如约偿还、保持偿债信用的目标。

第三节　国际游资与货币危机

自20世纪80年代以来，各国金融市场的自由化、国际化和一体化的步伐加快，金融全球化趋势越来越明显。在这个过程中，国际游资逐渐成为当今世界经济中一股最为活跃的力量，许多国际金融新现象新问题无不与此紧密相关。

一、国际游资的含义

国际游资指与实际生产、交换没有直接联系，以追逐利润为目的、投机性极强的短期流动资本，又称“热钱”。

所谓国际游资，是指与实际生产、交换没有直接联系而以货币金融形态存在于国际金融市场，以追逐利润为目的、投机性极强的短期流动资本。它以现金、银行短期存款、短期政府债券、商业票据、金融衍生产品和期货期权合约等各种高流动性的资产形式存在。国际游资为追逐利润最大化，在国际金融市场之间迅速流动，通常不投入周期长、收益慢的生产和流通领域，主要出入一些高收益、高风险的市场，外汇、股市、期货、房地产等市场都是它们追逐的目标。从根本上讲，国际游资是世界经济发展与金融全球化的结果。20世纪90年代以来，在全球范围内出现的金融创新浪潮及资本账户的自由化，大大刺激了国际间的资本流动，尤其是与实物生产和投资相脱离的金融性资本的流动大大增强，使得国际游资成为国际金融领域乃至国际经济中最为活跃的现象。一般来说，国际游资有以下几个特征：

第一，国际游资就是指那些短期资本，通常是一年以内的资本，即投机性国际短期资本。它能快速地从一个市场转移到另一个市场、从一个国家或地区转移到另一个国家或地区。就像烫手的山芋，很难掌握，总是在不断地寻找投机机会，因此人们形象地称它为“热钱”。

第二，国际游资追求的是短期高额利润，而非长期利润。这种高利不能在总量规模上太小和时间上太长，否则就不适应国际游资流动的要求。因为国际游资的规模较大，它进出某一市场有一个策划和运作的过程。因此，这种高利基本上是指那种通过一定涨落空间和市场规模而获得高利，即国际游资一般都伴随着较大的行情而存在。

第三，交易的杠杆化。游资惯常的投机手法是利用金融衍生工具，运用“杠杆原理”，以较少的资金买卖数十倍于其资金合约金额的金融商品。也正是金融交易的杠杆化，使得一家金融机构的少量交易就可牵动整个国际金融市场。

第四，具有吸附效应。国际游资短期高额利润的获取会对其他资本起着一种示范效应，从而诱使这些资本放弃相应的投资活动而参加到这些投机活动中来。这种效应主要体现在两个方面：一是诱使投资资本向投机转化。在当前世界平均利润率越来越低，资本投向的选择越来越难的情况下，不少投资资本受产业兴衰和区域经济不平衡发展的影响，常常难以获得平均利润。产品、产业和经济周期越来越短，使得投资资本常处于进入与退出的过程中，由于不断转换投资方向而使投机机会难以把握和成本加大。因此，有些投资资本在撤出实业投资之后而又未找到新的投资方向之前，暂时参与到投机资本中来。二是将处于现金状态或即将转化为资本的货币直接卷入到投机活动中来，甚至直接将处于储蓄状态的货币动员到投机市场上来。

二、国际游资的主要来源

（一） 私人资本

国际游资以私人资本为主，而且这种趋势还在加大。近几年来，政府和商业银行的贷款已经不再居于主导地位，私人资本的流动在总量上远远超过了政府和商业银行的贷款。企业和私人将手中掌握的部分货币资金直接转化为投机资本，参与到国际金融投机活动中来。私人资本具体分为两个方面：一是国内居民的短期资金到国际金融市场上谋利；二是跨国公司及大企业在经营活动中掌握的流动资金和一些暂时闲置的资金。在欧美发达国家，很多跨国公司和大企业，都直接或间接地参与证券投资，它们设有专门的部门，并高薪聘请一些资深的专家进行操作。一些重大的投机活动常常是由它们一手策划而成的，或者是得到它们的配合后由其他投机者进行的。

（二） 投资基金

投资基金本是投资者出于取得稳定收益而选择的一种理财工具，只有极少数风险型投资基金具有高度的投机性。但是，由于投资基金强调资产的流动性和变现性，一般都是以金融投资（外汇、股票、期货等）为主，而二级市场的金融证券投资本身就属于一种投机活动，因此投资基金难以避免具有投机性。因此随着国际金融市场的日益全球一体化以及金融创新和各种复杂投资组合技术的出现，绝大部分投资基金都投身到投机活动中。根据投资美国公司协会（ICI）发布的数据，截至 2019 年底，全球开放式基金总资产达到 54.88 万亿美元，比上一年增长了 17.52%。全球开放基金呈现出“一超多强”局面，即美洲拥有全球开放式基金总资产的 52%，欧洲拥有 34%，非洲和亚太地区拥有 14%。

（三） 除投资基金以外的金融机构的短期资金

一是各种投资银行及其他非银行金融机构（如证券公司、保险公司等）所拥有庞大的自有资本金、历年来盈余资产及其他的短期资金等，这些金融机构拥有广泛的融资渠道，专业从事短期投机投资活动。例如，1997 年在对香港的港元狙击战中大显身手的美国投资银行摩根士丹利、美林证券，日本的野村证券、大和证券、日兴证券，瑞士联合银行，法国的里昂信贷银行等，这些都是活跃在国际投机资本市场上的超级大户。二是投资者从银行获得的信贷资金。三是银行的外汇业务。很多跨国商业银行为了自身业务需要，都有大量衍生金融工具交易。这些业务本身带有很强的投机性，同时也很难区分其是投机资本还是投资资本。

（四）国际黑钱

黑钱是国际投机资本中最重要最原始的一部分。早在衍生工具和投资基金没有大规模产生之前，国际黑钱就开始了国际金融投机活动。黑钱通过多年的积累，规模已相当庞大。根据国际货币基金组织研究，1996 年世界黑钱规模占世界生产总值的 2%，2015 年世界黑钱规模达到世界生产总值的 5%。那么，何谓黑钱？根据美国的英格·沃尔特的研究，黑钱是各种不正当的黑色经济活动的收入，比如行贿受贿、贪污、逃税、走私、贩毒等，这些黑钱必须经过一番“清洗”后，才能转入合法的流通渠道。国际金融市场为这些黑钱提供了很好的“清洗”途径，同时其中一部分作为国际游资长期停留在投机市场上。

三、投机性攻击

投机性攻击（Speculative Attack）是指投机者对外币需求和本币兑换的随意增加，以迫使本币贬值而获取高额利润。

投机性攻击是引发货币危机的直接原因，按照国际货币基金组织的界定，货币危机（Currency Crisis）是指对货币的投机攻击导致该货币大幅度贬值或国际储备大幅下降的情况，它既包括对某种货币的成功攻击（即导致该货币的大幅贬值），也包括不成功的攻击（即只导致该国国际储备大幅下降而未导致该货币大幅贬值）。①

投机性攻击的发生一般需要以下条件：（1）目标货币实行固定汇率制，攻击的对象国实行资本与金融项目下的货币可兑换；（2）外汇市场交易主体推断该货币名义汇率出现高估；（3）投机者在短期内连续大量抛售该货币，其目的在于迫使该货币大幅贬值。

从投机性攻击的含义可以推导出它的发生机理。由于国际收支是影响汇率变动的长期基本因素，因此它也成为投机者推断一国货币名义汇率是否高估的主要依据。如果一个国家经常项目持续逆差，且同时采用固定汇率制，将易于被投机者锁定为冲击目标。这是因为，经常项目持续逆差将造成对外汇的持续需求，在固定汇率制下这一需求不能以外汇价格升高即本币贬值的方式来使外汇市场达到均衡，那么，这一逆差的首要融资来源就是资本与金融项目的持续顺差。如果资本与金融项目顺差不足以弥补经常项目逆差，或者这两个项目都是逆差时，就需要动用外汇储备来平衡国际收支。如果发展到动用外汇储备也无济于事，那么该国货币只有贬值。同时，投机者还意识到，他们在短时期内大量抛售本币的行为极易引发羊群效应。这是因为，在外汇市场上，除了投机者外，还有大量的保值避险者，他们往往顺应市场汇价的走势和市场普遍的预期被动地交易，其主要目的在于规避风险，减少因汇价变动造成的损失。因此，当投机者大量抛售本币并散布预期本币贬值的舆论时，将影响整个市场参与者的预期，最终导致恐慌性抛售，逼迫本币贬值。这样的逻辑推断曾被投机者成功地应用于 1994 年的墨西哥比索危机和 1997 年的泰铢危机。

① 货币危机的程度可以用外汇市场压力指标来衡量，该指标是汇率（按直接标价法计算）月变动率与国际储备月变动率相反数的加权平均数。当该指标超过其平均值的幅度达均方差的 3 倍时，就将其视为货币危机。

专栏7－5
1994年墨西哥的货币危机

作为始于1987年经济稳定计划的一部分，墨西哥开始限制比索相对于美元的波动幅度。这一稳定汇率的行为旨在遏制墨西哥货币政策的通货膨胀倾向，因为货币政策已经在早些年份中大大提高了国内的通货膨胀。

稳定计划刚开始是成功的，这为墨西哥领导人赢得了国际声誉，但从1994年3月起，经济增长的停滞迹象和随之而来的令人震惊的执政党总统候选人遇刺事件，使得投资者普遍担心政府会违背承诺，突然宣布比索贬值。投资者开始在外汇市场上攻击比索，即大量购入美元、抛售比索。墨西哥的外汇储备急剧下降，迫使墨西哥央行大幅提高比索利率。

1994年11月发生第二起政治谋杀和12月1日新总统宣誓就职后，有关比索贬值的传闻加剧了。疯狂的投机性攻击致使比索利率再次急剧上升，外汇储备几乎消耗殆尽。12月20日，墨西哥政府不得不宣布比索贬值。

四、投机性攻击的特点

（一）投机性攻击策略日益立体化

随着国际资本流动自由化的加快，加上金融市场机制的不完善，投机性资本巧妙地利用了金融市场的漏洞，因而它们很少受到管制。投机者可以同时在多个金融市场上迅速进入、撤离，利用所有可以利用的金融工具及金融衍生工具，以及各种金融资产价格在各个市场之间的内在联动性，做全方位的投机，使投机手段更加隐蔽和复杂，影响更加广泛，综合冲击强度更大。

香港金融保卫战

（二）投机性攻击的连锁效应

现代的投机性攻击活动不再只是在孤立的分散市场上进行，随着世界经济一体化以及区域经济一体化的加快，投机性攻击的危害也逐渐呈现区域化的现象。1997年的亚洲金融危机是最典型的例子。由泰铢遭打压贬值开始引起的一系列投机性攻击导致整个东南亚经济陷入危机，多个国家的外汇储备被洗劫一空，国内经济一下倒退很多年。最后甚至蔓延至欧洲、美洲等国的金融市场，全球经济气温也随之大幅下降。

（三）注重对公众预期的影响

投机者越来越注重对公众预期的引导和利用。用各种渠道动摇公众对本币的信心，使跟风者为投机家们对本币的打压推波助澜。经济学家分析，其实光凭投机力量并不会真正对央行构成多大威胁，真正打败央行的恰恰是大量跟风者对本币的抛售，这种抛售使央行承受了巨大的压力。索罗斯曾几次公开宣称他将对哪些国家的货币进行攻击，这看起来是很可笑的行为，但事实上他之所以这么明目张胆，其目的是利用这种公开性制造舆论，加剧被打压货币的贬值预期，利用“羊群心态”引导跟风者，从而加速目标货币的贬值。

五、货币危机模型

人们围绕着货币危机的爆发与国际游资的关系进行研究，产生了三代货币危机模型。特别是第一代和第二代货币危机模型，都把国际游资的冲击当作诱发国际货币危机的直接因素，只是冲击的时刻选择不同。下面，我们就简单介绍三代货币危机模型。

（一）第一代货币危机模型

第一代货币危机模型始于20世纪70年代，由克鲁格曼提出。他认为，货币危机根源于政府的宏观经济政策和固定汇率之间的矛盾，即过度扩张的货币政策和财政政策（财政赤字的货币化政策）与维持固定汇率目标之间存在着根本性不协调。典型的情况是：政府预算存在着一个持续的财政赤字，中央银行发行了大量的货币来弥补财政赤字，随着财政赤字的货币化，国内物价水平持续上涨。当国内通货膨胀率高于国外水平时，本国货币面临贬值压力。为了维持固定汇率，中央银行只能动用外汇储备。一旦外汇储备接近耗尽，投机者就会对货币发起冲击，迫使中央银行放弃固定汇率，汇率迅速贬值，货币危机随即爆发。

第一代货币危机模型指出，危机的根本原因在于宏观经济基础变量的恶化——过度扩张的货币与财政政策、实际汇率升值、经常项目恶化等。这一模型较好地解释了20世纪七八十年代的货币危机，该模型突出强调了与固定汇率制度相矛盾的宏观经济政策主要是扩张性的财政政策，它最终将不可避免地导致外汇储备耗尽，从而导致固定汇率制度崩溃。这一点和大量的经验事实是相吻合的。

该模型特点还在于：在现实中，很多货币危机都反映了国内经济政策和固定汇率制度的不协调。第一代货币危机模型对这种不协调作了高度的理论抽象，因而适用于分析各种因这种不协调而爆发的危机。另外，该模型还表明，投机者在短时期内大量抛售本币并非一种非理性行为，也不是市场受到操纵的结果，它是一国经济形势发展到一定阶段的合乎逻辑的结果。但是，这个模型的缺陷在于它的高度简化：第一，这一模型所假定的政府的政策太机械——只是增加货币发行。第二，这一模型所假定的央行干预市场的方式太单一——只是外汇买卖。事实上，政府可以改进财政政策，央行也可以采取紧缩货币政策（如提高利率）来保护汇率等。第三，它将财政赤字以及因弥补财政赤字而进行的货币扩张作为危机爆发的几乎唯一的原因，但现实比这要复杂得多。更重要的是，很多危机，特别是亚洲金融危机，在其初始阶段，政府的财政赤字微不足道甚至存在盈余，这与该模型的前提完全相反。

（二）第二代货币危机模型

第一代货币危机模型对于20世纪70年代所发生的一系列危机给出了比较准确且适合的解释，然而，面对1992—1993年的欧洲货币体系危机、1994年的墨西哥危机，却难以给出完美的解释。因为许多发生货币危机的国家在危机爆发前并没有明显的财政、货币扩张。而且在危机发生两年后，这些国家货币的币值又恢复到了危机发生前的水平。第二代货币危机模型最早由奥布斯菲尔德提出，它同第一代模型在分析上实质相同，都将爆发危机的原因归结于国内经济政策同维持固定汇率的对外经济政策的矛盾上。差别在于，第二代模型更注重货币政策以及强调货币危机预期自我实现性质。其基本假定是：第一，存在着促使货币当局捍卫固定汇率的动机；第二，存在着促使货币当局放弃固定汇率的动机；第三，市场的预期最终导致政府放弃固定汇率。事实上，货币当局如何行动取决于维持固定汇率制的利弊的权衡，但是，当市场预期汇率贬值的时候，捍卫固定汇率的成本将大大增加，最终促使货币当局放弃固定汇率制。

货币当局捍卫固定汇率是因为：本国一直有高通货膨胀史，为了显示当局抑制通货膨胀的信心和增强政府降低通货膨胀的可信性，就有必要使本币钉住某个具有较低通货膨胀率国家的货币；同时捍卫固定汇率的利益在于为发展对外经济交往创造良好的外部环境，从而有利于国际贸易与投资。

货币当局捍卫固定汇率成本巨大，从而成为促使货币当局放弃固定汇率的可能因素有：第一，本国经济萧条，存在着高的失业率。为了刺激经济、降低失业率，政府希望采用扩张的货币政策，但在固定汇率制下无法实现。第二，本国有巨大的外债，货币贬值可以减轻实际的债务。

市场预期汇率贬值之所以导致政府放弃固定汇率是因为：当市场预期汇率贬值的时候，捍卫固定汇率制的成本会随着人们预期的加强而提高。市场参与者将在经济决策时将预期因素考虑进去，投机者也尽量提前大量抛售本币，这两种因素使得政府捍卫固定汇率的成本提高，政府将最终放弃固定汇率。因而，预期本身就是汇率危机的直接原因。

第二代货币危机模型在强调由各种宏观因素构成的经济基本面的基础上，还指出政策和经济之间具有互动性。经济政策并不是事先决定的，而是随着经济状况的变化而变化，市场参与者在形成预期的时候将这种关系考虑在内；同时市场参与者的预期与行动将会影响到货币当局的政策制定。这种相互关系使得即使宏观经济基础变量没有发生变化，由于预期的突然变化也会导致政策的变化，导致汇率的崩溃，经济也会从一个与固定汇率协调的平衡点，转移到另一个与崩溃后的汇率相协调的平衡点。第二代模型指出，即使不存在不断恶化的经济基础，危机也有可能发生。

（三）第三代货币危机模型

第三代货币危机模型是在1997年亚洲金融危机以后才发展出来的。这个模型强调了以往危机理论所忽视的一个现象：在新兴市场经济国家中，普遍存在道德风险问题。麦金农和克鲁格曼认为，在新兴市场经济国家中，危机的爆发在于经济泡沫的破裂，根源在于金融上层建筑的过度扩张导致了经济泡沫；而金融上层建筑的恶性膨胀根源于经济中普遍存在的道德风险；普遍存在的道德风险归因于政府对企业和金融机构的隐性担保，以及政府同这些企业和机构的裙带关系。在政府的隐性担保下，或者在企业和机构同政府官员相互勾结的情况下，企业和金融机构肆无忌惮地大量借取外债，同时，它们借取资金的投向又极不谨慎，大量资金投到了容易产生泡沫的股票市场和房地产市场中，从而促使资金价格膨胀，泡沫由此产生。当泡沫破裂或行将破裂时，国外贷款人以及本国经济当事人就会因对本国经济和金融状况的担心而将资金转移到国外，从而引发危机。这种危机已经不仅仅是单纯的国际收支危机，国内包括银行部门在内的金融机构都将面临资产价格剧烈下跌造成的大量不良贷款的压力，进而引发全面的危机，包括银行危机、金融危机、社会危机和政治危机。

以上三代模型分析的都是一国内部的经济或政策失衡导致危机爆发的情况。此外，现代货币危机的一个主要特征还表现为外汇市场的不稳定会在各个有关国家传播，一种货币的贬值会导致其他货币的贬值。有关货币危机的传染性分析表明，集体爆发危机的国家之间有密切的经济金融联系，广泛表现在贸易和资本市场方面，由这些联系导致危机的爆发被称作是“溢出效应”。同时，一国危机会导致外部债权人重新评估其他国家的经济基本面，从而出现“传染效应”。溢出效应和传染效应被认为是东南亚金融危机的主要原因之一。

由以上三种货币危机模型可以得出结论：受国际游资攻击的国家存在经济发展中的失衡。正是这种失衡给国际游资创造了投机攻击的基础和可能性，而受害国政策上的失误则为国际游资提供了合适的攻击时点和途径。

第四节　国际资本流动理论

国际资本流动理论是用于解释国际资本流动原因、动机、方式、变动因素及影响的重要的国际金融学说。它是随着国际经济交往的不断扩大而发展与深化的。从研究的内容看，既有的国际资本流动理论可以分为国际间接投资理论和国际直接投资理论。下面我们就按照这一分类分别加以介绍。

一、国际间接投资理论

（一）古典证券投资理论

该理论认为，在国际资本能够自由流动的条件下，如果两国的利率存在差别，两国能够带来同等收益的有价证券的价值也会产生差别，即高利率国家有价证券的价格低，低利率国家有价证券的价格高，这样低利率国家就会向高利率国家投资购买有价证券，这种投资直到两国的利率相等时为止。也就是说，各国间存在的利率差别是国际证券投资即金融资本国际流动的原因。这一理论一般以“收入资本化公式”表示如下：

$$P = \frac{I}{r}$$

式中，P 为有价证券的价格，I 为有价证券的常年收入，r 为资本市场利率。假如收入 I 为 100 万美元，甲国的利率为 10%，乙国的利率为 5%，那么同样 100 万美元的有价证券收入，在乙国需要 2 000 万美元的投资才能实现，在甲国则只需要 1 000 万美元就可以了。这样，资本就从乙国流向甲国，直到利率差别消失为止。

这种以证券投资为对象的资本流动理论在解释现代国际短期资本流动和国际证券投资方面有一定的说服力，但不能据此来解释国际直接投资现象。例如，它只说明资本从低利率国家向高利率国家的流动，而未说明国际间大量存在的双向资本流动；它是以国际资本自由流动为前提的，而现实中各国却对国际资本流动进行各种限制；该理论没有考虑国际投资的风险因素等。正是上述缺陷的存在，即使国际间存在利率差别，也不一定就会导致国际证券投资。

（二）资产选择理论

资产选择理论最初是美国的投资学家马柯维茨在1959年提出来的。他认为，不能把预期收益最大化作为资产分析的唯一决定性准则，而需要把资本的预期收益和风险结合起来考虑。一般地说，证券的收益与风险成正比，即证券的收益越高风险越大，所以投资者可同时操纵若干种有价证券并不时变换。虽然通过对证券的明智选择可以在一定程度上减少风险，但风险的减少一般又意味着收益的下降，关键在于要选择那些风险和收益能最有效交换的资产。这就形成了若干有效的证券组合，投资者可以选择其中的一组。选择的标准是：在证券组合的平均收益率一定时取其风险性最小的，或者在证券组合的风险性一定时取其平均收益率最高的。

证券组合可以降低投资风险，是因为组合中不同证券的收益与损失可以相互抵补，起着分散风险的作用。出于这种考虑，投资者可选择不同国家的证券作为投资对象，从而引起资本在各国之间的双向流动。马柯维茨的资产选择理论提出的以资产组合方法降低风险的思路，为资本在国际间流动的分散化提供了理论依据，是对古典国际证券投资理论的突破。同时，该理论说明了国际间资本双向流动的原因，这也是古典国际证券投资理论所不能说明的。但是，该理论也有其自身的不足之处，比如它是建立在资本自由流动和金融市场高度发达基础上的，这与现实情况是不完全一致的。

二、国际直接投资理论

（一）垄断优势理论

垄断优势理论最早是美国麻省理工学院教授海默于1960年提出的。海默认为，一个企业之所以能向国外投资，其动力就在于它具有“垄断优势”。因为该企业与东道国同类企业相比具有垄断优势，从而在国外进行生产可以赚取更多的利润，这就促使发达国家企业向国外进行投资。这种“垄断优势”包括知识资产优势、企业规模优势和区位优势三种。所谓知识资产优势，就是指包括技术、管理与组织、销售等在内的一系列知识与技能优势。知识资产优势之所以能够推动国际投资，原因在于当某个企业一旦拥有这些知识技能之后，就可以通过对这些知识资产的控制和使用，生产高质量的产品，并使其不论在何地设厂经营都具有垄断优势。所谓企业规模优势，是指由于企业规模大而产生的规模优势。因为企业规模大，其承受风险的能力大，开发新产品的能力也大。所谓区位优势，是指某特定场所针对外国或本国其他场所在交易、原料、生产等地理位置上的优势。区位优势是企业跨国投资决策中的重要因素，它在跨国公司的“跟随消费者”理论中起着特别重要的作用。具备上述优势或部分优势的企业仅靠国内生产无法解决大量产品的销售工作，虽然依靠出口能解决一部分产品的推销，但它经常受到来自多方面的限制和障碍。解决大量产品的销路的最佳途径之一是用直接投资来进行市场开拓，即把它的产品系列分配到生产成本最低的国家去进行生产，并以此通过生产要素在全球范围内的合理配置而取得经济竞争性优势。上述的这三种垄断优势决定了对外直接投资的方向，即企业应到不具备垄断优势的国家和地区投资建厂，组织生产经营。

垄断优势可以较好地解释知识密集型产业对外直接投资这一现象，同时为解决发达国家之间相互投资现象提供了理论依据。大多数知识资产优势是被企业所垄断而不是被国家所垄断，这样企业只要觉得对外投资更有利可图，它就可能不在本国扩大投资而直接去国外进行生产。

问题在于，垄断优势论只是研究了对外直接投资的必要条件，而不是充分条件。因为这一理论只是承认国际直接投资的利润动机，而对利润动机背后的资本过剩和生产过剩没有进行研究。再有，拥有垄断优势，特别是拥有技术优势的企业为什么不通过产品出口和技术转让方式，而是以对外直接投资方式去获取最大利润呢？该理论也未作出进一步的回答。另外，垄断优势理论无法解释发展中国家的对外投资现象。

（二）市场内部化理论

市场内部化理论（又称交易成本理论）最早由科恩（R. H. Kern）在 1937 年提出，后来经过英国经济学家巴克利（P. J. Buchkley）和卡森（M. C. Casson）等人的补充和发展，形成一种国际直接投资理论。

市场内部化理论认为：第一，企业外部市场对某些类型交易的代价太高。如某些含有专有技术的中间产品（有形的产品），以及信息、销售技巧、管理技术、工艺流程、商业信用等知识产品的交易就属于这种类型的交易。因为双方很难就这些通过长期研究与开发所取得的知识的价值取得完全一致的看法。准备购买这种知识的企业往往缺乏对这种知识的了解，因而不愿出合理的价格。而准备销售这种知识的企业尽管比购买者对这种知识有更好的了解，却不易使购买者相信其所报价格的合理性，因为若使购买者有较为详细的了解，则必然使这种知识失去保密性，从而使原拥有者在竞争中丧失有利地位。第二，即使这类交易成交了，若成交的是中间产品，则容易导致销售者在生产经营上对购买者的依赖，而且销售者还要承担有关风险；若成交的是知识产品，则这种知识通过市场转让也极易扩散，若要减少扩散程度，则通过合约确定双方责任的成本就会上升。第三，正是基于上述情况，当企业把利润最大化作为目标时，它必然将这种类型的交易改在公司内部企业之间进行，从而形成一个内部市场，在这个市场中销售者自己去从事购买者的经营活动，结果交易成本大大降低。当这个“内部化过程”仅在某一国或地区内进行时，其所带来的效益往往受限。为了突破这种限制，使“内部化过程”在世界范围内进行，从而在世界范围内获得内部交易所带来的效益时，跨国公司便开始实施国际投资。

市场内部化理论是一种应用性较强的国际直接投资理论，它可用来解释多国公司的存在和对外直接投资的原因。其不足之处在于，它没有从全球经济一体化的宏观角度分析国际生产与分工对企业直接投资行为的影响，并且还忽视了工业组织和投资环境在国际直接投资中的重要性。

（三）产品生命周期理论

产品生命周期理论来源于市场营销学的考虑，是美国哈佛大学教授维农（R. Vernon）于 1966 年提出来的。该理论认为，世界上任何产品都像一切有生命的物体一样，有一个诞生、发展、衰退、消亡的过程。因此，任何一件新产品从一上市就开始其生命周期，并且这个生命周期可以划分为四个连续的阶段，即导入期、成长期、成熟期、衰退期。所谓产品导入期，指这个时期新产品刚刚进入市场，产量较低，销量较小，新产品的创新国没有利润或利润较低，有时还亏本。所谓产品成长期，是指在这个时期产品的生产增长很快，消费者逐渐熟悉、了解了该商品，销售量显著上升，利润迅速增加，马上引起竞争，但尚未构成对创新国的威胁。产品导入期和产品成长期统称为创始阶段。在这一时期，企业垄断技术，国内市场潜力很大，此时最有利于安排国内生产。所谓产品成熟期，是指此时产品的样型已经稳定，产品成本下降，技术模仿率增大，其他企业纷纷开始仿制这种产品。原来的创新企业失去垄断地位和优势，销售量增长缓慢，利润下降，开发产品的企业面临新生产企业的威胁，再加上国内外劳动成本的差异，在国外生产就显得比较有利。企业为了降低成本、防止其他竞争者的介入，开始在国外设立企业，进行直接投资。所谓产品衰退期，又称产品标准化期，这一时期产品的生产已标准化，各国的技术差距拉平，生产成本在竞争中占主要地位，企业为保住市场，充分发挥研究与开发产品的潜力，就会以扩大国际直接投资的方式对付竞争对手。

产品生命周期理论产生之后，许多经济学家经过进一步的研究，认为该理论具有较高的理论意义和实际意义，它不仅可以清楚地解释对外直接投资主要集中于少数几个国家的跨国公司手中、特别是美国的大公司手中的现象，而且还能够解释发展中国家的对外直接投资行为。对于少数发达国家而言，由于拥有技术垄断优势，因此掌握技术垄断优势的企业的对外投资行为是易于理解的；对于发展中国家的厂商而言，由于首先为其国内市场进行创新活动，其技术优势是小规模的劳动密集型技术，积累了以低成本生产中低档产品的经验，这种特有的生产技术和产品同样适合于其他发展中国家现有市场和需求条件。该理论也存在一定的不足：首先，该理论不能解释跨国公司的投资，这些全球性的跨国企业由于已经形成了国际生产与销售体系，可以直接在国外发展新产品，从而省去了出口环节，这样则把产品生命周期的过程打乱了；其次，国际投资不但从发达国家投向发展中国家，而且发达国家之间大量进行产业内同向投资，如西欧、日本等国企业在美国的直接投资，产品生命周期理论均无法解释；最后，产品生命周期理论不能解释跨国公司的国际化生产的策略，许多跨国公司产品并不是在本国发展成熟后才移到国外去生产，而是一开始就有可能先在国外进行生产，而后在国内进行生产，关键是根据各种资源最有效配置的要求。可见，这一理论在新技术革命的当代有着明显的缺陷。

（四）国际生产的组合说

1977 年英国经济学家邓宁（John Dunning）提出了国际生产组合理论。他认为，对外直接投资是由三种特殊优势组合决定的。这三种特殊优势是：（1）所有权优势，即企业所享有的利益，如技术、管理和推销技巧、发明创造的能力、产品多样化的程度、企业生产和市场的多极化规模等。（2）内在化优势，主要包括多国体系、组织结构和市场机制几方面，这使跨国公司能够利用所有权优势直接去国外投资生产，使之内在化。这种内在化优势决定着跨国公司进行海外投资的目的与对外投资的形式，从而实现企业全球化经营的经济效益。（3）区位优势，是指地区的特殊禀赋，包括资源、政策和工艺性质、产品和竞争情形。这三种优势影响跨国公司的投资决策。

邓宁的国际生产组合理论是从西方传统国际贸易理论发展而来的，它把生产要素论、比较利益论和生产区位论结合在一起，对国际直接投资问题进行解释。他还从动态分析的角度提出“投资发展阶段论”，认为只要在资产所有权、内在化和区位三方面具有一定的优势，就能够参与对外投资。直接投资并不取决于资金、技术和经济发展水平的绝对优势，而是取决于它们的相对优势。因此发展中国家也可以依其相对优势进行对外直接投资，这说明了近年来第三世界跨国公司蓬勃发展的原因，所以国际生产组合理论对发展中国家有着重要的意义。但是它没有将国际金融的传统理论同跨国公司理论统一起来，这是很大的缺陷。

本章小结

1. 国际资本流动是资本跨越国界的运动转移过程。在经济全球化的背景下，国际资本流动对世界经济产生了巨大的影响，只有把握国际资本流动的类型、原因、特点，才能更好地理解国际资本流动对世界经济的影响。

2. 国际债务是国际资本流动的一种具体形式，发展中国家合理利用国际债务能够更快地促进本国经济的发展。但使用不当，就很容易出现债务危机，20 世纪 80 年代以来，国际债务危机不断，如何解决债务危机始终是国际金融领域的热点。

3. 国际游资逐渐成为当今世界经济中一股最为活跃的力量，国际游资对一国货币进行冲击极易发生货币危机。现在已有三代关于货币危机的模型。

4. 国际资本流动理论是用于解释国际资本流动原因、动机、方式、变动因素及影响的国际金融学说。一般分为国际间接投资理论和国际直接投资理论。

关键词

资本内流（Capital Inflows）
资本外流（Capital Outflows）
债务危机（Debt Crisis）
货币危机（Currency Crisis）

本章重要概念

国际资本流动　直接投资　间接投资　国际债务　债务危机　国际游资　投机性攻击货币危机

思考题

1. 近年来，中国国际资本流动有什么特点？原因是什么？
2. 如何评价资本流动对中国经济发展的影响？

3. 未来几年，中国有可能发生外债危机吗？
4. 利用货币危机模型并结合中国的实际，分析中国会否发生货币危机？

练习题

1. 简述国际资本流动的原因。
2. 简述当前国际资本流动的特点。
3. 简述发展中国家债务危机的形成原因。
4. 简述发展中国家债务危机的启示。
5. 论述国际资本流动对经济的影响。
6. 试述货币危机理论。
7. 简述国际游资的特点。

案例题

案例一

进入 2014 年下半年后，俄罗斯卢布兑美元一直处于不断贬值的状态，见图 7 - 1。12 月后，贬值速度开始加速，12 月 15 日，俄罗斯央行花费了近 20 亿美元，试图阻止卢布继续贬值。12 月 16 日凌晨 1 点不到，俄罗斯央行将基准利率从 10.5% 提升至 17%，以缓解或阻止卢布继续贬值。这是 2014 年俄罗斯央行第六次加息操作，但在俄罗斯央行凌晨进行了这样的干预后，卢布甚至跌得更厉害了。16 日凌晨，美元兑卢布汇率甚至一度达到了 79，而 2014 年 1 月汇率只有 33。16 日，俄罗斯央行称其不会加强资本管制之后，卢布维持在低位。

很明显，2014 年下半年俄罗斯遭遇了严重的货币危机。请结合当时俄罗斯国内外经济形势，并利用理论分析俄罗斯发生货币危机的原因。

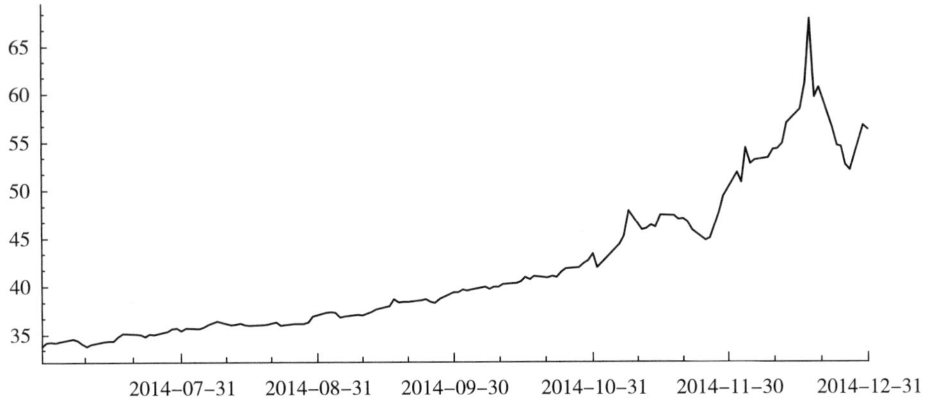

图 7 - 1　2014 年下半年俄罗斯卢布兑美元汇率走势图

（数据来源：Wind 资讯）

案例二

北京时间2021年9月17日凌晨，美国财政部公布的国际资本流动报告（TIC）显示，7月份中国持有美债规模达到1.0683万亿美元，较6月份环比增加约63.5亿美元，自2月以来首次按月增持美债，结束此前连续4个月减持美债的势头。截至7月底，海外投资者持有的美国国债总规模达到创纪录的7.54万亿美元，当月持仓规模较6月份环比增加462亿美元，连续4个月保持增长。值得注意的是，在海外央行与海外投资者积极增持美债的同时，他们对美股的抛售潮骤然升温。TIC数据显示，7月份海外投资者净抛售美股343亿美元，创下2007年8月以来的第二大月度抛售规模。

请分析包括中国资本在内的国际资本流向美国增持其国债及海外投资者抛售美股的主要原因。

第八章
开放经济的宏观经济政策

本章知识结构

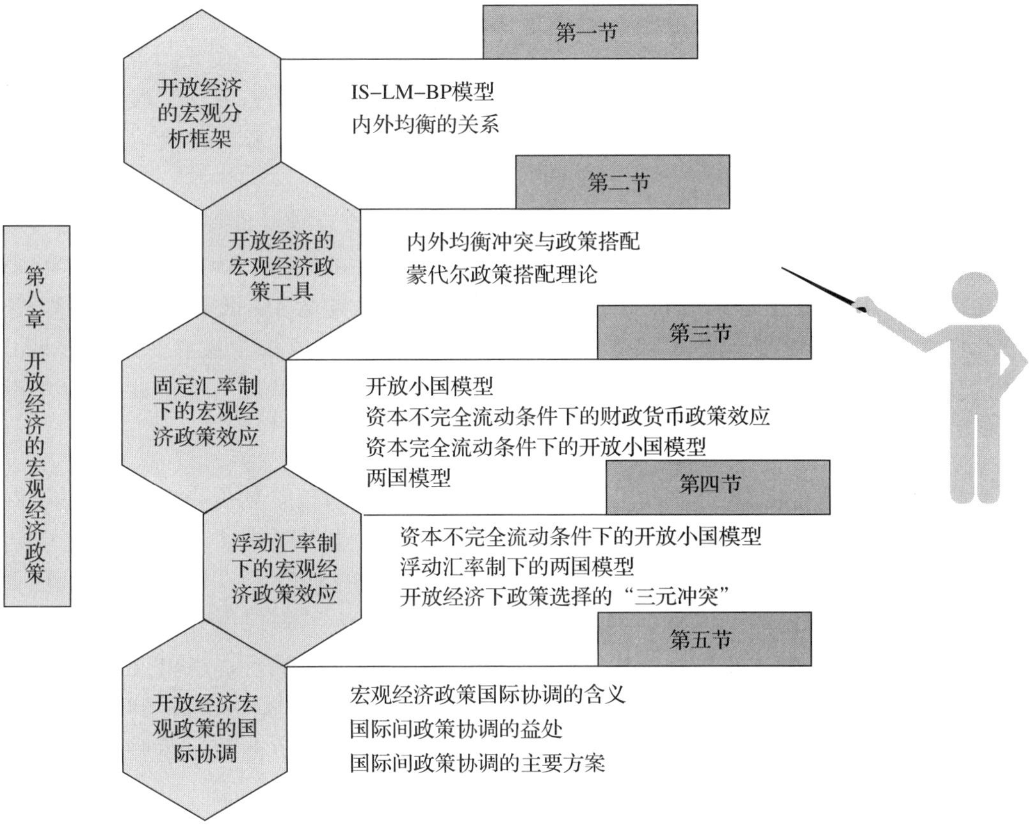

本章学习目标

- 理解 IS－LM－BP 模型的建立原理和内外均衡的关系。
- 理解内外均衡冲突产生的原因和蒙代尔的政策搭配理论。

- 理解固定汇率制和浮动汇率制下财政货币政策的不同效应。
- 了解开放经济中经济冲击的国际传导机制和不同来源经济政策的影响。
- 理解宏观经济政策国际协调的益处和主要方案。

章前引例

2020年，新冠肺炎疫情对全世界经济社会造成了巨大冲击。中国作为首轮遭遇新冠肺炎疫情的经济体，其GDP在2020年第一季度同比下滑6.8%，美国2020年第二季度的GDP降幅更是高达9.5%。疫情对经济活动的冲击，也反映在严重的失业率上。中国因为采取了积极的防疫手段，失业率从2019年的3.62%仅仅微幅上升到2020年的3.8%。但是大部分的国家却没这么幸运，美国和英国分别从3.67%和3.83%上升到8.89%和5.38%。面对这些冲击，各国政府通过宽松的货币政策和积极的财政政策协同发力，打出了一系列"组合拳"来抵抗疫情对经济的影响。例如美国特朗普政府2020年出台五次财政刺激措施，总金额3.78万亿美元，其中包含发放一次性津贴，额外增加每周600美元的失业补助，以及扩大税收抵扣等。同时，针对货币政策，美联储连续多次下调联邦基金利率，2020年第三季度以来，累计降低了150个基点，已接近零利率水平。除此之外，美联储同时还无限量购买财政债券和政府机构债券，借由以上举措增加货币供给，刺激投资。

然而，积极的财政政策与货币政策也可能带来严重的后遗症，即物价的大幅波动。经济合作与发展组织（OECD，包括经济总量占全球经济约60%的38个国家）成员国的通胀率已达到自2008年以来的最高水平，从2021年3月的2.4%跃升至4月的3.3%。其中人们生活必需的食物价格已经涨破历史纪录，根据联合国粮食及农业组织（FAO）预测，2021年全球粮食进口成本将上涨12%。所以，尽管财政政策与货币政策可以有效地调节经济衰退，但伴随而来的可能是其他的经济问题。

开放经济中，一国宏观经济政策目标通常包括"经济增长、物价稳定、充分就业和国际收支平衡"四项，其中经济增长、物价稳定和充分就业三项描述了理想的封闭经济的宏观均衡，可称之为"内部均衡"，国际收支平衡则表明实现了"外部均衡"。因此，一国的宏观经济政策目标可以概括为追求"内外均衡"。为了实现内外均衡，政策制定者们要制定合适的政策才能达到这些目标。同样，一项政策的推行，也可能对内部经济目标和国际收支产生影响。为此需要采用合适的方法来分析这些政策的影响和探求如何才能实现内外均衡目标。本章我们将首先建立一个宏观经济分析框架，然后利用这一分析工具分析主要经济政策的效果。

第一节　开放经济的宏观分析框架

封闭经济下的一般均衡是要实现产品市场和货币市场的均衡，根据这一思想我们不难推论出：为了实现内外均衡的双重目标，就必须实现经济中产品市场、货币市场和外汇市场的同时均衡。于是，我们的讨论从封闭经济过渡到开放经济，用于宏观分析的一般均衡模型也从 IS－LM 模型扩展为 IS－LM－BP 模型。

一、IS－LM－BP 模型

IS－LM－BP 模型（IS－LM－BP Model）是开放经济宏观均衡分析的常用工具。该模型的成功在于它既可以给出关于内外均衡的直观解释，也在宏观经济政策运用方面有很高价值。本章先介绍模型中曲线的推导与含义，然后再利用该模型讨论宏观经济政策效应。

（一）IS 曲线

IS 曲线代表产品市场供求均衡。容易得知，开放经济条件下产品市场实现均衡的条件是

$$C + I + G + X = C + S + T + M \tag{8-1}$$

式中，C 为私人部门消费，I 为私人投资，G 为政府支出，X 为出口，S 为私人储蓄，T 为政府税收，M 为进口。等式左边代表各部门的预期支出总额，形成市场上的需求；等式右边代表本国实际总收入，构成市场上的供给。所谓均衡，就是本国家庭、企业、政府及国外部门对国内商品和服务的预期总支出等于本国的实际总收入。

为了推导 IS 曲线，可将均衡条件式重新写成：

$$I(i) + G + X = S(Y) + T(Y) + M(Y) \tag{8-2}$$

式中，i 为名义利率，Y 为实际国民收入。

当预期通货膨胀率给定时，名义利率上升导致预期收益下降，从而减少预期实际投资，所以投资是利率的减函数。政府支出可视为外生变量。出口是国外部门对本国产品的需求，取决于外国收入水平 Y^* 以及考虑了汇率因素的国内外物价对比 ep^*/p，假定国内外相对物价及汇率不变，出口也可视为外生变量。无论私人储蓄 S 还是政府税收 T，都可直接理解为 Y 的增函数。至于进口（国外部门的供给），在假定国内外相对物价及汇率不变时，也可以简化为 Y 的增函数。

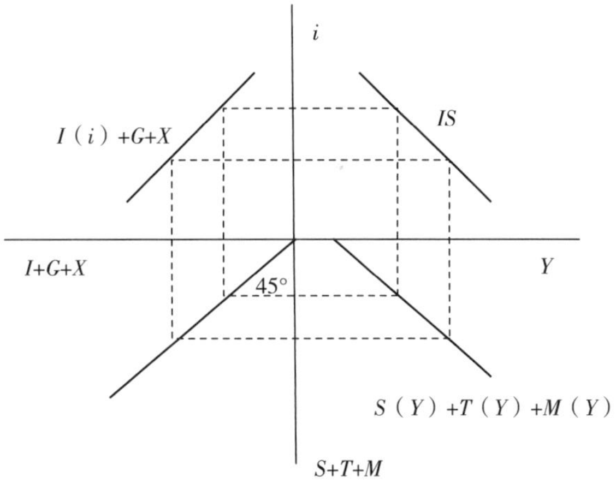

图 8－1　开放经济的 IS 曲线

所以，开放经济的 IS 曲线，其实就是能够满足公式（8－2）的实际国民收入与名义利率组合的轨迹。运用四象限图解法可以画出 IS 曲线（见图 8－1）。

由图 8－1 可知，IS 曲线向右下方倾斜，线上任何一点都代表产品市场供求均衡。曲线右上方任意一点，代表产品市场处于供过于求的失衡状态，存在失业；曲线左下方任意一点，代表供不应求的失衡，经济状态为通货膨胀。进一步推理，其他条件不变时，如果任何原因导致第Ⅱ象限的 $I(i) + G + X$ 向左移动，或者第Ⅳ象限的 $S(Y) +$

$T(Y)+M(Y)$ 向右上方偏转，就会推动 IS 曲线向右移动；反之，则 IS 曲线左移。

（二） LM 曲线

LM 曲线代表货币市场供求均衡。根据凯恩斯的货币理论，货币供给 M_s 是由中央银行决定的外生变量，货币需求 M_d 则是 Y 和 i 的函数：

$$\frac{M_d}{P}=L(i)+K(Y) \tag{8-3}$$

货币需求中，交易性需求 K 与收入 Y 正相关，投机性需求 L 与利率 i 负相关。假定国内外相对物价和汇率固定不变，即使在可自由兑换的情况下，本国居民也没有动机以外币替代手中持有的本币。要实现货币市场均衡，货币供给必须等于货币需求：

$$\frac{\overline{M}}{P}=L+K \tag{8-4}$$

LM 曲线就是由一系列可以实现货币市场均衡的实际收入和名义利率的组合点确定的。同样可以运用四象限图解法画出 LM 曲线（见图 8－2）。

由图 8－2 可知，LM 曲线向右上方倾斜，线上任何一点都代表货币市场供求均衡。曲线左上方任意一点，代表货币市场处于供大于求的失衡，经济状态为通货膨胀；曲线右下方任意一点，代表货币市场供小于求的失衡，经济状态为失业。其他条件不变时，如果任何原因导致微观主体的流动性偏好增强（第Ⅱ象限的 $L(i)$ 左移，或第Ⅳ象限的 $K(Y)$ 向左下方偏转），或者货币供给减少（第Ⅲ象限 $M=L+K$ 向右上方位移），都会推动 LM 曲线向左移动；反之，则 LM 曲线右移。

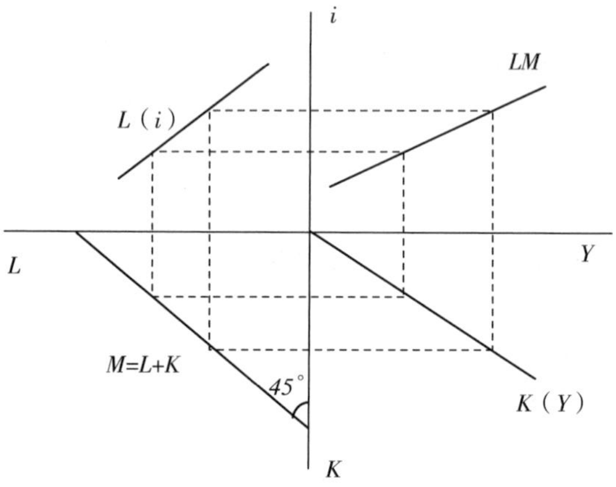

图 8－2 开放经济的 LM 曲线

需要注意的是，LM 曲线的斜率取决于货币需求的利率弹性 η。η 越大，即 $L(i)$ 越平坦，LM 也越平坦；η 越小，即 $L(i)$ 越陡峭，LM 也越陡峭。

（三） IS－LM 的均衡点

这一点上的“实际收入—名义利率”组合可以保证实现产品市场和货币市场的一般均衡。以上两条曲线虽然是在开放经济条件下推导出来的，但无论曲线轨迹还是位移因素都与封闭经济的 IS－LM 模型相差不大。

（四） BP 曲线

BP 曲线代表国际收支平衡。由于大部分对外经济联系最终都反映为外汇市场的交易行为，也可以认为 BP 曲线代表了外汇市场供求均衡。如果我们把国际收支平衡理解为经常账户差额与资本和金融账户差额之和为零，那么一国的国际收支平衡也由实际收入和名义利率共同决定。因为实际收入水平决定着本国的进口支出，对于贸易平衡乃至经常账户差额都有重要影响；同时，在预期汇率不变的情况下，利率差异是决定国际资本流动的关键因素，所以名义利率水平对资本和金融账户差额的意义重大。

为简化起见，令经常账户差额 T 等于以本币表示的进出口差额：

$$T = pX(Y^*, ep^*/p) - ep \times M(Y, ep^*/p) \quad (8-5)$$

当假定国内外相对物价和汇率不变时，X 可视为外生变量，从而得到：

$$T = pX - ep^* M(Y) \quad (8-6)$$

如果其他因素不变，则一国利率水平越高，资本流入越多而流出越少。所以，资本净流出额 F 与名义利率负相关，可以写成 $F = F(i)$ 。根据国际收支差额 $B = T - F$ ，可知当国际收支平衡时，必然满足：

$$pX - ep^* M(Y) = F(i) \quad (8-7)$$

据此运用四象限图解法即可画出 BP 曲线（见图 8－3）。

由图 8－3 可知，BP 曲线向右上方倾斜，线上任意一点都代表外汇市场供求均衡。曲线左上方任意一点，表示贸易盈余大于资本流出净额，外汇市场供过于求，国际收支顺差；曲线右下方任意一点，表示贸易盈余小于资本流出净额，外汇市场供小于求，国际收支逆差。当其他条件不变时，如果任何原因导致资本净流出增加（即第 II 象限的左移），或者贸易盈余减少（出口减少或进口增加，从而推动第Ⅳ象限的 $pX - ep^* M(Y)$ 向左上方偏转），都会推动 BP 曲线向左移动；反之，则 BP 曲线右移。

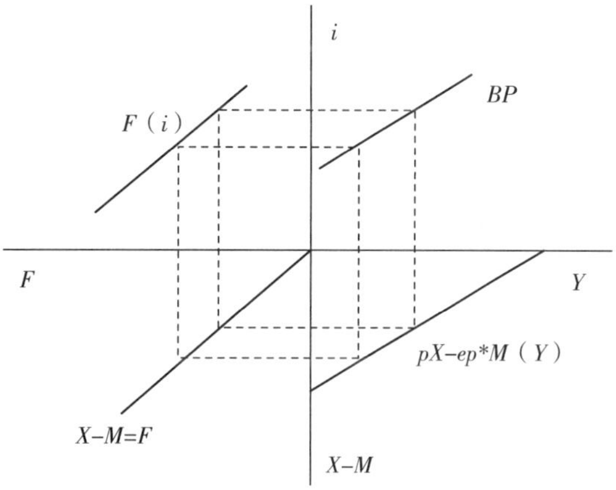

图 8－3　开放经济的 BP 曲线

另外，BP 曲线的斜率取决于资本流动的利率弹性 ε 。ε 越大，则 $F(i)$ 越平坦，BP 也越平坦。若国际资本流动的利率弹性为零（比如资本和金融账户严格管制），则 BP 为一垂直于横轴的曲线；若国际资本流动的利率弹性无限大（即资本在国际间可完全自由流动），则 BP 为水平线。由于 LM 与 BP 的斜率都为正（名义利率与实际收入正相关），所以两条曲线的相对位置将由国内外资金对利率的敏感程度决定。即若资本流动的利率弹性大于货币需求的利率弹性，则 BP 较 LM 更加平坦（见图8－4）；反之，则 BP 较 LM 更加陡峭。通常情况下，国际资本流动的利率敏感性要高于国内资金供求的利率敏感性，所以前一种情形出现的频率更高。

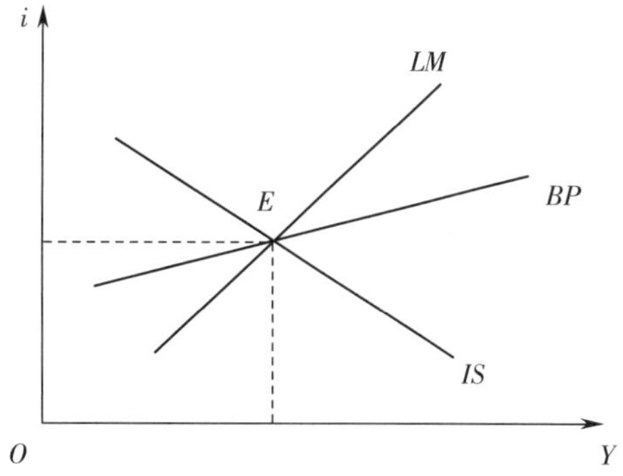

图 8－4　开放经济的一般均衡

（五）IS－LM－BP 均衡点

IS、LM、BP 三条曲线交于 E 点，这一点所代表的“实际收入—名义利率组合”实现了产品市场、货币市场和外汇市场的同时均衡（见图 8－4）。

二、内外均衡的关系

开放经济条件下，政府的宏观经济政策目标既包括内部均衡（Internal Equilibrium）也包括外部均衡（External Equilibrium）。正如封闭经济的几大政策目标之间存在现实冲突一样，内外均衡目标也并不总是一致的。为追求某一均衡目标而采取的政策措施，既有可能同时有利于开放经济另一均衡目标的实现，也有可能对另一均衡目标的实现形成干扰甚至破坏。前一种情况称为内外均衡的一致，后一种情况称为内外均衡的冲突。

一方面，外部不均衡会影响国内宏观经济运行。国际收支失衡若不及时调整，会直接影响当事国的对外交往能力和货币信誉，并对国内经济发展不利。当一国的国际收支出现逆差时，对外汇的需求增加，本币有贬值倾向。如果要维持固定汇率，中央银行需在外汇市场买入本币卖出外币，会使国内货币供给减少；在浮动汇率制下，资本流出增加，本币贬值虽然有利于出口但不利于进口，对本国的实际总收入也会产生影响。如果国际收支出现顺差，外汇市场上对本币的需求增加，本币面临升值压力。若要维持固定汇率不变，中央银行必须卖出本币买入外汇，迅速增加的基础货币投放必然对内形成通货膨胀压力；在浮动汇率制下，本币升值不利于出口而有利于进口，可能抑制国民收入增长，而且可能吸引更多的短期资本流入，使本币进一步升值，对国内经济发展不利。

另一方面，内部不均衡也会影响到外部均衡目标的实现。严格来说，即使开放经济处于一般均衡状态，在产品市场、货币市场和外汇市场同时达到均衡（见图 8－4），也未必说明内外均衡目标均已实现。因为如果此时的均衡产出（实际收入）水平尚未达到充分就业的产出水平，则意味着点 E 虽然实现了外部均衡，却没有实现真正意义上的内部均衡。而任何追求内部均衡的宏观经济政策都有可能破坏现有的外部均衡条件，从而造成国际收支逆差或顺差。

第二节　开放经济的宏观经济政策工具

从封闭经济进入到开放经济的分析框架，在宏观经济政策目标扩大的同时，可选择的宏观经济政策工具也相应发生变化。各种国际收支理论中所提到的国际收支失衡调节方式，都可以成为开放经济条件下的宏观政策工具，这些政策工具除了总供给政策外，还包括支出调整政策、支出转移政策以及信用手段。

总供给调节，如产业政策、科技政策等虽然可以从根本上改善经济结构和产业结构，提高一国的经济实力和科技水平，为实现内外均衡奠定坚实基础，但在短期内很难产生显著效果。于是，需求管理的传统工具——财政政策与货币政策，在开放经济中仍被委以重任：直接影响市场总需求，以此调节内部均衡；同时通过边际进口倾向和利率的作用影响贸易活动和国际资本流动，从而调节外部均衡。这种主要改变需求水平的政策，被国际收支吸收分析理论称为支出调整（增加或减少）政策。除此之外，还有一种政策思路：通过改变支出在国内产品和国外产品的分布格局，也可以达到调节国际收支差额的目的。根据国际收支吸收分析理论的观点，这就是所谓的支出转移政策，主要包括汇率政策和贸易管制政策。

从支出调整政策来看，财政政策主要利用财政支出政策和税收政策，通过抑制或刺激私人支出和公共支出来影响市场总需求，进而影响贸易收支和国际收支；货币政策主要通过公开市场业务、贴现政策和法定存款准备金率调整，改变货币供给以影响市场总需求，或是改变利率水平以影响资本输出入，从而影响国际收支。

从支出转移政策来看，汇率政策主要通过确定汇率制度和汇率水平来影响进出口，进而作用于国内总需求；贸易管制政策则通过关税、进出口配额、补贴甚至外汇管制等措施，改变国内外商品的相对可获得性来达到转移支出方向的目的。但无论是汇率政策还是贸易管制政策，实施过程中都存在一定的局限性。比如，汇率能否灵活变动要受制于具体的汇率制度，同时汇率变动能否实现预期效果也取决于进出口商品的供求弹性、进出口结构、边际吸收倾向等诸多因素。至于贸易管制政策，虽然具有立竿见影、简单易行等特点，但却不可避免出现行政干预造成的市场扭曲和效率损失，甚至可能招致其他国家的报复性政策。

除此之外，当把国际收支理解为一个货币问题时，还可以通过不同经济体之间的货币余缺调节——国际信贷，来直接解决国际收支的不平衡。一般来说，以信用手段调节国际收支失衡，可以考虑以下几种具体方式：（1）政府间信贷安排，如临时贷款协定、短期信贷支持、签订互换货币协定等；（2）在国际金融市场融资；（3）国际金融机构贷款，如考虑国际货币基金组织为成员国提供的短期信贷支持等。值得注意的是，信用手段只适合解决因收入变动或货币币值波动等原因造成的暂时性国际收支失衡，不宜作为长期性失衡的调节方式。

一、内外均衡冲突与政策搭配

（一）丁伯根法则

针对国际收支调节政策的有效性问题，荷兰经济学家丁伯根（J. Tinbergen）进行了卓有成效的研究，并总结提出了著名的丁伯根法则（Tinbergen Rule），即一国政府要实现一个经济政策目标，至少要使用一种有效的政策工具；这意味着，要实现 n 个独立的经济政策目标，至少要使用 n 种独立并且有效的政策工具。同理，单一政策无法同时解决内部均衡和外部均衡的问题。

> 丁伯根法则：一国政府要实现n个独立的经济政策目标，至少要使用n种独立并且有效的政策工具。

当然，在经济目标之间相互依赖，或者制度本身已经成为一种自动的政策工具时，较少的政策工具也可能实现较多数量的经济目标。比如，国际金本位制时期，虽然固定汇率制度将汇率政策排除在外，使各国只能考虑通过支出调整政策追求内外经济均衡目标，但由于价格—现金流动机制的作用，各国既可以实现国际收支的自动平衡，同时也保证了国内物价水平处于合理区间。

丁伯根法则所提出的运用 n 种独立工具的配合来实现 n 个独立政策目标的思想，对于开放经济宏观政策的实施具有深远意义，并在多国政策实践过程中得到证明。但必须注意的是，丁伯根法则隐含假定了决策当局对各种政策工具都拥有绝对控制力，这与经济现实存在较大差距；同时，无论是经济政策目标还是经济政策工具之间，都难免存在相互依赖，因此在政策实践中是否需要考虑特定政策工具侧重于特定目标——类似问题显然不是丁伯根法则关注的重点，但却成为此后开放经济宏观经济学研究的突破方向。

专栏 8－1
简·丁伯根

简·丁伯根

简·丁伯根（1903. 4—1994. 6），生于荷兰海牙，拥有荷兰莱顿大学物理学博士学位，历任荷兰中央统计局研究商业循环的统计学家、荷兰经济学院教授、荷兰政府中央计划局局长等职，曾作为专家在联合国相关部门工作。1956 年以后开始任专职教授，讲授发展规划，并担任阿拉伯联合共和国、印度尼西亚等发展中国家政府顾问，欧洲煤钢联营、世界银行等多个国际组织顾问，是荷兰皇家科学院和一些外国科学院院士以及欧洲十多个大学的名誉博士。

1936 年，根据荷兰的经济情况，丁伯根通过一系列的观察和研究，创立了本国的经济模型，这个模型包括 24 个联立方程式，他用这些不同的方程式反映当时国内的经济活动水平。丁伯根提出著名的“蛛网理论”，这一追踪现期经济变量受上一期变量影响的分析方法成为现代动态经济学的起点。此外，他对 20 世纪中期频繁的国际经济活动波动进行了深入的研究，1939 年，将研究成果集中在《经济周期理论的统计检验》中发表。全书被分为两册，在第一册中，丁伯根以多元回归分析作为工具，试图用已有经验处理宏观经济难题，并提供了很多应用实例；在第二册中，他以美国经济为例建立了一个完整的宏观经济计量模型，他跳出对每个单一经济阶段的关注，用一个 48 个方程式组成的统一动态模型来说明经济周期。这种联立模型方法论的创立，对经济计量学日后的发展作出了巨大贡献，丁伯根把通行的统计方法用于宏观经济问题的研究，从而开创了一个全新的经济学分支，即经验宏观经济学。

1969 年，由于在经济计量学方面，特别是在“发展和应用动态模式于经济过程分析”中所作出的巨大贡献，瑞典皇家科学院将首届诺贝尔经济学奖授予荷兰经济学家简·丁伯根，与他一同获奖的还有挪威经济学家拉格纳·弗里希。简·丁伯根终其一生都致力于将统计应用于动态经济理论的研究工作，并取得了具有开拓性的成就。在经济学领域，他最早应用方程式进行动态分析，并率先创立了经济计量学模型，为此，丁柏根被公认为经济计量学理论的重要创始人，被誉为“经济计量学模式建造者”。除此之外，他还提出了著名的“丁伯根法则”。

资料来源：本刊编辑部．经济计量学模式建造者之父——记首届诺贝尔经济学奖获得者、荷兰经济学家简·丁伯根［J］．财政监督，2016（6）：5.

（二）米德冲突

英国经济学家詹姆斯·爱德华·米德（James E. Meade，1907—1995 年）与瑞典经济学家俄林（Bertil Ohlin）共同分享了 1977 年诺贝尔经济学奖，获奖理由是对国际贸易和国际资本流动理论所进行的开创性研究。米德在 1951 年的《国际收支》一书中最早提出了固定汇率制下的内外均衡冲突问题。他认为，实行固定汇率制度的国家，由于不便进行直接贸易管制，支出转移政策转变成为特定的固定汇率政策。要实现内外均衡只能依靠支出调整政策这一种工具，政策工具的数目少于政策目标的数量，在某些经济状态下，很有可能出现内外均衡难以兼顾的问题。

专栏 8－2
詹姆斯·爱德华·米德

詹姆斯·爱德华·米德

詹姆斯·爱德华·米德，出生于 1907 年 6 月 23 日，1995 年去世，1926—1930 年就读于牛津大学。曾担任过牛津赫特福德学院经济学讲师、《世界经济概览》的编辑、英国内阁秘书处经济部主任、伦敦经济学院商学教授等职。

1947 年，米德在伦敦经济学院商学系任教授，任职 10 年。这一时期，他的主要成果是在国际贸易领域，包括两本重要著作和一系列相关的补充文献，两部主要著作是两卷本的《国际经济政策理论：支付平衡》（1951）和《贸易与福利》（1955）。重要的补充文献是《国际贸易几何学》（1952）和《关税同盟理论》（1955）等。米德被视为国际经济宏观理论和国际经济政策领域的开拓者。他的国际经济政策理论，大体上可分成两个部分：第一部分主要提出了一国的双重政策目标，即国内经济平衡和对外收支平衡，分析了实现双重目标的政策手段，并用大量篇幅阐明两大平衡及其政策手段往往会发生尖锐的冲突，应如何制定政策才能同时保持两大平衡；第二部分是在福利经济学的基础上，论证了只有在一个修正的自由贸易体制下，才能使世界实际收入达到最大，并在各国间有较合理的分配，也就是说，只有这样的自由贸易体制，才能使世界经济福利臻于最大值。米德由于与戈特哈德·贝蒂·俄林共同对国际贸易理论和国际资本流动理论做出了开创性研究，获得 1977 年诺贝尔经济学奖。

资料来源：高占军．詹姆斯·爱德华·米德的生平及主要成就［J］．世界经济，1996（8）．

政府在调节市场总需求以期实现内(外)部均衡目标时，可能干扰或破坏外(内)部经济状况，使其距离均衡目标越来越远。这种情况被称作“米德冲突”。

由表 8－1 不难看出，固定汇率制下，当开放经济处于对内失业同时对外顺差，或者对内通胀同时对外逆差的状态时，单一的支出调整政策基本上可以支持内外均衡目标的实现。但是，当经济处于失业与国际收支逆差并存，或是通胀与国际收支顺差并存时，单一的支出调整政策就无法使内外均衡目标同时实现，内外均衡目标之间出现了不可调和的冲突。

表 8-1　　固定汇率制下内外均衡的一致与冲突

内部失衡 / 外部失衡	失业	通货膨胀
国际收支顺差	支出增加：充分就业 + 国际收支平衡	支出增加：通胀加剧 + 国际收支平衡或者：支出减少：物价稳定 + 顺差扩大
国际收支逆差	支出减少：失业加重 + 国际收支平衡或者：支出增加：充分就业 + 逆差扩大	支出减少：物价稳定 + 国际收支平衡

（三）斯旺图形

澳大利亚经济学家斯旺（Swan）以国内总支出和汇率水平构造了内外均衡研究的二维分析框架，直观地再现了开放经济体的宏观经济状态，这就是著名的斯旺图形（见图 8-5）。

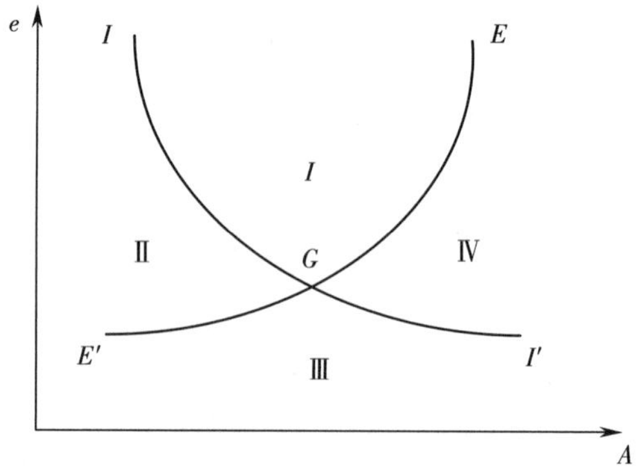

图 8-5　斯旺图形

图 8-5 中，横轴代表国内总支出 A，纵轴代表汇率 e（直接标价法），II′曲线代表充分就业和物价稳定的内部均衡曲线，EE′曲线代表国际收支平衡的外部均衡状态。斯旺研究的是没有资本流动的内外均衡问题，所以假定外部均衡就是指经常账户平衡。II′曲线向右下方倾斜，意为当国内支出增加时，为维持内部均衡必须尽量将国内外支出向本国商品转移，从而增加出口减少进口，导致汇率下跌（本币升值）。II′曲线右边任意一点，代表既定汇率水平下，国内支出高于维持内部均衡所需水平，即有效需求超过有效供给，经济处于通货膨胀状态；II′曲线左边任意一点则表示存在失业。EE′曲线向右上方倾斜，意为因为总支出带动总收入提高引起进口扩大，为了维持经常账户平衡，汇率必须上升（本币贬值）以达到增加出口减少进口的目的。EE′曲线左边代表既定支出水平下，本币过度贬值，结果造成经常账户顺差；EE′曲线右边则代表经常账户逆差。于是，两条曲线将开放经济的宏观经济状态划分为四个区域，包括了米德讨论过的所有可能的内外经济状况组合，整个经济体只有在 II′与 EE′的交点 G 处，同时实现内外均衡目标。

根据丁伯根法则，即使经济同时处于内外失衡状态，只要能够恰当地运用两种政策工具——转移支出的汇率政策和支出调整政策，应该可以同时实现内外均衡目标。斯旺注意到，汇率政策和支出调整政策的调节对象不同，影响经济的内在机制存在差异，两种政策工具应当合理搭配。搭配的关键在于鉴别政策效力，应该按照效力最大、代价最小的原则来分配政策工具的作用目标。具体地，就是要根据内部均衡曲线和外部均衡曲线的相对位置来决定汇率政策与支出调整政策的搭配方式。

假定经济的初始状态点 D——通货膨胀与国际收支顺差并存，根据汇率政策实现外部均衡、支出调整政策实现内部均衡的搭配原则，开放经济将沿着实线箭头方向运动，逐渐向 G 点收敛，并最终实现内外经济同时均衡的目标。如果以汇率政策实现内部均衡、支出调整政策实现外部均衡，则开放经济将沿着虚线箭头方向加快远离 G 点，导致更加严重的内部失衡和外部失衡（见图 8－6）。

而图 8－7 中的 II′曲线比 EE′曲线更平坦，说明等量汇率变动条件下，维持内部均衡比维持外部均衡需要改变更多数量的国内总支出。换言之，以汇率政策追求内部均衡目标相对更加有效，以支出调整政策追求外部均衡目标相对更有效。在初始状态点 D——通货膨胀与国际收支逆差并存，利用汇率政策实现内部均衡、支出调整政策实现外部均衡的搭配，开放经济将沿着实线箭头方向运动，逐渐向 G 点收敛，并最终实现内外均衡的目标。如果以汇率政策实现外部均衡、支出调整政策实现内部均衡，则开放经济将沿着虚线箭头方向加快远离 G 点，导致更加严重的内外失衡，造成经济体系的不稳定。

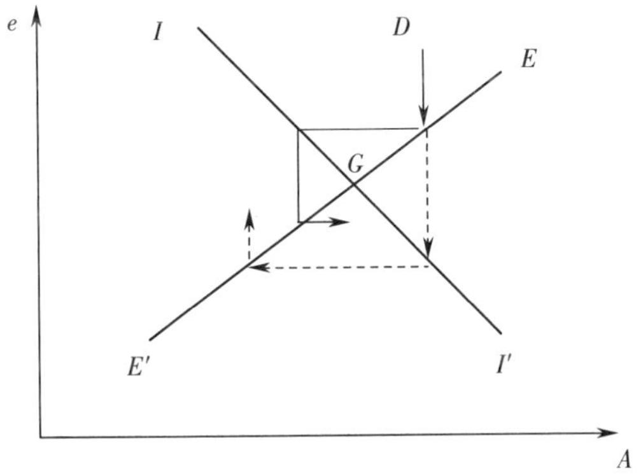

图 8－6　政策搭配的斯旺模型 I

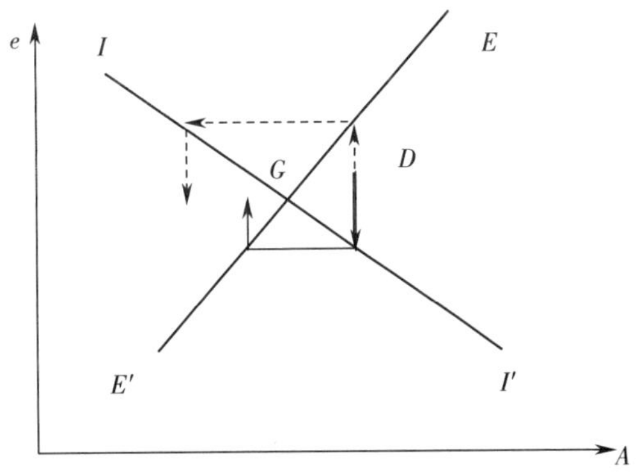

图 8－7　政策搭配的斯旺模型 II

斯旺模型从理论上阐明了政策搭配的优越性及其基本原则，具有较高的理论价值。不过，斯旺对于内外均衡的研究还是存在明显的不足：（1）不考虑资本流动对汇率和国内总支出的影响，使政策建议的合理性受到一定质疑。（2）仍然无法解决固定汇率制下或者可调整固定汇率制下因汇率政策失效或效力较弱而出现的米德冲突问题。（3）通常情况下，决策当局很难准确知道内部均衡线与外部均衡线的相对位置，使得确定政策搭配原则的可行性不佳。

二、蒙代尔政策搭配理论

20 世纪 60 年代，美国经济学家蒙代尔在前人基础上提出有效市场分类原则，将内外均衡研究推向新的高度。蒙代尔观察到，尽管同属于需求管理的政策工具，但财政政策与货币政策不仅掌握在不同的决策者手中，而且在调控对象和作用机制上也不尽相同。财政政策由财政部门掌握，通过调整财政收支影响总需求；而货币政策隶属于中央银行，通过调整信贷收支影响总需求。更重要的是，方向相同的财政政策和货币政策对于利率这一重要宏观经济因素的影响存在严重分歧。比如，紧缩性的财政政策重在遏制投资，结果导致利率水平趋于降低，而紧缩性的货币政策则表现为货币供给减少，从而趋于提高利率。那么，在考虑资本流动因素的内外均衡模型中，同属于支出调整政策的财政手段与货币手段，虽然对内部均衡的名义收入有相似的作用，但对于外部均衡的国际收支的影响却截然相反：一个有利于资本输出，一个有利于资本输入。于是，蒙代尔将原有的支出调整政策分为财政政策和货币政策两个独立的政策工具。如此一来，即使在无法使用汇率政策时，政策当局仍然可以通过财政政策和货币政策的合理搭配，同时实现内外均衡目标。

蒙代尔假设政府支出对国民收入、就业等国内经济变量的影响相对更大，而利率对国际收支的影响相对更大。根据比较优势原理，当一项政策目标可以通过多种政策工具来实现时，考虑到不同的政策作用机制，每种政策工具应当用于最具影响力的政策目标之上。这就是蒙代尔的有效市场分类原则。财政政策主要通过支出带动收入水平调整，进而影响经常项目收支和国际收支，而货币政策除了类似功能以外，还可以通过利率水平的改变影响资本项目收支和国际收支，所以货币政策调节国际收支的效力超过财政政策。从而，以财政政策实现内部均衡、货币政策实现外部均衡的做法，恰好符合有效市场分类原则。

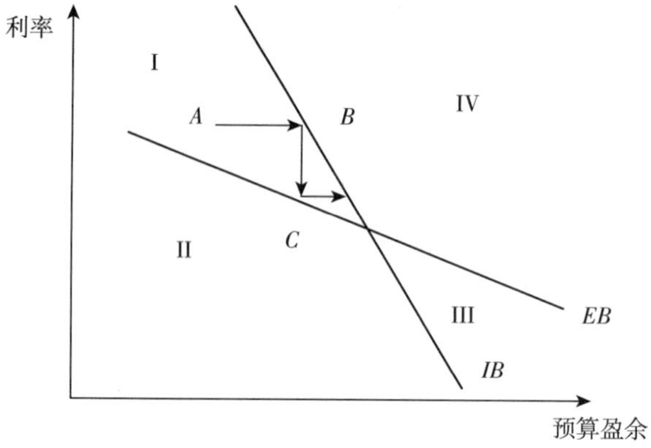

图 8-8　有效市场分类原则

基于蒙代尔政策搭配理论，当国内产生衰退导致失衡时（*A* 点），应该采用扩张性的财政政策，扩大财政支出，以解决国内衰退的问题（*A* 点往 *B* 点移动）。同时，针对外部均衡的问题（*B* 点在 *EB* 线上方，表示国际收支逆差），应采用紧缩性的货币政策，以解决收支逆差的问题（*B* 点往 *C* 点移动）。通过以上政策反复搭配实施，最后即可回到内外均衡（见图 8-8）。不同类型的失衡状况，也可通过财政与货币政策同时使用，达到最后的均衡（见表 8-2）。

表 8-2　　经济失衡状态下的财政与货币政策配合

区域	经济失衡状态	最佳政策搭配方式
Ⅰ	失业 + 国际收支逆差	扩张性财政政策 + 紧缩性货币政策
Ⅱ	失业 + 国际收支顺差	扩张性财政政策 + 扩张性货币政策
Ⅲ	通货膨胀 + 国际收支顺差	紧缩性财政政策 + 扩张性货币政策
Ⅳ	通货膨胀 + 国际收支逆差	紧缩性财政政策 + 紧缩性货币政策

根据有效市场分类原则，蒙代尔明确提出了为特定政策工具指派特定政策目标的问题，这为开放经济的宏观经济政策调控开辟了新的思路。他主张为每个工具合理指派政策目标，并在目标偏离其最优轨迹时，按照“以货币政策实现外部均衡目标，财政政策

实现内部均衡目标”的规则进行调控。如此，不仅一举解决了固定汇率制度下因政策工具不足而产生的米德冲突问题，而且即便财政政策与货币政策相互独立、分散决策，仍然可以做到政策间的合理搭配与协调。财政政策和货币政策分别有效调控内部均衡和外部均衡，但是政策效果通常不是单一的。例如，财政政策解决内部的通货膨胀或是失业问题后，会改变国民收入，进而增加进口需求，导致经常账户的不平衡。

第三节　固定汇率制下的宏观经济政策效应

一、开放小国模型

利用 IS－LM－BP 模型综合评价各种宏观经济政策追求内外均衡目标的效果时，必须首先意识到，跨国资本流动程度的高低决定着 BP 曲线的位置，从而直接影响财政、货币政策对开放经济体宏观经济运行的作用机制。所以，对开放经济宏观经济政策效应的讨论需要从资本流动程度开始。

跨国资本流动除了货币资金的转移外，更多的是指跨越国界的金融资产流动。在全球范围内，投资人在充分衡量各国可替代金融资产及其发行主体风险的基础上寻求最优回报。但能否实现国与国之间金融资产的自由转移，很大程度上依赖于相关国家金融市场发育程度和资本管制程度。

如果限制本国居民持有和交易以外币计价的资产，资本管制就会阻碍跨国资本流动，BP 曲线的利率弹性就会较低。当资本流动程度较低时，BP 曲线相对陡峭，提高名义利率诱导外国资本流入进而提高外部均衡目标下国内产出水平的效果比较差。相反，当资本流动的限制较小时，BP 曲线相对平坦，同等幅度的名义利率提高可以引致更大规模的资本流入，从而实现较为理想的产出效应。如果严格的资本管制彻底阻碍了跨国资本流动，则 BP 曲线的利率弹性为零，无论国内名义利率水平如何变动，也不改变外部均衡所对应的产出水平。而当一国资本完全流动时，BP 曲线具有完全利率弹性，意味着名义利率的任何细微变动都将导致无限的跨国资本流动，直至国内外利率水平重新相等为止，这表明无抛补的利率平价条件成立（见图 8－9）。

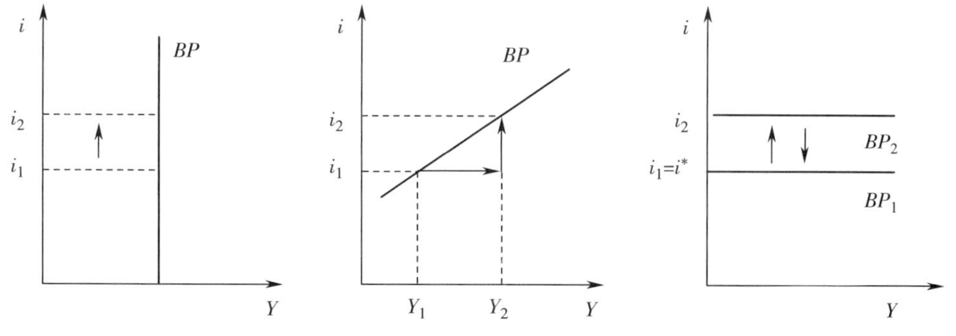

图 8－9　资本流动程度与 BP 曲线的斜率

固定汇率制度条件下，一国政府可供选择的宏观经济政策工具主要集中在货币政策和财政政策上。下面我们将分别考察固定汇率制下，一个小国开放经济在不同资本流动程度下，单一使用货币政策、单一使用财政政策以及组合使用货币、财政政策的宏观经济效应。所谓小国，是指该国的经济生产能力相对较小，小国的实际收入和名义利率的变化对其他国家的影响可以忽略不计。换言之，对开放小国来说，国外的收入和利率水平是给定的。

小国，是指该国的经济生产能力相对较小，小国的实际收入和名义利率的变化对其他国家的影响可以忽略不计。

二、资本不完全流动条件下的财政货币政策效应

（一）资本不完全流动下的货币政策效应

假定一国经济的初始状态为产品市场、货币市场和外汇市场的一般均衡点 A，但 A 点的产出水平 Y_0 低于充分就业的产出水平 Y_f（见图 8－10）。政府想追求严格意义上的内外均衡目标，就必须提高国内产出至充分就业水平，同时又维持国际收支平衡。如果选择货币政策工具，则应考虑实施扩张性货币政策，推动 LM 曲线向右移动至 LM′，从而在新的内部均衡点 B 点实现充分就业的产出水平，但同时出现国际收支逆差。这时本币会面临贬值压力，由于采取固定汇率制度，所以货币当局必须进入外汇市场吸纳本币、抛售外汇以保持本币汇率水平，引起本国外汇储备下降。国内基础货币的投放减少，影响国内宏观经济运行。为避免这种不利影响，许多货币当局会在干预外汇市场的同时采取冲销政策。比如，在外汇储备下降的同时放松国内信贷，或通过公开市场业务由央行购买国债，扩大基础货币和货币供给。于是，内部均衡点将继续维持在 B 点，国际收支逆差也将持续下去。

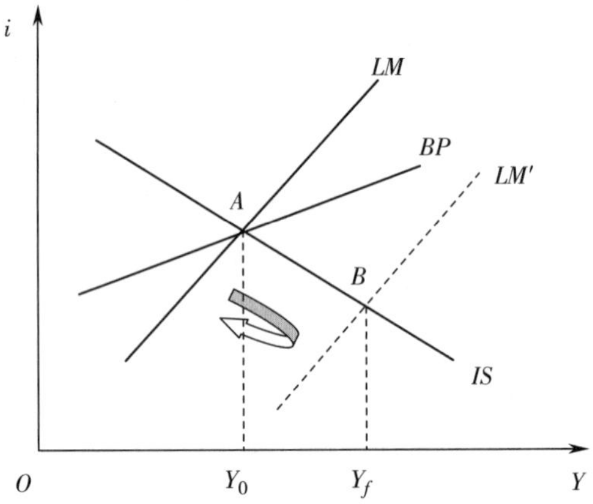

图 8－10　固定汇率制和资本不完全流动下扩张性货币政策

然而，现实中没有哪个国家可以长时期地通过抛售外汇来维持本币的固定汇率。从最终结果来看，要么停止冲销政策，允许国内货币供给减少，从而放弃充分就业的产出目标；要么放弃外汇市场干预，允许本币贬值。所以，实行固定汇率制的发展中国家往往容易受到投机性货币冲击。

如果货币当局在干预外汇市场的同时并不采取冲销政策，则外汇储备的流失必然减少本国基础货币的投放量，使货币供给随之紧缩，迫使 LM′回移到 LM 的位置。因此，在固定汇率制和资本不完全流动条件下，通过非冲销的货币扩张或紧缩来影响国内产出水平和国际收支差额是无效的政策行为。

（二）资本不完全流动下的财政政策效应

若政府欲以扩张性财政政策追求充分就业产出水平，则当 IS 曲线右移至 IS′时，新的均衡点 B 点代表了内部均衡但外部不均衡的经济状态。由图 8－11 可知，因为资本流动程度较高，BP 曲线较 LM 曲线更加平坦，扩张性财政政策使利率上升从而吸引资本流入，会出现国际收支顺差，本币有升值压力。为维持固定汇率水平，货币当局将进入外汇市场进行干预：买入外汇，卖出本币，外汇储备增加。外汇储备的变动导致国内货币供给扩张，使 LM 曲线向 LM′移动，均衡点也随之由 B 点变为 C 点。推动国内产出水平在 Y_f 基础上进一步增加至 Y_l，从而造成通货膨胀。

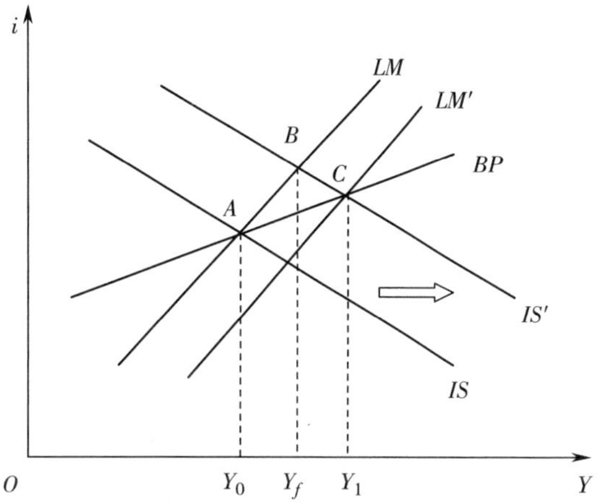

图 8－11　固定汇率制和资本不完全流动下扩张性财政政策

当然，如果中央银行采取冲销性货币政策以抵消外汇储备变动对国内经济的不利影响，那么该经济体的内部均衡点就将维持在与充分就业产出水平相对应的 B 点，而国际收支失衡也将持续下去。外汇储备持续增加会造成国内通货膨胀压力，长期的国际收支顺差（特别是贸易收支顺差）也容易招致贸易对手国以及国际市场潜在竞争对手的反感，从而使本国的国际经济交往环境恶化。

（三）资本不完全流动下的财政货币政策搭配

如图 8－12 所示，如果 BP 曲线的斜率大于 LM［见图 8－12（a）］，即跨国资本流动的利率弹性相对于国内资金的利率弹性较小，可以考虑以扩张性财政政策与紧缩性货币政策搭配实现充分就业的内外均衡；如果 BP 的斜率小于 LM［见图 8－12（b）］，即跨国资本流动的利率弹性大于国内资金利率弹性，则可以考虑双松政策搭配。

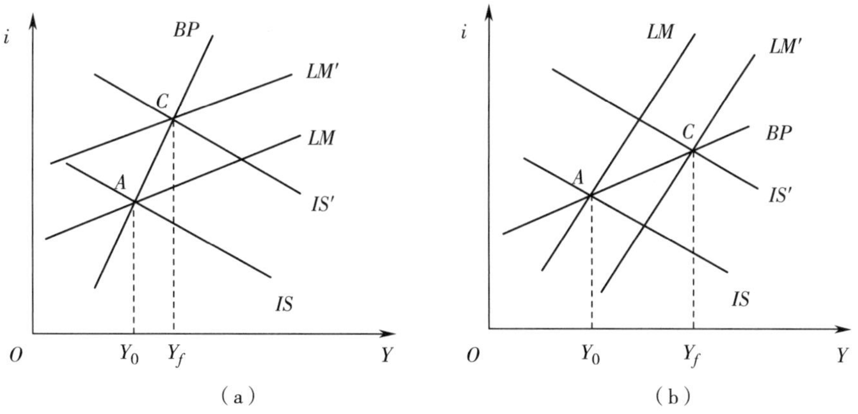

图 8－12　固定汇率制和资本不完全流动条件下的财政货币政策搭配

三、资本完全流动条件下的开放小国模型

如果一国货币资金和金融资产的跨国流动与其国内流动一样容易，就可以认为该国存在完全资本流动，BP 曲线平行于横轴。由于考察的是开放小国，所以国外的收入和利率水平是给定的；又因为无抛补利率平价条件成立，所以本国名义利率等于国外利率水平。

根据图 8－13（a），若采用扩张性货币政策，则将推动 LM 曲线向右移至 LM′，在 *B* 点实现充分就业产出。由于名义利率 i_2 降至国外利率水平 i^* 之下，引起大规模资本流出，导致国际收支逆差，为此中央银行将出售外汇储备。于是，如果实施冲销政策，则 *B* 点可以维持一段时间，经济处于内部均衡但外部失衡状态；如果不冲销，则 LM′将回归 LM，使国内利率重新回到国外利率水平，并恢复外部均衡，但国内产出仍低于充分就业水平。由此可见，资本完全流动的固定汇率制下，针对产出调整的货币政策无效。

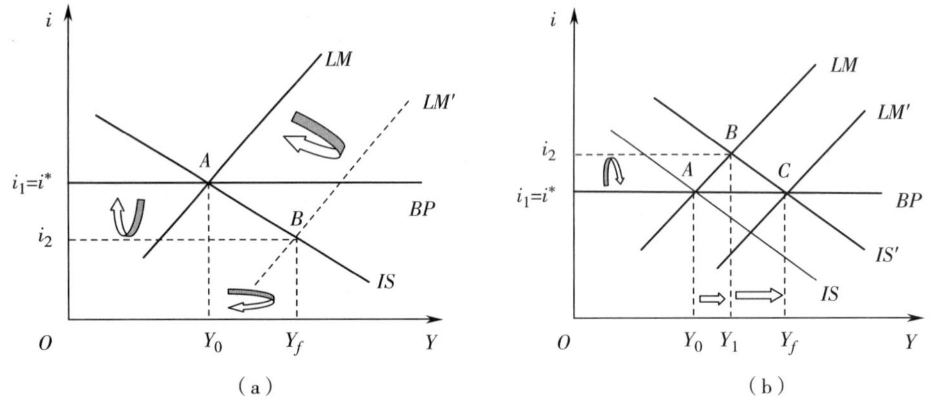

图 8－13　固定汇率制和资本完全流动下的开放小国模型

相反，当资本完全流动时，可以最大限度地发挥财政政策的产出效应。由图 8－13（b）可知，当扩张性财政政策将 IS 曲线推向 IS′时，在 *B* 点实现充分就业产出。由于这时名义利率 i_2 高于国外利率水平 i^*，引起大规模资本流入，导致国际收支顺差，中央银行的外汇储备快速增加。如果持续冲销，经济均衡点维持在 *B* 点，经济处于内部均衡但外部失衡状态；如果不冲销，则货币供给增加使 LM 向右推进至 LM′，使国内利率重新回到国外利率水平，在恢复外部均衡的同时使产出水平继续提高，甚至引起通货膨胀。

四、两国模型

（一）开放经济中经济冲击的国际传导机制

现实世界中，有些国家和地区的关键性经济指标变动可能影响到其他国家宏观经济运行的结果，比如美国、欧盟、日本等。这些国家和地区显然已经不再符合开放小国的假设，需要引入考察开放经济相互依存性的两国模型。我们假定整个世界由经济规模大体相当的两个国家组成，两国间的商品、服务和金融资产交易没有障碍，所以任何一国的经济运行状况或政策行为都将对另一国产生溢出效应，这些效应主要通过三个渠道进行传递，它们分别是收入机制、利率机制和相对价格机制。

1. 收入机制。两国的国民收入通过贸易收支发生联系，这一机制存在的原因在于：一国边际进口倾向的存在使得一国国民收入发生变动，进而导致该国进口（即另一国出口）发生变动，这通过乘数效应带来另一国国民收入的变动。显然，一国经济中边际进口倾向越高，另外一国的出口乘数越大，冲击通过这一机制向别国经济进行传递的效果就越显著。由于绝大多数国家之间都存在着商品贸易联系，因此这一机制非常重要。

2. 利率机制。利率机制对冲击的传导主要是通过国际资金流动进行的。资金流动的目的在于逐利，当一国利率发生变动时，势必带来资金在国家间的流动，这便会带来相应变量（例如外汇储备或汇率）发生变动，从而对另一国经济产生影响。显然，国际间资金流动程度越高，这一机制对冲击的传导效果就越显著。

3. 相对价格机制。相对价格机制包含两个方面：其一是汇率不变但一国国内的价格水平发生变动；其二是本国名义汇率发生变动。由于实际汇率是由名义汇率和价格水平共同决定的，因此，上述任何一种变动都会引起实际汇率的变动，带来两国商品国际竞争力的变化，从而对别国经济产生冲击。

固定汇率制下，金融资源跨越国界自由流动，意味着无抛补利率平价条件成立，所以本国均衡利率水平必然等于外国均衡利率。与开放小国情形相比，两国的货币和财政政策都会对本国名义利率产生影响，但是资本的完全自由流动最终将驱使两国利率走向一致。下面我们将分别考察两国财政、货币政策的作用机制。

（二）外国扩张性货币政策的影响

图 8－14 描述了固定汇率制下外国增加流通中货币数量的政策效应。由图 8－14（b）可知，外国货币扩张引起 LM^* 右移，导致外国均衡利率 i^* 下降，引起大规模外国资本流入本国，造成外国国际收支逆差［见图 8－14（b）］的均衡点 B 和本国国际收支顺差。为避免本币汇率变动，本国中央银行不得不在外汇市场购买外国资产，若不采取冲销，则导致本国货币供给增加，推动 LM 曲线右移，在点 B 达到新的 IS－LM 均衡。与此同时，外国实际收入的增加刺激了外国进口支出，也即本国出口增加，所以 IS 曲线同样右移，产生了均衡点 C。同理，本国实际收入上升也会推动外国 IS^* 曲线右移，产生均衡点 C。在 C 点，两国名义利率降低到相同水平，并同时实现内外均衡。

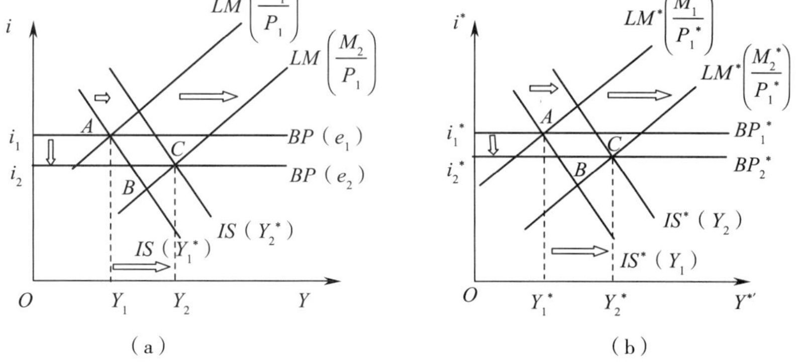

图 8－14　固定汇率制的两国模型：外国扩张性货币政策

不难发现，由于本国中央银行需要维持固定汇率，所以外国的货币扩张相应引起本国的货币扩张。假定两国的价格水平不变，结果必然是两国的名义利率下降而实际收入增加。这表明外国的扩张性货币政策产生了输出效应（Locomotive Effect，也称为火车头效应）。在这种情况下，当本国中央银行将本国货币相对于某种外国货币的汇率固定下来时，就会在外国货币扩张引起外国收入增加的同时提高本国收入。

（三）外国扩张性财政政策的影响

固定汇率制下，当外国采取扩张性财政政策时［见图 8－15（b）］，首先推动 $IS^*(G_1^*, Y_1)$ 右移至 $IS^*(G_2^*, Y_1)$，沿 LM^* 达到新的均衡点 B，外国的产出水平和利率水平上升，并出现国际收支顺差。在资本完全流动条件下，新的外国利率必然导致大规模金融资产从本国流向外国，使本币面临贬值压力。

为了维持本币对外币的固定汇率，本国中央银行必须动用外汇储备干预市场，引起本国流通中货币数量的减少。若不采取冲销，货币供给紧缩将使本国 LM 曲线向左移动［见图 8－15（a）］，提高本国的利率水平，抑制本国的投资支出，于 B 点实现新的均衡。与此同时，外国收入水平的提高将刺激外国进口增加，也即本国出口增加，从而推动本国 IS 曲线向右移动，在 C 点达到最终均衡。不难发现，图 8－15（a）中 LM 曲线的利率弹性较大，说明因两国利差而导致的本国实际收入下降幅度，要高于因外国收入水平提高而相应增加本国出口而引起的本国收入上升幅度，所以外国扩张性财政政策将导致本国均衡收入水平从 Y_l 降到 Y_2。

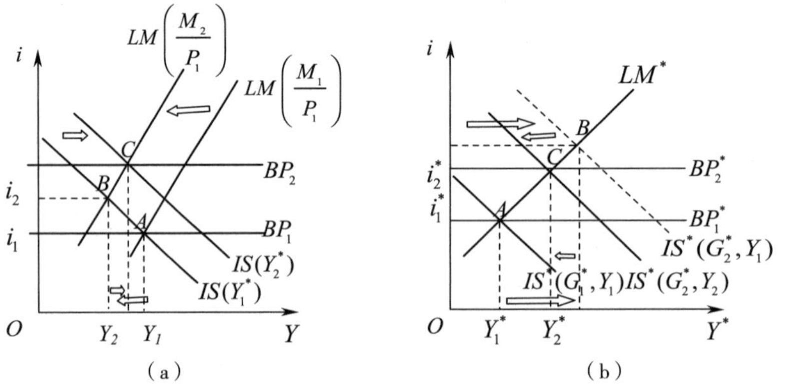

图 8－15　固定汇率制的两国模型：外国扩张性财政政策

由图 8－15（b）可知，当本国均衡收入下降时，也会引起外国 IS 曲线向左小幅移动，在 C 点实现最终均衡。但总体而言，外国扩张性财政政策仍然可以显著提高外国收入水平，并最终恢复国际收支平衡。

开放经济中，一国所实施的宏观经济政策虽有利于本国经济，但却恶化了他国经济，这种负溢出效应被称之为“以邻为壑效应”（Beggar－thy－neighbor Effect）。从图 8－15 中，我们可以看到，由于本国维持固定汇率和资本完全流动，外国财政扩张所引起的外国均衡收入水平提高，事实上是以本国均衡收入下降为代价的。

（四）本国扩张性货币政策的影响

由于本国实行固定汇率制度，所以本国货币扩张与外国货币扩张的效应并不相同。由图 8－16 可知，当本国 LM 曲线向右移动时［见图 8－16（a）］，利率水平下降。在资本完全流动条件下，大规模金融资产从本国流向外国，导致国际收支逆差，本币面临贬值压力。为维持固定汇率，本国中央银行在外汇市场出售外汇，吸纳本币。于是，与开放小国的情形相似，如果进行冲销，则本国经济将在 B 点维持一段时间，均衡收入升高至 Y_2，但必须忍受国际收支逆差和外汇储备持续消耗的痛苦。如果不进行冲销，则外汇储备减少引起国内货币供给紧缩，迫使 LM 曲线重新回到初始位置，收入和利率均恢复到原来水平（均衡点由 B 点回归 A 点），即本国货币扩张对国内经济不具有长期效应。显然，本国货币扩张对外国经济也不产生实质性影响［见图 8－16（b）］。究其原因，正是本国中央银行的固定汇率承诺，隔离了本国政策行为对外国经济的影响。

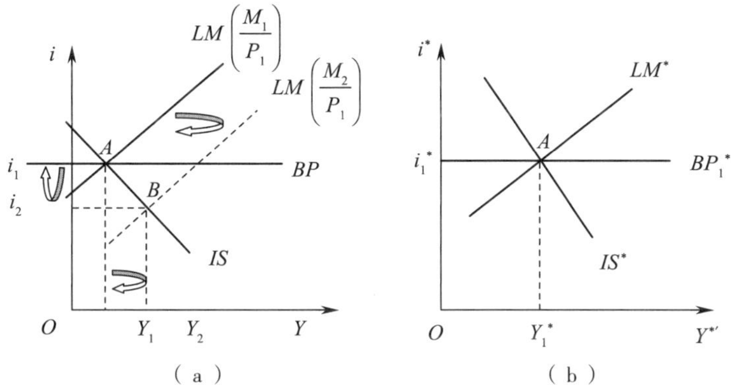

图 8－16　固定汇率制的两国模型：本国扩张性货币政策

（五）本国扩张性财政政策的影响

在给定外国初始收入水平的情况下，本国实施扩张性财政政策［见图 8－17（a）］，推动本国 IS 曲线向右移动至 $IS(G_2, Y_1^*)$，均衡点从 A 点移动至 B 点，使本国收入水平和利率水平分别提高到 Y'和 I'，吸引大量资本从外国流入本国，出现国际收支顺差，本币存在升值压力。为维持固定汇率，本国中央银行需进入外汇市场买入外汇、卖出本币。如果不采取冲销政策，则国内货币供给增加将推动本国 LM 曲线向右移动，使均衡利率回落，但均衡收入水平继续提高。与此同时，本国收入水平提高将带动进口增加，于是国外出口增加，推动外国 IS 曲线向右移动［见图 8－17（b）］，使其均衡利率和均衡收入上升；而外国收入水平提高相应也带动本国出口增加，使本国 IS 曲线进一步右移。两国均衡收入水平交替上升，直到两国均衡利率水平重新相等，即 $i_2 = i_2^*$ 时，两国各自在新的均衡收入水平 Y_2和 Y_2^*下实现新的内外均衡，这就是最终均衡点 C。由此可见，实行固定汇率制度的国家采取扩张性财政政策不仅可以增加本国收入，同时也引起外国收入上升，具有输出效应。当然本国财政政策在提高国内产出水平上效果更加显著。

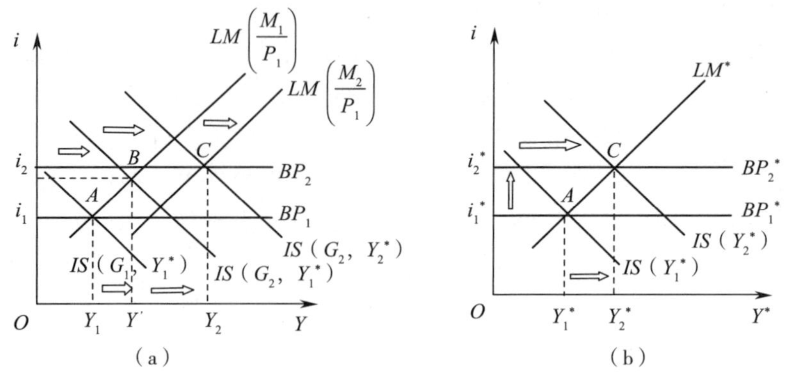

图 8 – 17　固定汇率制的两国模型：本国扩张性财政政策

第四节　浮动汇率制下的宏观经济政策效应

在浮动汇率制下，中央银行不必刻意增加外汇储备并时刻准备干预外汇市场，也不必费心权衡是否应当采取冲销政策以减少对国内经济的影响。浮动汇率制不仅为政策制定者提供了汇率政策工具，也会在很大程度上改变财政政策、货币政策的效力。

在 IS – LM – BP 模型中，一般而言，本币贬值使进口商品更加昂贵，诱导本国居民减少进口支出，同时出口价格下降，有利于扩大出口收入。在直接标价法下，随着汇率升高，给定利率水平所对应的均衡收入水平提高，使 IS 曲线向右移动。同理，本币贬值所引起的对外支出减少、对外收入增加，就会使原来 BP 曲线上的各个均衡“利率—收入”组合表现出国际收支顺差。为重新达到国际收支平衡，要求给定利率水平下的均衡收入水平上升，从而推动 BP 曲线也向右移动。

一、资本不完全流动条件下的开放小国模型

（一）资本不完全流动下的货币政策效应

图 8 – 18 描述了浮动汇率制和资本不完全流动条件下开放小国实行扩张性货币政策提高产出水平的实际效果。货币扩张推动该国 LM 曲线右移，使均衡点由 A 变为 B，出现国际收支逆差。资本流动程度较低时，逆差主要是由于本国收入提高带动了进口支出增加；资本流动程度较高时，则主要因为本国利率水平下降引起大规模资本流出造成国际收支逆差。逆差将导致本币贬值，使汇率水平由 e_1 上升为 e_2，推动 BP 曲线和 IS 曲线同时向右移动。伴随着 IS、BP 曲线的调整，利率水平回升，国内收入水平进一步提高，并在 C 点恢复国际收支平衡，实现新的内外均衡。

以上分析表明，如果价格水平等其他因素不变，无论资本流动程度高低，浮动汇率制下扩张性货币政策至少可以在短期内使本国收入提高，从而在不影响外部均衡目标的条件下有利于提高本国的产出水平。

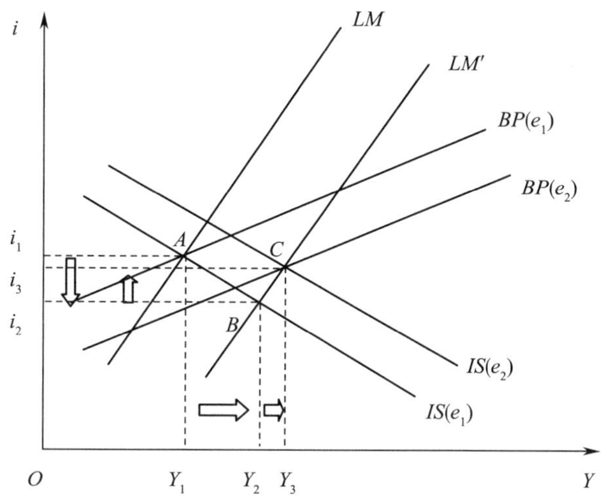

图 8－18　浮动汇率制和资本不完全流动下扩张性货币政策

（二）资本不完全流动下的财政政策效应

类似地，我们可以考察在浮动汇率制和资本不完全流动的情况下，扩张性财政政策的实际效果。扩张性财政政策首先推动 IS 曲线右移，均衡点由 *A* 向 *B* 移动，使得均衡利率和均衡收入都上升，但国际收支失衡。资本流动程度较低时，进口支出增加幅度超过利率上升引起的资本流入，导致出现国际收支逆差，本币贬值，使 IS、BP 曲线同时向右移动，使本国收入水平进一步提高。若资本流动程度较高，则利率上升引致的资本流入将大大超过进口支出的增加，在 *B* 点出现国际收支顺差（见图 8－19）。于是，本币升值，IS、BP 曲线同时向左移动，直到 *C* 点恢复国际收支平衡，但却使财政扩张的产出效应缩水。

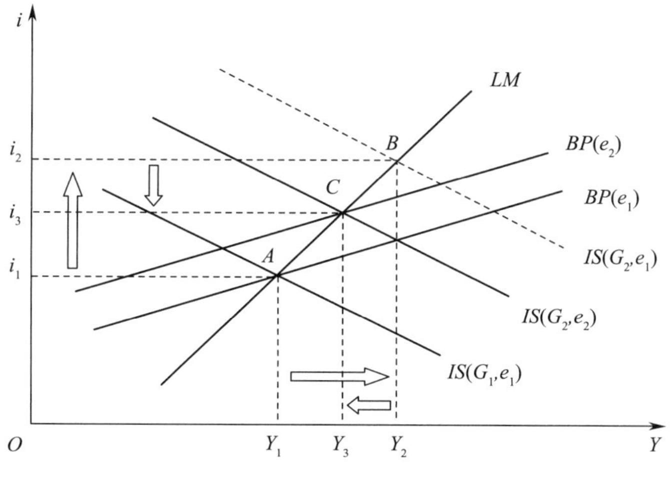

图 8－19　浮动汇率制和资本不完全流动下扩张性财政政策

由此可见，浮动汇率制下，财政政策对开放小国国际收支和货币币值的影响主要依赖于资本流动程度。一般而言，扩张性财政政策至少可以在短期内引起实际收入增加，但收入增加幅度会随资本流动程度的提高而下降。

（三）资本完全流动下的开放小国模型

因为开放小国的产出、利率和价格变动不影响世界其他国家，所以假定价格水平不变，浮动汇率和资本完全流动的开放小国宏观经济政策效应分析如下：

如果以扩张性货币政策提高产出［见图 8－20（a）］，那么随着 LM 曲线右移，本国利率降至外国利率之下，大规模资本外流将导致国际收支逆差，本国经济从初始均衡点 A 沿 IS 曲线移动到 B 点，实际收入有所增加。国际收支逆差将使本币贬值，汇率水平由 e_1 升高到 e_2，结果推动 IS 曲线向右移动，在最终均衡点 C 重新恢复国际收支平衡，使均衡利率回升到与外国相同利率水平，并使本国收入进一步增加。显然，在浮动汇率制和资本完全流动条件下，货币政策的产出效应具有放大机制。

如果实施扩张性财政政策［见图 8－20（b）］，则政府支出增加将直接推动 IS 曲线右移，使均衡利率和均衡收入同时增加。高于外国的利率水平将吸引大量资本流入，导致国际收支顺差，本国经济从初始均衡点 A 沿 LM 曲线移动到 B 点。顺差使本币升值，汇率水平由 e_1 降低到 e_2，抑制出口而有利于进口，于是 IS 曲线向左回移，直到重归初始位置，国际收支才恢复平衡，并在初始均衡点 A 重新实现与外国相同的利率水平。所以，浮动汇率制和资本完全流动条件下，任何政府支出的增加都挤出了相应数量的外国居民的净进口支出，这种完全的挤出效应将导致试图通过财政扩张来增加产出的努力最终失效。

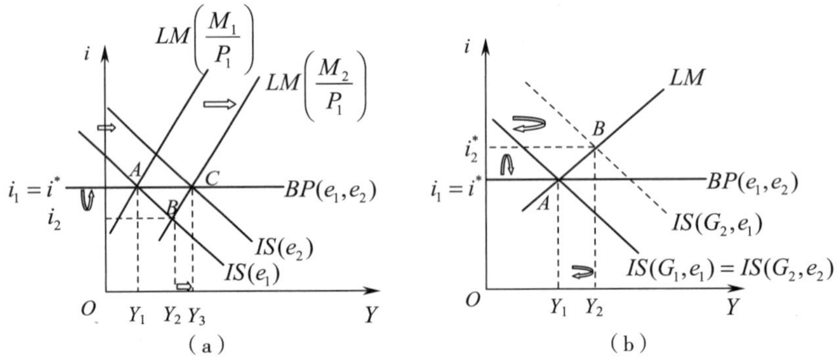

图 8－20　浮动汇率制和资本完全流动下的开放小国模型

二、浮动汇率制下的两国模型

（一）扩张性货币政策的影响

图 8－21 描述了当本国实行扩张性货币政策时对两国经济的影响。本国货币扩张推动 LM 曲线右移［见图 8－21（a）］，使国内利率水平降到 i'，本国经济从初始均衡点 A 沿 IS 曲线移向 B 点，因资本外流而出现国际收支逆差。于是，本币贬值，外币升值，汇率水平从 e_l 提高到 e_2。本币贬值有利于扩大本国出口，推动 IS 曲线向右移动至 IS(e_2，

$Y_1{}^*$），使本国利率和收入水平都有所提高。由于外币升值使本国对外国产品的消费减少，引起外国 IS^* 曲线向左移动至 $IS^*(e_2,Y_1)$［见图 8－21（b）］，外国经济从初始均衡点 A 沿 LM^* 曲线移动到 B 点，外国利率和收入水平分别下降至 i^* 和 Y^*。同时，由于本国收入水平提高（至 Y_2）会带动进口支出增加，所以外国因出口增长而推动 IS 曲线向右回移至 $IS^*(e_2,Y_2)$，使其利率和收入水平均略有回升，在 C 点实现最终均衡。新的外国收入水平 Y_2^* 当然也会带动外国进口支出增加，于是本国 IS 曲线进一步右移至 $IS(e_2,Y_2^*)$，一直到 C 点重新恢复两国国际收支平衡，且两国利率水平相同时为止。至此可以得出结论：在资本完全流动和浮动汇率制度下，本国货币扩张可以较为理想地提高国内收入水平，但是对外国经济具有以邻为壑效应。

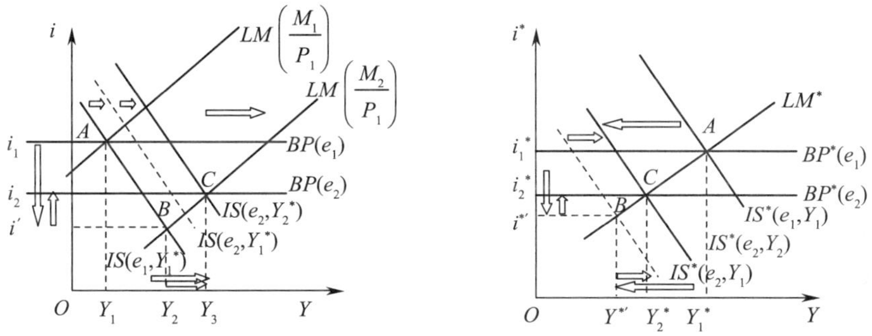

（a）　　　　　　　　（b）

图 8－21　浮动汇率制的两国模型：本国扩张性货币政策

不难推论，当两国都实行浮动汇率制度时，若外国实行扩张性货币政策，则必然在提高外国收入的同时致使本国收入水平相应降低。所以，浮动汇率制和资本完全流动条件下，任何一个国家的货币扩张都具有典型的负溢出效应。

（二）扩张性财政政策的影响

浮动汇率制下，若本国增加政府支出，则扩张性财政政策直接推动本国的 IS 曲线向右移动至 $IS(G_2,e_l,Y_1{}^*)$［见图 8－22（a）］，使本国利率和收入水平都相应提高，本国经济从初始均衡点 A 沿着 LM 曲线移至 B 点。由于本国利率 I′高于外国均衡利率，吸引大量资本流入，使本国出现国际收支顺差，于是本币相对外币升值，汇率水平从 e_1 降低到 e_2。本币升值抑制本国出口，引起本国 IS 曲线向左回移，使本国利率和收入水平都略有下降。而外币贬值有利于外国扩大出口，同时本国收入水平增加也带动进口支出增加，从而推动外国 IS 曲线向右移动［见图 8－22（b）］，外国利率和收入水平随即提高。随着外国收入水平的提高，本国出口进一步增长，本币升值并未完全吞噬财政扩张所引致的收入提高。当两国利率水平重新相等，即 $i_2 = i_2{}^*$ 时，两国经济都达到最终均衡点 C，不仅各自恢复了国际收支平衡，而且实际收入水平都高于初始值。因此，在资本完全流动和浮动汇率条件下，财政扩张对于外国经济具有输出效应，使两国收入水平都能得到提高。

IS－LM－BP 模型自创建以来，在国际金融和国际经济学领域影响极大，成为开放

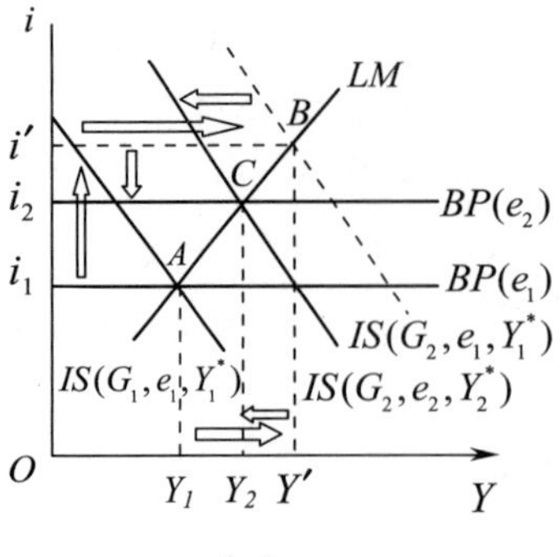

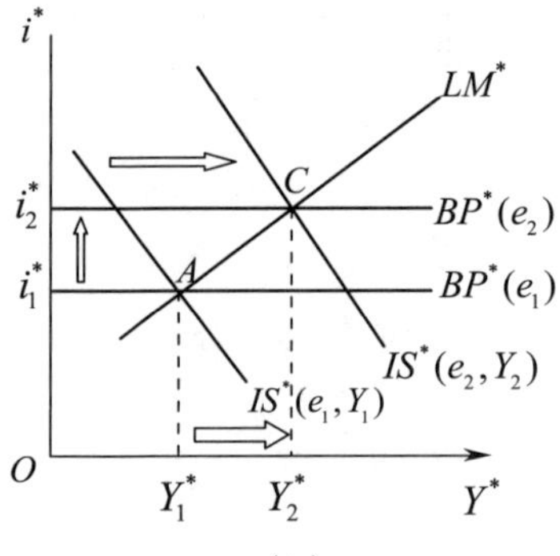

图 8－22　浮动汇率制的两国模型：本国扩张性财政政策

经济条件下制定宏观经济政策最重要的理论依据之一。但与一般经济学理论模型一样，它也存在一定理论缺陷和应用方面的局限。首先，模型假定马歇尔—勒纳条件能够满足，但模型本身是一个短期模型，而短期内马歇尔—勒纳条件是难以满足的。其次，模型本质上是一种需求分析，忽视了供给方面的影响。模型实际上假设总供给曲线在实现充分就业以前是一条水平线，总需求扩张就可以带来产出的增长，基本不考虑价格等因素的影响。再次，模型忽略了资本流量与存量之间的关系。模型认为经常账户的逆差可以由资本账户的顺差加以平衡。实际上，如果一国的经常账户长期保持逆差，债务不断积累，到一定程度后就会影响其融资能力。最后，模型认为利率是决定国际资本流动的唯一因素，实际上国际间资本流动不完全取决于两国间利率水平的差异，投资组合中的风险和收益共同决定着资本流动的方向。

三、开放经济下政策选择的“三元冲突”

在蒙代尔—弗莱明模型的基础上，美国经济学家保罗·克鲁格曼（P. Krugman）用一个三角形，说明了开放经济体在金融政策目标选择上存在着不可避免的难题。如图 8－23 所示，三角形的每一个顶点都代表着各国金融政策的一个基本目标：货币政策独立性、汇率稳定和资本的完全流动。货币政策的独立性，指货币当局拥有通过宏观稳定政策进行逆周期调节的能力，主要考察一国能否利用货币政策来影响产出和就业。汇率稳定，指保持汇率水平稳定，同时保障本国汇率免受投机性冲击、货币危机的威胁。资本完全流动，指不限制国际短期资本流动，允许资本自由流动。选择三角形的任意一边，致力于追求其两端的政策目标，则该边以外顶点上的政策目标就只能放弃。这种情形被称作克鲁格曼的“三元冲突”或“不可能三角”（Impossible Trinity）。

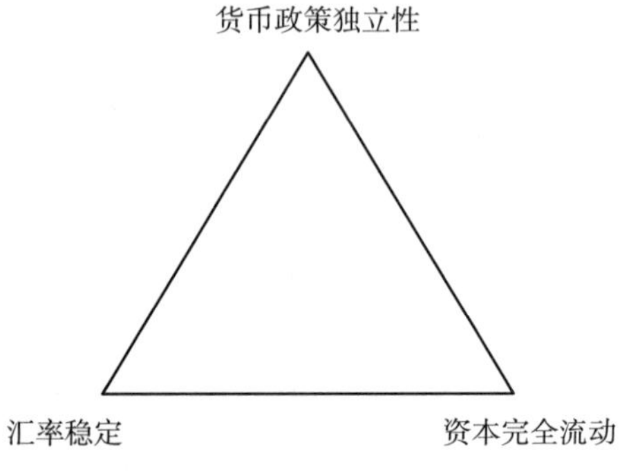

图 8－23　克鲁格曼的“不可能三角”

要保持货币政策的独立性和汇率稳定，就必须放弃资本自由流动，即实行外汇管制。比如，西方国家在1971年以前布雷顿森林体系下的选择。如果要实现资本自由流动，又要保持货币政策独立性，就必须实行浮动汇率制度。这正是主要西方国家1971年以后的政策选择。如果选择汇率稳定和资本自由流动，那就只能放弃货币政策独立性。正如前文讨论过的，在固定汇率和资本完全流动条件下，开放经济体的货币政策是失效的。由于资本自由流动，中央银行为了维持固定汇率被迫干预外汇市场，导致国内货币扩张与紧缩完全不由自主。如欧元区国家之间基本实现了资本完全自由流动，同时单一货币更是将汇率稳定目标推向了极致，但欧洲中央银行的存在也充分说明这些成员国已经完全不具备独立制定并实施货币政策的能力。又如实行联系汇率制度的中国香港，同样也不具备货币政策的独立性。

“不可能三角”是指货币政策独立性、汇率稳定和资本的完全流动三个政策目标不能同时实现，最多只能同时满足两个目标，而放弃另外一个目标。

为了跳出“三元悖论”，人民币必须加入 SDR

对于发展中国家来说，“货币政策独立和汇率稳定”是一种相对理想的选择，但实行外汇管制也存在种种问题。一方面，全球化进程以经济开放为其内在要求和必然取向，所以总体上将导致管制成本上升，管制有效性下降；另一方面，来自国际经济组织（如WTO）、国际金融机构（如IMF）和发达国家的压力也不断推动新兴市场国家走向开放。所以长期进行外汇管制的做法既不可取，也不现实。

随着全球经济一体化、金融市场一体化，资本自由流动程度越来越高，许多国家只能放弃汇率稳定或放弃货币政策独立性。这也可以解释为什么自布雷顿森林体系解体后，实行中间汇率制的国家数目有下降的趋势。20世纪90年代以来，新兴市场国家频繁发生的货币危机表明发展中国家若想维持货币政策自主性，在资本自由流动条件下，只能放弃汇率稳定的目标。因为如果想同时维持汇率稳定，就必须重新恢复外汇管制，这种做法虽然可以暂时躲避外来冲击，但必须付出牺牲本国政府信誉的沉重代价。这也提醒我们：一国资本账户的开放具有不可逆性，必须审慎处理。

专栏8－3

从人民币汇率变迁见证共和国经济巨变

引言：以开放促改革促发展是中国大地发生历史巨变的强大动力。人民币汇率市场化既是中国经济改革也是开放的重要内容。人民币从红色货币走向国际货币的过程，正是人民币由固定汇率走向弹性汇率、由官定汇率走向市场决定、由弱势货币走向世界新兴强势货币的过程。

全文请扫码：

资料来源：管涛，《国际货币网 | International Monetary Institute》，2021 年 7 月 1 日。

第五节　开放经济宏观政策的国际协调

两国模型分析了各国经济之间存在的相互依存性，这一相互依存性是我们理解国际间政策协调问题的前提。

一、宏观经济政策国际协调的含义

国际间政策协调（International Policy Coordination）有广义与狭义之分。从狭义讲，国际间政策协调是指各国在制定国内政策的过程中，通过各国间的磋商等方式来对某些宏观政策进行共同的设置，其中包含货币政策、财政政策和汇率政策。而从广义看，凡是在国际范围内能够对各国国内宏观政策产生一定程度制约的行为均可视为国际间政策协调。我们所说的国际间政策协调是从广义而言的。

依据政策协调的程度，国际间政策协调由低到高可分为以下六个层次：

第一，信息交换（Information Exchange）。信息交换是各国政府相互交流本国为实现经济内外均衡而采取的宏观调控的政策目标范围、政策目标侧重点、政策工具种类、政策搭配原则等信息，但仍在独立、分散的基础上进行本国决策。通过信息交换，各国政府可以避免对别国政策调控活动的错误估计，更好地分析本国经济与外国经济之间的溢出效应。信息交换是一种最低层次的国际间政策协调形式。

第二，危机管理（Crisis Management）。危机管理是指针对世界经济中出现的突发性、后果特别严重的事件，各国进行共同的政策调整以缓解、度过危机。危机管理这一协调形式是偶然出现的、临时性的措施，主要目的在于防止各国独善其身的政策使危机更加严重或蔓延。

第三，避免共享目标变量的冲突（Avoiding Conflicts Over Shared Targets）。共享目标变量是指两国所要面对的同一目标，如我们前面分析的浮动汇率制下两国之间的汇率。由于两国共享目标是同一个，如果两国对之设立了不同的目标值，这便意味着两国之间的直接冲突，两国间的政策成为具有竞争性的“以邻为壑”的政策。国家间的竞争性贬值是共享目标冲突的最典型形式。

第四，合作确定中介目标（Cooperation Intermediate Targeting）。两国国内一些变量的变动会通过国家间的经济联系形成一国对另一国的溢出效应，因此各国有必要对这些中介目标进行合作协调，以避免它产生不良的溢出效应。这一中介目标既可能是共享目标变量，也可能是其他变量，例如固定汇率制下的一国货币供给量。

第五，部分协调（Partial Coordination）。部分协调是指不同国家就国内经济的某一部分目标或工具进行协调。比如，仅对各国的国际收支状况进行协调，而国内经济的其他变量则不纳入协调范围；或仅对各国的货币政策进行协调，而听任各国根据具体情况独立使用财政政策。

第六，全面协调（Full Coordination）。全面协调是指将不同国家的所有主要政策目标、工具都纳入协调范围，从而最大限度地获取政策协调的收益。

> 相机协调是指根据经济面临的具体条件，在不规定各国应采取何种协调措施的规则的情况下，通过各国间的协商确定针对某一特定情况各国应采用的政策组合。

进行国际间政策协调的方式有两种，即相机协调与规则协调。相机协调（Discretion－based Coordination）是指根据经济面临的具体条件，在不存在规定各国应采取何种协调措施的规则的情况下，通过各国间的协商确定针对某一特定情况各国应采用的政策组合。这一方法实际上是一国经济调控中相机抉择的推广。一般认为，这一方法的优点在于可以针对不同的条件就更为广泛的问题进行协调，而缺点在于可行性与可信性较差。从可行性看，每次政策协调行动实际上意味着各国政府间的一次讨价还价，这样一次次的政策协调会带来很高的决策成本，并且也难以对各国政府进行制约，易于产生竞相违约及“搭便车”现象，缺乏可持续性；从可信性来看，这种方式下的协调措施完全由各国协商决定，缺乏一个明晰的规则，这便会产生较大的不确定性，从而难以通过影响公众的心理预期而发挥政策效力。规则协调（Rule-based Coordination）则是指通过制定出明确规划来指导各国采取政策措施进行协调的方式。规则协调的优点在于决策过程清晰，政策协调可在较长时期内稳定进行，可信性高，因此受到了更多的重视。

国际间政策协调的收益在于避免独立分散决策带来的低效率，而它的成本则是各国因政策协调而丧失一定的政策自主性。它的中心问题是如何在避免破坏性限制的情况下获取开放性带来的多方面利益，同时为每个国家保留最大限度地追求其合理经济目标的自由。

专栏 8－4
G20 峰会

20 国集团（Group 20，G20）最初由美国等七个工业化国家的财政部长于 1999 年 6 月在德国科隆提出，由八国集团（美国、日本、德国、法国、英国、意大利、加拿大、俄罗斯）和 11 个重要新兴工业国家（中国、阿根廷、澳大利亚、巴西、印度、印度尼西亚、墨西哥、沙特阿拉伯、南非、韩国和土耳其）以及欧盟组成。按照惯例，国际货币基金组织与世界银行列席该组织的会议。这些国家 2021 年的国民生产总值约占全世界的 80%，人口占世界总人口近 60%，占全世界贸易总额的 75%。

20 国集团属于非正式论坛，旨在促进工业化国家和新兴市场国家就国际经济、货币政策和金融体系的重要问题开展富有建设性和开放性的对话，并通过对话，为有关实质问题的讨论和协商奠定广泛基础，以寻求合作并推动国际金融体制的改革，加强国际金融体系架构，促进经济的稳定和持续增长。此外，20 国集团还为处于不同发展阶段的主要国家提供了一个共商当前国际经济问题的平台。同时，20 国集团还致力于建立全球公认的标准，例如在透明的财政政策、反洗钱和反恐怖融资等领域率先建立统一标准。

20 国集团建立之初只由各国财政部长或中央银行行长参加，由于 2008 年国际金融危机使得金融体系成为全球的焦点，2008 年在华盛顿开始举行 20 国集团首脑会议，扩大各个国家的发言权，取代之前的八国首脑会议或 20 国集团财长会议。集团没有常设的秘书处和工作人员，只由当年的主席国设立临时秘书处来协调集团工作和组织会议。

20 国集团会议不仅有 G20 成员参与，联合国（UN）、世界银行（WB）、国际货币基金组织（IMF）、世界贸易组织（WTO）和世界卫生组织（WHO）等国际组织也都参与国际间政策协调。各国际组织各司其职以加强各国间的协调与配合，通过共同协调宏观政策来维护全世界经济与金融稳定。例如，20 国集团会议在 2021 年会议公报中，针对新冠肺炎疫情，同意世界银行（WB）、国际货币基金组织（IMF）、世界贸易组织（WTO）和世界卫生组织（WHO）提出的 500 亿美元新冠疫苗融资建议。

二、国际间政策协调的益处

因为开放经济之间存在着相互依存性，一国的经济政策会对别的国家产生溢出效应。在这种情况下，各国的经济政策面临两种选择：一是完全独立分散决策，在考虑政策溢出效应的情况下，尽可能地选择使本国收益最大的政策；二是对各国政策进行某种程度的国际协调。在很多情况下，前一种选择是不合理的，因为在各国寻求本国利益最大化的相互作用过程中，最终结果可能是低效率的，各国都将受到损害，因此进行国际间政策协调是必要的。我们用一个最简单的例子对此进行说明。

由于各国之间是在相互作用过程中进行决策的，因此我们需要用博弈论作为分析工具。我们考虑经济规模基本相当的甲国与乙国间实行的是浮动汇率制。假定一国经济运行中存在的问题主要是通货膨胀与失业问题，对这些问题严重程度进行衡量的统计指标是社会的损失函数（Loss Function），它等于该国失业率与通胀率之和。此时，甲乙两国面临的突出问题都是经济中存在的高通货膨胀，主要政策工具是货币政策。

在封闭条件下，决策者只需要根据通货膨胀和失业之间的短期替代关系就可以确定本国货币政策的效果，而在开放经济下，一国在制定货币政策时还必须考虑到货币政策的溢出效应。浮动汇率制下两国模型的分析表明，本国货币政策的相对紧缩（即本国货币政策比外国货币政策更紧）会在提高利率降低本国产出与通胀率的同时，通过吸引资金流入而引起的本币升值来降低进口商品价格，从而进一步降低本国的通货膨胀水平。因此，各国的货币政策都会试图使本国货币升值，以便使本国的通货膨胀得到更有力的遏制。问题在于，汇率是两国货币之间的相对价格，一国货币升值意味着另一国货币贬值，两国间的政策利益是相互冲突的。如果两国的政策制定者分别行事，没有政策协调，那么为了减少通货膨胀，每个国家都会尽可能地实行紧缩性货币政策以使本国货币升值。两国都实施高度紧缩货币政策的净效应就是汇率不发生变化（因为两国货币政策对汇率的影响相互抵消），但两国都遭受紧缩性货币政策带来的衰退之苦。

我们可将以上分析用数字加以说明。如果两国都执行原来宽松的货币政策，那么两国的通胀率都将为7%，失业率为4%，此时，两国的损失函数值都是11。如果在外国执行宽松货币政策时，本国执行紧缩性货币政策，那么本国将获得货币升值带来的反通胀利益，此时国内通胀率为2%，失业率为6%，社会损失函数数值为8；而外国将蒙受货币贬值与通货膨胀率上升的损失，国内通胀率为12%，失业率为3%，社会损失函数值为15。如果两国同时实行紧缩性货币政策，则两国都会发生严重的经济衰退，两国失业率上升到10%，通胀率下降为4%，两国的社会损失函数都是14，如表8－3所示。

表8－3　　两国货币政策的博弈论分析

		国家2	
		放松货币	紧缩货币
国家1	放松货币	$L_1=11$　$L_2=11$	$L_1=15$　$L_2=8$
	紧缩货币	$L_1=8$　$L_2=15$	$L_1=14$　$L_2=14$

假定这些不同政策组合造成的经济后果各国政府都清楚，但在不存在政策协调时，各国政府分散决策会如何呢？从每一个单独国家的角度看，不管另一国采取何种政策，本国采取紧缩性货币政策总是合理的，因为这种策略能使本国社会损失函数值降到最低程度。因此，两国都将选择紧缩性货币政策，这一结果不会有任何一方主动打破它，经济处于稳定状态，尽管这一结果是低效的——因为可以通过不同的政策组合，使两个国家的境况更好一些。例如，当两国都采用宽松货币政策时，两国的社会损失都将由14降低到11。由此可见，如果对两国政府的决策进行一定程度的协调，那么最终结果将比缺乏协调时更有效率。国际政策协调很有必要。

智利托宾税政策的经验与启示

三、国际间政策协调的主要方案

在国际间政策协调实践以相机抉择形式进行时，经济学者们设计出了很多具有特定规则的国际间政策协调方案，产生了很大影响。其中最为重要的方案包括托宾（J. Tobin）提出的全球对外汇交易征收交易税的托宾税方案、麦金农（R. Mckinnon）提出的恢复固定汇率制方案和威廉姆森（J. Williamson）等人提出的汇率目标区方案。下面对这几种方案进行简要介绍。

（一）对全球外汇交易进行征税的托宾税方案

托宾税方案提出的背景是国际资金流动，尤其是短期投机性资金流动规模急剧膨胀造成汇率的不稳定。1972年托宾在普林斯顿大学演讲时提议"往飞速运转的国际金融市场这一车轮中掷些沙子"，首次提出对现货外汇交易课征全球统一的交易税，经济学家后来把这种外汇交易税称为"托宾税"。

托宾税具有两个特征：单一低税率和全球性。迄今为止，西方经济学家所提议的税率从外汇交易值的0.05%到1%不等。托宾本人1978年提出的税率是1%，1994年提议为0.5%；多恩布什（Dornbusch）的建议是0.25%；德国经济学家延斯（Uwe Jens）提出的税率是0.05%。至于全球性，托宾及其支持者主张至少在主要资本主义国家，最好在世界范围内实施此项外汇交易税。

托宾税是指对现货外汇交易课征全球统一的交易税。

托宾税的功能有两个：第一，也是最为重要的，抑制投机，稳定汇率。根据非抛补利率平价，在不存在托宾税的情况下，市场处于平衡状态使预期的汇率变动率等于两国间利率差，如果这两者之间存在着差异，投机活动就会发生。例如，假定美元一年期利率为7%，日元一年期利率为2%，则预期美元将在一年后贬值5%时市场处于平衡状态；当存在托宾税时，外汇交易成本就将非常显著。由于套利交易需要进行两次外汇交易，即即期现货市场与未来现货市场的两次方向相反的操作，只有当预期的汇率变动率与两国利率差之间的差异超过这一交易成本时，投机交易才可能发生。例如，假定托宾税税率为1%，则套利交易的纳税成本为2%，只有预期美元贬值率高于7%（5%+2%）时，才会发生相应的资金流动及投机交易。假如国内外利率相同，只要预期一种货币价值变动的百分率小于托宾税的两倍，托宾税就将成功地阻止货币投机交易。因此，实施托宾税可使一国政府在中短期内依据国内经济状况和目标推行更为灵活的利率政策，而无须担忧短期资金流动的冲击。而且，由于托宾税是针对短期资金的往返流动而设置的，它不仅不会阻碍，反而将有利于因生产率等基本面差异而引致的贸易和长期投资，因为后者的收益较高，相关的货币流动期限较长，汇率的稳定对之更为有利。由此可见，托宾税能够抑制投机、稳定汇率，使外汇交易对经济基本面的差异和变化作出反应，引导资金流向生产性实体经济。

托宾税的第二个功能是它可以为全球性收入再分配提供资金来源。考虑到目前全球外汇交易的天文数字，即使对外汇交易课征税率很低的税收，也能筹到巨额资金。如果能通过国际合作把这笔巨资用于全球性收入再分配，那么确实能对世界作出极大贡献。托宾税的筹资功能并非托宾本人提议此税的初衷，但它在近几年来受到了经济学界和政界的重视，因为世界银行、国际货币基金组织等国际机构近年来资金来源增长缓慢，资金运用却日益增大，资金缺口问题严重。

托宾税自提出以来在学术界和政界引起热烈反响和争论，但至今并无国家在实践中实施此税。一般认为，托宾税方案有三个问题难以解决：

第一，如何评价投机在外汇市场中的作用。投机具有双重性，一方面它造成市场价格波动，另一方面也正是投机者对风险的主动承担才使市场正常运转，这突出体现在远期外汇市场上。并且，投机在某些情况下具有熨平汇率波动的功能，因此，实施托宾税可能有损于市场的流动性，使外汇市场更趋动荡。

第二，托宾税面临着许多技术上的难题。例如，从税基的确定看，根据公平原则，托宾税应尽可能涵盖一切参与外汇交易的个人、企业、金融中介机构、政府和国际组织。但这样的税基不能把不同性质的外汇交易区别开来，对投机者和非投机者都同等地课以此税显然有悖于托宾税的宗旨。另外，从应税交易的识别角度看，托宾税主要针对的是投机性现货交易，但目前外汇市场上最为活跃的投机活动发生在衍生工具领域。对衍生工具交易征税将使税收的征收监管更加复杂，并且可能严重破坏衍生市场的发展，从而进一步危及外汇市场的稳定。最后，在税率确定上，目前的建议都具有很大的随意性，使用低税率不一定能有效地阻止投机交易，采用高税率又将使外汇交易量大为缩减，损害金融市场的活力和效率。

第三，托宾税存在政策协调方面的阻碍。托宾税是一种国际间政策协调方案，可能存在许多难以克服的障碍。例如，是否能将所有国家都纳入协调范围。如果有的小国不愿采用，那么在其他主要国家都征收托宾税时，它就会迅速发展为避税型离岸金融中心，使托宾税无法收到预期效果。另外，托宾税的收入分配问题因为其明显的利益性也可能引起各国的激烈争吵。

总的来说，托宾税是一种非常有影响的、格外引人注意的协调方案，但它也存在一些问题，值得我们进一步观察。

（二）恢复固定汇率制的麦金农方案

在国际货币制度于20世纪70年代初由固定汇率制转向浮动汇率制后，许多经济学家对现行的浮动汇率制非常不满意，提出了各种在恢复固定汇率制基础上进行国际协调的方案，其中最为著名的是美国经济学家麦金农所提出的设想。

麦金农方案最早于1974年提出，后来又经过多次修正。麦金农认为，恢复固定汇率制的主要理由在于以浮动汇率制为特征的国际货币制度缺乏效率。除了通常的对浮动汇率制的批评外，麦金农从两个角度分析了浮动汇率制的不足：首先，从国际角度看，汇率的波动除了增加各国外部环境的不确定性外，并不能自动实现调节经常账户的目的。麦金农认为经常账户反映的是各国投资与储蓄的差额，因此汇率的变动可以实现经常账户平衡是一个错误的教条，本币贬值所带来的经常账户的改善将立即被国内吸收的相应增长所抵消。其次，从国内角度看，汇率的频繁波动意味着各国货币价值的不稳定，由此引发的货币替代及各国资产之间的转换活动使一国的货币需求难以确定，各国原有的货币政策因此难以有效地实现控制通货膨胀等目的，一国通过本国的政策搭配实现内外均衡的努力更加困难。根据以上分析，麦金农得出了浮动汇率制不利于实现内外均衡的国内政策搭配与国际间政策协调的结论，提出应在恢复固定汇率制的基础上进行国际间政策协调。

具体来看，麦金农方案对国际政策协调的设计包括如下内容：

第一，各国应依据购买力平价确定彼此之间的汇率水平，实行固定汇率制。麦金农认为购买力平价是良好的均衡汇率确定标准，它可以在较长时期内维持一国国际竞争力的稳定，为各国实现国际收支均衡创造条件。麦金农还具体规定了这一购买力平价的计算方法，即采用批发物价指数，并且只包括可贸易商品。在固定汇率制的实施方法上，麦金农指出，可以先在美国、德国、日本这三个主要工业国家间实行，并且可以通过逐步缩小汇率波动区间的方法最终过渡到固定汇率制。

第二，各国应通过协调货币供给的方法维持固定汇率制。从全球角度讲，全球货币供给数量的确定依据应该是在考虑经济增长的基础上，维持全球的物价水平稳定。这一全球货币供给量在各国间的分配原则如下：在考虑各国经济的具体情况差异（例如经济增长情况、不可贸易商品部门发展情况、货币流通速度等因素）后，能使各国可贸易商品的相对比价维持稳定，从而使依据购买力平价确定的名义汇率保持稳定。麦金农认为，引起汇率不稳定的主要原因是货币替代以及各国间金融资产的替代活动，因此在发生这一类的冲击时，各国应采取对称的、非冲销的外汇市场干预措施以稳定汇率，由此带来的各国货币供给的调整实际上是全球货币供给根据各国货币需求的变动而自发调节其在各国之间的分配。例如，当一国因国内货币供给过多而出现较严重的通货膨胀时，该国货币购买力的下降引起居民将该国货币转换成外国货币，外汇市场上出现该国货币贬值的压力，由此带来的外汇市场干预活动将使该国货币供给下降，该国通货膨胀得到遏制。这样，通过货币供给的国际协调，就能带来全球的物价稳定与汇率稳定，实现各国的内外均衡。

麦金农方案的提出使以恢复固定汇率制为主要特征的协调方案备受关注。这一方案提出，应从全球角度而不能局限于某一国来讨论物价稳定问题，这对于各国实现内外均衡目标的努力来说，是非常富有启迪意义的。但是，麦金农方案也因其具有较多的货币主义特征而受到很多批评，这些批评可归结为如下几个方面：

第一，这一方案在实现汇率稳定性的同时，牺牲了汇率的灵活性。许多研究者指出，麦金农对汇率与经常账户之间关系的认识是不全面的，在相当多的情况下利用汇率调整来实现外部均衡是非常必要的，并且这种调整方式成本较低。实际上，国际间政策协调的一个重要方面就是确定何种程度与形式的汇率灵活性，而麦金农方案在这一问题上的处理无疑太过极端，不利于各国内外均衡目标的实现。

第二，这一方案简单地以购买力平价作为均衡汇率的确定标准也是值得斟酌的。购买力平价作为一种汇率决定理论本身就存在种种问题，如影响理论成立的严格假设、计量上的困难、各种因素引起的结构性偏离等，这些因素制约着购买力平价在经济宏观调控中的运用。

第三，这一方案以协调各国货币供给来维持固定汇率制的设想是难以在实际经济中实现的。麦金农设计的这种固定汇率制的维持方法源于他认为货币替代及各国金融资产之间的替代是引起汇率变动的重要原因，但实际上，经济运行中面临的冲击既有货币性冲击，也有实物性冲击。在后一种情况下，仅仅通过货币供给的调整也是不够的。尤其在国际资金流动问题非常突出时，投机性冲击完全可能带来固定汇率制的危机。麦金农方案并没有对解决国际资金流动条件下的固定汇率制的维持问题作出特定的贡献。

作为恢复固定汇率制的突出代表，麦金农方案的影响非常之大，我们还可以在下文汇率目标区方案的介绍中进一步理解麦金农方案的有关问题。

（三）汇率目标区方案

作为国际间政策协调方案之一的汇率目标区方案是在 1987 年由威廉姆森和米勒（M. H. Miller）将汇率目标区制从政策协调角度进行扩展而形成的，它又被称为扩展的汇率目标区方案（Extended Target Zone Proposal）或蓝图方案（Blueprint Proposal）。

汇率目标区方案在很多方面与麦金农方案存在明显区别。麦金农方案主张实行固定汇率制度，而目标区方案则主张实行更有弹性的汇率制度，汇率变动范围高达中心汇率上下10%。除此之外，汇率目标区方案的要点还包括：

汇率目标区方案主张实行更有弹性的汇率制度，汇率变动范围可在中心汇率上下10%，参与各国以货币政策实现外部均衡，以财政政策实现内部均衡。

第一，中心汇率的确定不应当依据购买力平价，而应依据威廉姆森提出的基本均衡汇率（Fundamental Equilibrium Exchange Rate，FEER）来确定。威廉姆森认为，购买力平价作为政府制定汇率政策的指导是非常不合理的，因为它最大的问题在于没有考虑到实际的宏观经济运行状况。从宏观调控的角度出发，威廉姆森认为政府应追求的汇率水平是在中期内（一般指5年）实现经济内外均衡的汇率，即“基本均衡汇率”。基本均衡汇率的理论渊源可以追溯到国际货币基金组织在20世纪70年代对汇率合理水平的分析，经威廉姆森对它进行发展后，在国际货币基金组织的汇率政策确定中发挥了主导性作用。基本均衡汇率可用图8－24进一步说明。

图8－24中，横轴表示国民收入，纵轴表示实际汇率（直接标价法）。Y_f 代表经济处于自然失业率状态时所确定的产出水平。IB曲线代表经济的内部均衡状态，它是一条经过 Y_f 点垂直于横轴的直线，因为在产出状况处于自然失业率所确定的水平时，经济中才既不会出现通货膨胀也不会出现失业问题，显然这与实际汇率无关。如果将外部均衡定义为某种经常账户余额，那么使经常账户收支保持在这一水平上的实际汇率与国民收入的组合构成的EB曲线就代表了经济的外部均衡。由于随着国民收入的增长，本币相应贬值才能使经常账户维持原状，所以这一曲线斜率为正。IB曲线与EB曲线交于一点时，经济同时实现内外均衡，此时确定的汇率水平即为基本均衡汇率。由于基本均衡汇率是一种实际汇率，因此汇率目标区制中要求名义汇率根据各国通胀率及时进行调整，以保持实际汇率不变。

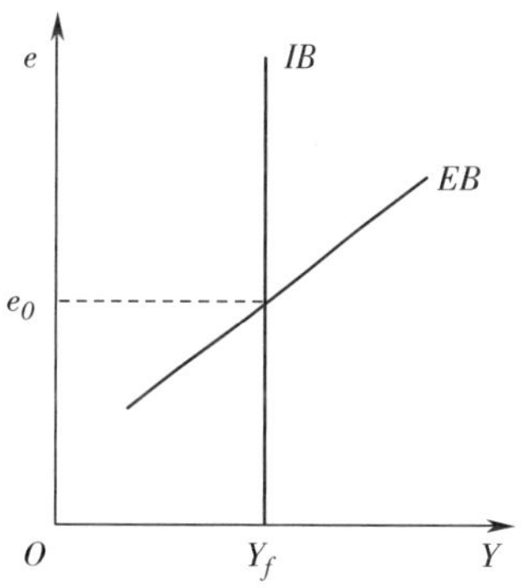

图8－24　基本均衡汇率的决定

第二，在对汇率目标区的维持上，汇率目标区方案提出了各国都以货币政策实现外部均衡，以财政政策实现内部均衡这一搭配思路进行宏观调控的政策协调。更具体来说，这一政策协调方案如下：

（1）各国以利率政策来维持相互之间的汇率。对于n个国家来说，存在着（n－1）种汇率，也就要求相应的（n－1）种利率差价以使外汇市场维持平衡。

（2）在n个国家相互之间的利率差价确定后，只要一国确定一个具体的利率水平，全球各国的利率水平也就随之确定了。该国利率水平确定的原则是：应使在此基础上推算出的全球平均利率水平刚好在足以控制全球通货膨胀的前提下达到最大的全球产出水平。

（3）该国应独立运用财政政策控制国内产出，以使各国经济运行保持在均衡状态。

由于汇率可以在一定区域内波动，因此各国的货币政策就获得了一定的自主性，可以在汇率变动处于目标区内时根据国内需要进行调整，而当汇率变动超过目标区范围时再利用利率政策实现外部目标。

汇率目标区方案引起的学术界与政界的重视和争议是其他政策协调方案难以比拟的，因为这一方案几乎涉及了国际金融领域内的所有重大问题，对政策协调的具体实施方法又规定得极为详尽。一般认为，汇率目标区方案的基本精神在20世纪80年代中期的卢浮宫协议中得到某种程度的体现，随后的一段时期内美元与日元的汇率之间也的确存在着某一形式的目标区，但是总的来说，汇率目标区自身存在的一些问题使它很难真正得到实施。这些问题包括：

第一，汇率目标区这一制度的优劣判断非常复杂。目标区既具有稳定汇率波动的“蜜月效应”，也具有加剧汇率波动的“离婚效应”。在国际资金流动引起的投机性冲击日益增多的条件下，它可能会带来汇率变动更大的不稳定性。

第二，汇率目标区方案借以确定中心汇率的所谓基本均衡汇率本身也存在很多问题。比如，它是一个价值判断色彩非常浓厚的概念，对于什么是内部均衡，什么是外部均衡，都依据分析者个人的观点而定，不同的人计算出的基本均衡汇率数值差异很大。而且这一汇率的计量分析非常复杂，不像购买力平价那样易于理解和确定，应用价值因此下降。

第三，这一方案所描述的政策协调规则也存在问题。例如，有的分析者认为用财政政策维持经常账户目标更具有比较优势。以对经常账户进行改善为例，货币扩张在通过本币贬值改善经常账户收支的同时，本国收入的相应增长又导致进口上升，从而一定程度上降低了贬值效果；而通过财政收缩改善经常账户收支时，不仅可以通过降低利率带来本币贬值、出口上升，而且这一收缩还会引起本国收入下降，进支出相应也会下降。然而，有的学者认为财政政策的灵活性有限，难以根据各种情况灵活地调整政府收支，所以它不可能有效率而及时地维持内部均衡。

尽管存在这些问题，汇率目标区方案仍是非常重要的，而且还处于不断发展中。例如，它所倡导的基本均衡汇率正在发展成为一种独立的汇率决定理论，其他的研究者也从此角度提出很多与之相近的均衡汇率概念，这实际上标志着汇率理论得到了发展。在西方，基本均衡汇率与购买力平价是政府与学术界研究汇率水平是否合理的最为主要的两种依据。另外，汇率目标区这种汇率制度也引起了许多关注。作为一种国际间政策协调方案，汇率目标区方案在理论上的贡献远远超过其在现实中的实践。

中银研究：“十四五”时期我国国际宏观经济政策协调——挑战与策略

本章小结

1. 开放经济下的宏观经济均衡包括内部均衡和外部均衡两个方面。内部均衡指追求经济增长、价格稳定和充分就业；外部均衡可以理解为国际收支平衡。

2. IS－LM－BP模型是开放经济宏观均衡的常用分析工具。IS曲线向右下方倾斜，是所有能实现产品市场供求均衡的实际收入—名义利率组合；LM曲线向右上方倾斜，是所有能实现货币市场均衡的实际收入—名义利率组合；BP曲线向右上方倾斜，是能实现外汇市场均衡的实际收入—名义利率组合。IS、LM和BP曲线若能相交于一点，表明开放经济在此实现了产品市场、货币市场和外汇市场的一般均衡。

3. 丁伯根认为，要实现n个独立的经济目标，至少要使用n种独立有效的政策工具。米德在此基础上进一步指出，固定汇率制度的某些经济状态下，依靠单一的支出调整政策有可能无法同时实现内外均衡目标，出现内外均衡的冲突。

4. 斯旺以一个二维分析框架，直观地再现了开放经济体各种可能的宏观经济状态，提出效力最大、代价最小的原则来分配汇率政策和支出调整政策两种工具的作用目标，也就是要根据内部均衡曲线和外部均衡曲线的相对位置来确定政策搭配方式。

5. 蒙代尔将支出调整政策分解为财政政策和货币政策两个独立的政策工具，并在国际收支研究中引入资本流动因素，提出有效市场分类原则，即“以财政政策实现内部均衡，以货币政策实现外部均衡”，交替使用财政与货币政策就可以实现开放经济的宏观均衡。

6. 一国资本流动程度的高低决定了BP曲线的形状。资本流动程度越低，BP曲线越陡峭；资本流动程度越高，BP曲线越平坦。在资本完全自由流动时，BP曲线变成一条水平线。

7. 固定汇率制下，如果开放小国的中央银行不采取冲销政策，那么通过货币政策调整产出水平的政策意图将彻底失败；财政政策效果显著，而且资本流动程度越高，财政政策的产出效应越突出。

8. 对于开放大国来说，在固定汇率制和资本完全流动条件下，外国扩张性货币政策会导致两国收入水平同时上升，但外国扩张性财政政策在增加外国收入的同时趋于降低本国收入。由于本国中央银行维持固定汇率的政策行为隔离了本国利率和实际收入变动对外国经济的影响，所以本国货币政策既不能影响外国经济运行，也难以长期维持本国收入水平的提高；但本国财政政策扩大产出的效果明显，同时对外国经济也具有正溢出效应。

9. 浮动汇率制下，决策者只需要在财政、货币、汇率三种政策工具中选择任意两个合理搭配，就能实现内外均衡目标。相对而言，开放小国通过货币政策提高收入的效果比财政政策更加理想，而且资本流动程度越高，财政政策的产出效应越低。

10. 克鲁格曼的三元冲突说明任何货币当局在货币政策独立性、汇率稳定和资本完全流动这三大金融政策目标中，只能求其二而不可兼得。

11. 因为开放经济之间存在着相互依存性，一国的经济政策会对别的国家产生溢出效应，如果对两国政府的决策进行一定程度的协调，那么最终结果将比缺乏协调时更有效率。

12. 在国际间政策协调实践以相机抉择形式进行时，经济学者们设计出了很多具有特定规则的国际间政策协调方案，其中最重要的方案包括：托宾的全球对外汇交易征收交易税的托宾税方案，麦金农的恢复固定汇率制方案，威廉姆森等人的汇率目标区方案。

关键词

IS－LM－BP 模型（IS－LM－BP Model）
内部均衡（Internal Equilibrium）
外部均衡（External Equilibrium）
小国模型（Small Country Model）
三元悖论（The Impossible Trinity）
政策协调（Policy Coordination）

本章重要概念

开放经济的内外均衡　IS－LM－BP 模型　支出变更政策　支出转移政策　丁伯根法则　米德冲突　斯旺图形　有效市场分类原则　开放小国　货币互换　冲销政策　输出效应　以邻为壑效应　蒙代尔—弗莱明模型　三元悖论

思考题

1. 开放经济的 LM 曲线和 BP 曲线的相对位置如何确定？
2. 试以 IS－LM－BP 模型说明不同宏观经济政策对开放经济内外均衡的影响。
3. 请分析固定汇率制和资本完全不流动情况下货币政策、财政政策的政策效果。
4. 请思考，为何布雷顿森林体系下各国的经济增长大多依赖财政政策，而不是货币政策？
5. 在资本完全流动的两国模型中，假设两国中央银行共同干预外汇市场来维持本币与外币间的固定汇率。在这种情况下，本国扩张性货币政策能否引起外国实际收入的变动？如果可以，那么属于输出效应还是以邻为壑效应？
6. 如果浮动汇率制国家的政府采取严格的资本管制，完全禁止跨国资本流动，在这种情况下，扩张性财政政策对开放小国的收入水平会有怎样的影响？
7. 克鲁格曼的三元悖论对发展中国家的经济开放有何启示？
8. 现阶段我国在汇率稳定、资本流动和货币政策独立三个目标上应如何选择？存在哪些风险？
9. 国际宏观政策协调的主要内容是什么？其主要障碍是什么？

10. 为什么宏观经济政策协调可以增进世界经济福利？

案例题

以下节选自《金融时报—中国金融新闻网》2020 年 8 月 11 日的报道，请仔细阅读并思考：

（1）美国贸易保护主义对与美国经济联系密切的国家会产生哪些影响？

（2）中美针对贸易摩擦各自采取什么措施？中美贸易摩擦对各自经济体内部产生了什么影响？

美重启对加拿大关税制裁　贸易保护主义加大全球经济复苏难度

当地时间 8 月 6 日，美国贸易代表办公室发布公告称，美国总统特朗普已签署文件，宣布将对加拿大进口的部分铝产品恢复加征 10% 的关税，自 8 月 16 日开始生效。一时间，贸易摩擦战硝烟再起，而这一消息的公布距离《美墨加协定》（*US - Mexico - Canada Agreement*，以下简称“USMCA”）的正式生效，仅过去 1 个多月的时间。

事实上，自 2018 年以来，美国已先后针对欧盟、加拿大以及中国等主要贸易伙伴陆续加征额外的高额关税，贸易保护主义自此成为拖累全球经济增长的重要风险因素。当前，新冠肺炎疫情在全球范围的暴发，已经令全球经济陷入深度衰退。全球各主要经济体都在不断平衡疫情防控以及促进经济复苏之间的关系。而在全球经济复苏前景依然充满不确定性之时，美国再度挑起与加拿大之间的贸易争端，无疑将在一定程度上令全球贸易局势再度恶化，进而拖累全球经济的复苏与增长。

美国“突然袭击”　加拿大誓言反制

美国贸易代表办公室在 6 日发布的公告中指出，2019 年 5 月 17 日，美国宣布与加拿大达成协议，取消对从加拿大进口的钢铁和铝征收的关税，加拿大也取消了对美国商品征收的所有报复性关税。并且该协议规定了积极的监督和防止钢铁和铝进口激增的机制。根据协议，如果特定的钢铁和铝产品进口激增，美国可以对这些产品重新征收关税。

而此次美国突然宣布对来自加拿大的部分铝产品重新加征关税，正是基于协议规定的这一机制。美国方面认为，自 2019 年 5 月美方同意对从加拿大进口的铝产品豁免加征关税后，加拿大出口到美国的未锻轧非合金铝产品在很长一段时间内大幅增长，超过了历史贸易额。因此，鉴于进口的激增，并遵照与加拿大达成的协议条款，美国重新对其部分铝产品加征 10% 的额外关税。特朗普称，恢复加征关税的原因是因为加拿大铝产品涌入美国，夺走了美国就业岗位，并威胁到美国国家安全。

对于美国的“突然袭击”，加拿大方面也是毫不示弱。当地时间 7 日，加拿大副总理克里斯蒂娅·弗里兰（Chrystia Freeland）表示，如果美国如期在 8 月 16 日开始对加拿大铝产品征收 10% 的关税，加拿大将对美国出口到加拿大的产品完全对等地征收总额为 36 亿加拿大元的关税。而加拿大有可能对美国征收关税的商品包括饮料易拉罐、锡箔纸、锅、三脚架、建筑用铝制品、冰箱、洗衣机等。

值得注意的是，美国对加拿大铝产品加征的 10% 关税在 8 月 16 日才会正式生效，这意味着在关税正式生效前，双方仍有解决问题的空间以及可能性。若双方再度“开战”，将不可避免地对各自经济产生负面影响。此外，有分析认为，面对新冠肺炎疫情对美国经济产生的冲击，特朗普政府此举可能是为了在即将到来的美国总统大选中赢得更多支持。

当前，特朗普的竞选之路走得并不顺遂。美联社 6 日援引美国贸易律师乌茨佐的报道称，乌茨佐认为，加征关税似乎是为了让特朗普在大选年赢得以工业为重的俄亥俄州选民的支持。卡尔加里大学国际贸易专家杰克·明兹则表示，当前美国保护主义盛行，可以预见在美国总统大选前，美国会对加拿大采取更多类似加征关税的手段，以讨好选民。

全球经贸复苏前景更趋复杂

自特朗普上任以来，美国多次挑起与主要贸易伙伴之间的贸易争端，全球经济从 2019 年起便已开始承受下行压力。而 2020 年新冠肺炎疫情的暴发，进一步对全球贸易以及供应链造成严重损害，此时加重的贸易保护主义风险，或将给本就脆弱的全球经济复苏前景增添更多的不确定性。

事实上，此次美国与加拿大之间的贸易争端只是一个缩影。在 7 月 1 日生效的 USMCA 自身便具有浓厚的贸易保护主义色彩，很可能对全球经济复苏产生消极影响。中国银行研究院研究员王若兰分析称，USMCA 是美国谈判达成的第一个旨在提高而非降低贸易壁垒的自贸协定，并且 USMCA 协议还通过设置新的为期 16 年的“日落条款”以及有限使用投资者—国家争端解决机制（ISDS）等方式，提升本地区投资的不确定性，进而限制区域外国家在本地区投资。

与此同时，王若兰表示，USMCA 协议抑制中国纺织品出口贸易及全球价值链分工，加强了对非市场经济国家的歧视性约束。尽管投资者—国家争端解决机制（ISDS）在美国和墨西哥之间得以保留，但 ISDS 并不适用于由非市场经济的第三国国民控制或所有的企业。这些针对所谓非市场经济国家的歧视性贸易与投资约束，将进一步削弱区域外企业与北美地区进行贸易与投资的积极性，为全球经济复苏蒙上阴影。

世界贸易组织（WTO）总干事阿泽维多表示，WTO 预计，今年全球贸易将因新冠肺炎疫情冲击而下降 13%，远低于此前 32% 的最悲观预期。不过，阿泽维多提出，WTO 内部越来越担心，一些国家会为应对疫情而走向自给自足。新冠肺炎疫情对全球经济的冲击还远未过去，贸易保护主义的阴影预计将令全球经济复苏之路上面临更多挑战。

❶ 资料来源：刘燕春子：《金融时报—中国金融新闻网》，2020－08－11 08：03 https：//www.financialnews.com.cn/hq/yw/202008/t20200811_197984.html.

第九章
国际货币体系

本章知识结构

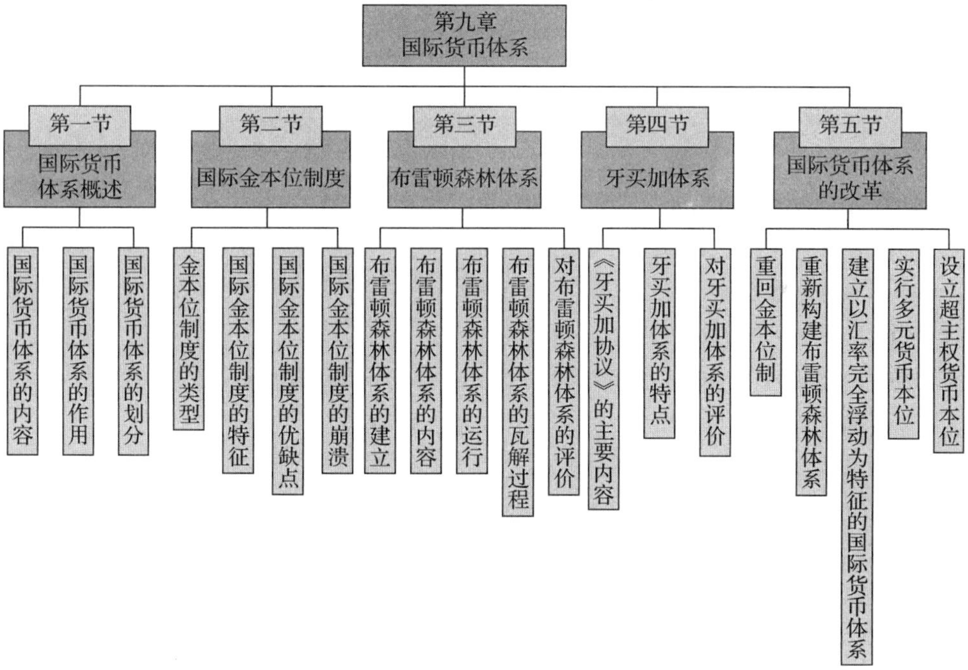

本章学习目标

- 了解国际货币体系的变迁历史。
- 把握国际货币体系的内容及划分标准。
- 理解布雷顿森林体系及牙买加体系的主要特点及缺陷。
- 结合实际认识现行国际货币体系改革的必要性。

章前引例

2007 年美国爆发的次贷危机在短短的两年时间内蔓延成全球性的金融危机，美国政府自 2008—2012 年先后实施的四轮量化宽松引发了全球性的流动性过剩；2020 年，为应对新冠肺炎疫情对经济的影响，美国政府再度祭出量化宽松大旗，实施了“无底线”的量化宽松政策，触发了世界性的货币战争和贸易争端。另一方面，美国商务部2021 年公布的数据显示，2020 年美国贸易逆差为 6 787 亿美元，不仅继续保持全球之最，也创造了美国2008 年以来的新高。美国政府一手通过对外输出廉价的美元，在转嫁金融危机的同时从别国赚取铸币税，一手通过贸易逆差，无偿占有别国的商品及劳务，从多个领域享受其在国际金融领域的霸权。这种明显的不公平，充分暴露了现今国际货币体系的缺陷，也说明了改革国际货币体系的必要性和紧迫性。

那么，当今以美元为中心的国际货币体系是如何形成的？现行的国际货币体系存在哪些缺陷？困扰国际货币体系的“特里芬难题”如何才能彻底得到解决？

第一节 国际货币体系概述

国际货币体系在国际金融领域内具有基础性制约作用，它对国际间支付结算、国际资本流动、各国国际收支的调节以及货币汇率的调整等，都会产生重大的影响。

一、国际货币体系的内容

国际货币体系（International Monetary System），也称国际货币制度，指在国际经济关系中，为满足国际间各类交易的需要，各国政府对货币在国际间的职能作用及其他有关国际货币金融问题所制定的协定、规则和建立的相关组织机构的总和。

国际货币体系既包括有法律约束力的有关国际货币关系的法令条约、规章制度、组织形式等，也包括不具有法律约束力的相关传统习惯和约定俗成。

1. 汇率的确定与维持。一国对外支付是否受到限制，一国货币可否自由兑换成支付货币，本国货币与其他国家货币之间的汇率如何确定，汇率的维持主要依靠何种手段和措施。

2. 国际收支调节机制。当一国国际收支出现不平衡时，各国应采取什么方式弥补这一缺口，各国之间的政策措施又应该如何相互协调，如何使各国在国际范围内公平地承担调节国际收支的责任。

3. 国际储备资产的确定。用什么货币作为国际支付货币，一国政府应持有何种为世界各国普遍接受的资产作为储备资产，新的储备资产如何创造与供应。

4. 国际货币事务的协调与管理。在各国确立和实行其汇率制度、国际收支调节机制、国际储备制度的过程中，由于彼此在经济利益和货币主权等方面难免存在差异甚至矛盾，建立国际货币事务的协调与管理机制因此而显得十分必要。这包括国际金融机构的建立、解决国际金融问题的规则以及惯例和制度的制定等。

二、国际货币体系的作用

首先，确定国际清算和支付手段的来源、形式和数量，并规定国际货币及其同各国货币的相互关系的准则。比如，当确定黄金或特别提款权作为世界清算和支付手段的来源时，国际货币体系就必须就黄金或特别提款权本身的定价方式、运动范围，各国货币与黄金或特别提款权的比价关系及兑换方式作出具体的规定。

其次，确定国际收支的调节机制，以确保世界经济的稳定和各国经济的平衡发展。国际收支的调节机制包括汇率机制、对逆差国的资金融通机制以及国际货币发行国的国际收支约束机制。国际货币体系在确定国际收支调节机制方面的作用主要表现为：其一，根据世界经济形势和各国经济发展的具体状况，确定世界范围的汇率制度。其二，确定当某国发生国际收支逆差时，能在什么样的条件下从何处获得资金及资金的数量和币种来弥补国际收支逆差，从而避免采取不必要的调节措施或有损别国的政策。其三，确定适当的约束机制来约束国际货币发行国的国际收支行为，以维护国际货币金融领域的稳定。

最后，确立有关国际货币金融事务的协商机制或建立有关的协调和监督机构，以监督各国的行为，提供磋商的场所，制定各国必须共同遵守的基本行为准则，并在必要时提供帮助。

三、国际货币体系的划分

国际货币体系是历史的产物，它与以货币为媒介的国际经济往来是同时产生和发展的。只不过，早期的国际货币体系主要是依靠约定俗成的做法日积月累而逐渐形成的。随着国际经济交往的不断增长，参与的国家及货币种类越来越多，国际货币关系也日趋复杂，国际货币体系的法律和行政色彩也相应增加。因此，一种体系可以是习惯长期缓慢发展的结果，也可以是某些法律文件和行政合作的结果，还可以是以上两者的结合。

确定一种货币体系的类型主要依据三条标准：第一，货币体系的基础即本位币是什么；第二，参与国际流通、支付和交换媒介的主要货币是什么；第三，主要流通、支付和交换媒介的货币与本位币的关系如何，包括双方之间的比价如何确定、价格是否在法律上固定，以及相互之间在多大程度上可以自由兑换。综合以上标准，国际货币体系可划分为三种类型：国际金本位制度（Gold Standard）、布雷顿森林体系（Bretton Woods System）和牙买加体系（Jamaica Accords）。

第二节　国际金本位制度

1816 年，英国制定了《金本位制度法》，在全世界率先采用金本位制度。到 19 世纪 80 年代，资本主义比较发达的国家如法国、比利时、意大利、瑞士、荷兰、德国及美国先后实行了金本位制，至此，金本位制度发展成为世界性的货币制度。

一、金本位制度的类型

金本位制度按其货币与黄金的联系程度可分为金币本位制（Gold Specie Standard）、

金块本位制（Gold Bullion Standard）和金汇兑本位制（Gold Exchange Standard）三种类型。

（一）金币本位制

第一次世界大战以前，资本主义各国普遍实行的金本位制就是金币本位制。其特点是：(1) 规定金币的重量、成色，铸造金币在社会流通；(2) 金币有无限法偿权，可以自由铸造，自由熔化，自由输出入国境；(3) 根据金币的重量、成色确定黄金官价，政府按官价无限制买卖黄金；(4) 银行券可以自由兑换黄金。

在金币本位制下，金币按既定重量和成色自由铸造，因此，金币的国内价值相当稳定。同时，黄金可以在国际间自由流动，货币汇率决定于黄金平价，变动只限于黄金输送点界限以内，因而汇率也比较稳定。

专栏 9－1

黄金输送点

在金本位制度下，两国货币的汇率由它们各自的含金量之比黄金平价（Gold Parity）来决定，例如 1 英镑的含金量为 113.0015 格令①，而 1 美元的含金量为 23.2200 格令，则：

1 英镑＝113.0015/23.2200＝4.8665 美元

只要两国货币的含金量不变，两国货币的汇率就保持稳定。当然，这种固定汇率也要受外汇供求、国际收支的影响，但是汇率的波动仅限于黄金输送点（Gold Point）。黄金输送点是指汇率波动而引起黄金从一国输出或输入的界限。汇率波动的最高界限是铸币平价加运金费用，即黄金输出点（Gold Export Point）；汇率波动的最低界限是铸币平价减运金费用，即黄金输入点（Gold Import Point）。

当一国国际收支发生逆差，外汇汇率上涨超过黄金输出点，将引起黄金外流，货币流通量减少，通货紧缩，物价下降，本国商品在国际市场上的竞争能力因此得以提升，商品输出增加输入减少，导致国际收支恢复平衡；反之，当国际收支发生顺差时，外汇汇率下降低于黄金输入点，将引起黄金流入，货币流通量增加，物价上涨，商品输出减少输入增加，最后导致国际收支恢复平衡。黄金输送点和物价的机能作用，把汇率波动限制在有限的范围之内，对汇率起到自动调节的作用，从而保持汇率的相对稳定。在第一次世界大战前的 35 年间，美国、英国、法国、德国等国家的汇率从未发生过升贬值波动。

（二）金块本位制

第一次世界大战以后，在 1924—1928 年资本主义相对稳定时期，一些国家虽然在制度上恢复了金本位制，但实际上都无力恢复金币本位制，而是改行金块本位制。它的特点是：(1) 金币虽仍然是本位货币，但在国内不流通金币，而只流通纸币，纸币有无限法偿权；(2) 由国家储存金块，作为储备；(3) 不允许自由铸造金币，但仍规定纸币的含金量，也有黄金官价；(4) 纸币不能自由兑换金币，但在国际支付或在工业上需要黄

① 1 格令＝0.0022857 盎司。

金时，可按规定的限制数量（如英国在 1925 年限制一次至少兑换净重 400 盎司的金块，约合 1 700 英镑）以纸币向本国中央银行无限制兑换金块。

（三）金汇兑本位制

第一次世界大战以前，许多弱小国家以及殖民地和附属国都实行这种货币制度。这些国家或地区本来采用银本位制，但因银价变动大，国际支付发生困难，又无力改行金本位制，就采用了金汇兑本位制。其特点是：（1）规定国内货币单位和含金量为计算标准但不铸造金币；（2）在国内流通银币，银币有无限法偿权，银币与金币有法定比价；（3）确定与本国经济有密切关系的金本位国家为依附对象，把本国货币同所依附国家货币保持固定比价，并在所依附国家的金融中心储存黄金与外汇，通过无限制买卖外汇实现本国货币同该金本位国家货币的联系，也就是钉住该金本位国家的货币。总之，采用金汇兑本位制的国家是对外用金对内用银。在历史上，荷兰最早于1877 年在爪哇实行金汇兑制。1893 年印度也采用该制度，将卢比钉住英镑。1903 年，美国又在菲律宾实行，使比索钉住美元。

第一次世界大战结束后，有些原来实行金币本位制的国家试图恢复金本位制，但由于客观条件的限制，实际上实行的是一种金块本位制与金汇兑本位制的混合制度。其特点是：（1）国内流通纸币，禁止自由铸造金币；（2）纸币可以兑现的准备金，除一部分是金块与金币外，尚有一部分是存于国外的外汇，即在几个国家设有外汇基金，故也称金汇储备制；（3）需要向中央银行以纸币请求兑现时，中央银行或给金块，或给金币，或给外汇，都由中央银行酌情决定，请求兑现者无权选择。

二、国际金本位制度的特征

1. 黄金充当国际货币，是国际货币制度的基础。在金本位制度下，由于金币可以自由铸造，金币的面值与黄金含量可以保持一致，金币的数量就能自发地满足流通中的需要；由于金币可以自由兑换，各种金属辅币和银行券就能稳定地代表一定数量的黄金进行流通，从而保持币值的稳定；由于黄金可以自由输出入，就能够保持本币汇率的稳定。总之，金本位制度是一种相当稳定的货币制度。

2. 各国货币之间的汇率由它们各自的含金量对比所决定。金本位制度是严格的固定汇率制。各国货币都规定含金量，各国货币含金量之比即为铸币平价，铸币平价决定着两种货币汇率的法定平价。黄金输送点和铸币平价之间的差异取决于黄金在各个国家间的运输费用。

在金本位制度下，市场汇率的波动以黄金输送点为界限。黄金可以在国家间自由输出入，因而具有国际结算的功能。如果汇率涨幅过高，人们就宁愿不购置外汇，而改用黄金进行结算；反之则相反。可见，在金本位制度下，外汇市场上的外汇供求之间的差距不会很大，外汇汇率虽可能偏离铸币平价，但不会超越黄金输送点。

3. 国际收支可以实现自动调节。英国经济学家大卫·休谟认为，金本位制度下存在一个“物价—铸币流动机制”。当一国国际收支赤字时，意味着本国黄金的净输出，从而国内黄金储备下降，货币供给减少，物价水平下跌，导致本国商品在国际市场上的竞争能力增强，外国商品在本国市场上的竞争能力减弱，于是出口增加，进口减少，国际收支改善；反之则相反。

专栏9－2

金本位：1879—1913 年

1. 固定官方黄金价格或铸币平价，并允许国内货币和黄金在此价格上自由兑换。

2. 对个人进出口黄金无限制，对国际交易中的经常账户和资本账户不施加限制。

3. 在黄金储备支持的情况下，发行国家货币，并把国内银行存款的长期增长和黄金储备相联系。

4. 在与黄金外流有关的短期流动性危机事件中，允许中央银行在高利率水平上自由地向国内银行贷款。

5. 如果规则 1 被临时扩充，则尽快在最初的铸币平价上恢复可兑换性——如果需要，可以紧缩国内经济。

6. 允许一般价格水平（名义锚）由黄金的世界需求和供给内生性决定。

资料来源：Ronald I. Mckinnon，“The Rules of Game：International Money in Historical Perspective”，*Journal of Economic Literature*，1993，31（3），p. 4.

新古典学派对金本位的自动调节机制作了一些补充，强调了国际短期资本流动对国际收支平衡的强化作用。首先，当一国国际收支赤字造成汇率下跌时，外汇投机者深知在金本位制度下汇率只能在黄金输送点之间波动，而黄金的流出最终将使国际收支和汇率恢复均衡，汇率下跌只是暂时现象，不久就会回升，此大量外汇投机性短期资金就会流向该国。其次，当国际收支赤字引起汇率下跌时，进出口贸易商也预测到汇率不久将回升，于是本国进口商将尽量购买外汇对外付款，而国外出口商则倾向于尽量提前付款，这也引起短期资金的流入。最后，国际收支赤字引起黄金外流后，国内货币信用收缩，因而金融市场利率上升，大量短期套利资金也会流向该国。这样各方面短期资金的流入将加速赤字国收支恢复平衡。

三、国际金本位制度的优缺点

在金本位制度下，金币的自由铸造，具有调节市面上货币流通量的作用，保证了各国物价水平的相对稳定；金币的自由兑换，保证了黄金与其他代表黄金流通的金属铸币和银行券之间的比价相对稳定；黄金的自由输出入，则保证了各国货币之间的比价相对稳定。作为一种比较稳定的货币制度，金本位制度对国际汇率的稳定、国际贸易和国际资本流动的顺利进行、各国经济的发展都起到了积极的促进作用。

金本位制度的缺陷主要表现在：（1）由于自动调节机制的作用，国际收支的调节必须通过国家之间物价水平的变动影响出口贸易发生变化后才能实现，相关国家实际上为平衡国际收支付出了国内经济失衡的代价。国内经济往往成为国际收支平衡的牺牲品。（2）黄金产量的有限性难以满足不断增长的国际交换的需要，再加上各国发展的不平衡和经济实力的悬殊差异（如英、美、法、德、俄五国通过贸易顺差和其他特权，1913 年的黄金拥有量占世界黄金存量的三分之二），使得国际金本位制度难以维持。

四、国际金本位制度的崩溃

第一次世界大战前夕，国际金本位制度已经出现了崩溃的迹象：银行券的发行日益增多，黄金的兑换趋于困难，黄金的输出入也受到越来越多的限制。随着战争的爆发，各国为了筹集战争资源，又增加了银行券的发行。到第一次世界大战爆发时，各国相继中止了银行券与黄金的兑换，并禁止黄金的出口，国际金本位制度宣告瓦解。

1922 年，在意大利热那亚召开了世界货币金融会议，讨论重建国际货币体系的问题。这次会议吸取了战前国际金本位制度的教训，确定了一种节约黄金的国际货币制度——国际金汇兑本位制。该制度的特点是：（1）黄金依然是国际货币体系的基础，各国纸币仍规定含金量，代替黄金执行流通清算和支付手段职能。（2）本国货币与黄金挂钩或通过另一种同黄金挂钩的货币与黄金间接挂钩，即与黄金保持直接或间接的固定比价。（3）在间接挂钩的情况下，本国货币只能通过购买挂钩货币来获取黄金，并须在直接挂钩的国家存入一定数量的外汇和黄金作为维持汇率的平准基金。（4）黄金只有在最后关头才充当支付手段，以维持汇率的稳定。热那亚会议后，除英国、法国、美国等国实行与黄金直接挂钩的货币制度外，其他欧洲国家的货币均通过间接挂钩的形式实行了金汇兑本位，国际金汇兑本位遂于 1925 年建立起来了。

国际金汇兑本位是一种既以黄金为基础，又节约黄金的货币制度。当国际收支发生逆差时，一般先动用外汇储备。如果仍不能平衡，就要使用黄金作为国际清算的最后手段。从节约黄金的角度讲，这个货币制度在一段时间内是成功的。但从根本上讲，在国际金汇兑制度下，黄金数量依然满足不了世界经济增长和维持汇率稳定的需要。世界经济的发展和国际交易规模的扩大使黄金显得相对不足，而运用黄金来干预外汇市场以维护固定汇率，更加剧了黄金的短缺。当黄金的不足发展到一定程度时，国际金汇兑本位制度的崩溃就成了必然。

国际金汇兑本位制度结束后，资本主义世界的货币金融一直处于混乱状态。各国纷纷加强外汇管制，实行竞争性贬值和外汇倾销。为了恢复国际货币秩序，英、美、法三国曾于 1936 年 9 月达成了一项《三国货币协议》（*Tripartite Agreement*），力图减少汇率的波动，维持货币关系的稳定。但是，这个协议因第二次世界大战的爆发事实上被废止了。

第三节　布雷顿森林体系

1944 年 7 月，44 个同盟国的 300 多位代表出席在美国新罕布什尔州布雷顿森林（Bretton Woods）市召开的国际金融会议，商讨重建国际货币制度。在这次会议上产生的国际货币体系因此被称为布雷顿森林体系，根据会议协议条款所成立的国际货币基金组织（International Monetary Fund，IMF）则是布雷顿森林体系赖以维持的主要运行机构。布雷顿森林体系的产生是战后国际货币合作的一个成功事例。

一、布雷顿森林体系的建立

第二次世界大战使主要西方国家之间的力量对比发生了巨大变化。英国在战争期间经济遭到严重破坏。不过，英镑区和帝国特惠制仍然存在，国际贸易的40%左右用英镑结算，英镑仍然是一种主要的国际储备货币，伦敦也依旧是国际金融的一个重要中心。而此时的美国已经成为资本主义世界最大的债权国和经济实力最雄厚的国家，其工业制成品占世界工业制品的一半，对外贸易占世界贸易总额的三分之一以上。

在重建国际货币秩序问题上，英美两国从各自的利益出发设计了新的国际货币制度。早在1943年4月7日，两国分别发表了各自重建国际货币体系的方案，即英国的"凯恩斯计划"和美国的"怀特计划"。

"凯恩斯计划"是由英国财政部顾问凯恩斯制订的。按照该计划：（1）设立一个世界性的中央银行"国际清算同盟"，总部设在伦敦和纽约两地，理事会会议在英美两国轮流举行。（2）由"国际清算同盟"发行以一定量黄金表示的国际货币"班柯"（Bancor），作为各国中央银行或财政部之间结算之用。"班柯"等同于黄金，各国可用黄金换取"班柯"，但不得以"班柯"换取黄金。（3）成员国货币按一定比价与"班柯"建立固定汇率，这个汇率是可以调整的，但不能单方面进行竞争性货币贬值，改变汇率必须经过一定程序。（4）各国中央银行在国际清算同盟中开立账户，彼此间用"班柯"进行清算，发生盈余时将盈余存入账户，发生赤字时则按规定的份额申请透支或提存，各国透支总额为300亿美元。如清算后一国的借贷余额超过份额的一定比例，无论是盈余国还是赤字国均需对国际收支的不平衡采取调节措施。"凯恩斯计划"强调透支原则和双方共负国际收支失衡的调节责任，对国际收支经常发生逆差的英国非常有利。

"怀特计划"由美国财政部官员怀特提出。根据该计划：（1）设立一个国际货币稳定基金，资金总额为50亿美元，由各成员国以黄金、本国货币或政府债券认缴。份额取决于各国的黄金外汇储备、国民收入和国际收支状况等因素，根据各国的份额确定各国在基金内的投票权。（2）基金组织发行一种国际货币"尤尼它"（Unite），作为计算单位，其含金量相当于10美元。"尤尼它"可以兑换黄金，也可以在成员国之间相互转移。（3）各国货币要与"尤尼它"按一定比价建立固定汇率，未经基金组织同意不得任意变动。（4）基金组织的主要任务是稳定汇率，并对成员国提供短期信贷以协助解决国际收支不平衡问题。由于美国的经济实力最强，根据怀特方案，美国就可以控制基金组织，从而取得国际金融领域的统治权。

在1943—1944年，英美两国就国际货币体系的重建方案展开了激烈争论。由于美国在政治和经济上的强大实力，英国最后接受了美国的方案，美国也作出了一些让步。1944年，在布雷顿森林会议上，通过了以怀特计划为基础的《国际货币基金协定》和《国际复兴开发银行协定》，总称《布雷顿森林协定》。该协定的宗旨是：（1）建立一个永久性的国际货币机构以促进国际货币合作；（2）促进汇率稳定，防止竞争性的货币贬值，以促进国际贸易的发展和各国生产资源的开发；（3）向成员国融通资金，以减轻和调节国际收支的不平衡。

二、布雷顿森林体系的内容

1. 本位制度。布雷顿森林体系规定美元与黄金挂钩。各国确认 1934 年 1 月美国规定的 1 美元含金量为 0.888671 克纯金、35 美元兑换 1 盎司黄金的官价。美国承担向各国政府或中央银行按官价兑换美元的义务。同时，为了维护这一黄金官价不受国际金融市场金价的冲击，各国政府需协同美国政府干预市场的金价。

2. 汇率制度。布雷顿森林体系规定国际货币基金组织的成员货币与美元挂钩，即各国货币与美元保持固定汇率。各国货币与美元的汇率按照各自货币的含金量与美元含金量的比较确定，或者不规定本国货币的含金量只规定与美元的汇率。各国不能任意改变其货币的含金量。如果某种货币的含金量需要做 10% 以上的调整，必须得到国际货币基金组织的批准。国际货币基金组织允许的汇率波动幅度为 ±1%。只有在成员国际收支发生根本性不平衡时，才能改变其货币平价。

3. 储备制度。在布雷顿森林体系中，各国政府可以按 35 美元等于 1 盎司黄金的官价向美国政府兑取黄金，各国政府持有美元等同于持有黄金，美元实际上取得了与黄金同等的国际储备资产地位。

4. 国际收支调节。国际货币基金组织协定第八条款规定，成员不得限制经常项目的支付，不得采取歧视性的货币措施，要在兑换性的基础上实行多边支付。但有三种情况例外：①国际货币基金组织不允许成员政府在经常项目交易中限制外汇的买卖，但容许对资本移动实施外汇管制。②成员在处于战后过渡时期的情况下，可以延迟履行货币可兑换性的义务。③成员有权对“稀缺货币”[①] 采取暂时性的兑换限制。

5. 组织形式。国际货币基金组织是第二次世界大战后国际货币制度的核心，其职能主要有两项：一是向成员提供短期资金融通，以帮助它们平衡短期性的经常账户逆差；二是当成员国际收支出现了“根本性不平衡”时，调整其货币平价。

布雷顿森林体系的上述诸多内容中，最核心的是“双挂钩”——美元与黄金挂钩、其他货币与美元挂钩。在该体系中，储备货币和国际清偿力的主要来源依赖于美元，美元成了一种关键货币。它既是美国本国的货币，又是世界各国的货币即世界货币。因此，布雷顿森林体系下的国际货币制度实质上是以黄金—美元为基础的国际金汇兑本位制。

专栏 9－3

《布雷顿森林协定》 的主要精神

1. 固定以黄金为基础的国内货币或与黄金挂钩的、作为货币汇率本位货币的官方汇率。

---

① 稀缺货币（Scarce－currency），当一国国际收支持续盈余，并且该国货币在国际货币基金组织的库存下降到其份额的 75% 以下时，国际货币基金组织可将该国货币宣布为“稀缺货币”。国际货币基金组织可按赤字国家的需要实行限额分配，其他国家有权对该货币采取临时性的限制兑换，或限制进口该国的商品和劳务。这一条款的设置是希望盈余国主动承担调整国际收支的责任。

2. 短期内，保持汇率在 1% 的票面价值内钉住，但是长期内，如果国际货币基金组织同意，允许有单方面放开调整面值的权力。

3. 允许用于经常账户交易的货币自由兑换，使用资本控制来限制货币危机。

4. 通过使用官方储备和国际货币基金组织贷款来抵消短期收支的不平衡，抵补国内货币对外汇市场干预的影响。

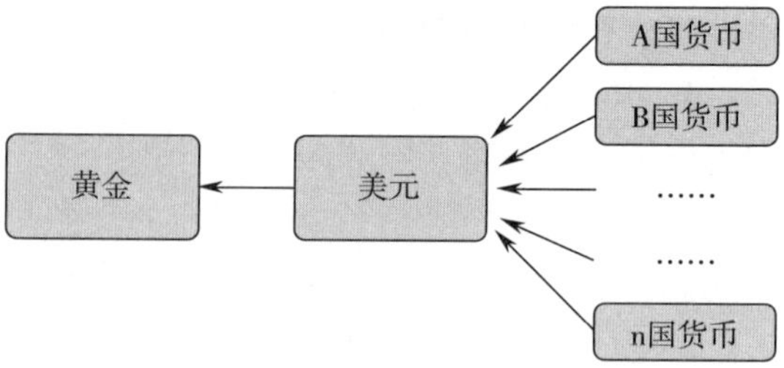

图 9－1

5. 国家自主进行宏观调控，通过钉住名义锚实行“单一规则”，每个成员国政府追求其自己的价格水平和就业目标。

❶ 资料来源：Ronald I. Mckinnon，“The Rules of Game：International Money in Historical Perspective”，*Journal of Economic Literature*，1993，31（3），p. 13.

三、布雷顿森林体系的运行

（一）可兑换黄金的美元本位

布雷顿森林体系实质上是一种金汇兑本位制度，美元在实际上充当了国际储备货币，被广泛地用作国际间的计价单位、支付手段和贮藏手段，因此也有人将该体系称作美元本位。美元之所以能代替黄金执行国际货币的职能，是因为它可以兑换黄金，并且使用起来比黄金更为方便有利。第二次世界大战后，在国际贸易中，大部分交易都用美元结算。美元也是外汇市场上主要的干预货币。在国际资本市场上，美元债券的发行占了绝大部分。各国中央银行持有的外汇储备，也主要是美元。

布雷顿森林体系中，美元的供给主要是通过美国的国际收支逆差来提供。在第二次世界大战结束后最初的十几年中，为了振兴经济，各国都需要进口美国商品，但缺乏美元来支付，因此形成了“美元荒”。20 世纪 50 年代中期以前，美国的国际收支赤字扩大了美元供给，缓和了国际储备短缺的矛盾。然而自 1958 年以后，美国国际收支持续恶化，使各国手中持有的美元数量激增，“美元荒”变成了“美元过剩”，从而使布雷顿森林体系出现不稳定的征兆。

美国对布雷顿森林体系有两个基本的责任：第一是要保证美元按固定官价兑换黄金，维持各国对美元的信心；第二是要提供足够的国际清偿力即美元。然而这两个问题是有矛盾的。美元供给太多就会有不能兑换黄金的危险，从而发生信心问题；而美元供给太少又会发生国际清偿力不足的问题。布雷顿森林体系的这一根本性缺陷由美国耶鲁大学教授特里芬（R. Triffin）在 1960 年出版的《黄金与美元危机》一书中第一次指出，这就是所谓的“特里芬难题”（Triffin Dilemma）。也正是由于这一缺陷的存在，布雷顿森林体系最终必将走向崩溃。

从“特里芬难题”可以推论，如果能在美元以外寻求国际储备的适度增长，布雷顿森林体系的流动性不足与信心维持之间的矛盾就可以得到缓和。20 世纪 60 年代中期以后，美元的泛滥使国际间对美元的信心日益降低。为维持国际货币体系的稳定，国际货币基金组织于 1970 年创立了一种复合货币单位——特别提款权（Special Drawing

Rights），以代替美元的增长。

（二）可调整的固定汇率

布雷顿森林体系是固定汇率制度，每一成员国都规定本国货币与美元的平价汇率，再通过美元与黄金之间的固定平价关系，间接与黄金建立联系，进而决定各成员国货币彼此之间的平价关系。国际货币基金组织规定各成员国与美元的汇率如发生波动，范围不得超过平价的 ±1%，超过时，除美国外，每一成员国的中央银行均有义务在外汇市场上买卖美元和本国货币，以维持本国货币同美元汇率的稳定。另外，按照国际货币基金组织的规定，如果一国的对外收支发生基本不平衡，可以向国际货币基金组织申请调整其货币与美元的平价关系，而不必紧缩或膨胀国内经济。实际执行中，在平价 10% 以下的汇率变动是可以自行决定的，如果超过 10%，则需国际货币基金组织批准。

（三）对国际收支的调节

根据《布雷顿森林协定》，国际收支的调节有两种方法：短期的失衡由国际货币基金组织提供信贷来解决，长期的失衡则通过调整汇率平价来调节。但是在实际运行中，两种方法的效用都不大。因为国际货币基金组织通过配额筹集的资金规模有限，而汇率的调整又由于各国的利益和立场的不同难度很大。因此，在布雷顿森林体系运行的 20 多年里，国际收支大面积失衡状况一直没有得到真正的解决。

第二次世界大战结束后的初期，欧亚各国的经济均受到严重的破坏，只有美国具有大规模生产和出口能力。国际收支失衡表现为美国盈余而其余国家普遍赤字。对于这种严重的失衡，国际货币基金组织的少量贷款根本无济于事，而实行各国货币对美元贬值也不可能有太大收效，因为赤字国此时进口需求弹性和出口供给弹性都很低。为了解决“美元荒”，美国通过以“马歇尔计划”为代表的对外援助，大量输出美元。加上 1949 年英镑和其他一些货币的贬值、朝鲜战争的爆发，美国从 1950 年开始国际收支出现赤字。进入 60 年代以后，“美元荒”变成了“美元灾”，严重打击了人们对美元的信心，最终导致了美元危机的爆发和布雷顿森林体系的崩溃。

四、布雷顿森林体系的瓦解过程

布雷顿森林体系的瓦解过程，就是美元危机爆发→拯救→再爆发的过程。美元危机指由于美国国际收支逆差严重而引起美元对外汇率急剧下降、美国黄金大量外流的过程。

（一）第一次美元危机及其拯救

第一次比较大规模的美元危机爆发于 1960 年。1950 年朝鲜战争爆发后，美国的国际收支就从大量顺差转成连年逆差。1960 年美国战后第四次经济危机爆发后，美国的国际收支逆差进一步扩大，美国的黄金储备大量外流。1960 年，美元对外短期债务首次超过了它的黄金储备额。人们纷纷抛售美元，抢购黄金和其他经济处于上升势头的国家的货币（如德国马克）。1960 年 10 月，伦敦黄金市场的黄金价格高出黄金官价约 20%。为了维持外汇市场的稳定和金价的稳定，保持美元的可兑换性和固定汇率制，美国要求其他西方国家在国际货币基金组织的框架内与其合作，稳定国际金融市场。到 1962 年为止，美国分别与若干主要工业国家签订了《巴塞尔协定》（*Basel Agreement*）、《货币互换协议》（*Swap Agreement*），在国际货币基金组织的框架内建立了“借款总安排”（General Arrangement to Borrow）和“黄金总库”（Gold Pool）。

《巴塞尔协定》是参加国际清算银行理事会的英国、联邦德国等8国的中央银行在瑞士巴塞尔达成的。协定要求，各国中央银行应在外汇市场上合作，以维持彼此汇率的稳定；若一国的货币发生困难，应与能提供协助的国家进行协商，采取必要措施，由该国取得黄金或外汇贷款，以维持汇率的稳定。

“黄金总库”是美国、英国、法国、联邦德国、意大利、荷兰、比利时和瑞士8国中央银行于1961年10月达成的共同出金以维持金价稳定和布雷顿森林体系正常运行的一项协议。该协议规定，8国共同出资相当于2.7亿美元的黄金以建立黄金总库，其中美国出50%，联邦德国出12%，英国、法国、意大利各出9.3%，瑞士、荷兰、比利时各出3.7%。黄金由英国中央银行英格兰银行代为管理。当金价上涨时，就在伦敦市场抛出黄金；当金价下跌时，就买进黄金，以此来调节市场的黄金供求，稳定金价。

“借款总安排”是国际货币基金组织与10个工业国家（美国、英国、法国、加拿大、联邦德国、日本、意大利、荷兰、比利时、瑞典）于1961年11月签订并于1962年10月生效的借款协议。“借款总安排”的资金为60亿美元，美国出20亿美元，其余40亿美元由另外9个国家分摊。当成员国（当时主要是美国）借用“借款总安排”的其他9国货币而国际货币基金组织又缺少这些货币时，可由国际货币基金组织向“借款总安排”的有关国家借入，再转贷给需要的成员国。

《货币互换协议》是1962年3月美国联邦储备银行分别与西方14个主要国家的中央银行签订的协议。这些协议的共同内容有：(1) 两国中央银行应在约定期间内相互交换一定数额的对方货币。为维持汇率的稳定，各国可随时动用对方的货币，以干预市场。(2) 约定的相互交换的货币，在未使用期间，要作为定期存款或购买证券存于对方，一方需要提取或动用该项货币，要在两天前通知对方。(3) 约定到期，要相互偿还对方货币时，应适用实行互换时的汇率，以免除汇率波动的风险。

（二）第二次美元危机及其拯救

第二次较大规模的美元危机是1968年爆发的。20世纪60年代中期，因越南战争的扩大，美国的财政金融状况明显恶化，国内通货膨胀加剧，美元对内不断贬值，美元与黄金的比价又一次受到严重怀疑，引发了第二次美元危机。1968年初的半个月之内，美国就流失了价值14亿美元的黄金储备，凭“黄金总库”和美国的黄金储备，已无力维持美元与黄金的固定比价，于是，在1968年3月，美国不得不实行“黄金双价制”（Two－tier Gold Price System）。

所谓“黄金双价制”，指两种黄金市场实行两种不同价格的制度。在官方之间的黄金市场上，仍然实行35美元等于1盎司黄金的比价；而在私人黄金市场上，美国不再按官价供应黄金，金价听凭供求关系决定。随之，私人市场上的金价一路上涨，与官价的差距越来越大。黄金双价制实际上意味着以黄金—美元为中心的布雷顿森林体系已经局部崩溃。

第二次美元危机后，为扩大国际货币基金组织的贷款能力，国际货币基金组织于

1969 年创设了特别提款权。特别提款权当时与美元等价，其价格也是 35 个特别提款权单位等于 1 盎司黄金，但是在用途上等同于黄金，有“纸黄金”之称。按照国际货币基金组织的规定，在国际货币基金组织的范围内，成员国可以用特别提款权来履行原先必须要用黄金才能履行的义务，又可以用特别提款权充当国际储备资产，还可以用它取代美元来清算国际收支差额。

（三）第三次美元危机及其拯救

第三次美元危机是 1971 年爆发的。危机爆发前夕，美国对外短期负债与黄金储备的比率已经达到第二次世界大战后历史上的最高点，1971 年 5 月，外汇市场上出现了抛售美元、抢购黄金和硬通货的风潮。7 月，风潮再起。面对此种形势，尼克松政府不得不于 8 月 15 日宣布实行“新经济政策”，停止美元与黄金的兑换，限制美国的进口，对进口商品增收 10% 的临时附加税，并强迫联邦德国和日本等国货币升值，以图改善美国的国际收支。

在国际金融市场极度混乱的情况下，十国集团经过 4 个月的讨价还价和磋商，于 1971 年 12 月 18 日在华盛顿的史密森氏研究所签订了一项妥协方案，即《史密森协议》（*Smithson Agreement*）。该协议的主要内容包括：（1）美元对黄金贬值 7.89%，从 35 美元等于 1 盎司黄金贬到 38 美元等于 1 盎司黄金。（2）一些国家的货币对美元升值。其中，日元升值 16.9%，德国马克升值 13.6%，瑞士法郎升值 13.9%，荷兰盾和比利时法郎各升值 11.6%，英镑和法国法郎各升值 8.6%，意大利里拉和瑞典克朗各升值 7.5%。（3）扩大汇率波动幅度，将汇率波动的允许幅度从原来的平价上下各 1% 扩大到各 2.25%。（4）美国取消 10% 的进口附加税。

（四）固定汇率制度的崩溃

《史密森协议》以后，金融市场对美元的信心并未真正恢复。而且美元的贬值由于 J 曲线效应的影响，并未立即改善美国的国际收支，1972 年仍然是大量贸易赤字。再加上这一时期美国国内金融市场利率较低，资金继续不断外流。到 1972 年底，各国中央银行手中的美元资产已达 810 亿美元。

美国的国际收支赤字和美元储备资产不断外流，使国际金融市场充满不安的气氛，虽然各国尽力地维持着新的中心汇率，但美元贬值的预期仍然十分强烈。投机风潮再起。1972 年 6 月，英国被迫放弃中心汇率，英镑开始自由浮动。1973 年 1 月，瑞士法郎自由浮动。

1973 年 2 月 12 日，尼克松政府被迫宣布美元再对黄金贬值 10%，每盎司黄金由 38 美元提高到 42.22 美元，美元对其他主要国家货币贬值。此时，已有加拿大元、意大利里拉、日元、瑞士法郎和英镑实行了自由浮动，《史密森协议》所确定的中心汇率制度已基本解体。1973 年 3 月，投机风潮再度出现，其他维持固定汇率的国家也放弃了最后的努力。至此，布雷顿森林体系下的固定汇率制度彻底瓦解。

五、对布雷顿森林体系的评价

布雷顿森林体系实行期间，世界经济迅速增长，国际贸易和国际投资也有了较快的发展。有人把这段时期称为资本主义世界的第二个“黄金时代”，与第一次世界大战前的第一个“黄金时代”相提并论。布雷顿森林体系的建立，造成一个相对稳定的国际金融环境，对这一阶段世界经济的发展起到了一定的促进作用。

首先，布雷顿森林体系是国际货币合作的产物，它消除了第二次世界大战前各个货币集团之间以邻为壑、大打汇率战的局面，稳定了战后的国际金融局势，为国际经济交易的顺利进行和各国经济的发展提供了有利的环境。

其次，美元等同于黄金，作为黄金的补充源源不断地流向世界，在一定程度上弥补了当时普遍存在的清偿能力和支付手段不足的缺陷，有利于推进外汇管制的放松和贸易的自由化，并对国际资本流动和国际金融一体化起到了积极的推动作用。

最后，布雷顿森林体系实行的是以美元为中心的固定汇率制度，为国际贸易和国际投资提供了极大的便利，使战后国际贸易和国际投资的增长不仅大大超过战前，而且也超过了同期世界工业生产增长的速度。

尽管布雷顿森林体系曾对当时世界经济的发展起到了积极作用，但这个体系也存在着一些根本性的缺陷。

第一，国际清偿力与信心之间存在着不可调和的矛盾，这是布雷顿森林体系最主要的缺陷。布雷顿森林体系建立在黄金—美元基础之上，美元既是一国的货币，又是世界货币。作为一国货币，美元的发行必须受制于美国的货币政策和黄金储备；而作为世界货币，美元的供应又必须适应世界经济和国际贸易增长的需要。在“双挂钩”制度下，由于黄金的产量和美国黄金储备的增长跟不上世界经济和国际贸易的发展，于是美元便出现了一种进退两难的状况：为满足世界经济增长和国际贸易的发展，美元的供应必须不断地增长；而美元供应的不断增长，将使美元同黄金的兑换性日益难以维持。

第二，国际收支调节机制的效率不高。（1）调节成本较高。在布雷顿森林体系的固定汇率制度下，虽说汇率是可以调整的，但固定汇率的多边性增加了调整平价的困难。并且，汇率的波动只允许在平价上下各1%，显得过于刚性。这样，调节国际收支的措施只能寄望于动用储备资产或者调整财政货币政策。而调整财政货币政策往往要付出牺牲国内经济目标的代价。（2）调节成本分配不对称。首先是美国与其他国家之间的调节不对称。在美国与其他国家之间，美国只需通过输出美元便可弥补国际收支逆差。美国不仅无须动用财政货币政策，还可以通过输出美元从国际社会获得大量铸币税。其次是其他国家之间的调节不对称。由于盈余国可以积累美元储备并向美国换取黄金，因此，国际收支调节的任务基本上都落在逆差国的身上。（3）调节不利于经济的稳定与发展。从总需求与总收入的关系看，盈余是需求相对小于收入而导致的，逆差是需求相对大于收入而造成的。由逆差国单方面负担起调节国际收支的任务，意味着压缩逆差国的国内需求，也就是说，布雷顿森林体系下的国际货币制度对各国经济具有紧缩倾向，不利于各国内外均衡目标的同时达成，也不利于世界经济的发展。

第三，储备货币的供应缺乏有效的调节机制。从世界经济和国际贸易发展的要求看，储备货币的供应不能太少；而从物价和货币稳定的角度看，储备货币的供应又不能太多。在布雷顿森林体系的刚性汇率制度下，其他国家为减轻调节成本而倾向于不断积累美元，而美国又可以不断地输出美元，对美元供应的唯一限制在于用美元兑换美国的黄金储备。于是，当美元供应相对不足时，各国拼命积累美元，诱发美元不断输出；而当美元供应相对过多时，又抛售美元，换取美国的黄金储备，从而引发美元危机，威胁到体系的稳定性。

第四节　牙买加体系

布雷顿森林体系崩溃以后，国际间为建立一个新的国际货币体系进行了长期的讨论与协商。1971 年 10 月，国际货币基金组织理事会提出了修改《国际货币基金协定》的意见。1972 年 7 月，理事会决定成立“二十国委员会”，具体研究改革国际货币制度的方案。该委员会和后来替代这个委员会的“临时委员会”为改革做了大量的准备工作。1976 年 1 月，成员国在牙买加的首都金斯敦举行会议，讨论修改《国际货币基金协定》的条款，会议达成了《牙买加协议》。同年 4 月，国际货币基金组织理事会又通过了以修改《牙买加协议》为基础的《国际货币基金协定》第二次修正案，并于 1978 年 4 月 1 日生效。至此，国际货币体系进入了一个新的阶段——牙买加体系。

一、《牙买加协议》的主要内容

（一）黄金非货币化

废除黄金条款，取消黄金官价，各成员中央银行可按市价自由进行黄金交易，取消成员相互之间以及成员与国际货币基金组织之间须用黄金清算债权债务的义务。国际货币基金组织所持有的黄金应逐步加以处理，其中的 1/6（2 500 万盎司）按市价出售，以其超过官价（每盎司 42. 22 美元）部分作为援助发展中国家的资金。另外 1/6 按官价由原缴纳的各成员买回，其他部分约 1 亿盎司，根据总投票的 85% 作出的决定处理，向市场出售或由各成员购回。

（二）浮动汇率合法化

成员可以自由选择任何汇率制度，可以采取自由浮动或其他形式的固定汇率制度。但成员的汇率政策应受国际货币基金组织的监督，并与国际货币基金组织协商。国际货币基金组织要求各国在物价稳定的条件下寻求持续的经济增长，稳定国内的经济以促进国际金融的稳定，并尽力缩小汇率的波动幅度，避免操纵汇率来阻止国际收支的调整或获取不公平的竞争利益。协议还规定实行浮动汇率制的成员根据经济条件，应逐步恢复固定汇率制度，在将来世界经济出现稳定局面以后，经国际货币基金组织总投票权的 85% 多数票通过，可以恢复稳定的但可调整的汇率制度。这部分条款是将已经实施多年的有管理的浮动汇率制度予以法律上的认可，但同时又强调了国际货币基金组织在稳定汇率方面的监督和协调作用。

（三）提高特别提款权的国际储备地位

协议修订了特别提款权的有关条款，规定未来的国际货币体系应以特别提款权为主要储备资产。协议规定各成员之间可以自由进行特别提款权交易而不必征得国际货币基金组织同意。国际货币基金组织与成员之间的交易以特别提款权替代黄金，国际货币基金组织一般账户中所持有的资产一律以特别提款权表示。在国际货币基金组织一般业务交易中扩大特别提款权的使用范围，并且尽量扩大特别提款权的其他业务使用范围。另外，国际货币基金组织应随时对特别提款权制度进行监督，适时修改或增减有关规定。

（四）扩大对发展中国家的资金融通

以出售黄金所得收益设立信托基金，以优惠条件向最贫穷的发展中国家提供贷款或援助，以解决其国际收支困难。扩大国际货币基金组织信贷部分贷款的额度，由占成员份额的100%增加到145%，并放宽“出口波动实偿贷款”的额度，由占份额的50%提高到75%。

（五）增加成员的基金份额

各成员对国际货币基金组织所缴纳的基本份额，由原来的292亿特别提款权单位增加到390亿特别提款权单位。各成员应缴份额所占的比重也有所改变——石油输出国的比重提高一倍，由5%增加到10%，其他发展中国家维持不变，主要西方国家除联邦德国和日本略增以外都有所降低。

专栏9-4
浮动汇率与美元本位：1973—1984年

除美国以外的其他工业化国家

1. 平缓美元汇率的短期波动，但是不约定官方汇率或不承诺长期汇率稳定。

2. 允许经常账户货币自由兑换，并在未来最终取消资本账户余额限制。

3. 使用美元作为干预货币，并以美国国债的形式保持官方储备。

4. 部分调整短期内国内货币的供给，用于支持主要的汇率干预：当国内货币相对于美元疲软时，减少货币供给；当国内货币相对于美元坚挺时，增加货币供给。

5. 独立制定长期的价格水平目标和货币供给目标，并允许在长期内通过调整汇率来抵消差异。

美国

1. 保持在外汇市场上的主动性，在不考虑国际收支平衡也不考虑汇率目标的情况下自由贸易，无须保持大量的官方外汇储备。

2. 保持美国资本市场对个体居民和外国政府的借贷开放。

3. 致力于建立独立于其他工业化国家的汇率政策与货币政策——无须钉住任何的一般价格水平。

资料来源：Ronald I. Mckinnon “The Rules of Game：International Money in Historical Perspective” Journal of Economic Literature，1993，31（3），p. 29.

二、牙买加体系的特点

（一）多元化的国际储备体系

根据修改后的《国际货币基金协定》，未来的国际货币体系应以特别提款权为主要储备资产，但事实上，国际货币基金组织仅在1970—1972年和1978—1981年进行过两轮普通性分配，加上2009年为应对次贷危机分配的1 826亿，特别提款权的总分配额为2 041亿，在世界各国国际储备中的比重不足5%，远远不及以美元、英镑、日元为代表的自由外汇。此外，黄金仍然在国际储备体系中占有一席之地。

（二）多样化的汇率制度

根据1978年国际货币基金组织协议修正案，国际货币基金组织成员可以自行安排汇率制度。从各国的实际情况看，受经济开放程度、资本自由流动的程度等条件影响，不同的国家选择了完全不同的汇率制度。有些学者把这种汇率安排称为“无体制的体制”，也有人称之为“混合体制”。

（三）多种国际收支的调节手段

在布雷顿森林体系中，国际收支的调节依靠国际货币基金组织信贷或者调整汇率来实现。但由于国际货币基金组织资金来源有限和汇率调整的困难，使国际收支调节的效果难以保证。有鉴于此，牙买加体系允许成员通过汇率、利率、国际金融市场以及国际货币基金组织的协调作用等多种手段来调节国际收支，以图建立一个灵活有效的国际收支调节机制。

三、对牙买加体系的评价

根据历史经验，一种健全的国际货币体系应具备以下条件：（1）拥有稳定的货币发行基础，以保持国际货币体系的相对稳定；（2）国际储备在国际管理下，能够随着国际贸易的增长而不断和适度地增加，以避免引起世界性通货膨胀或发生国际清偿能力不足的问题；（3）国际金融机构应具有有效调节和纠正各国国际收支的能力。牙买加体系成立后，确认了浮动汇率制的地位，实现了多种储备货币并存，同时，由于浮动汇率制在理论上具有自动调节国际收支的功能，该体系被认为满足了上述三个条件。自成立至今的30多年时间里，牙买加体系对维持国际经济正常秩序和推动世界经济的发展均起到了积极的作用。

首先，多元化的储备体系不仅满足了国际经济交易增长的需要，还相对降低了单一中心货币对世界储备体系稳定性的影响，并在一定程度上解决了“特里芬难题”。在多元化储备条件下，即使某一国货币发生贬值，也不一定会危及储备体系的稳定性。当某一个储备货币发行国出现国际收支逆差，该储备货币发生信用危机时，其储备货币的地位会有所下降，而让位于其他信心良好的储备货币。当某种储备货币国不断盈余难以提供足够的国际清偿力时，又有其他储备货币补充国际清偿力的不足。于是，多元化储备制度在世界经济的繁荣和衰退期都可以比较适应。此外，多元化的储备体系为一国进行外汇管理提供了更多的手段，减少了单一货币本位下汇率变动带来的风险。

其次，以主要货币汇率浮动为主的多种汇率安排体系能够比较灵活地适应世界经济形势多变的状况。主要储备货币的浮动汇率可以根据市场供求状况自动及时调整，从而灵敏地反映经济状况，有利于国际贸易和国际金融交易的进行。同时，自由的汇率安排能使各国充分考虑本国的客观经济条件，并使宏观经济政策更具有独立性和有效性，而不必为了维护汇率的稳定而丧失国内的经济目标。

最后，多样化的国际收支调节手段，比较适应世界经济发展不平衡，各国经济发展水平相差悬殊，以及各国发展模式、政策目标和客观经济环境各异的特点，从而有效缓和了布雷顿森林体系时期国际收支调节机制失灵的困难。

牙买加体系仍然存在许多问题，主要表现在以下三个方面。

第一，汇率制度存在严重的不均衡性和不稳定性。牙买加体系明确规定，国际合作的基本目标是经济稳定而不是汇率稳定，承认了浮动汇率制度的合法性。但实际上，绝大多数国家尤其是发展中国家，基于本国经济金融发展的现实水平，选择了具有固定性质的钉住汇率制度。[①] 在钉住汇率制度下，一国的加权有效汇率主要取决于所钉住货币汇率的波动状况，而与本国经济脱钩，势必造成本国汇率对经济的非均衡干扰。同时，钉住汇率相对固定的特性加大了本币受国际游资冲击的可能性，发达国家和发展中国家的利益冲突更加尖锐和复杂。1978 年国际货币基金组织协议修正案允许各国根据自身情况选择不同的汇率制度，多种汇率制度并存加剧了国际货币体系运行的复杂性，汇率波动货币战争经常爆发，小国利益更容易受到侵害。

第二，储备货币管理的难度增加。首先，“特里芬难题”并没有得到解决，多种储备货币并没有从根本上解决储备货币同时担负世界货币和储备货币所在国本币的双重身份所造成的两难。当维护世界金融秩序和国际支付能力的目标与维护国内经济平衡的目标发生冲突时，这些国家必然侧重于后者，从而对别国和世界经济带来负面影响。更为重要的是，美元仍然是国际储备中最主要的货币[②]，在布雷顿森林体系下的固定汇率制使美国也需承担维持美元汇率稳定的责任，美国发行美元的数量尚且受到一定的约束，而在牙买加体系的浮动汇率制下，美国并无维持美元对外价值稳定的义务，美国拥有了不受约束地增发美元、向世界输出美元的便利。其次，由于实行了浮动汇率制，主要储备货币的汇率经常变动，对发展中国家是非常不利的。发展中国家经济基础薄弱，又缺乏对付金融动荡的经验和物质准备，往往成为各种外部冲击最早、最直接的攻击对象。最后，储备货币的多样化增大了国际金融市场上的汇率风险，使短期资金流动频繁，增加了各国储备资产管理的难度。

第三，国际收支的调节机制仍不健全。牙买加体系允许成员可以动用汇率、利率、国际金融市场以及国际货币基金组织贷款来调节国际收支，从理论上讲应该是一个有效的调节机制，但实际运行结果表明，这一机制仍然不健全。

在浮动汇率制下，汇率应该是国际收支调节的主要手段。但实际上，汇率机制的调节作用并没有预期的那么大。对于发展中国家来说，其进出口需求弹性一般都很低，出口供给弹性不大，满足不了“马歇尔—勒纳条件”。而且不少发展中国家采用钉住美元的汇率安排，使汇率机制的调节功能更难以发挥。对于发达国家来说，汇率机制的调节也不会立即产生效果，存在所谓的“J 曲线效应”。此外，汇率的过度浮动只是增加了市场上的不稳定性，甚至恶化了相关国家的国际收支状况。

---

① 国际货币基金组织的报告显示，2009 年其 188 个成员中实行钉住汇率制度的货币有 101 种。

② 由于现行国际货币体系仍然是围绕美元展开的，发展中国家和许多新兴市场经济体实行的是钉住美元的汇率制度，有人将其称为“新布雷顿森林体系”。

利用利率机制实际上主要是通过国际收支资本账户的盈余和赤字来平衡经常账户的赤字和盈余。但是，利率对国际收支的影响并非是单向的。例如，一国为了改善国际收支的逆差而实施高利率政策，在吸引资金流入的同时，也促使外汇市场上对该国货币的需求大于供给，从而导致该国货币升值，货币的升值不利于该国对外贸易收支，进而使调节国际收支的效果难以保证。

利用国际金融市场来调节国际收支就是通过在国际借贷来平衡国际收支。顺差国贷出资金，而逆差国借入资金，以调整阶段性的国际收支失衡。但是，巨额的资金通过国际金融市场在国际间频繁地转移，不仅导致国际金融领域的动荡和混乱，还曾酿成20世纪80年代初发展中国家的债务危机。

根据国际货币基金组织协议，它不仅应向赤字国提供贷款，还应指导和监督赤字国和盈余国双方进行国际收支调整，以便双方对称地承担国际收支的调整义务。但是，由于国际货币基金组织的资金来源有限，“稀缺货币条款”难以实施，国际货币基金组织虽然在调节国际收支失衡，尤其是帮助发展中国家解决国际收支困难方面做了大量的工作，但它所起的作用，相对于世界性国际收支失衡来说，仍然是有限的。

第五节　国际货币体系的改革

20世纪90年代，金融危机频频爆发。继1992年欧洲货币危机后，1994年、1997年又相继爆发了墨西哥金融危机和亚洲金融危机。进入21世纪以来，金融危机在发达经济体相继爆发，先有始发于美国的次贷危机蔓延至全球，后有欧洲各国深陷主权债务危机，全球经济失衡加剧，一系列的刺激计划之后经济复苏仍显乏力。在经济刺激政策无效并逐渐退出后，各国学者已将注意力集中到对危机爆发深层次原因的分析上，现行国际货币体系的合理性遭到了国内外学者的普遍质疑，对其进行改革的相关事宜被重新提上日程。

理论界普遍认为，国际货币体系的缺陷是近三十年来世界金融危机频发的制度性根源，美国前财政部长Lawrence H. Summers甚至把这种国际货币体系格局下的世界经济称为“金融恐怖平衡”（Balance of Financial Terror）。

归纳起来，理论界关于国际货币体系改革的方案主要有以下五种：重回金本位制、重新构建布雷顿森林体系、建立以汇率完全浮动为特征的国际货币体系、实行多元货币本位、设立超主权货币本位。

一、重回金本位制

很多来自发展中国家的经济学家提出了所谓“新的金本位制”构想，即全球所有国家同时加入金本位制国家联盟，来一致确定或同时变更其货币相对于黄金的稳定关系。据说这样既保留了目前金融全球化可能带来的全球福利增进，又克服了资本积累和世界经济的虚拟化（Spencer，M，1995）。一些发达国家的左派经济学家，例如美国的哈罗德等（姜凌，1999）也赞同这个构想，其理由是：第一，货币作为价值尺度自身必须具有价值，现行的信用货币体系只能导致人们对纯粹信用货币的疯狂追逐和进入资产的无节制膨胀；第二，目前的黄金储备数额巨大，足以保证以黄金为基础的货币取得相当的稳定性；第三，金本位制能更有效地克服经济国家主义，由于各国货币实际上是用黄金表征的，不存在利用名义汇率的升贬值来行“贸易或金融的国家保护主义之实”的可能（Shelton，J，1998）。

二、重新构建布雷顿森林体系

1997 年 2 月 15 日至 17 日，德国席勒研究所与高克斯国际劳工委员会在瑞斯顿通过的紧急呼吁书中提出，要重建布雷顿森林体系，响应者包括席勒研究所的创办人海尔格、乌克兰国家议会议员那塔利亚、80 位美国现任和前任议员、53 位独联体国家的议员、17 位拉丁美洲的议员、35 位宗教界人士、40 位国际工会领导人，以及来自欧洲、非洲和亚洲的政府首脑和知名人士。

该呼吁书的主要内容包括：第一，目前全球金融投机泛滥和国际金融秩序混乱，世界面临生产衰退和大规模失业。而国际货币基金组织强制推行的所谓改革政策，给苏联、东欧国家以及许多拉美、非洲国家造成严重的社会灾难。整个国际金融体系时刻有倾覆之忧，其政治、社会、军事恶果不堪设想。第二，由于现行国际货币体系已可能威胁到整个人类的文明，所以必须紧急召开新的布雷顿森林会议，世界各个主权国家需要采取联合行动，破除以国际货币基金组织为中心的国际金融体制，建立新的国际金融秩序，进行全球性债务重组和恢复固定货币汇率制度。金融资本全球化本身所包含的发达国家对国际铸币税的垄断，已经使外围国家成为牺牲品。第三，美元充当世界货币是极其危险的。由于美元的特殊地位，美国拥有其他国家不曾拥有的三大特权，包括国际货币体系的垄断权、不受监控的货币发行权以及对全球货币金融事务的一票否决权。

更为极端的恢复新布雷顿森林体系的建议则要么声称全球进入废止现有货币的紧急状态（Larouche，L，2000），要么呼吁销毁货币，重构新的全球官定汇率制和全球中央银行（Shelton，J，1994）。

三、建立以汇率完全浮动为特征的国际货币体系

布雷顿森林体系暴露了钉住美元、维持固定汇率的缺陷。然而，即使是在布雷顿森林体系崩溃之后，大部分国家仍然选择美元作为主要的国际储备货币，美元仍然处于主导地位，各国在美国经济出现问题的时候，依旧只能被动地承受美国通货膨胀、美元贬值的结果。鉴于此，有的学者认为，建设以汇率完全浮动为特征的国际货币体系才是最理想的。

汇率完全浮动的确具有很多优势，但在这种体系下汇率大幅波动对贸易和投资所带来的负面影响是我们必须重点考虑的问题。诺克思（Nurkse）、蒙代尔（Mundell）和金德尔伯格（Kindleberger）都认为，在完全浮动汇率制度下可能出现内外均衡自动调节效率降低、货币政策溢出效应加大、货币政策滥用情况增多、通货膨胀国际传导迅速等一系列问题。此外，汇率的完全自由化容易造成投机资本活动频繁，这对一国宏观经济调控能力以及金融市场的发展水平等都提出了更高的要求，很多小国均无法驾驭。

四、实行多元货币本位

蒙代尔（Mundell，1997）曾经预测，21 世纪发生的最重要的事情是美元和欧元能和谐共处，直指未来国际货币体系的发展方向——多元货币本位。推动国际货币体系发展为多元化的货币体系也是绝大部分发展中国家学者的立场，这是国际货币体系在可预见的未来最可能的演进方向。

历史上，几种替代货币可以同时存在，艾肯格林（Eichengreen，2009）认为，20 世纪 40 年代英镑、美元双寡头之间的竞争推动了市场纪律建设，美元、欧元在过去 10 年的双寡头竞争则通过对政府和中央银行引进市场纪律提高了经济政策的有效性（Bergsten，2009）。多元化的国际储备货币体系下，单个储备货币的危机不至于导致整个国际货币体系的巨大动荡，同时，符合区域一体化和全球多极化的趋势，有利于形成若干个相互竞争的国际区域货币，摆脱对某一国货币的过度依赖。

但是，也有学者提出，即使国际货币体系演化到多元本位制，主权国家货币作为国际本位货币所引发的一系列问题依旧存在。“特里芬难题”仍未解决，只不过从单一的美元变成了多种国家的货币。尽管当一国出现某种货币过剩的情况时还有其他国家的货币可以维持固定汇率，但这也只能起到暂时缓和的作用。只要是以主权国家的货币作为国际本位货币，最终都必将出现与布雷顿森林体系相似的情况，只不过是时间长短的问题。

五、设立超主权货币本位

在次贷危机爆发后的 G20 伦敦峰会上，时任中国人民银行行长周小川认为，“此次金融危机的爆发与蔓延使我们再次面对一个古老而悬而未决的问题，那就是什么样的国际储备货币才能保持全球金融稳定、促进世界经济发展”。理论上讲，国际储备货币的币值首先应有一个稳定的基准和明确的发行规则以保证供给的有序；其次，其供给总量还可及时、灵活地根据需求的变化进行增减调节；再次，这种调节必须超脱于任何一国的经济状况和利益。当前以主权信用货币作为主要国际储备货币是历史上少有的特例。此次危机再次警示我们，必须创造性地改革和完善现行国际货币体系，推动国际储备货币向着币值稳定、供应有序、总量可调的方向完善，才能从根本上维护全球经济金融稳定。

关于改革国际货币体系的思考

周小川指出，应创造一种与主权国家脱钩并能保持币值长期稳定的国际储备货币，从而避免主权信用货币作为储备货币的内在缺陷。美联储前董事会主席 Paul Volcker 也认为全球化的经济需要一种全球货币。

国内外很多学者都认为可以将特别提款权（SDR）发展为超主权货币。在他们看来，作为一种特殊的复合型储备资产，SDR 具有任何一种主权货币均不具备的优势，通过为 SDR 赋予新的活力，不仅可以发展一种新型的储备资产，缓解储备不平衡，而且可以减少汇率波动，提高新兴市场国家的货币在国际货币体系中的地位。尽管具备可行性，但事实是，只占全球储备 4% 的 SDR 无论是在价值的稳定性、还是在适用范围上均不符合要求。同时，由于 SDR 不能用来干预外汇市场、不能用来偿付跨境债务，故其不能完成储备资产的两大基本任务。此外，面对美元强大的“网络外部性”，要想将目前仅作为补充性储备资产的 SDR 发展为日后全功能的超主权货币，其难度可想而知，必须在其具体的运行机制、各国份额的安排、国际发行量、市场流动性、市场准入等方面进行深入的改革。

本章小结

1. 国际货币体系是规范国家间货币行为的准则，是在世界范围内各国都应该遵守的货币制度。国际货币体系对国际金融活动的顺利进行具有决定性影响。

2. 国际货币体系的主要内容包括汇率的确定与维持、国际收支调节机制、国际储备资产的确定、国际货币事务的协调与管理。

3. 在历史上，先后存在过国际金本位制度、布雷顿森林体系和牙买加体系。

4. 现行的国际货币体系无论是汇率制度还是储备制度，都有改革的必要。

关键词

国际货币体系（International Monetary System）
国际金本位制度（Gold Standard）
布雷顿森林体系（Bretton Woods System）
特里芬难题（Triffin Dilemma）
牙买加体系（Jamaica Accords）
国际货币基金组织（International Monetary Fund）

本章重要概念

国际货币体系　国际金本位制　布雷顿森林体系　牙买加体系　黄金双价制　汇率目标区　特里芬难题

思考题

1. 对牙买加体系进行评价。
2. 什么是“特里芬难题”？
3. 简要评述国际货币体系改革的主要方案。
4. 次贷危机暴露了现行国际货币体系哪些缺陷？
5. 谈谈对“超主权货币”的看法。

练习题

1. 国际货币体系包括哪些内容？
2. 国际货币体系的划分标准是什么？
3. 简述金本位制度的主要特点。
4. 美国的金融霸权是如何形成的？
5. 布雷顿森林体系包括哪些内容？
6. 如何评价“新布雷顿森林体系”？

案例题

2016 年 10 月 1 日，国际货币基金组织发表声明宣布人民币加入 SDR 货币篮子正式生效，SDR 货币篮子的币种和权重相应进行了调整，正式扩大至美元、欧元、人民币、日元、英镑 5 种货币，权重分别为 41.73%、30.93%、10.92%、8.33%和 8.09%，对应的货币数量分别为 0.58252、0.38671、1.0174、11.900、0.085946。

同时，SDR 汇率和利率也进行了相应调整，人民币汇率和 3 个月国债利率分别进入 SDR 汇率和利率的计算。

人民币正式入篮 SDR 后，各国央行持有的人民币资产被国际货币基金组织承认为外汇储备。国际货币基金组织会相应地修改外汇储备币种构成统计调查（COFER）的统计报表，将人民币纳入统计。人民币还成为国际货币基金组织的交易货币，向国际货币基金组织缴纳份额、国际货币基金组织向成员国提供贷款、成员国向国际货币基金组织还款以及国际货币基金组织向成员国支付利息等在内的国际货币基金组织官方交易均可使用人民币进行。

讨论下列问题：

（1）人民币入篮对国际货币体系改革有何意义？

（2）人民币入篮对人民币国际化有何意义？

（3）一国货币加入 SDR 需具备哪些条件？

第十章
金融全球化与国际货币合作

本章知识结构

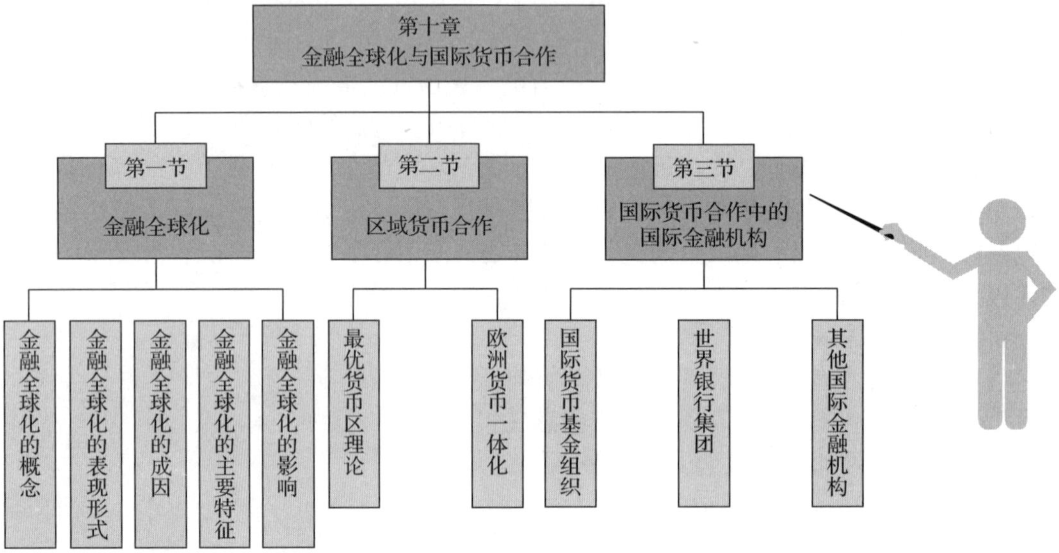

本章学习目标

- 熟悉金融全球化的含义、表现形式、成因及其影响。
- 理解最优货币区理论，把握最新区域货币合作趋势。
- 了解主要国际金融机构及其职能。

章前引例

国际货币基金组织和世界银行每年召开春季会议和秋季年会。与会的各国财政部长、央行行长，以及专家学者等就世界经济形势、宏观政策协调、全球发展等广泛议题展开探讨。受新冠肺炎疫情影响，2021 年国际货币基金组织和世界银行春季会议于 2021 年 4 月 5 日至 11 日在线举行。这是疫情导致全球各主要经济体 2020 年经济活动急剧且同步萎缩背景下，国际货币基金组织和世界银行第二次以视频形式召开年会。

新冠肺炎疫情加剧了此前就已经存在的反全球化思潮，金融全球化面临着严峻挑战。在全球经济增长存在极大不确定性的背景下，面对新冠肺炎疫情、贫富差距和气候变化等世界经济难题，唯有加强包括货币合作在内的多边合作，方能实现包容和稳健的经济复苏。

金融全球化是当今国际金融领域最引人注目的趋势之一，它不仅是一个金融活动超越民族国家界限的过程，也是一个风险发生机制相互联系而且趋同的过程。区域货币金融合作是国际金融领域另外一个重要趋势，参照最优货币区理论，许多区域进行着不同层次的货币合作。全球性的国际金融机构和区域性的国际金融机构分别在全球性货币合作和区域性货币合作中发挥了重要作用。

第一节　金融全球化

金融全球化是自 20 世纪 70 年代末以来世界金融发生深刻变革的最新发展阶段。进入 20 世纪 90 年代以来，金融全球化更是呈现出加速发展的势头，特别是自亚洲金融危机爆发以来，它更成为人们关注的焦点问题。受金融全球化的影响，1997 年源于泰国的金融危机，在“多米诺骨牌效应”下迅速演变成亚洲金融危机，其影响之大可谓空前，东盟、韩国、日本、俄罗斯、巴西等国家和地区都受到了冲击，世界经济亦受此拖累，经济增长速度由 1997 年的 4% 下降到 1998 年的 2.5%。2007 年爆发于美国的次贷危机最终演变成国际金融危机，给世界经济造成深远的影响。金融全球化日益成为国际金融领域的一个重要影响因素。

一、金融全球化的概念

（一）金融全球化

金融全球化是金融业在全球范围内的一体化，是世界各国和地区取消资本项目管制，使资本在全球各个金融市场自由流动，最终形成全球统一市场的趋势。

金融全球化（Financial Globalization）是 20 世纪 90 年代以来国际金融界谈论最多的话题，它是全球金融活动和风险发生机制联系日益紧密的一个过程。从主体上来说，这一过程固然很强烈地反映了若干发达国家和国际经济组织的意向，但主要是无数私人资本通过市场的逐步一体化而推动的。金融全球化有三个重点：(1) 金融全球化不仅是一个金融活动超越国界的过程，也是一个风险发生机制相互联系而且趋同的过程；(2) 金融全球化的微观动机是若干经济组织基于牟取利益的自发活动；(3) 金融全球化是一个不断深化的有着明显阶段性的自然历史过程。

金融全球化的趋势并非自发形成的，它与经济全球化的发展紧密相关。经济全球化（Economic Globalization）是指商品、服务、技术及资金在全球范围内的大规模流动，最终使各国经济相互渗透、相互依存的一种趋势。经济全球化主要表现在以下五个方面：(1) 金融全球化；(2) 贸易全球化；(3) 产品全球化，即越来越多的产品生产超出一国范围而成为国际分工协作的产物；(4) 跨国公司的发展；(5) 国家经济联盟或协调组织的发展。

正如金融是现代经济的核心一样，金融全球化也是经济全球化的核心，但金融全球化又有其自身规律和丰富内容。也就是说，金融全球化是经济全球化的一个方面，是经济全球化的组成部分，是经济全球化的高级阶段，但它同时又具有自身发展规律，并在很大程度上独立于实体经济。根据国际清算银行三年一度的调查统计，截至 2019 年 4 月，全球日均外汇交易量高达 6.6 万亿美元，创下历史新高，较 2016 年的 5.1 万亿美元同比增长 29%，外汇衍生品增长迅速，尤其是外汇掉期交易，远超外汇现货交易。从世界范围来看，越来越多的资本流动和外汇买卖严重脱离了生产和贸易活动。

专栏 10－1

金融“逆全球化”了吗

麻省理工学院（MIT）经济学博士、MIT 斯隆管理学院管理学和全球经济学教授克里斯汀·福布斯（Kristin J. Forbes）指出，关于金融全球化的风险和收益，人们已经做了很全面的讨论。大部分讨论是基于一种认识，那就是金融全球化势不可当。但是，这一切会不会是“明日黄花”？2008 年之后，国际资本流动大幅下降，毫无回到危机前水平的迹象。如今跨境金融流动的全球化水平与 1983 年的情况一样。用“金融逆全球化”描述今天的情况，可能要比“金融全球化”更准确一些。

资料来源：克里斯汀·福布斯，张大川. 金融“逆全球化”了吗——且看资本流动、银行和披头士乐队 [J]. 国际社会科学杂志（中文版），2017，34（1）：57－81＋6＋10.

（二）金融全球化与金融自由化、金融国际化和金融一体化

金融全球化是与金融自由化、金融国际化和金融一体化密切联系的，但也有所区别。金融自由化、金融国际化和金融一体化从不同侧面推动了金融全球化。

1. 金融自由化（Financial Liberalization）。金融自由化从一国国内的角度促进了金融全球化的发展。金融自由化是指一国国内金融管制的解除，主要包括利率自由化、银行自由化、金融市场自由化等。例如，许多发展中国家在 20 世纪 80 年代末、90 年代初开始加入金融自由化的浪潮。20 世纪 90 年代美国开始逐步放松对商业银行的限制，包括

放松对银行证券业务领域的限制以及撤销对商业银行跨州经营的限制等。

2. 金融国际化（Financial Internationalization）。金融国际化是从国际的角度促进了金融全球化的发展。金融国际化包括外商银行在本地增设分支机构、营业范围放宽、本国银行到外国设立分支机构、发展境外金融中心与外币拆放市场、资本项目的放开等内容。

3. 金融一体化（Financial Integration）。金融一体化是金融自由化和金融国际化发展的结果，也是金融全球化最重要的体现。金融一体化是指以国内金融市场和国际金融市场相互贯通，并以国际金融中心为依托，通过信息网络和金融网络形成全球统一的、不受时空限制的、无国界的全球金融市场的趋势。然而，金融一体化的发展，使得证券、外汇及货币市场也相互贯通，全球各地和各类金融市场相互融合，连为一体，进而使得全球金融市场的系统性金融风险增大，各市场之间的相关性提高。

二、金融全球化的表现形式

（一）资本流动全球化

它是金融全球化最突出的表现。在布雷顿森林体系下，国际资本流动是受到严格控制的。布雷顿森林体系崩溃以后，较富裕的国家开始解除对资本的控制。进入 20 世纪 80 年代后，国际资本流动呈现不断加速和扩大的趋势。许多发展中国家在 20 世纪 80 年代末和 90 年代初也开始开放其资本账户及相应的资本市场。20 世纪 90 年代以来，在经历了 80 年代末短暂的调整之后，国际资本流动再次表现出强劲的增长势头，巨额的资本瞬间可以实现跨国流动。同时，国际资金也从发达国家逐步流向发展中国家，尤其是新兴市场国家和地区。在资本流动全球化大潮的推动下，国际金融领域正逐步向货币自由兑换、资本自由进出和资本在行业间自由转移的方向发展。

（二）金融市场全球化

全球性金融市场的形成和发展，是国际资本流动的基础和载体。目前的国际金融中心已不再局限于少数几个发达国家的金融市场，而是开始向全世界各地分散。与此同时，由于电子技术的广泛运用，计算机和卫星通信网络正在把遍布世界各地的金融市场和金融机构紧密联系在一起，全球性的资金调拨和融通几秒钟便可以完成，从而形成一个多时区、多方位的全球金融市场，各金融市场之间价格的关联程度高。伴随着全球金融市场的日趋活跃，世界金融市场的交易量也随之迅速膨胀，特别是离岸金融市场，发展更是迅速。

2011 年 2 月，纽约泛欧交易所和德意志证券交易所双方就业务合并事宜达成最终协议。2020 年 10 月，泛欧交易所收购意大利证券交易所。泛欧交易所成为全球最大的交易所运营商。这次两强之间的联盟将建立起一个跨越美国、德国、法国、荷兰和葡萄牙的全球最大证券和金融衍生产品交易平台，垄断 90% 以上的欧洲期货和衍生品市场，从而彻底改变交易所之间的竞争格局。

（三）金融机构全球化

随着全球竞争的加剧和金融风险的增加，为了融资和业务竞争的需要，一些国家的银行和金融机构纷纷在其他金融市场开设分支机构，拓展海外业务。与此同时，国际上许多大银行都把扩大规模、扩展业务以提高效益和增加抗风险的能力作为发展战略，于是出现了全球性银行业合并和兼并的浪潮，使得超巨型跨国商业银行和投资银行不断涌现。

专栏 10－2

全球化经营的中国银行

作为国际化水平最高的中资银行，中国银行努力开创全球化发展新格局。截至2020年末，中国银行海外商业银行客户存款、贷款总额分别为4 851.44亿美元、4 077.97亿美元，2020年实现利润总额67.28亿美元，对集团利润总额的贡献度为18.83%。截至2020年末，中国银行共拥有559家海外分支机构，覆盖全球61个国家和地区，其中包括25个“一带一路”沿线国家。

（四）货币体系全球化

全球贸易和资本流动需要全球货币体系即国际货币体系的支持。从历史发展看，国际货币体系经历了从金本位到1945年布雷顿森林体系，从布雷顿森林体系解体到牙买加体系形成的过程。目前，美元在国际货币体系中占据着半壁江山。但是，1999年启动的欧元不断对美元的地位发起挑战。货币体系全球化的推进不仅是金融全球化的表现形式，也是其不断发展的必然结果和趋势。2015年11月30日，国际货币基金组织（IMF）宣布将人民币纳入特别提款权（SDR）货币篮子，并于2016年10月1日正式生效。人民币成为继美元、欧元、日元、英镑之后第五种加入SDR的货币。人民币在SDR比重为10.92%，超过日元和英镑位列第三。

（五）金融协调和监管全球化

资本流动、金融市场、金融机构和货币体系全球化必然要求有相应的国际金融协调监管机制和机构，于是金融协调和监管的全球化便应运而生。G7是发达国家之间重要的金融协调机制，国际货币基金组织是典型的国际金融协调机构，而成立于1930年的国际清算银行也是国际金融协调机构之一，由该机构发起拟定的《巴塞尔协议》《有效银行监管的核心原则》《巴塞尔新资本协议》为越来越多的国家所接受，这标志着全球统一的金融监管标准趋于形成。

2010年9月，巴塞尔委员会推出了《巴塞尔协议Ⅲ》草案。2013年1月，巴塞尔委员会发布了《巴塞尔协议Ⅲ》的最新版本，该协议成为全球金融监管的手册。

（六）金融危机的全球化

金融全球化固然便利了金融往来和金融融资，但大量而迅速的全球资金流动，也将各国的经济更紧密地联系在一起，使各国间经济的联动性不断增强，经济波动和经济危机的传递性越来越明显。一旦一国出现金融动荡，便会迅速引起连锁反应，危及全球金融系统的稳定。2008年的国际金融危机被认为是20世纪30年代大萧条以来涉及范围最广、破坏力最大、影响最为深远的全球性危机。

自2007年年初美国次贷危机初步爆发后，危机迅速由次贷领域蔓延至整个金融市场和美国实体经济，随后欧洲、日本、韩国、俄罗斯、澳大利亚等地区和国家的金融体系也受到波及。2008 年 9 月中旬，次贷危机已全面升级为国际金融危机，危机导致的股价大跌、货币贬值、银行信贷紧缩，彻底摧毁了全球投资者的信心，猛烈冲击并动摇着美国及全球金融经济体系。

三、金融全球化的成因

金融全球化的过程虽早已开始，但它最终形成于 20 世纪 70 年代以后。其主要的形成原因有以下几点：

（一）经济全球化是带动金融全球化的根本动因

金融全球化是经济全球化的重要组成部分，经济全球化的发展趋势决定了金融也必将走向全球化。经济全球化进程中生产力超越国界发展，国际贸易、直接投资迅猛增长，金融资本在全球范围内大规模流动，这些都要求金融体系深化和创新，在制度、结构、范围和内容上符合经济全球化的客观要求。瑞士 KOF 经济研究所编制发布全球化指数（见表 10－1），经济全球化包含贸易全球化和金融全球化。从 2021 年公布的最新数据来看，经济全球化指数与金融全球化指数几乎具有相同的走势，说明经济全球化与金融全球化互相影响。值得指出的是，自从 20 世纪 80 年代初期以后，金融全球化程度就一直高于经济全球化程度。

表 10－1　全球化指数

年份	1970	1980	1990	2000	2010	2011	2012	2013	2014	2015	2016	2017	2018	2019
经济全球化	37	41	45	54	57	58	58	58	58	58	58	58	59	59
贸易全球化	39	43	43	52	56	57	57	57	57	56	56	57	57	57
金融全球化	35	40	46	55	58	58	58	58	60	59	60	60	60	60

资料来源：瑞士 KOF 经济研究所。

（二）技术革新和进步为金融全球化发展提供了保证

信息、网络技术的高速发展及其在金融领域的广泛应用为金融全球化的实现创造了条件。从 20 世纪 70 年代起，电子计算机开始在世界金融业中应用。信息处理、电脑和电信技术的发展使得信息费用以每年 15%～25% 的比例下降。低成本且传播迅速的电信为创造全天候的全球金融服务起了重要作用。它增加了信息量，鼓励了金融机构广泛应用新工具，并且在某种程度上还改变了金融市场的职能。金融信息传递和处理的全球网络的形成，一方面使世界各金融市场在时间和空间上相互连接，形成统一的整体，使跨国银行提高了对任何一个金融市场行情变化的快速反应能力，并大大降低了交易的成本；另一方面，也使银行能够开展诸如“利率互换”“货币互换”等需迅速传递和处理的金融创新业务。

（三）金融管制的放松为实现金融全球化扫清了政策性障碍

在过去，世界各国都对本国金融实行严格的控制，跨越国境的金融交易通常与各国的国内金融市场相对割裂开来，采取一种相对独立于各国金融体系的形式来进行，并受到本国法规和国际惯例两套各不相同的规则制约。20 世纪七八十年代以来，发达国家逐渐放松了金融管制，发展中国家则进行了以金融深化为目标的金融体制改革。比如 1974

年，美国取消了利息平衡税，1980年又取消了存贷利率限制；1979年，英国取消了对资本流动的所有限制，1986年又实施了“金融大震荡”，解除了伦敦证券交易所会员限制，废除了经纪人最低佣金制；日本继20世纪80年代推行金融国际化进程之后，在20世纪90年代又进一步实施了金融改革计划，包括开放外汇市场，废除外汇交易许可证制度，取消东京外汇市场固定买卖时间，允许银行、证券和保险业务交叉。1999年，美国也颁布了《金融服务现代化法案》，拆除了银行业和证券业之间长达66年的“格拉斯—斯蒂格尔墙”，使混业经营获得了法律上的支持。这些措施使世界主要金融市场的差异缩小，趋于一体化。

（四）金融创新促进了金融全球化发展

综观金融发展史，金融发展的每一次高潮无一不是由金融的制度创新和工具创新推动的。从欧洲货币市场到各种金融衍生工具的创立，金融全球化的浪潮一浪高过一浪。据统计，目前国际金融市场上已知的金融衍生工具有1 200多种，而且这些工具还在不断地排列组合，几乎每天都在创造新的金融品种。金融创新提供了高效率、低成本的避险手段，提高了金融机构和金融市场的运作效率，促进了全球性市场的形成。但与此同时，金融创新也放大了金融风险。这些新型的金融工具往往存在诸多不足，如设计不完善、操作复杂、规则不健全、监管滞后等，再加上金融投资的杠杆作用，使得金融衍生产品的交易极易失去控制，从而使规避风险的手段反而成为新风险的发源地。为了规避新的风险，又会有新一轮的创新。

（五）跨国公司的迅猛发展带动了金融全球化

跨国公司的迅猛发展是经济全球化的一个重要表现。目前，1/3的全球产量、2/3以上的全球贸易、90%左右的对外直接投资由跨国公司直接控制或与它们有关，其对国际贸易和直接投资所产生的推动力十分巨大，与之相关的金融活动也无时无刻不在发生着。这便要求金融业要适应跨国公司发展及其业务的需要，为之提供全面、及时的金融服务。此外，在跨国公司内部，经济资源的配置直接跨越了国家和地区的界限。与此同时，通过其与各国民族企业的生产、加工和销售的联系，跨国公司开发了各国经济在产业层次、企业层次、产品层次、工艺层次的全面联系，因而推动金融全球化的直接动力是跨国公司的发展。

四、20世纪90年代以来金融全球化的主要特征

（一）离岸金融市场不断衰落，金融衍生产品市场不断崛起

从发展历史来看，离岸金融市场是资本追求金融自由化的产物，它以全球大多数国家（尤其是主要工业化国家）实施严格金融管制为前提。当各个国家纷纷放弃国内金融管制后，在岸市场和离岸市场运行法则和经营条件逐渐趋于一致时，离岸金融市场的作用就会逐渐消失或者大大降低，离岸和在岸的区别也逐步拉平，离岸业务可能逐步回归为在岸业务，在离岸金融市场获取超额利润的机会和条件会逐渐减少，离岸金融市场的吸引力也就逐渐下降。另外，随着金融衍生产品的不断推出，整个金融交易的结构发生了不利于传统存贷业务的转变，各国的大银行均逐渐减少了银行间市场的业务量，同时把大量业务转向金融衍生品市场（见表10－2）。这种发展趋势对于离岸金融市场的打击

是致命的，因为银行间市场交易正是离岸金融市场的主要业务。因此可以预见，随着金融创新和全球金融自由化进程的深入，金融衍生品市场将不断崛起，离岸金融市场在全球市场中的份额将逐渐下降，然而，由于各国还不可能完全取消对金融的监管，离岸金融市场仍有一定的发展余地。

表 10－2　　**全球场外交易衍生工具市场规模**　　单位：万亿美元

年份	2000	2005	2010	2011	2012	2013	2014	2015	2016	2017	2018	2019	2020
利率类	72.23	229.41	492.35	533.31	521.25	600.82	519.61	395.14	385.51	426.65	436.83	448.97	466.49
信用类	0.14	19.99	31.09	29.91	26.33	21.53	16.85	12.64	10.10	9.58	8.37	8.12	8.65
外汇类	20.05	37.48	67.91	74.29	78.06	78.49	82.06	75.95	78.78	87.12	90.66	92.18	97.55
总和	95.15	299.26	601.04	647.81	635.68	710.09	627.79	492.54	482.42	531.91	544.38	558.51	582.06

资料来源：国际清算银行。

（二）机构投资者异军突起

在全球资本流动中，最引人注目的现象就是机构投资者地位的急剧上升，管理的资产庞大，尤其是亚洲金融危机后，资产管理产业更增加了几分传奇色彩。可以说，机构投资者的产生和发展，对于市场交易量、证券发行格局、国际资本流动、市场稳定性、产业组织和公司治理结构都有着重大影响。

仅以中国证券市场为例，根据中国证监会 2020 年年报披露的数据，截至 2019 年年末，中国证券市场共有证券投资基金 6 111 只，证券公司 133 家，基金公司 128 家，期货公司 149 家，合格境外机构投资者 316 家，人民币合格境外机构投资者 247 家。机构投资者成为金融市场上最重要的参与者。

（三）国际游资实力膨胀

20 世纪 90 年代以来，随着金融工具日新月异、金融资产迅速膨胀、国际资本私人化和大量资金在境外流通，国际资本日益显示出“游资”特点。首先，这些游资是高速流动的，只需一个电话或一个按钮就完成了巨额资金的流动，天文数字的交易瞬间完成。其次，国际游资日益呈现出集体化倾向。由于机构投资者的迅速发展，游资实力雄厚，这些投机专家往往判断趋同，容易产生“羊群效应”。再次，交易的杠杆化特征明显，其中金融衍生工具的杠杆交易特征最显著。最后，发展中国家，尤其是新兴市场国家和地区日益成为游资肆虐的对象。毫无疑问，这些游资使证券市场的供求关系得到调节，使金融市场的流动性和活力明显加强，但是其危害性也不容忽视，经济泡沫化、汇率无规则波动、货币政策失灵以及传播扩散效应是游资引发的主要后果，国际金融风险因此加剧。

五、金融全球化的影响

金融全球化对整个国际社会产生了深远的影响。一般来讲，这种影响是双重的，既有积极的一面，也有消极的一面。

（一）金融全球化的积极影响

金融全球化是经济全球化的必然要求，国际贸易的不断扩大势必要求资本要素也随之在世界范围内进行配置，全球经济资源的优化配置能够提高世界的福利水平。

1. 金融全球化推动了国际投资的发展，为一些发展中国家的经济发展提供了机遇。金融全球化可使一些国家的资本余额在世界范围内调节和流动，使一国的经济发展不完全受制于国内的储蓄和积累，如韩国在1962—1983年的20多年间，平均经济增长率为8.3%，其中依靠外资取得的平均增长率为5.2%。墨西哥、巴西等国都曾在利用外资促进本国经济发展方面取得过骄人的成绩。因此，金融全球化为世界各国的投融资带来了极大的便利条件，促进了国际投资的发展，为发展中国家的经济发展提供了前所未有的机遇，使这些国家经济结构发生根本改变，由以农业为主的传统经济转变为以工业为主的现代经济，还使一些国家步入新兴市场国家行列。

2. 金融全球化促进了贸易全球化和自由化的发展，深化了国际分工。世界各国商品和服务之间的交换是以各国间货币的交换为媒介的，没有货币交换就无法实现商品的交换。商品交换是货币交换的基础，反过来货币交换又会促进商品交换的发展。实践证明，一国金融市场对外开放的程度越高，越有利于本国对外贸易的发展；反之，开放程度越低，就越会限制本国对外贸易的发展。第二次世界大战后，国际金融市场不断发展和完善，促使国际贸易迅速发展，也使各国对外贸易依存度不断提高，国际分工日益深化，各国的比较优势得到了充分的发挥。

3. 金融全球化促进了全球经济资源的优化配置，提高了世界经济的发展水平。金融全球化深化了国际分工，突出发挥了各国的比较优势，促进商品在国际间的流动。金融全球化打破了国际资本市场相互隔离的局面，为供需双方在无障碍的国际金融市场中选择多样化的金融工具提供了便利条件，促进了资本的跨国流动。因此，金融全球化使各国间生产要素的流动更加合理，资源配置更趋优化，从而提高了世界经济的发展水平和整体福利。

4. 同业竞争更加符合国际规范。随着金融全球化进程的加快，商业银行之间的同业竞争更多地体现为金融市场上的国际竞争。为使同业竞争符合公平、公正与公开的基本原则，世界贸易组织要求成员国对外来金融机构给予国民待遇，同时成员国要保证经济与金融政策法规高度透明，以使国内外金融机构在信息对称的条件下进行决策与经营。除此之外，国际货币基金组织和国际清算银行等国际金融组织还对各国金融机构的行为进行规范，世界贸易组织也对金融服务贸易中的冲突与摩擦进行具有强制性的仲裁。所有这一切都有利于维护国际金融的纪律和秩序，使国际金融同业竞争更加规范化。

（二）金融全球化的消极影响

1. 全球资本流动尤其是大量投机性短期资本（Hot Money）的流动，往往对一些国家和地区造成突然冲击，使其陷入金融、经济动荡或危机。国际投机家往往凭借支配地位来牟取暴利，加剧市场波动。国际游资的投机性、流动性和逐利性使其时刻关注着各地金融市场的动向和政府决策的制定，一旦发现失误，国际游资铺天盖地地抢入会使任何一个金融体系濒临崩溃。1992—1993年欧洲货币体系危机、1997—1998年亚洲金融危机中都可以看到投机资本的影子。而且，金融危机爆发以后会迅速“传染”到其他国家或地区，演变成更大范围内的金融危机，甚至直接威胁世界经济、金融的稳定与安全。

2. 金融全球化对各国经济发展、经济结构和经济政策产生较大的冲击。目前，金融全球化发展趋势已对各国经济发展速度、经济结构变化方向、经济政策效应等产生越来越明显的影响。在全球化的金融市场中，资本流动非常便利，这使得许多国家，尤其是发展中国家希望通过吸收外资来促进经济发展和提高就业。但是，一旦外资撤离又会使一些国家经济遭受严重打击。

此外，由于各国可在短期内很容易得到资金弥补财政和国际贸易经常项目赤字，从而推迟了财政赤字中结构不平衡的调整，这将改变财政政策的影响范围。在货币政策方面，由于金融全球化造成各国金融市场的联动性极高，以及金融创新的发展，新的金融工具的不断涌现，加上进入国际市场的渠道增加，导致货币政策效果持续的时间及影响范围更加难以预测。如一国为抑制通货膨胀而采取紧缩性货币政策提高利率时，国际资本会伺机而入，从而迫使该国增加货币供应量，削弱紧缩性货币政策的效力。若一国因经济衰退而采取放松银根降低利率的政策，国际资本又会大量逃离，使增加本国货币供应量的目标达不到。另外，国际资本还可能造成虚假繁荣，制造错误信息，对货币政策产生误导。

3. 加大了各国金融监管的难度。在金融全球化的背景下，实施有效监管的难度日趋增加。首先，在金融全球化过程中，资本流动全球化，市场规模巨大，流动速度加快，然而国际资本流动信息的透明度不够，公众、监管部门和评级机构很难评价金融机构或区域金融市场的稳健程度，也无法制定相应的对策防范局部金融动荡的蔓延。目前还缺少全球性的、具有独立权威的国际监管机构，能够协调各国货币当局的政策，迫使本国放弃不恰当的资本流动政策，并拥有独立、充足的资金来源，对突如其来的金融危机实施必要的控制。其次，金融机构全球化趋势也从两方面加大了金融监管难度。一方面，银行业的并购加强了银行业的集中程度，对于监管当局来讲，如何对越来越多的超级银行、巨型银行实施有效监管是其面临的一个新课题；另一方面，银行业的并购在推动银行规模扩大的同时，也逐渐模糊了银行业与证券、保险等行业的界限，业务出现了综合化趋势，跨国银行向“全能型”银行发展，银行业务品种繁多，业务区域遍布全球，这无疑加大了金融监管当局的工作难度，使各项监管措施更加难以及时、有效实施。

4. 由于迄今为止的金融全球化规则多是由发达国家制定的，因此在金融全球化中发达国家处于优势，而发展中国家处于劣势。首先，发达国家往往以其价值和文化取向作为标准，在金融全球化进程中强行向其他国家推销，比如许多拉美国家在20世纪80年代末至90年代初实行了“新自由主义”的经济政策，俄罗斯和东欧以“华盛顿共识”为基础对经济制度和经济体系进行了大规模的私有化、市场化和自由化改革。其次，在亚洲金融危机后国际货币基金组织对韩国、印度尼西亚、泰国开展拯救活动时，贷款的条件非常苛刻，要求接受援助的国家放开市场、改革现有体制。金融全球化过程中这种实力的不对等使各国在贸易与投资领域的矛盾、摩擦不断，各国都希望从中获得更多的比较利益，而不愿失去自己的利益。

央视纪录片《华尔街风云》

专栏 10－3

新冠肺炎疫情导致全球直接投资大幅下降

2021 年 6 月 21 日，联合国贸发会议（UNCTAD）网站发布《2021 世界投资报告》。报告指出，2020 年全球外国直接投资额约为 1 万亿美元，相比于 2019 年的约 1.5 万亿美元下降了 35%。欧洲 2020 年外国直接投资额同比下降 80%，北美下降 42%，拉丁美洲下降 45%，非洲下降 16%，而亚洲地区则上升了 4%，是唯一实现正增长的地区。中国是全球第二大外国直接投资流入国，投资总额达 1 330 亿美元，同时也是全球第一大外国直接投资流出国。

第二节　区域货币合作

世界经济全球化和区域经济一体化是当今世界两大引人注目的趋势，在金融领域体现为金融全球化和区域货币合作的迅猛发展。区域货币合作的理论基础是最优货币区理论，这一理论一经提出，就引起了热烈的争论。欧洲货币合作和欧元的诞生受到了该理论的启发。欧元推出后，世界其他地区有可能模仿欧元的成功而尝试进行地区性的货币合作，区域性的货币合作能够加强参与合作国家的货币金融安全，这在亚洲货币合作上体现得最为明显。

一、最优货币区理论

最优货币区理论是国际货币合作的基本理论，该理论旨在说明在什么样的条件下，某一区域实行固定汇率和货币同盟是最佳的。根据《新帕尔格雷夫经济学大辞典》的定义，在最优货币区内，“一般的支付手段或是一种单一的共同货币，或者几种货币，这几种货币之间具有无限可兑换性，其汇率在进行交易时互相钉住，保持不变，但是区域内国家与区域以外的国家间的汇率保持浮动”。这一理论一经提出，就引起了广泛的关注和争论，至今仍然在不断地完善和发展。

（一）传统分析法

最初，理论界分歧的焦点集中于最优货币区的适用标准。具体而言，传统理论对最优货币区的标准确定可以分为以下几种。

1. 要素流动性分析。这是 1961 年由罗伯特·蒙代尔（Robert A. Mundell）提出的一种最优货币区理论，他主张用生产要素的高度流动性作为确定最优货币区的标准。蒙代尔认为，一国外部失衡的主要原因是发生了需求转移。假定有 A、B 两个区域，若原来对 B 区域产品的需求现在转向 A 区域产品，则 B 区域的失业增加而 A 区域通货膨胀上升；如果 A 区域正巧是 A 国，B 区域正巧是 B 国，则 B 国货币汇率的下跌将有助于减轻 B 国的失业，A 国货币汇率的上升有助于降低 A 国的通货膨胀；但如果 A、B 是同一国家内的两个区域，它们使用同一种货币，则汇率变动无法同时解决 A 区域的通货膨胀和 B 区域的失业。蒙代尔指出，浮动汇率只能解决两个不同货币区之间的需求转移问题，而不能解决同一货币区内、不同地区之间的需求转移问题，后者只能通过生产要素的流动来解决。因此，若要在几个国家之间维持固定汇率，并保持物价稳定和充分就业，就必须要有一个调节需求转移和国际收支的机制，而这个机制只能是生产要素的高度流动。蒙代尔特别强调了劳动力的自由流动，他把最优货币区的特征概括为“劳动力迁移的偏好足以确保充分就业”。

专栏 10－4
罗伯特·蒙代尔

罗伯特·蒙代尔（Robert A. Mundell），1999 年诺贝尔经济学奖获得者，“最优货币区理论”的奠基人，被誉为“欧元之父”。蒙代尔毕业于不列颠哥伦比亚大学和华盛顿大学，后在伦敦经济学院读研究生，1956 年获麻省理工学院经济学博士学位。1966 年至 1971 年，出任芝加哥大学经济学讲座教授及《Journal of Political Economy》编辑。1974 年，出任哥伦比亚大学经济学讲座教授，2001 年升任为大学讲座教授。2009 年 9 月，出任香港中文大学博文讲座教授。蒙代尔的学术贡献主要体现在两方面：一是蒙代尔—弗莱明模型；二是最优货币区理论。

罗伯特·蒙代尔

2. 经济开放度标准。1963 年，罗纳德·麦金农（Ronald McKinnon）提出，应该以经济的高度开放作为确定最优货币区的标准。麦金农将社会总产品区分为可贸易商品和不可贸易商品，经济开放程度与可贸易商品在社会总产品中的比重呈正相关关系，比重越高，经济越开放。他认为，一个经济高度开放的小国难以采用浮动汇率的两条理由是：首先，由于经济高度开放，市场汇率稍有波动就会引起国内物价的剧烈波动；其次，在一个进口占消费很大比重且高度开放的小国中，汇率波动对居民实际收入的影响非常大，致使存在于封闭经济中的货币幻觉消失，汇率变动也不能够纠正外部失衡。因此，麦金农强调，一些贸易关系密切的开放国家应该组成一个相对封闭的货币区，在区内实行固定汇率，而整个货币区则对与其贸易往来关系不密切的地区实行浮动（或弹性）汇率安排。

3. 低程度的产品多样性分析。1969 年，彼得·凯南（Peter Kenen）提出，应以低程度的产品多样性作为确定最优货币区的标准。与蒙代尔一样，凯南也假设国际收支失衡的主因是宏观经济的需求波动。他认为，一个产品相当多样化的国家，出口也将是多样化的。在固定汇率制下，如果一国产品高度多样化，某一出口商品在整个出口中所占的比重不大，其需求的下降不会对国内就业产生太大影响；相反，对低程度产品多样性的国家来说，其出口产品的多样性也是低程度的，若外国对本国出口商品的需求下降，汇率必须作较大幅度的变动，才能维持原来的就业水平。可见，出口产品的多样性使外部冲击对经济的影响变弱了，出口收益相对稳定。因此，高程度产品多样性的国家可以容忍固定汇率的后果；而低程度产品多样性的国家则不能，它们应当组成汇率灵活安排的独立（最优）货币区。

4. 国际金融一体化程度分析。1969 年，詹姆斯·伊格拉姆（James Ingram）指出，在决定货币区的最优规模时，有必要考察一国的金融特征（而不是真实的特征）。1973 年，他正式提出以国际金融高度一体化作为确定最优货币区的标准。伊格拉姆认为，一个区域内各国国际收支的不平衡同资本流动有关，尤其同缺乏长期证券的自由交易有关。如果国际金融市场不是充分一体化，那么外国居民会以短期外国证券作为主要的交易对象，因为买卖短期证券的外汇风险可以通过远期市场的抛补来避免。但这样一来，各国长期利率的结构就会发生明显的差异。相反，如果国际金融市场高度一体化（尤其是长期资本市场高度一体化），只要国际收支失衡导致利率发生小幅变动，就会引起均衡性资本（非投机性的短期资本）的大规模流动，从而避免汇率的波动。

5. 政策一体化程度分析。1970 年，爱德华·托尔（Edward Tower）和托马斯·威莱特（Thomas Willett）提出，应以政策一体化作为确定最优货币区的标准。他们认为，一个具有不太完善的内部调节机制的货币区能否成功，关键在于其成员国对于通货膨胀和失业增长的看法，以及对这两个指标之间交替能力的认识是否具有合理的一致性。换句话说，一个不能容忍失业的国家是难以同另一个不能容忍通货膨胀的国家在政策取向上保持一致的。

6. 通货膨胀率相似性分析。1970 年和 1971 年，G. 哈伯勒和 G. M. 弗莱明分别提出以通货膨胀率的相似性作为确定最优货币区的标准。他们认为，国际收支失衡最可能是由各国的发展结构不同、工会力量不同和货币政策不同所引起的通货膨胀离散趋势造成的，后者除了会导致国际收支基本账户的失衡外，还会引起短期资本的投机性移动。因此，如果区域内各国通货膨胀率趋于一致，就可以避免汇率的波动。

（二）综合分析法

传统的最优货币区理论提出了各种各样的衡量指标，所有这些指标，虽然都从一个角度或多或少地反映出国际经济形势的客观变化，但却无法对区域性货币合作作出完美的理论解释与说明。20 世纪 90 年代以来，最优货币区理论随着各国经济一体化程度的加深而向综合分析方向发展，即综合分析加入货币区的收益和成本。

一个国家或地区选择加入某一货币区的收益包括许多方面：（1）降低交易成本的直接收益和间接收益，即消除了兑换成本和在不同市场上价格歧视；（2）汇率稳定减小了公司未来收益的不稳定性，增加了社会福利收益；（3）因减少汇率波动而形成稳定的价格机制，降低投资风险，增强经济主体关于价格系统决定的可靠性；（4）因汇率风险的降低而导致的外贸交易额和贸易量的增大；（5）降低成员国外债风险；（6）货币合作使成员国之间的金融约束力和政策协同力增强，货币信誉提高，抗外部冲击能力增强，并且促进区域经济一体化进程的推进。这些收益与国际贸易和生产要素的流动呈正相关关系，如果该国与货币区之间的经济一体化程度提高，则其加入货币区的收益也随之上升。

加入某一货币区有可能使一国或地区支付成本和承担损失，具体表现在：(1) 如果工资是刚性的，要素流动性是有限的，则会出现由于需求在国家间的移动导致的国家经常账户的失衡；(2) 国家失去了通过自由选择本国通货膨胀率和失业率来调节本国经济的权力，而必须遵守货币联盟统一的政策目标；(3) 因放弃本国货币或本地区货币所造成的铸币税的损失；(4) 各国不同的财政体系和市场制度带来的金融监管和中央银行职能有效性的弱化。一国与一个货币区保持较高的经济一体化程度，可以保证该国在加入货币区后的经济稳定性损失得以降低。

通过成本—收益分析可以发现，是否决定加入货币区是动态发展的，而不是静态的，一国在开始时可能不适宜于加入某一货币区，但随着经济的发展，又适宜于加入该货币区。同理，随着经济的发展，货币区内某一国家选择退出该货币区可能是一个更好的选择。20 世纪 90 年代中期以来，理论界从动态的角度进一步研究了加入货币区的标准，学术界提出了专业化假设（Specialization Hypothesis），指出更密切的国际贸易会导致国家间商业周期关系更加松散，随着国家更加一体化，各国将更加专注于自身有比较优势的商品和服务进行生产，更容易遭受供给冲击，相应地，各国收入的相关性会更低，导致各国商业周期的不同步。因此，如果加入货币区的“事前”条件不是最优的，那么很难在“事后”组成最优的货币区。

和专业化假设针锋相对的是内生性假设（Endogeneity Hypothesis）。持该观点的学者认为，传统最优货币区理论低估了一国加入货币联盟的利益，最优货币区的标准实际上是“内生”的。比如，拥有同一货币会导致成员间更密切的贸易关系，产业内贸易更快的增长，进而促使成员间经济运行周期的趋同，而经济运行周期的趋同就是组建最优货币区的一个主要标准。该理论强调最优货币区的标准可能是事后，而不是事前才满足的，所以欧洲货币联盟（EMU）没有太大必要设立严格的趋同标准。

在实证检验方面，最新的方法有供给与需求冲击的相关性分析、商业周期的相关性分析、最优货币区指数等方法。最优货币区理论被用来研究中东欧新加入欧盟的成员是否适合采用欧元，分析亚洲等其他地区是否具备货币合作的条件。

二、欧洲货币一体化

（一）欧洲单一货币的产生及其影响

1. 欧洲单一货币的发展过程。欧共体各成员国议会于 1993 年 10 月底通过了《马斯特里赫条约》，1993 年 11 月 1 日，欧共体更名为欧盟。1994 年 1 月 1 日，欧盟在法兰克福成立了作为未来欧洲中央银行前身的欧洲货币局（European Monetary Institute，EMI），从事欧洲中央银行的各项技术准备工作。1995 年芬兰、奥地利、瑞典加入欧盟，欧盟成员国增加到 15 个。同年的《马德里决议》将单一货币的名称正式定为欧元（Euro）。

1997 年 6 月，在阿姆斯特丹举行的欧盟首脑会议批准了《稳定和增长公约》《欧元的法律地位》和《新的货币汇率机制》等三个文件，为欧元 1999 年 1 月 1 日的按期启动完成了技术准备和法律保障。

按照欧盟制定的时间表，1999 年 1 月 1 日正式启动欧洲货币一体化的第三阶段，发行统一的欧洲货币——欧元（Euro），欧元作为 11 个参加国的非现金交易的“货币”，以支票、信用卡、股票和债券等方式进行流通。自 2002 年 1 月起，欧元 11 国将总计 700 亿欧元现金投入流通领域。在 2002 年 7 月 1 日后，欧元 11 国各自的货币终止流通，由欧元完全取代。

2. 欧元对国际货币体系的影响。欧元所代表的经济实力决定了欧元在国际货币体系中的地位，这种地位使欧元与美元构成了国际货币的两强格局，从而对国际货币体系产生巨大的影响。

欧元对国际货币体系的影响主要体现为权力效应和示范效应。欧元的权力效应首先是欧元改变了美元在国际货币体系中的权力地位，一种货币在国际使用范围有多大取决于经济实力、币值稳定程度、对外经济关系的密切程度和金融市场的结构。由于美元和欧元区拥有的这些决定要素十分相似，因此，欧元的引入将逐渐削弱美元的地位。

欧元的示范效应是世界其他地区有可能模仿欧元的成功而尝试进行地区性的货币合作，因为区域性的货币合作是为了加强参与合作的国家货币的安全地位。示范效应的另一个机制是货币合作能够降低经济交往的成本，从而给参与各方的经济增长带来好处。不过在现阶段，货币安全的需要是欧元示范效应发挥作用的主要机制，这在亚洲货币合作上体现得最为明显。

（二）欧元的运行情况及其缺陷

从欧元兑美元的汇率走势来看，欧元的运行经历了三个阶段（见图 10－1）。

第一阶段从 1999 年 1 月 1 日至 2000 年 11 月。1999 年 1 月 1 日，欧元正式诞生，进入账面流通。2002 年 1 月 1 日，欧元纸币和硬币正式进入欧元区 12 国流通市场。诞生之时，欧元兑美元汇率为 1∶1.18。但随后一路下跌，于 2000 年末达到约 1∶0.82 的最低点。主要原因：一是这段时间美国经济好于欧元区；二是 1999 年 1 月 4 日欧洲中央银行设定的汇率高估了欧元，欧元有贬值的预期；三是科索沃战争及其他政治因素。

第二阶段从 2000 年 12 月至 2008 年 7 月。2000 年末，欧元终于止住了下跌的趋势，一路震荡走高，从 1∶0.82 一直攀升至 2008 年 7 月底 1∶1.60 的历史最高点。主要原因：一是 2001 年美国高科技泡沫破灭，通货膨胀率在 2000—2003 年连续上升且高于欧盟；二是美联储连续降息后欧元区利率高于美元利率；三是美国国际收支的恶化；四是 2006 年至 2008 年的次贷危机引发了美元探底。

第三阶段是从 2008 年 8 月开始的后次贷危机时代。2008 年 8 月开始，欧元正式结束了持续数年的上升态势，经历了几次下跌和反弹，整体处于大幅度的震荡下行通道中。

第一次下跌：2008 年 8 月至 2009 年 1 月，欧元大幅下挫直至筑底。次贷危机蔓延至全球，欧元区经济数据开始恶化。第一次上涨：2009 年 3 月至 2009 年 11 月，发达国家经济衰退触底并逐渐开始复苏。第二次下跌：2009 年 12 月至 2010 年 6 月，欧债危机爆发。第二次上涨：2010 年 6 月至 2011 年 5 月，欧元区债务危机有所好转，欧洲中央银行进行了两次加息。第三次下跌：2011 年 5 月至 2012 年 7 月，欧元区许多国家的债券评级继续被下调，欧元再度受到债务危机影响。第三次上涨：2012 年 7 月至 2014 年 5 月，美联储继续推行量化宽松政策，西班牙和希腊短期融资问题的解决也鼓舞了欧元。

2014 年后，在一定区间宽幅震荡。

图 10－1　欧元兑美元汇率

（资料来源：欧洲中央银行）

从实际运行情况来看，欧元动荡不安，这主要是由于其制度设计存在缺陷。这种缺陷至少表现在三个方面。

1. 成员国经济结构差异大，不满足最优货币区标准。建立单一货币区的重要条件之一是成员国需要具备高度一体化的经济结构。如果成员国经济之间存在过大的差异，那么对一部分国家有利的货币政策有可能对其他国家产生不利影响，这一状况有可能增加单一货币区的内在矛盾，从而威胁单一货币的稳定。

2. 加入欧元区意味着放弃了汇率政策。欧元区国家只能以统一汇率进行对外贸易和投资活动，而劳动生产率差异的存在意味着同样的汇率水平会对不同国家产生不同的影响。通常，单一汇率会对欧元区强国产生有利影响，而对欧元区弱国产生不利影响，因此，单一汇率具有让强国更强和让弱国更弱的作用。

3. 财政政策缺乏协调统一。欧元区国家的经济多样性削弱了统一货币政策的作用，从而助长了各国的财政赤字。面对以上困境，保持欧元稳定只剩下两个手段：其一，严格各国的财政纪律，限制财政赤字和政府债务规模；其二，建立财政联盟，通过欧元区财政，救助发生债务危机的国家。然而，以上两个手段实施起来都存在较大的难度，这是因为这两个政策的实施都涉及牺牲主权利益的问题，主权国家都难以接受这一选择。

欧元

央视纪录片《欧元的麻烦》

第三节　国际货币合作中的国际金融机构

全球性的国际金融机构和区域性的国际金融机构分别在全球性的货币合作和区域性的货币合作中发挥了重要作用。国际货币基金组织（IMF）与世界银行集团（World Bank Group）、世界贸易组织（World Trade Organization，WTO）共同构成第二次世界大战后国际经济秩序的三大支柱。世界银行与国际货币基金组织是同时成立的两个国际金融机构，两者紧密联系，相互配合。国际货币基金组织主要负责国际货币事务，主要任务是向成员提供解决国际收支暂时不平衡所需的短期外汇资金，以消除外汇管制，促进汇率稳定和国际贸易的扩大。世界银行则主要负责成员的经济复兴与开发，致力于消除贫困，提高人们的生活水平，并向成员，特别是发展中国家提供贷款、咨询服务和项目援助，以促进它们在经济方面走上稳定、持续发展的道路。除了全球性的国际金融机构以外，还有许多区域性的国际金融机构，它们推动了区域经济的发展和货币合作。

一、国际货币基金组织

（一）国际货币基金组织建立的背景

虽然国际货币基金组织正式成立于1946年3月，但是，有关建立这一机构的酝酿活动在第二次世界大战结束前就已开始。

当时，对经济实力在战争期间迅速膨胀的美国而言，迫切需要建立一个以其为主导的国际机构，来实现其在战后控制国际金融活动、扩大商品和资本对外输出的目标。受战争重创的欧洲工业国面临在战后尽快恢复经济的任务，也希望借助国际金融机构的建立来满足其对资金及国际金融秩序的需要。在这样的背景下，美国代表怀特和英国经济学家凯恩斯为重建国际货币制度，结合各自国家的利益，分别提出了“怀特方案”和“凯恩斯方案”。在美国强大的压力下，“怀特方案”得以签署，并在此基础上建立了国际货币基金组织。

国际货币基金组织总部设在美国首都华盛顿。国际货币基金组织建立之初，只有29个成员，中国是创始成员之一，之后成员数量逐渐增多，截至2021年8月，国际货币基金组织成员已达190个。

（二）国际货币基金组织的结构

国际货币基金组织的最高决策机构是理事会（Board of Governors），其成员由各国中央银行行长或财政部长组成，每年秋季举行定期会议，决定国际货币基金组织和国际货币体系的重大问题。日常行政工作由执行董事会（Executive Board）负责，该机构由24名成员组成，其中，出资最多的美国、英国、法国、日本、德国、沙特阿拉伯各指派1名；中国和俄罗斯为单独选区，可各自选派1名；其余16名各由包括若干国家和地区的16个选区分别选派1名，每2年改选1次。董事会另设主席1名，主席即为国际货币基金组织总裁，每5年选举1次。总裁在通常情况下不参加董事会的投票，但若双方票数相等时，总裁可投决定性一票。

执行董事会是一个常设机构，在它和理事会之间还有两个机构：一个是“国际货币基金组织理事会关于国际货币制度的临时委员会”，简称“临时委员会”（Interim Committee）；另一个是“世界银行和国际货币基金组织理事会关于实际资源向发展中国家转移的联合部长级委员会”，简称“发展委员会”（Development Committee）。这两个委员会都是部长级委员会，每年开会 2 ~ 4 次，讨论国际货币体系和开发援助的重大问题。除了理事会、董事会、临时委员会和发展委员会以外，国际货币基金组织内部还有两大利益集团——“十国集团”（代表发达国家利益）和“二十四国集团”（代表发展中国家利益），以及许多常设职能部门。

（三）国际货币基金组织的资金来源

国际货币基金组织的资金来源主要有以下三个方面：

1. 份额（Quota）。国际货币基金组织的资金主要来源于成员向国际货币基金组织认缴的资金数量，即份额。份额的大小根据成员在世界经济中的相对规模来确定，综合考虑成员的国民收入、外汇储备、对外贸易量的大小等多方面因素。各成员在国际货币基金组织的份额，决定其在国际货币基金组织的投票权、借款的数额以及分配特别提款权（SDRs）的份额。对各成员应缴的份额，每隔 5 年重新审定一次。

份额的 25% 以黄金缴纳，1976 年牙买加会议后，国际货币基金组织废除了黄金条款，份额的 25% 以 SDRs 或自由兑换货币（美元、日元、欧元、英镑、人民币）缴纳。份额的 75% 以本国货币或证券缴纳，存放于本国中央银行，在国际货币基金组织需要时随时可以动用。国际货币基金组织刚成立时，成员缴纳的份额总计 76 亿美元，此后随着新成员的不断增加以及份额的不断调整，份额总数不断增加。至 2016 年 9 月，份额达 6 680 亿 SDRs。

基金份额在国际货币基金组织的活动中起着十分重要的作用。份额不仅决定成员出资额的大小，还决定成员普通提款权和特别提款权的分配额，同时也决定了成员在国际货币基金组织的投票权大小。国际货币基金组织规定，每一成员有 250 票基本投票权，另外每 10 万特别提款权份额加一票，所以成员的份额越大，表决权也越大。国际货币基金组织的一切重大问题要有 80% 的多数票才能通过。目前，美国所占份额最多，投票权也最大。

2. 借款。国际货币基金组织通过与成员协商，向成员借入资金。例如，1962 年 10 月国际货币基金组织根据借款总安排（General Arrangement to Borrow，GAB），向十国集团借入 60 亿美元，用于维持美元汇率的稳定。1974—1976 年向石油输出国和发达国家借入 69 亿特别提款权，用于解决石油消费国的国际收支困难。1997 年建立了新借款安排（New Arrangement to Borrow，NAB）。在 NAB 下，25 个成员向国际货币基金组织提供 340 亿特别提款权（约合 450 亿美元）。在 NAB 不能使用的情况下，国际货币基金组织可以从借款总安排下借入总额达 170 亿 SDRs（约合 220 亿美元）的资金，还可以动用与沙特阿拉伯签订的协议安排下总额达 15 亿 SDRs（约合 20 亿美元）的资金。

3. 信托基金。国际货币基金组织在 1976 年 1 月决定将其 1/6 的库存黄金（2 500 万盎司）分 4 年按市场价格出售，将所得利润作为信托基金，用干向最贫穷的成员提供信贷，它是一项特殊的资金来源。

（四）国际货币基金组织的业务活动

最初创建国际货币基金组织的目的是将其作为国际货币体系的一个核心机构维持布雷顿森林体系的运行。目前，该组织的宗旨主要是：（1）通过建立一个能够提供共同协商国际货币问题的永久性机构来促进国际货币间的协作；（2）维持国际贸易的均衡发展，提高成员就业水平及实际收入水平，为开发生产性资源提供便利条件；（3）维持汇率稳定，避免竞争性汇率贬值；（4）支持在成员间建立多边支付体系，消除阻碍世界贸易发展的外汇限制；（5）为成员国际收支暂时性不平衡提供资金融通，避免使用伤害本国和世界经济繁荣的调整性措施；（6）与上述几点相对应，缩短或减缓成员国际收支不平衡的时间和程度。

国际货币基金组织的业务活动是围绕其宗旨展开的，主要包括监管、储备资产创造、金融援助和技术援助等方面。

1. 监管。对成员汇率进行监督，维持汇率稳定是国际货币基金组织的一项重要职能。为了使国际货币制度能够顺利运行，保证金融秩序的稳定和世界经济的增长，国际货币基金组织要检查各成员以保证它们与国际货币基金组织和其他成员进行合作，以维持有秩序的汇率安排和建立稳定的汇率制度。为此，国际货币基金组织要求成员做到：（1）努力以自己的经济和金融政策来达到促进有秩序的经济增长这个目标；（2）努力通过创造有秩序的基本的经济和金融条件和不产生反常混乱的货币制度去促进稳定；（3）避免操纵汇率或国际货币制度来妨碍国际收支的有效调整或取得对其他成员不公平的竞争优势；（4）奉行国际货币基金组织所规定的外汇政策。

在金融全球化不断加强的环境下，资本流动和金融风险的蔓延都会引起国际金融局势的突然变化，导致金融体系的不稳定。为避免 1994 年墨西哥金融危机和 1997 年亚洲金融危机的再度出现，1996 年 3 月执行董事会通过考察，认为健全的银行体系与一国的宏观经济存在密切的关系，于是决定把健全的银行体系也列入国际货币基金组织监管范围之内。1998 年 4 月理事会临时委员会要求国际货币基金组织的监管范围扩大到对金融体系的监督管理，使用一些在国际上广泛接受的标准，对银行、非银行金融机构在会计、审计、信息披露、资产价值评估等方面加强检查，以保证成员金融体系的稳定性。

2. 储备创造。国际货币基金组织在 1969 年的年会上正式通过了十国集团提出的创设 SDRs 的方案，即国际货币基金组织通过向成员分配 SDRs 的方式向世界提供流动性，当成员发生国际收支赤字时，通过动用 SDRs，将其划给另一个成员，用于偿付国际收支逆差或偿还国际货币基金组织的贷款。

3. 资金融通。向成员提供资金融通是国际货币基金组织最主要的业务活动。具体而言，国际货币基金组织主要对成员提供多种类型的贷款。

（1）普通贷款（Normal Credit Tranches）。它是国际货币基金组织最基本的一种贷款，用于弥补成员一般国际收支逆差的短期资金需要。该贷款的累积最高额度为成员基金份额的 125%，期限 3 ~ 5 年，利率随期限递增，第 1 年至第 5 年的利率分别为 4.375%、4.875%、5.375%、5.875% 和 6.375%。根据成员申请贷款的金额占其缴纳份额的比重，普通贷款被分为 5 个档次：0 ~ 25%、25% ~ 50%、50% ~ 75%、75% ~ 100%、100% ~ 125%。第一种贷款称为储备部分贷款（Reserve Tranche），可自由提取，不付利息；后四种贷款称为信用部分贷款（Credit Tranche），其中 25% ~ 50% 档次称为第一档信用部分贷款，条件较为宽松；50% ~ 125% 档次称为高档信用部分贷款，条件较严格。可见，档次越高，借款条件越苛刻。

（2）出口波动补偿贷款（Compensation Financing Facility 或 Compensation Financing of Export Fluctuations）。它设立于 1963 年 2 月，是初级产品出口收入短期下降而发生国际收支困难时，在普通贷款之外可另申请的一项专用贷款。1981 年该贷款范围扩大，成员进口成本过高而面临国际收支困难时，也可申请此项贷款，其期限为 3 ~ 5 年，最高贷款额为成员所缴份额的 100%，成员出口收入恢复时须尽早偿还。1988 年 8 月该项贷款更名为“补偿与应急贷款”（Compensatory and Contingency Financing Facility），强调此项贷款主要用于解决国际收支中临时和偶然发生的困难，且该贷款的最高限额几经调整，目前为成员份额的 83%。

（3）中期贷款（Extended Facility）。它是国际货币基金组织 1977 年 9 月设立的一项专用贷款，主要用于解决成员长期的国际收支困难。其资金需求量比普通贷款所能借到的额度要大，可达成员所缴份额的 140%，但又规定普通贷款与中期贷款两项总和不得超过成员所缴份额的 165%。国际货币基金组织对这项贷款控制较为严格，要求成员必须提交为实现宏观经济计划所采取的政策措施，并根据成员实现计划目标、执行政策的实际情况，分期发放贷款。其期限为 4 ~ 10 年，利率由第 1 年的 4.375% 递增到第 6 年的 6.875%，备用安排期限 3 年，第 4 年后开始回购，10 年内分 16 次归还。

（4）缓冲库存贷款（Buffer Stock Financing Facility）。它是 1969 年 6 月应发展中国家的要求而设立的一项专门贷款，用于帮助初级产品出口国家为稳定国际市场上初级产品价格，而建立缓冲库存的资金需要。其最高借款额度为成员份额的 45%，期限 3 ~ 5 年。另外，由于此项贷款与出口波动贷款关系密切，故特限定这两项贷款总额不得超过借款国份额的 105%。

（5）石油贷款（Oil Facility）。它是 1974 年 6 月至 1976 年 5 月期间，专门为解决石油危机所致的国际收支困难而设立的一种临时性贷款，贷款对象既有发展中国家，也包括因石油涨价而引起国际收支困难的发达国家。石油贷款总额为 38 亿特别提款权，由欧佩克国家提供。贷款最高额度 1974 年为份额的 75%，1975 年升为 125%；期限 3 ~ 7 年，利率较高，原定为 7%，1975 年为 7.625% ~ 7.875%。此项贷款具有临时性质，1976 年 5 月后，这类贷款业务已告结束。

（6）补充贷款（Supplementary Financing Facility）。它是 1977 年 4 月设置的，又称维特芬贷款（the Witteveen Facility），用于补充普通贷款和中期贷款之不足，帮助成员解决持续而严重的国际收支困难。该贷款总额为 100 亿美元，其中 7 个国际收支顺差的工业国家提供 52 亿美元，欧佩克国家提供 48 亿美元。期限 3.5 ~ 7 年，每年偿还一次，分期还清。头 3 年的利率为国际货币基金组织付给资金提供方的利率（7%）加 2%，此后则加 0. 325%。贷款最高额为借款方所缴份额的 140%。

（7）信托基金贷款（Trust Fund）。它设置于 1976 年 1 月，用于向较贫穷的发展中国家提供优惠贷款，其标准是，1973 年人均国民收入不超过 300 特别提款权单位的国家有权获得此项贷款，年利率仅为 0. 5%，期限 10 年，后 5 年开始还款，每年归还一次。

（8）扩大贷款（Enlarged Access Policy）。它是 1981 年 5 月国际货币基金组织实行扩大贷款政策而设立的一种贷款，是补充贷款承诺完毕后，以同样条件提供的一项贷款，因而该贷款实质上起着补充贷款的作用。

（9）结构调整贷款（Structural Adjustment Facility）和强化的结构调整贷款（Enhanced Structural Adjustment Facility）。该两项贷款分别设立于 1986 年和 1987 年，用于帮助低收入的发展中国家实施中期的宏观经济调整规划。前者的最高限额为份额的 70%，后者一般为份额的 250%。

（10）体制转型贷款（Systematic Transformation Facility）。该贷款设立于 1993 年，主要是对苏联、东欧等转轨国家给予财政援助。

4. 技术援助。国际货币基金组织在几个方面对成员提供专门的技术援助，如财政、货币政策的执行，机构的建立（中央银行与财政部的建立与发展），与国际货币基金组织交易账户的管理，统计数据的搜集和整理以及官员的培训等。

我国于 1980 年 4 月恢复了在国际货币基金组织的合法席位，自此我国与国际货币基金组织的关系一直在发展。我国在国际货币基金组织创立时的份额为 5. 5 亿美元，1980 年我国恢复合法席位后，增加到 12 亿 SDRs。以后又有多次增加，至 2021 年 11 月，中国在国际货币基金组织的份额位居第 3 位，约占总份额的 6. 389%。

我国自 1981 年以来，陆续几次获得国际货币基金组织的贷款，但总体来看，我国借用的贷款数量不多，国际货币基金组织不是我国利用外资的主要来源。然而，在技术援助方面，我国曾多次获得国际货币基金组织传授的有关金融规划、货币政策和财政政策、银行统计和经营管理等方面的知识和技术。总体来看，我国从技术援助以及举办的各类活动中获得的效益远远好过从资金方面获得的好处，今后这样的援助仍将继续下去。此外，国际货币基金组织每年均派代表团到我国商谈经济金融问题。

二、世界银行集团

世界银行集团成立于 1944 年，由国际复兴开发银行（International Bank for Re－construction and Development，IBRD）、国际开发协会（International Development Association，IDA）、国际金融公司（International Financial Corporation，IFC）、多边投资担保机构（The Multilateral Investment Guarantee Agency，MIGA）、解决投资争端国际中心（International Center Settlement of Investment Disputes，ICSID）等 5 个相互密切联系的机构组成。但世界银行的名称，主要是指 IBRD。

（一）世界银行

国际复兴开发银行即通常所说的世界银行，成立于 1945 年 12 月 31 日，第二年 6 月开始营业，总部设在华盛顿，并在纽约、日内瓦、巴黎及东京等地设有办事处，1947 年成为联合国的专门机构之一。在世界银行协定上签字的创始成员国为 37 个，中国是创始成员国之一，之后成员国数量逐渐增加，至 2021 年 8 月世界银行成员国已达 189 个。世界银行和国际货币基金组织是两个联系紧密、配合协调的国际金融机构；参加世界银行的国家必须是国际货币基金组织的成员国，但国际货币基金组织成员国并非一定是世界银行的成员；国际货币基金组织贷款中的许多缺漏可从世界银行贷款中得到弥补；这两个机构都是联合国的专门机构，两个机构每年一度的理事会年会联合召开。

世界银行作为一个全球性政府间的国际金融组织，主要是为了资助成员国使其经济获得复兴和发展，对成员国提供中长期贷款，资助其兴办特定的基本建设工程。具体而言，世界银行的宗旨是：（1）对用于生产目的的投资提供便利，以资助成员国的复兴和开发，并鼓励不发达国家生产和资源的开发；（2）通过保证或参与私人贷款和私人投资的方式，促进私人对外投资；（3）向成员国提供广泛的技术援助，并用鼓励国际投资以开发成员国生产资源的方法，促进国际贸易长期均衡地增长和保持国际收支平衡；（4）提供贷款保证并与其他方面的国际贷款密切配合。可见，向成员国提供中长期信贷，促进成员国的经济复兴与开发，是世界银行的根本目的和根本任务所在。

1. 世界银行的组织机构。世界银行的组织机构与国际货币基金组织大体相似，主要由理事会（Board of Governors）和执行理事会（Executive Directors）组成。理事会是世界银行的最高权力机关，由成员国选派一名理事和一名副理事组成，一般委派财政部部长、中央银行行长或其他地位相当的高级官员担任，任期均为 5 年，并可连选连任。副理事在理事缺席时才有投票权。理事会每年 9 月间与国际货币基金组织联合召开年会，每次开会的法定人数至少是代表投票权总数 2/3 的理事，必要时召开特别会议。作为最高权力机关，理事会的主要职权是：负责讨论批准接纳新成员；决定普遍增缴或调整应缴股本；决定停止成员国资格；决定银行净收入的分配以及其他重大问题。另外，理事会可授权执行理事会代行各项职权。

执行理事会是银行负责处理日常事务的常设机构。现有执行董事 24 人，任期 2 年。其中 5 名常任执行董事分别由拥有股份最多的美、英、德、法、日五大国指派；其余 19 名则由其他成员国按地区分组联合推选，其中，中国、俄罗斯和沙特阿拉伯作为独立选区各单独推选 1 人。执行理事会的最高首脑是执行董事会的主席，也是世界银行行长，任期 5 年，并可连选连任。执行理事会主席平时无投票权，但在执行理事会表决中双方票数相等时，可投决定性的一票。行长下设副行长若干名，辅助行长分管有关部门的工作。

世界银行具有非常庞大的办事机构。在总部内设有 50 个局或相当于局的机构，分别由 18 名副行长领导，并且在许多国家设有办事处，派驻机构或常驻代表。成员国的投票权是根据其持有的股份计算和安排的，每个成员国均享有基本投票数 250 票，每认缴股金 10 万美元即可增加一票。除非另有规定，一般事务由简单多数表决通过即可。

2. 世界银行的资金来源。世界银行的资金来源主要有三个：成员国缴纳的股金、借款、转让债权。另外，利润收入也是其资金来源之一。

（1）成员国缴纳的股金。世界银行是按股份公司的原则建立起来的企业性金融机构，凡成员国均需认购该行的股份。各成员国向世界银行缴纳的股金，依据各国的经济实力，并以它们各自在国际货币基金组织中所摊份额为准，即根据各成员国在世界贸易和国际收支中所占的比重而定。世界银行建立之初，法定资本为100亿美元，各成员国认缴股金总额为76亿美元，实缴股金为认缴股金的20%，其中2%以黄金或美元缴纳，18%以本国货币支付，其余80%为待缴股金，在世界银行因偿还债务或保证贷款而催缴时，以黄金、美元或指定货币支付。由于成员国的不断增加，为满足老成员国增加认缴股金和新成员国认缴股金的需要，理事会对银行的法定资本进行了数次增资，但增资却使得实缴股金在认缴股金中的比例逐步下降。

（2）借款。向国际金融市场借款，尤其是在世界资本市场上发行中长期债券是世界银行资金的主要来源。20世纪60年代前，这些债券大部分在美国资本市场发行，此后逐渐推广到欧洲、日本和欧佩克国家的资本市场发行。由于世界银行贷款业务的不断扩大，加上世界银行拥有国际上至高无上的债信评级，其向国际金融市场借款额与日俱增，如1999财政年度，世界银行的借款总额高达1 157.39亿美元，其中短期借款为53.28亿美元，长期借款为1 104.11亿美元。

（3）转让债权。它是世界银行的另一个资金来源，其主要内容是银行将贷出款项的债权转让给私人投资者（主要是商业银行），收回一部分资金，以扩大银行贷款资金的周转能力，进而扩大银行贷款能力。近年来，这种资金来源在世界银行业务中的重要性有进一步提高的趋势。

此外，世界银行历年业务活动中的利润收入也是其资金来源之一。由于资信卓著，经营有方，世界银行自1947年营业以来，除第一年有小额亏损外，此后每年利润都相当可观，且逐步增长，如世界银行1979年的净利润收入为4.07亿美元，1997年为12.85亿美元。该利润收入的大部分通常被留做银行的储备金。

3. 世界银行的贷款活动。世界银行在成立初期，贷款投向集中于西欧国家，在第二次世界大战后初期提供约5亿美元的长期贷款，帮助西欧国家战后经济复兴。1948年以后，西欧的战后复兴主要依赖于美国“马歇尔计划”提供的援助，于是世界银行的贷款重点逐渐转向了亚洲、非洲和拉丁美洲发展中国家，向它们提供长期开发资金。

世界银行对发展中国家贷款的资金主要来自世界银行向投资者发行的债券以及在国际信贷市场的借款，资金成本相对较高，因此，世界银行对贷款的条件要求非常严格。

（1）世界银行的贷款对象只限于成员国政府、政府机构或国营和私营企业。除了借款人就是成员国政府本身以外，成员国国内的公、私机构向世界银行借款时，都必须由成员国政府或其中央银行及其他世界银行认可的机构提供担保，保证偿还贷款的本金、利息及其各种费用。

（2）世界银行原则上只对成员国的特定建设项目发放贷款。除某些特殊情况外，世界银行的贷款只能用于特定的开发或建设项目，即所谓项目贷款。并且申请世界银行贷款的项目在经济上和技术上都必须是可行的，而且对该国的经济发展来说是优先发展的项目。

（3）申请世界银行贷款的国家和项目，只有当世界银行确认它不能按合理的条件从其他渠道获得资金时，才有可能得到贷款。

申请世界银行贷款要遵循严格的程序，并接受世界银行严格的审查和监督。一般来说，世界银行首先要对申请借款国的经济结构现状和前景进行调查，以便确定贷款项目。然后，还要派出专家小组对已确定的项目进行评估。最后，才进行贷款谈判，并签署借款协议、担保协议及有关法律文件。贷款发放以后，世界银行还要求借款人在使用贷款时，必须注意经济效益。世界银行按工程进度发放贷款，并且专款专用。

世界银行提供的贷款条件比较优惠，一般期限在5年以上，最长的可达30年，贷款有还款宽限期，在宽限期内只付利息不还本，但是借款人要承担汇率变动风险。贷款利率基本上是按照世界银行在国际资本市场筹借资金的成本再加息0.5%计算。

（二）国际开发协会

国际开发协会（IDA）是世界银行的一个附属机构，是专门向低收入发展中国家发放优惠长期贷款的国际金融组织。国际开发协会成立于1960年9月，同年11月开始营业，会址设在美国首都华盛顿。至2021年8月，已有173个成员国。IDA的宗旨是帮助世界上欠发达地区的成员国促进经济发展，提高生产力和生活水平。IDA的组织结构与世界银行相同，最高权力机构是理事会，下设执行董事会，负责组织领导日常业务活动。协会的正副理事、正副执行董事，由世界银行的正副理事和正副执行董事分别担任。

只有世界银行的成员国，才能成为国际开发协会的成员国。成员国在理事会的投票权大小与其认缴的股本成正比。和其他国际金融机构一样，美国认缴的股本最大，投票权最多。

国际开发协会的资金来源主要有四个方面：成员国认缴的股本、工业发达国家提供的补充资金、世界银行从营业收入中拨出的款项、协会本身的营业收入。

国际开发协会的贷款只提供给低收入的发展中国家，低收入的标准是不断变化的，最初定为人均GNP在250美元以下，目前规定人均GNP在1 000美元以下的成员国都有资格获得IDA的贷款。

（三）国际金融公司

国际金融公司（IFC）也是世界银行下属机构之一。1954年12月，世界银行决定设立该公司，1956年7月正式成立，总部也设于华盛顿，1957年2月，成为联合国的专门机构之一。它虽是世界银行的附属机构，但它本身具有独立的法人地位，是一个独立的全球性国际金融机构，只有世界银行的成员国才能申请加入国际金融公司。该公司正式成立时，有31个成员国，至2021年8月，成员达到185个，国际金融公司与世界银行每年一起召开年会。国际金融公司的创立和发展，在一定程度上扩展了世界银行的业务。

国际金融公司的宗旨主要是：配合世界银行的业务活动，向成员国特别是其中的发展中国家的重点私人企业提供无须政府担保的贷款或投资，鼓励国际私人资本流向发展中国家，以推动这些国家的私人企业的成长，促进其经济发展。

国际金融公司的组织机构和管理办法与世界银行相同，其最高权力机构是理事会；理事会下设执行董事会，负责处理日常事务，正副理事、正副执行董事也就是世界银行的正副理事和正副执行董事。所以，同国际开发协会一样，国际金融公司与世界银行是两块牌子、一套班子。

国际金融公司的资金来源主要有三个方面：成员国缴纳的股金、从世界银行和其他来源借入的资金、国际金融公司业务经营净收入。根据国际金融公司宗旨，国际金融公司的主要业务有两个方面：（1）对成员国私人企业提供无须政府担保的贷款。贷款对象主要是亚非拉发展中国家的制造业、加工业及开采业、公用事业和旅游业等。（2）对私人企业进行投资，直接入股。投资对象主要是发展中国家的集体所有制和公司合营企业。

20 世纪 80 年代以来，国际金融公司的业务呈现多样化的趋势，如参与发展中国家国有企业私有化及企业改组活动，向发展中国家中的重债国提供有关债务转换为股本的意见安排等。

（四）多边投资担保机构

为促进国际投资的发展，世界银行理事会于 1988 年开始筹建多边投资担保机构（MIGA），1990 年开始营业，成员国由最初的 46 个增加到 2021 年 8 月的 182 个。其宗旨是在与发展中国家经济发展和经济政策目标相一致的前提下，加强这些国家以生产为目的的资本和技术流动，为外国投资者提供公平、稳定的投资环境。

多边投资担保机构的建立弥补了为外国直接投资提供担保的不足。对外国投资者在发展中国家所遇到的非商业性风险，多边投资担保机构可以提供投资担保，担保期限一般为 15 年，特别情况可延长至 20 年。在属于多边投资担保机构成员国的发展中国家进行高质量投资的人，视为合格的投资者。MIGA 对合格投资者在投资过程中遇到的转移限制、没收、违约、战争或内部骚乱等风险提供补偿。

（五）解决投资争端国际中心

解决投资争端国际中心（ICSID）成立于 1966 年，至 2021 年 8 月有 164 个成员国，是世界银行为成员国政府与外国投资者在投资、结算等方面发生的纠纷提供仲裁和调解的机构，该机构的成立有力地促进了国际投资的发展。在解决投资争端国际中心主持下签署的供仲裁使用的条款，具有国际投资合同、投资法和双边及多边投资条约的共同特点。除了从事调解争端活动外，该机构还负责研究、咨询服务及仲裁与投资法领域有关的出版任务。

ICSID 遵循 1966 年 10 月 14 日生效的《国际间投资结算仲裁惯例》（以下简称《惯例》）执行仲裁或调解。ICSID 下设行政法院和秘书处，行政法院院长由世界银行行长担任。

尽管 ICSID 是世界银行集团的附属机构，它也是一个自愿性的国际组织，即 ICSID 的成员国必须是世界银行的成员，世界银行的成员国可以自愿加入 ICSID。ICSID 费用支出来自世界银行的业务收入。

ICSID 除了在《惯例》基础上提供仲裁和调解外，自 1978 年还建立了一套《附加规则》，授权秘书处仲裁一些不在《惯例》规定范围内的国家纠纷，以及纠纷的一方不是 ICSID 成员国的纠纷。总之，世界银行集团设立该机构，有利于增加国际间的投资。

中国曾是世界银行的创始成员国之一，但是由于众所周知的原因，曾被长期剥夺了合法席位，直到1980年才重新加入该组织。截至2022年2月，世界银行在中国的贷款项目达420个，涉及国民经济各个部门，遍及中国大多数省、自治区、直辖市，累计贷款总额649亿美元。中国财政部是世界银行在中国开展业务活动的主管部门，每年通过协商确定世界银行贷款的三年滚动规划，贷款项目最后上报中国政府和世界银行执行董事会批准。世界银行在中国的项目主要集中在基础设施、农业、教育、卫生、环保等方面，反映了世界银行的政策方针和它对发展问题的见解。从总体上看，世界银行对中国的援助战略和贷款规划的主要目的是帮助中国保持宏观经济稳定，推进改革，缓解基础设施瓶颈制约，加强人力资源开发，促进农业的稳定发展，保证粮食供应和保护环境。

世界银行还向中国政府提供了不少值得借鉴的国际经验和有益的政策性建议，其中一些被我国有关部门采纳，取得了良好的效果。可以相信，中国将会在更广泛的领域与世界银行进行更深入的合作。

三、其他国际金融机构

（一）国际清算银行

国际清算银行（Bank for International Settlements，BIS）是出现最早的国际金融机构，它是1930年5月由英、法、德、意、比、日等国的中央银行与代表美国利益的摩根银行、花旗银行根据海牙国际协定联合组建的。总部设在瑞士的巴塞尔。作为历史最悠久的国际金融机构，国际清算银行在业务上不同于国际货币基金组织等其他金融机构，它是专门从事各国中央银行存放款业务的银行，被人们称为“中央银行的银行”。国际清算银行所主持的巴塞尔委员会是国际银行业监管的权威机构。截至2021年8月，共有63个中央银行和货币当局是国际清算银行的成员。

国际清算银行成立的宗旨，最初是处理第一次世界大战后德国对协约国的战争赔偿问题。现在它的主要任务是促进世界各国中央银行的合作，为国际金融活动提供更多的便利，在国际金融清算业务方面充当受托人和委托人。

国际清算银行的最高权力机构是股东大会，股东大会每年召开一次，由认购该行股票的各国中央银行派代表参加。股东大会审查年度决算、资产负债表、损益表和盈利分配办法。董事会是国际清算银行的实际领导机构，董事会由13人组成，其中8名由英、法、意、比、德、瑞士和瑞典等国中央银行董事长或行长担任。董事长兼行长由选举产生。董事会是主要的政策制定者，每月召开一次会议，审查银行的日常业务。董事会下设经理部，有总经理和副总经理及正、副经理十余人，下设四个业务机构：银行账号部、货币经济部、秘书处和法律处。

国际清算银行的业务主要包括：（1）办理各种国际清算业务。第二次世界大战后，国际清算银行先后成为欧洲经济合作组织、欧洲支付同盟、欧洲货币合作基金等国际金融业务的代理人，承担着大量的国际结算业务。（2）为各国中央银行提供服务。包括办理成员国中央银行的存款和贷款，代理各国中央银行买卖黄金和外汇及可上市的证券，协助各国中央银行管理外汇储备与金融投资。（3）定期举办中央银行行长会议。国际清算银行于每月的第一个周末举行西方主要中央银行行长会议，商讨有关国际金融问题，协调有关国家的金融政策，推动国际金融合作。(4) 管理各成员国中央银行，进行国际货币与金融问题的研究。

（二） 亚洲开发银行

亚洲开发银行（Asian Development Bank，ADB）是亚洲和太平洋国家和地区同部分西方国家合办的一个区域性政府间金融开发机构。1963 年 12 月，联合国亚洲及远东经济委员会在马尼拉召开第一次亚洲经济合作部长级会议，各国代表原则同意建立亚洲开发银行。1965 年底，第二次亚洲经济合作部长级会议在马尼拉举行，一致通过了银行的章程。1966 年 11 月，在东京举行了第一次亚洲开发银行董事会，标志着亚洲开发银行的正式成立；同年 12 月该行正式营业，行址设在马尼拉。截至 2021 年 8 月，亚洲开发银行有 68 个成员。

亚洲开发银行的宗旨是：为亚太地区发展中国家和地区的经济发展筹集资金，提供技术援助，帮助恢复协调其成员在经济、贸易和开发事务方面的政策，以促进亚太地区的经济增长。亚洲开发银行的资金来源有成员认缴的股本、借款、亚洲开发基金和特别基金。亚洲开发银行的业务活动主要表现在三个方面：(1) 为发展中成员经济发展提供长期贷款，即对本地区各成员的政府、政府附属机构、公私企业以及与开发本地区有关的国际机构提供长期贷款，它是亚洲开发银行最主要的业务活动；(2) 以股本投资的方式，对发展中国家和地区的私人企业融资，它是亚洲开发银行 1983 年以来开办的一项业务；(3) 对成员提供技术援助等，包括咨询服务、派遣长期或短期专家顾问团、与成员或国际组织进行合作、协助拟订和执行开发计划等。

（三） 非洲开发银行

非洲开发银行（African Development Bank，ADB，以下简称非行）是非洲国家在联合国帮助下于 1964 年 9 月成立的区域性政府间国际金融组织，1966 年 7 月正式开业，总部设在科特迪瓦首都阿比让。非行创建时只有 23 个成员国，截至 2021 年 8 月，共有 80 个成员国。非洲开发银行成立的宗旨是向非洲成员国提供贷款和投资，或给予技术援助，以充分利用本大陆的人力和资源，促进各国经济的协调发展和社会进步，尽快改变本大陆贫穷落后的面貌。

非行经营的业务分为普通贷款业务和特别贷款业务。普通贷款业务是该行用普通股本资金提供的贷款和担保偿还贷款；特别贷款业务是用非行规定的专门用途的特别基金开展的优惠贷款业务。

为广泛动员和利用资金，解决贷款资金的来源，非行先后建立了以下四个机构：(1) 非洲开发基金。非洲开发基金设立于 1972 年 7 月，由非行和非行以外的 22 个发达国家出资，主要向非洲最贫穷的成员国的发展项目提供长达 50 年的无息贷款（其中包括 10 年的宽限期）。(2) 尼日利亚信托基金。这是 1976 年 2 月建立、同年 4 月开始营业的、由尼日利亚政府出资、由非行管理的一只基金。它与其他基金一起合作向非行成员国提供低息项目贷款，主要用于解决公用事业、交通运输和社会部门的建设。该基金贷款期限达 25 年，且有 5 年的宽限期。(3) 非洲投资开发国际金融公司。它是于 1970 年 11 月在非洲倡议和参与下组建的控股公司，其宗旨是动员国际私人资本建设和发展非洲的生产性企业。（4）非洲再保险公司。非洲再保险公司是发展中国家建立的第一家政府间再保险机构，成立于1977年3月。其宗旨是促进非洲保险和再保险事业的发展；通过投资和提供保险与再保险的技术援助来促进非洲国家的经济自立和加强区域合作。

（四）欧洲投资银行

1957年，西欧六国在罗马签订了《欧洲经济共同体条约》（即《罗马条约》），作为欧洲经济共同体各国政府间的一个金融机构，欧洲投资银行（European Investment Bank，EIB）于1958年1月成立，总部设在卢森堡。根据《罗马条约》第130条规定，欧洲投资银行的宗旨是：利用国际资本市场和共同体内部资金，促进共同体的平衡和稳定发展。该行的业务重点是对共同体内落后地区兴建的项目，对有助于促进工业化和结构改革的计划和有利于共同体或几个成员国的项目提供长期贷款或保证。从1964年开始，该行贷款对象扩大到与共同体有较密切联系或有合作协定的共同体以外的国家。

欧洲投资银行的资金来源主要由两部分组成：一是成员国认缴的股本金。银行成立之初资本金为10亿欧洲记账单位，由德、法、意、比、荷兰和卢森堡等六国分摊。二是借款。通过发行债券在国际金融市场上借款一直是欧洲投资银行的主要资金来源。

欧洲投资银行的主要业务活动包括：（1）为促进地区平衡发展的工业、能源和基础设施项目的兴建与改造提供贷款或贷款担保。提供贷款的种类有普通贷款和特别贷款。普通贷款主要向共同体成员国政府和私人企业发放；特别贷款是向共同体以外的国家和地区发放的一种优惠贷款。（2）促进成员国或共同体感兴趣的事业的发展。（3）促进企业的现代化。

（五）泛美开发银行

泛美开发银行（Inter－American Development Bank，IADB）是拉美国家，以及一些西方国家、日本及南斯拉夫合办的区域性国际金融机构，1959年12月成立，1960年10月正式开业，行址设在美国首都华盛顿。泛美开发银行成立之初有成员国21个，包括20个拉美国家，均为“美洲国家组织”的成员国。1976年以后，成员国扩大到欧洲和亚洲的一些国家和地区。截至2021年8月，泛美开发银行有48个成员国。

泛美开发银行的宗旨是组织吸收拉丁美洲内外的资金，通过为拉美成员国经济和社会发展项目提供贷款或为它们的贷款提供担保以及提供技术援助的方式，促进拉丁美洲各成员自身的和共同的经济与社会发展，协助实现泛美体系的目标。

泛美开发银行法定资本金原定为10亿美元，分为普通资本和特种业务基金。普通资本金为8.5亿美元，其中美国出资3.5亿美元；特种业务基金为1.5亿美元，其中美国出资1亿美元。以后随着资本金的增加，资本金又分为普通资本、区际资本和特种业务基金。银行的资金来源除了资本金以外，还通过发行债券在国际金融市场上筹借资金。

泛美开发银行的主要业务活动是提供贷款。该行的贷款可分为普通业务贷款和特种业务基金贷款。前者贷款的对象是政府和公、私机构的特定经济项目，后者的贷款对象主要为那些需要特别对待的经济和社会项目。除贷款之外，银行还向成员国提供技术合作援助，其方式有两种：一是为各项目阶段所需的一定数量的培训人员提供工资；二是通过提供技术培训，使当地人能够从事本国的发展项目。

（六）亚洲基础设施投资银行

亚洲基础设施投资银行（Asian Infrastructure Investment Bank，简称亚投行，AIIB）是一个政府间性质的亚洲区域多边开发机构，重点支持基础设施建设，是首个由中国倡议设立的多边金融机构，总部设在北京，法定资本 1 000 亿美元。截至 2021 年 8 月，亚投行有 103 个成员国。

亚投行主要宗旨是，通过在基础设施及其他生产性领域的投资，促进亚洲经济可持续发展、创造财富并改善基础设施互联互通；与其他多边和双边开发机构紧密合作，推进区域合作和伙伴关系，应对发展挑战。其主要职能：一是推动区域内发展领域的公共和私营资本投资，尤其是基础设施和其他生产性领域的发展；二是利用其可支配资金为本区域发展事业提供融资支持，包括能最有效支持本区域整体经济和谐发展的项目和规划，并特别关注本区域欠发达成员的需求；三是鼓励私营资本参与投资有利于区域经济发展，尤其是基础设施和其他生产性领域发展的项目、企业和活动，并在无法以合理条件获取私营资本融资时，对私营投资进行补充；四是为强化这些职能开展的其他活动和提供的其他服务。

国际货币基金组织的贷款

专栏 10－5

丝路基金

丝路基金是由中国外汇储备、中国投资有限责任公司、中国进出口银行、国家开发银行共同出资，依照《中华人民共和国公司法》，按照市场化、国际化、专业化原则设立的中长期开发投资基金，重点是在“一带一路”发展进程中寻找投资机会并提供相应的投融资服务。丝路基金与亚投行之间的不同在于，亚投行是政府间的亚洲区域多边开发机构，在其框架下，各成员国都要出资，且以贷款业务为主。而丝路基金具有类似私募股权的属性，主要针对有资金且想投资的主体加入，且股权投资可能占更大比重。

本章小结

1. 金融全球化是全球金融活动和风险发生机制联系日益紧密的一个过程。金融全球化主要表现在资本流动全球化、金融市场全球化、金融机构全球化、货币体系全球化、金融协调和监管全球化、金融危机全球化。经济全球化、技术革新和进步、金融管制的放松、金融创新和跨国公司的迅猛发展是金融全球化的形成原因。金融全球化是一把双刃剑，在带来收益的同时也有潜在的风险。

2. 区域货币合作的理论基础是最优货币区理论。欧洲货币合作和欧元的诞生受到了该理论的启发。

3. 国际货币基金组织与世界银行集团是两个主要的国际金融机构。

关键词

金融全球化（Financial Globalization）
最优货币区（Optimal Currency Areas）
欧元（Euro）
国际货币基金组织（IMF）
世界银行集团（World Bank Group）
亚投行（AIIB）

本章重要概念

金融全球化　金融国际化　金融自由化　金融一体化　最优货币区　国际货币基金组织　世界银行集团　亚投行

思考题

1. 金融全球化与金融国际化、金融自由化、金融一体化有什么区别和联系?
2. 简述金融全球化的表现形式。
3. 论述金融全球化的成因。
4. 简述 20 世纪 90 年代以来金融全球化的特征。
5. 论述金融全球化的影响。
6. 简述最优货币区的主要内容。

练习题

1. 次贷危机发源于美国，但是迅速演变成全球性的危机，请指出这种演变的渠道和机理。
2. 最优货币区有哪些判断标准?
3. 国际货币基金组织有哪些业务和职能?
4. 世界银行集团各机构有哪些业务和职能?
5. 亚投行有哪些业务和职能?
6. 如何看待目前全球的金融治理机制?

案例题

2021 年 3 月 22 日，土耳其金融市场急剧下跌，土耳其里拉对美元汇率一度暴跌 17%，10 年期国债收益率上涨 319 个基点至 17.25%，创历史最大涨幅。伊斯坦布尔 100 股票指数跌 7%，整个证券市场因触发熔断机制而暂停交易。土耳其的汇市、债市、股市“三杀”是新兴市场金融动荡的一个缩影。2020 年 10 月的英国《经济学家》杂志指出，新兴市场有再次爆发金融危机的可能。

关于全球金融市场周期性的动荡，近期有学者从美国货币政策的角度进行分析，如 Silvia Miranda – Agrippino 和 Hélène Rey 2020 年发表在 *The Review of Economic Studies* 上的“U. S. Monetary Policy and the Global Financial Cycle”；Stéphane Dées 和 Alessandro Galesi 2021 年发表在 *Journal of International Money and Finance* 上的“The Global Financial Cycle and US Monetary Policy in an Interconnected World”。

阅读上述文献和相关报道后讨论下列问题：

（1）梳理 20 世纪 90 年代以来新兴市场爆发的金融危机。

（2）梳理美国货币政策周期的变化。

（3）从统计的角度展示美国货币政策周期与新兴市场金融危机之间的关联。

（4）分析上述关联的内在机理和渠道。

（5）从国际货币体系的角度分析上述关联的深层原因。

（6）谈谈中国如何应对美国货币政策周期，进而保持金融稳定。

参考文献

[1] 陈彪如，马之骃．国际金融学［M］．成都：西南财经大学出版社，2000.
[2] 迟国泰．国际金融［M］．大连：大连理工大学出版社，2011.
[3] 陈小平．国际金融衍生市场［M］．北京：中国金融出版社，1997.
[4] 陈燕．国际金融［M］．北京：北京大学出版社，2015.
[5] 陈雨露．国际金融学［M］．北京：中国人民大学出版社，2015.
[6] 侯高岚．国际金融［M］．北京：清华大学出版社，2009.
[7] 韩立岩，王允贵．人民币外汇衍生品市场：路径与策略［M］．北京：科学出版社，2009.
[8] 黄先禄．汇率理论发展与实践研究：兼论人民币汇率形成的“二合一”模式［M］．北京：人民出版社，2011.
[9] 何璋．国际金融［M］．北京：中央广播电视大学出版社，2011.
[10] 姜波克．国际金融新编［M］．上海：复旦大学出版社，2008.
[11] 陆前进．货币危机的理论和货币制度的选择［M］．上海：上海财经大学出版社，2003.
[12] 吕江林等．国际金融［M］．北京：科学出版社，2015.
[13] 刘克．金融全球化——批判性反思［M］．北京：经济科学出版社，2003.
[14] 刘舒年．国际金融［M］．北京：对外经济贸易大学出版社，2010.
[15] 李晓，丁一兵．亚洲的超越［M］．北京：当代中国出版社，2006.
[16] 马君潞，陈平，范小云．国际金融［M］．北京：高等教育出版社，2011.
[17] 马之骃．世界金融市场“金三角”——伦敦、纽约、东京［M］．上海：立信会计出版社，1996.
[18] 沙文兵．人民币有效汇率与宏观经济内外均衡研究［M］．北京：经济科学出版社，2008.
[19] 单忠东等．国际金融［M］．北京：北京大学出版社，2011.
[20] 涂永红．外汇风险管理［M］．北京：中国人民大学出版社，2004.
[21] 田素华．国际资本流动与货币政策效应［M］．上海：复旦大学出版社，2008.
[22] 童赠银．国际金融产品交易技术［M］．北京：中国金融出版社，1997.
[23] 文轩．汇率制度的选择［M］．北京：中国金融出版社，2006.
[24] 王爱俭．20 世纪国际金融理论：进展与评述［M］．北京：中国金融出版社，2013.
[25] 王三兴．亚洲的超额外汇储备：成因与风险［M］．北京：中国人民大学出版社，2011.
[26] 汪争平．国际金融管理［M］．北京：中国统计出版社，1998.
[27] 奚君羊．国际金融学［M］．上海：上海财经大学出版社，2013.
[28] 奚君羊．国际储备研究［M］．上海：上海财经大学出版社，1998.
[29] 易纲，张磊．国际金融［M］．上海：上海人民出版社，2004.
[30] 杨海珍．国际资本流动研究：动因、影响、管制与风险预警［M］．北京：中国金融出版

社，2011.
[31] 杨长江，姜波克．国际金融学（第四版）[M]．北京：高等教育出版社，2014.
[32] 杨胜刚，姚小义．国际金融 [M]．北京：高等教育出版社，2009.
[33] 杨胜刚．国际金融学 [M]．长沙：中南大学出版社，2010.
[34] 张碧琼．国际资本流动对世界经济体系的影响 [M]．北京：清华大学出版社，2010.
[35] 周骏等．中国金融风险的管理与控制 [M]．北京：中国财政经济出版社，2005.
[36] 宗良，李建军．人民币国际化理论与前景 [M]．北京：中国金融出版社，2011.
[37] 钟伟．资本浪潮——金融资本全球化论纲 [M]．北京：中国财政经济出版社，2000.
[38] 张幼文，干杏娣．金融深化的国际进程 [M]．上海：上海远东出版社，1998.
[39] 中国人民银行上海总部国际金融市场分析小组．国际金融市场报告（2012—2015）.
[40] 张莲英等．国际金融学教程 [M]．北京：经济管理出版社，2004.
[41] 阿代尔·特纳．债务和魔鬼——货币、信贷和全球金融体系重建 [M]．北京：中信出版集团，2016.
[42] 爱默德·A. 穆萨．国际金融 [M]．北京：中国人民大学出版社，2008.
[43] 保罗·R. 克鲁格曼，茅瑞斯·奥伯斯法尔德．国际金融 [M]．北京：中国人民大学出版社，2016.
[44] 保罗·罗斯．外汇市场与货币市场 [M]．上海：上海财经大学出版社，1999.
[45] 弗兰克·J. 法博齐等．金融市场与金融机构基础 [M]．北京：机械工业出版社，2011.
[46] 戈莱比．国际金融市场 [M]．北京：中国人民大学出版社，1998.
[47] 汉斯·维塞尔．汇率理论、制度与政策 [M]．北京：中国金融出版社，2006.
[48] 基思·皮尔比姆．国际金融 [M]．北京：机械工业出版社，2015.
[49] 路透社．外汇与货币市场导论 [M]．彭兴韵，译．北京：北京大学出版社，2001.
[50] 蒙代尔．汇率与最优货币区 [M]．北京：中国金融出版社，2003.
[51] 马丁·沃尔夫．转型与冲击 [M]．北京：中信出版集团，2015.
[52] 迈克尔·梅尔文．国际货币与金融 [M]．上海：上海三联书店、上海人民出版社，1996.
[53] 迈克尔·梅尔文，斯蒂芬·C. 诺尔宾．国际货币与金融 [M]．北京：中国人民大学出版社，2016.
[54] 米什金．下一轮伟大的全球化 [M]．北京：中信出版社，2007.
[55] 皮埃尔·安东尼·杜索里尔．外汇交易指南 [M]．赖岸林，范懿君，译．太原：山西人民出版社，2011.
[56] 英国皇家银行学会．货币风险管理（上、下册）[M]．北京：中信出版社，2002.
[57] Alan C. Shapiro. Multinational Financial Management [M]．(Seventh Edition), John Wiley &Sons, Inc, 2003.
[58] BIS. Triennial Central Bank Survey. Foreign Exchange and Derivatives Market Activity in 2016. Bank for International Settlements, 2016.
[59] Dennis R. Appleyard, Alfred J. Field, Steven L. Cobb. International Finance [M]．(Seventh Edition), McGraw – Hill Education and China Renmin University Press, 2012.
[60] Joseph P. Daniels, David D. VanHoose. International Monetary and Financial Economics [M]．北京：高等教育出版社，2005.

21 世纪高等学校金融学系列教材

一、货币银行学子系列

★货币金融学（第五版）	朱新蓉	主编	69.00 元	2021.05 出版
（普通高等教育“十一五”国家级规划教材/国家精品课程教材·2008）				
货币金融学	张　强　乔海曙	主编	32.00 元	2007.05 出版
（国家精品课程教材·2006）				
货币金融学（附课件）	吴少新	主编	43.00 元	2011.08 出版
货币金融学（第二版）	殷孟波	主编	48.00 元	2014.07 出版
（普通高等教育“十五”国家级规划教材）				
现代金融学——货币银行、金融市场与金融定价（第二版）	张成思	编著	69.00 元	2022.08 出版
货币银行学（第二版）	夏德仁　李念斋	主编	27.50 元	2005.05 出版
货币银行学（第三版）	周　骏　王学青	主编	42.00 元	2011.02 出版
（普通高等教育“十一五”国家级规划教材）				
货币银行学原理（第六版）	郑道平　张贵乐	主编	39.00 元	2009.07 出版
金融理论教程	孔祥毅	主编	39.00 元	2003.02 出版
西方货币金融理论	伍海华	编著	38.80 元	2002.06 出版
现代货币金融学	汪祖杰	主编	30.00 元	2003.08 出版
行为金融学教程	苏同华	主编	25.50 元	2006.06 出版
中央银行通论（第三版）	孔祥毅	主编	40.00 元	2009.02 出版
中央银行通论学习指导（修订版）	孔祥毅	主编	38.00 元	2009.02 出版
商业银行经营管理（第二版修订版）	宋清华	主编	50.00 元	2021.08 出版
商业银行管理学（第五版）	彭建刚	主编	53.00 元	2019.04 出版
（普通高等教育“十一五”国家级规划教材/国家精品课程教材·2007/国家精品资源共享课配套教材）				
商业银行管理学（第四版）	李志辉	主编	76.00 元	2022.03 出版
（普通高等教育“十一五”国家级规划教材/国家精品课程教材·2009）				
商业银行管理学习题集	李志辉	主编	20.00 元	2006.12 出版
（普通高等教育“十一五”国家级规划教材辅助教材）				
商业银行管理	刘惠好	主编	27.00 元	2009.10 出版
现代商业银行管理学基础	王先玉	主编	41.00 元	2006.07 出版
金融市场学（第三版）	杜金富	主编	55.00 元	2018.07 出版
现代金融市场学（第四版）	张亦春	主编	50.00 元	2019.02 出版
中国金融简史（第二版）	袁远福	主编	25.00 元	2005.09 出版
（普通高等教育“十一五”国家级规划教材）				
货币与金融统计学（第四版）	杜金富	主编	48.00 元	2018.07 出版

（普通高等教育“十一五”国家级规划教材/国家统计局优秀教材）

金融信托与租赁（第五版）	王淑敏　齐佩金	主编	45.00 元	2020.06 出版
（普通高等教育“十一五”国家级规划教材）				
金融信托与租赁案例与习题	王淑敏　齐佩金	主编	25.00 元	2006.09 出版
（普通高等教育“十一五”国家级规划教材辅助教材）				
金融营销学	万后芬	主编	31.00 元	2003.03 出版
金融风险管理	马昕田	主编	40.00 元	2021.06 出版
金融风险管理	宋清华　李志辉	主编	33.50 元	2003.01 出版
网络银行（第二版）	孙　森	主编	36.00 元	2010.02 出版
（普通高等教育“十一五”国家级规划教材）				
银行会计学	于希文　王允平	主编	30.00 元	2003.04 出版
互联网金融	万光彩　曹　强	主编	50.00 元	2022.01 出版

二、国际金融子系列

国际金融学	潘英丽　马君潞	主编	31.50 元	2002.05 出版
★国际金融概论（第五版）	孟　昊　王爱俭	主编	45.00 元	2020.01 出版
（普通高等教育“十二五”国家级规划教材/国家精品课程教材·2009）				
国际金融（第三版）	刘惠好	主编	48.00 元	2017.10 出版
国际金融概论（第四版）（附课件）	徐荣贞	主编	48.00 元	2022.01 出版
★国际结算（第七版）（附课件）	苏宗祥　徐　捷	著	70.00 元	2020.08 出版
（普通高等教育“十二五”国家级规划教材/2012—2013 年度全行业优秀畅销书）				
各国金融体制比较（第五版）	白钦先	等编著	78.00 元	2021.09 出版
国际金融（第二版）	周　文　漆腊应	主编	43.00 元	2021.04 出版
国际金融管理	鞠国华	主编	43.00 元	2020.01 出版

三、投资学子系列

投资学（第四版）	张元萍	主编	63.00 元	2022.04 出版
证券投资学	吴晓求　季冬生	主编	24.00 元	2004.03 出版
证券投资学（第三版）	金　丹	主编	69.50 元	2022.08 出版
证券投资学	王玉宝	主编	38.00 元	2018.06 出版
现代证券投资学	李国义	主编	39.00 元	2009.03 出版
证券投资分析（第二版）	赵锡军　李向科	主编	35.00 元	2015.08 出版
组合投资与投资基金管理	陈伟忠	主编	15.50 元	2004.07 出版
投资项目评估（第三版）	李桂君　宋砚秋 王瑶琪	主编	60.00 元	2021.06 出版
项目融资（第三版）	蒋先玲	编著	36.00 元	2008.10 出版

四、金融工程子系列

金融经济学教程（第三版）	陈伟忠　陆珩瑱	主编	56.00 元	2021.11 出版
衍生金融工具（第二版）	叶永刚　张　培	主编	53.00 元	2020.07 出版
衍生金融工具	王德河　杨　阳	编著	38.00 元	2016.12 出版